Liebe Leserin, lieber Leser,

wir freuen uns, dass Sie sich für ein Galileo Business-Buch entschieden haben.

Galileo Business zeigt betriebswirtschaftlichen und technischen Experten, Business-Managern, Projektleitern und Beratern, wie Unternehmen durch neue Strategien und Konzepte Kosten senken, Wettbewerbsvorteile gewinnen und neue Geschäftsfelder erschließen.

Jedes unserer Bücher will Sie überzeugen. Damit uns das immer wieder neu gelingt, sind wir auf Ihre Rückmeldung angewiesen. Bitte teilen Sie uns Ihre Meinung zu diesem Buch mit. Ihre kritischen und freundlichen Anregungen, Ihre Wünsche und Ideen werden uns weiterhelfen.

Wir freuen uns auf den Dialog mit Ihnen.

Ihr Oliver Gorus

Lektorat Galileo Business

oliver.gorus@galileo-press.de
www.galileobusiness.de

Galileo Press
Gartenstraße 24
53229 Bonn

Markus Stolpmann

Service & Support im Internet

Intelligente Dienstleistungen – effizient zum Erfolg

Galileo Business

Die Deutsche Bibliothek – CIP-Einheitsaufnahme
Ein Titeldatensatz für diese Publikation ist bei
Der Deutschen Bibliothek erhältlich

ISBN 3-89842-164-3

1. Auflage 2001

Der Name Galileo Press geht auf den italienischen Mathematiker und Philosophen Galileo Galilei (1564–1642) zurück. Er gilt als Gründungsfigur der neuzeitlichen Wissenschaft und wurde berühmt als Verfechter des modernen, heliozentrischen Weltbilds. Legendär ist sein Ausspruch **Eppur se muove** (Und sie bewegt sich doch). Das Emblem von Galileo Press ist der Jupiter, umkreist von den vier Galileischen Monden. Galilei entdeckte die nach ihm benannten Monde 1610.

Lektorat Oliver Gorus, Jörg Achim Zoll **Korrektorat** Johannes Gerritsen, Karoline Wehren-Schicht **Herstellung** Iris Warkus **Gestaltung des Einbands und der Titelseite** Hommer Design Production, Haar **Satz** reemers publishing services gmbh – gesetzt aus der Linotype Syntax mit FrameMaker **Druck und Bindung** Bercker Graphischer Betrieb, Kevelaer

Inhalt

Teil 3 Planung und Controlling

Vorwort

»Der einzige Weg, uns zu behaupten, ist über bessere Dienstleistungen und besseren Service. Die Kunden sind Götter.«
Jeff Bezos, Gründer von Amazon.com

Wie viele Online-Reisebüros brauchen Sie? Wie viele Anbieter für Bücher, aktuelle Nachrichten, Finanzdienstleistungen oder Konzertkarten? Fünf? Zehn? Hunderte? Oder würde Ihnen jeweils ein einziger reichen, wenn Sie dort all das vorfinden würden, was Sie benötigen?

Die Goldgräberstimmung im Internet ist verflogen. Es kommt nicht mehr darauf an, etwas so gut zu können wie andere auch. Es kommt darauf an, für sich herauszufinden, was man besser kann als jeder andere. Das gilt auch und vor allem im e-business[1].

Für den Online-Anbieter bedeutet das, sich auf die Kernkompetenzen zu besinnen, auf das Wissen über Märkte, Produkte und Kundenbedürfnisse. Fließt dieses Wissen in die Gestaltung des Online-Angebotes ein, so kann er auch online Vertrauen schaffen und loyale Kunden gewinnen. Die Produkte sind austauschbar, die Differenzierung muss über Service und Support erfolgen.

Der Online-Kunde andererseits wird sich in Zukunft immer stärker überlegen, wo er für seine Bedürfnisse am schnellsten und zuverlässigsten eine befriedigende Lösung erhält. Viele sind es leid, sich in schlecht durchdachten Online-Angeboten auf die Suche nach dem nächsten Schnäppchen zu machen. Und damit immer wieder das Risiko einzugehen, enttäuscht zu werden. Zuverlässigkeit und Mehrwert sind die Erfolgsfaktoren der Zukunft, nicht mehr der Preis allein.

»Ihre besten Kunden haben ein Anrecht auf den besten Kundendienst ... auch online!« – so kann man die Kernaussage des neuen Buchs von Markus Stolpmann zusammenfassen. Dabei belässt er es nicht nur bei einer netten These, sondern zeigt konkrete Beispiele für die Umsetzung. Kundenorientierung einmal anders: Nicht durch personalisiertes Marketing, nicht durch Infotainment, sondern durch die Integration von Komponenten für Beratung, Kundendienst und Support.

1. Anm. d. Lektors: Die Schreibweise »e-business« ist IBM-Style. Wir verwenden in diesem Buch ansonsten »E-Business«. Jede andere Schreibweise wie »Ebusiness«, »ebusiness«, eBusiness«, »e-Business« gefällt uns zwar weniger gut, ist aber beileibe nicht schlechter oder falscher.

Für IBM sind Beratung und Service schon immer wichtige Bestandteile einer umfassenden e-business-Strategie gewesen. Empowering und Knowlegde Transformation sind entscheidend für leistungsfähigen Customer Support. Dabei ist es zweitrangig, ob der Kunde sich direkt selbst bedient oder ob ein Help-Desk-Mitarbeiter über das Intranet auf eine Wissensbank zugreift.

Ein Beispiel dafür: IBMs neuer *Virtual Help Desk* ist ein Softwaresystem, das PC-Probleme internetunterstützt diagnostiziert und analysiert und Kosten für teure Experten einsparen hilft, indem der Anwender in die Lage versetzt wird, das Problem selbst zu beheben. Diesen Service wird IBM einer Anzahl großer Firmen anbieten. Ungefähr 7000 bis 10000 Mitarbeiter sind derzeit mit Aufgaben beschäftigt, die dann das neue System übernehmen wird. Wir rechnen damit, dass Virtual Help Desk die Anzahl der Service-Anrufe auf rund 20 Prozent reduzieren kann.

Wir sprechen damit über den Beginn einer neuen Form der Geschäftstätigkeit im Internet, die im Gegensatz zum produktzentrierten Denken einen lösungsorientierten, kundenzentrierten Ansatz in den Mittelpunkt der e-business-Aktivitäten stellt. Dabei zeigt das Buch auch, dass die Entwicklung dorthin sich nicht revolutionär, sondern vielmehr evolutionär vollzieht. Damit trägt der Autor auch den praktischen Bedürfnissen der Anbieter Rechnung, für die Kontinuität und Investitionsschutz entscheidende Faktoren sind.

Die zahlreich in das Buch eingestreuten Beispiele belegen eindrucksvoll, wie Unternehmen mit Geschick und Technik das größte Manko des e-business abmildern können: Das Fehlen kompetenter Ansprechpartner! Die vorgestellten Werkzeuge präsentieren eine breite Palette von Lösungen für unterschiedliche Aufgaben in Service und Support. Dabei steht die Optimierung des Self-Service-Angebotes im Vordergrund und damit die Bereitstellung von Erfahrungswissen zur Nutzung durch den Kunden. Die Werkzeuge ersetzen so in vielen Fällen den erfahrenen Mitarbeiter vor Ort.

Bei aller Konzentration auf den Mehrwertgedanken vergisst Markus Stolpmann jedoch auch nicht die wirtschaftliche Sicht der Dinge. Er macht klar, dass es nie möglich sein wird, allen Kundenanforderungen gerecht zu werden und empfiehlt daher die Konzentration auf die lukrativsten Kundensegmente. Auch zeigt er exemplarisch, dass sich der Aufbau von Instrumenten für Service und Support im Internet durch eine Entlastung der Hotline, höhere Kundenzufriedenheit, mehr Stammkunden und weniger Kaufabbrüche im Online-Business sehr schnell amortisieren kann.

Dabei betont er die zwei Seiten des Begriffs »Self-Service«: Für die Anbieter steht der Aspekt der Selbstbedienung und damit der Personal- und Kosteneinsparung im Vordergrund, während für den Kunden vor allem der Service und der damit verbundene Mehrwert entscheidet, den er jederzeit in Anspruch nehmen kann, und zwar unabhängig von Öffnungszeiten und Standorten.

Das vorliegende Buch ist einzigartig im deutschsprachigen Raum. Und es kommt genau zur rechten Zeit. Während viele Anbieter klagen, dass die Erwartungen in das Online-Geschäft nicht erfüllt haben, feiern die Unternehmen, die frühzeitig auf Differenzierung und Mehrwert gesetzt haben, einen Erfolg nach dem anderen.

Wie schon in seinen zuvor erschienenen Büchern »Online-Marketingmix« und »Kundenbindung im E-Business« versteht es der Autor auch im vorliegenden Buch wieder, Theorie und Praxis miteinander zu verbinden und die Leserschaft für ein wichtiges Thema zu sensibilisieren. Dabei bauen die Bücher aufeinander auf, ohne voneinander abhängig zu sein. Und sie zeigen, dass der Autor aus der Praxis kommt, ein Gespür für aktuelle Themen und eine interessante Umsetzung hat!

Service kennt weder Öffnungszeiten noch Massenabfertigung. Wir werden Dienstleistungen dann in Anspruch nehmen, wenn wir sie brauchen, wie wir sie brauchen und dort, wo wir sie brauchen. Das Internet ist dazu da, den Menschen zu dienen. Erfahren Sie in diesem Buch, wie auch Ihr Online-Angebot noch kundenfreundlicher und serviceorientierter werden kann. Viel Spaß!

Stuttgart, im August 2001

Markus G. Kempf
Ltd. Berater e-business
IBM Forum Stuttgart

Einleitung

»Ich habe kein Marketing gemacht. Ich habe immer nur meine Kunden geliebt.«
Zino Davidoff, Schweizer Unternehmer und Tabakhändler

Was hat Michael Schumachers Erfolg in der Formel 1 mit einem besonders angenehmen Restaurantbesuch zu tun? Der Erfolg setzt sich zusammen aus einer Vielzahl von einzelnen Komponenten – erst durch die Teamleistung wird ein herausragendes Ganzes geschaffen. Im Automobilsport weiß man: Nicht nur der Rennfahrer, sondern auch die Boxencrew, die von den Technikern optimal abgestimmten Motorparameter, die richtige Reifenwahl und nicht zuletzt die Taktik müssen zusammenkommen, um das gesetzte Ziel zu erreichen. Und ganz ähnlich ist es bei dem Besuch eines hervorragenden Restaurants: Auch hier muss alles stimmen, damit die Erwartung der Gäste nicht enttäuscht wird. Erstklassiges Essen, exzellenter Service, gediegene Atmosphäre usw.

Das Restaurantbeispiel zeigt deutlich, dass es nicht allein um das Produkt und die Befriedigung eines Grundbedürfnisses geht. Satt werde ich auch an der Imbissbude um die Ecke. Aber es ist mehr oder weniger Zufall, ob ich die Imbissbude aufsuche oder zu einer bekannten Hamburgerkette gehe. In diesem Fall geht es mir einfach um die rasche Nahrungsaufnahme. Will ich aber Gäste ausführen, so erfolgt dies geplant. Und ich beurteile das Angebot nicht in erster Linie nach dem Preis, sondern nach dem Gesamtpaket aus Produkt und Service.

Und hier wird auch der Unterschied zwischen erstklassigem und drittklassigem Service deutlich ... Es ist jedem klar, wie die Kunden reagieren, wenn ihre Erwartungen nicht erfüllt wurden. Sie werden beim nächsten Mal nach Alternativen Ausschau halten. Nach besseren Möglichkeiten, eine effiziente Befriedigung ihrer Bedürfnisse zu gewährleisten. Doch was, wenn die Erwartung zwar erfüllt wurde, aber eben nicht übertroffen? Wie oft haben Sie selbst schon zu sich gesagt: »Das war ganz okay!« – und waren sich dann doch sicher, dieses Angebot so schnell nicht wieder zu nutzen. Kundenzufriedenheit garantiert eben noch keine Loyalität. Gefragt ist Exzellenz ... und die geht oft einher mit Effizienz: Effizienz für den Anbieter (z.B. reduzierter Aufwand für die Neukundengewinnung), aber Effizienz auch und gerade für den Kunden. Und dahinter steht Vertrauen und Sicherheit – auf beiden Seiten.

Doch Sie könnten mit Recht fragen: Was hat das alles mit dem Thema E-Business zu tun? Nun, zunächst einmal reagieren die Kunden im Internet ganz ähnlich. Ein Online-Angebot, das die Erwartungen nicht erfüllt, wird keine Stammbesucher anziehen. Und selbst, wenn die Erwartungen erfüllt wurden – was hindert mich daran, beim nächsten Mal zu testen, ob die Konkurrenz nicht noch ein wenig besser ist?

Erst dann, wenn dem Online-Kunden Werkzeuge geboten werden, um seine individuelle Problemstellung effizient zu lösen – sei dies die Suche nach Informationen, die Auswahl eines Produktes, das einen bestimmten Zweck besonders gut erfüllt oder auch Unterstützung beim und vor allem nach dem Kauf – erst dann würde er bei einem Anbieterwechsel Gefahr laufen, etwas Wertvolles zu verlieren.

Leistungsfähige Instrumente für Service und Support online sind demnach die wichtigsten Differenzierungs- und damit Erfolgsfaktoren für ein tragfähiges E-Business-Konzept. Ob bei der Produktselektion, also der Katalogsuche und der individuellen Beratung, oder auch bei Problemen mit der Nutzung eines erworbenen Produktes: Die Ansprüche steigen! Der anspruchsvolle Online-Kunde will zumindest das gleiche, wenn nicht gar ein besseres Informations- und Beratungsangebot als das im Laden um die Ecke. Und auch nach dem Kauf verlangt er umfassende, möglichst kostenlose Supportangebote. FAQ-Listen, Treiber- und Handbuch-Downloads, aber auch Supportformulare sind mittlerweile in einigen Branchen schon obligatorisch.

Doch guter Service scheint teuer – und eine Automatisierung schwierig. Andererseits haben es die Finanzdienstleister vorgemacht: Self-Service ist in! Online-Banking boomt und spart den Banken Unsummen. Der gewaltige Erfolg ist auch dem Internet zu verdanken – es erlaubt kostengünstige Selbstbedienungsangebote, der Anbieter spart in allen Bereichen: Personal-, Druck-, Versand- und Prozesskosten. Dabei zeigt der Begriff »Self-Service« deutlich die zwei miteinander rivalisierenden Anforderungen: Für das Management steht der Aspekt »Self« und damit das Einsparpotenzial im Vordergrund, während es für den Kunden wichtig ist, echten, umfassenden und individuellen »Service« in Form von Nutzwert, Beratung und Problemlösungskompetenz zu finden.

Dieses Buch handelt von der Bedeutung von Service und Support im Internet, stellt Maßnahmen und Fallbeispiele vor, gibt aber vor allem auch Hinweise zur Entwicklung des eigenen, individuell auf die konkrete

Situation abgestimmten Maßnahmenplans und dessen Umsetzung. Höherwertiger Service wird den Vorsprung im Konkurrenzkampf auf zunehmend engeren Märkten ausmachen.

Und Service macht sich bezahlt! Jeder Kunde ist potenziell ein lebenslanger Kunde, der Mundpropaganda für Sie betreibt – deshalb muss immer die langfristige Beziehung zum Kunden zentral stehen. Langfristig ist die durch enge Beziehungen aufgebaute Vorstellung wichtiger als die greifbaren Produkte. Jedes »Produkt« kann durch die Einbringung zusätzlicher immaterieller Werte neu definiert werden. Gerade im E-Business ist der Service häufig so schlecht, dass die stetige Ausstattung des Angebotes mit kleinen Vorzügen den Kunden überzeugt und die Konkurrenz aus dem Felde schlägt.

Natürlich muss dabei Service mehr sein als nur eine 08/15-Dankesfloskel per E-Mail. Es geht also um die Erzeugung von Kundenzufriedenheit – mal wieder! Diese Kundenzufriedenheit muss man naturgemäß aus der Sicht des Kunden messen – leider wird das allzu häufig vergessen.

Es gilt also, sich für einen Service einzusetzen, der sich nach den Wünschen der Kunden richtet, und besonders auf die immateriellen Eigenschaften von Produkten und Dienstleistungen zu achten.

Keine Frage: Es geht – wie so oft – um die richtige Differenzierung im Wettbewerb. Entscheidend ist aber, dass der Kunde Ihnen diese Differenzierung auch abnimmt! Verzeihen Sie das Wortspiel, aber »abnehmen« meine ich hier sowohl im Sinne von Glaubwürdigkeit als auch im Hinblick auf die Kaufintention.

Sie werden viele Beispiele vorfinden, die Sie schon kennen. Das ist durchaus beabsichtigt! Betrachten Sie Amazon, Dell und Co. einmal nicht aus der Sicht des Vertriebskanals, sondern konzentrieren Sie sich auf die eingesetzten Instrumentarien für einen reibungslosen und exzellenten Kundendienst. Sie werden sehr komplexe Lösungen kennen lernen, aber auch sehen, wie mit einfachen Mitteln zugleich die Kundenloyalität gefördert werden kann, die Supportkosten gesenkt werden können und die Kundendienstqualität gesteigert werden kann.

Qualität steigern, gleichzeitig Kosten senken und das alles nicht nur zum Wohle des Unternehmens, sondern auch zum Wohle des Kunden? – Da werden Sie mir nicht glauben, dass es keinen Haken dabei gibt. Zugegeben: Es gibt welche! Zunächst kostet der Aufbau entsprechender Tools Zeit und Geld, die Einsparungen machen sich hingegen vor allem auf längere Sicht bemerkbar. Aber das ist Wirtschaft ... Es geht um die langfristige Sicherung der Marktposition. Wenn Sie den schnellen Reichtum wollen, so sollten Sie besser Losverkäufer werden.

Zudem müssen die Instrumentarien regelmäßig gepflegt und optimiert werden. Was nützt es, wenn ich meinen Kunden zwar eine Online-Beratung biete, diese aber auf veralteten Daten beruht? Doch auch das ist im traditionellen Business nicht anders! Und letztlich: Sie müssen Wissen sammeln und auswerten – Wissen über Kunden, Märkte, Produkte und Anwendungsszenarien. Nicht immer ist dieses Wissen explizit vorhanden. Viele Shop-Betreiber wissen nicht einmal, an welche Kundensegmente sie sich mit ihrem Online-Angebot richten wollen ...

Doch wenn Sie bereit sind, diese Probleme offen anzugehen, dann verspreche ich Ihnen, dass Sie auf dem besten Weg zu einer effektiven Differenzierung im Markt und zu mehr Erfolg im E-Business sind. Ganz gleich, in welcher Branche Sie tätig sind und ob Sie nun einen Shop oder »nur« Kundenpflege online betreiben wollen. Es werden von Ihnen auch keine Wunder erwartet – im Gegenteil: Eine Revolution würde seitens der Kunden gar nicht akzeptiert. Gefragt sind kleine, evolutionäre Schritte hin zu mehr Service für und Dialog mit Ihren besten Kunden!

In diesem Sinne wünsche ich Ihnen viel Erfolg – und anregende Stunden bei der Lektüre dieses Buches.

Wien, im August 2001

Markus Stolpmann

Teil 1
Grundlagen

1 Die Bedeutung von Service und Support

»Qualität ist, gute Produkte herzustellen, sie mit konkurrenzfähigen Preisen zu versehen und dazu einen ordentlichen Kundendienst anzubieten.«
Lee Iacocca, CEO Chrysler Corporation 1979–1992

Wirtschaftliches Handeln im Internet und im World Wide Web ist nicht nur für die Anbieter Neuland, es wird auch von den Kunden und potenziellen Käufern eine Umorientierung verlangt. Viele Firmenzusammenbrüche der letzten Zeit zeigen, dass nicht jedem Internet-Start-up der gewünschte Erfolg beschieden ist. So wurden die Marktchancen falsch eingeschätzt, aber auch das Verhalten der Kunden. Mittlerweile wird immer klarer, dass im Online-Business die gleichen Gesetzmäßigkeiten gelten wie in der so genannten »Old Economy«: Neukundengewinnung kostet viel Geld und kann nur aus den Einnahmen finanziert werden, die die Stammkunden bringen. Irgendwann versiegen die Finanzquellen der Geldgeber und auch (erhoffte) Werbeeinnahmen sind kein Allheilmittel gegen Geldknappheit – und dann muss sich das gewählte Konzept als tragfähig erweisen.

1.1 Produkt oder Service?

Wenn Sie am Wirtschaftsleben teilnehmen (und wer tut das nicht), dann kaufen und verkaufen Sie Produkte. Doch wenn Sie sich umschauen, werden Sie feststellen, dass es für fast jedes Wirtschaftsgut einen brauchbaren Ersatz gibt. Die Auswahl ist gewaltig, und für die Anbieter muss es darum gehen, sich positiv von der Konkurrenz abzuheben.

Bündelung von Service und Produkt

Doch wie soll man dies bewerkstelligen? Über den Preis? Sehr problematisch! Die Qualität? Die meisten Produkte sind von hinreichender Qualität. Wie also kommunizieren Sie, dass ihre Produkte besser sind und die Kunden dieses »besser« auch benötigen? Was, wenn Sie nur Produkte von der Stange verkaufen, die Sie selbst eingekauft haben und deren Qualität Sie nicht beeinflussen können? Die Zauberformel lautet: Bündeln Sie Produkte und Service – und erzeugen Sie so Mehrwert und Differenzierung!

Die Grenzen zwischen Produkt und Service verschwimmen. Fast jedes Erzeugnis – vom Buch bis zur Flugreise – wird durch zusätzliche Serviceangebote aufgewertet. Die vom Kunden wahrgenommene Qualität misst sich längst nicht mehr nur in den technischen Produkteigenschaften, sondern auch und besonders in der Frage, welche zusätzlichen Serviceleistungen und Supportangebote bereitstehen.

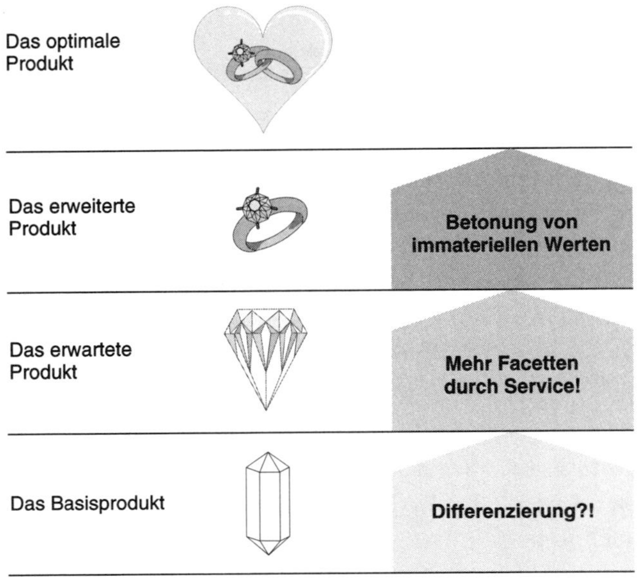

Abbildung 1.1 Materielles Produkt und immaterielle Serviceangebote bilden eine Einheit. Nur durch das Übertreffen der Erwartungshaltung der Kunden ist es möglich, sich vom Wettbewerb abzuheben und den Schritt vom Standardprodukt hin zu dem optimalen Produkt zu machen, das sich die Kunden heimlich wünschen.

Auf Kundenanforderungen reagieren

Daher gilt es, individueller auf Kundenanforderungen zu reagieren. »Mehrwert« ist nur dann mehr wert, wenn es ihn in dieser Form woanders nicht gibt! Unflexible Technologien werden untergehen, im E-Business schneller als anderswo. Um eine Technologie wettbewerbsfähig zu erhalten, muss man sie ständig verbessern, Variationen entwickeln und kleine Neuigkeiten einführen, die bestimmten Einzelbedürfnissen gerecht werden. Reflektieren Sie das einmal mit Ihren Erfahrungen im Internet: Angebote von der Stange allerorten, ein Shop gleicht dem anderen, alle richten sich an jeden ... Differenzierung scheint ein Fremdwort. Und auch den Nachweis von Branchenkenntnis und Fachkompetenz sucht man vergeblich.

Flexibilität

Innovative Veränderungen, nach bestimmten Bedürfnissen maßgeschneiderte Produkte, das heißt nichts anderes als mehr Flexibilität. Erforderlich ist nicht nur mehr Dienstleistung – hier verwischen die Grenzen zwischen Service und Produkt!

Mit anderen Worten: Es ist gerade im E-Business wichtig, Dienste anzubieten, die integraler Bestandteil der Produkte und des individuellen Gebrauchswertes werden. Nur so kann man der gefährlichen Preisspirale entrinnen und sich im Wettbewerb differenzieren. Es geht darum, sich ein Image zuzulegen, das hilft, die zahlreich vorhandenen Substitutionsangebote als für den potenziellen Kunden weniger attraktiv wirken zu lassen.

Weiche Faktoren

Neu für den Erfolg im E-Business ist, dass die »weichen Faktoren« Qualität, Service, Flexibilität, Innovation, Organisationsstruktur und Engagement des Unternehmens wie seiner Mitarbeiter quantifiziert werden müssen. Hier reichen Versprechungen nicht aus: Gefragt sind Taten. Klar ist aber auch, dass es ein Weg der kleinen Schritte ist. Nicht die Revolution führt zum Ziel – die würden Ihnen Ihre Kunden vermutlich auch gar nicht abnehmen – sondern Evolution: ständige Optimierung und Anpassung des eigenen Angebotes zum Wohl der Kunden.

Aber Vorsicht! Es lauern auch Gefahren:

- ▶ Versuchen Sie nicht, eine stark übertriebene Differenzierung zu etablieren, die der Markt nicht hergibt.
- ▶ Führen Sie die angestrebte Differenzierung nicht dadurch ad absurdum, dass andere Bestandteile des Produkt-Service-Paketes vernachlässigt oder gar reduziert werden.
- ▶ Lassen Sie sich nicht von unausgereiften Technologien verführen.

Optimum und Exzellenz

Die Differenzierung ist erst erreicht, wenn der Kunde den Unterschied erkennt und verinnerlicht! Klar muss aber auch sein, dass Ihre Kunden unterschiedlich sind. Es ist nicht möglich, es allen recht zu machen. Daher müssen Sie versuchen, einen optimalen Service für die besten (und lukrativsten) Kundensegmente anzubieten. Richten Sie sich mit Ihrem Angebot an die große Masse, dann werden Sie immer nur eine durchschnittliche Zufriedenheit erreichen, nie ein Optimum und damit Exzellenz.

Mein Tipp: Setzen Sie die Kundenbrille auf!

Service bietet die Hauptquelle für Wertsteigerung, aber auch für neue Produktideen. Es geht darum, was ihre Kunden unter Spitzenqualität verstehen, und nicht etwa die Mitarbeiter in der Abteilung Qualitätssicherung!

Transparentes Medium

Spezialisierung und die Bedienung von lukrativen Nischenmärkten kann gerade im Internet der entscheidende Schritt zum Erfolg sein. Das Medium bietet zwar die Möglichkeiten, weltweit aktiv zu werden und sich an jeden zu richten, der einen Internetanschluss hat. Aber genau das birgt auch die größte Gefahr. Schließlich begebe ich mich damit auch auf den Kampfplatz des globalen Wettbewerbs in einem für die Kunden sehr transparenten Medium. Wer will es den Nutzern verübeln, dass sie Preise und Angebote vergleichen? Doch für manche Zielgruppen ist nicht der Preis das wichtigste Kaufargument, sondern die Frage des Gesamtaufwandes in Relation zum gebotenen Nutzwert. Und genau hier greift die Differenzierung mittels Service und Support.

Nun könnten Sie vielleicht einwenden, dass Differenzierung auf Wachstumsmärkten erfolgreich sein mag, aber in stagnierenden oder schrumpfenden Märkten offensichtlich ein großes Risiko birgt, als Anbieter unterzugehen: Lieber viele potenzielle Kunden als wenige.

Mein Tipp: Spezialisierung ist Trumpf. Versuchen Sie nicht, es allen recht zu machen!

Doch entscheidend ist die Frage, ob die Ausrichtung Ihres Angebots sich an den Bedürfnissen Ihrer Zielgruppe orientiert. Je größer die Zielgruppe, desto schwieriger ist es, spezifische Bedürfnisse und Wünsche zu erkennen und zu befriedigen. Es tut mir Leid, aber Sie müssen Ihre potenziellen Kunden vor allem kennen und einschätzen lernen. Gerade für den wirtschaftlichen Erfolg in einem so anonymen Medium wie dem Internet.

1.2 Stammkunden und Käuferverhalten

Erfolg im E-Commerce beruht daher nicht nur auf der Wahl des richtigen Geschäftsmodells und des richtigen Produktes, sondern auch darauf, Stammkunden zu gewinnen. Das aber gelingt nur mit einem überzeugenden Angebot.

Schauen Sie sich selbst einmal um: Welche Online-Anbieter geben Ihnen einen echten Grund, loyal zu sein? Wird Ihre Treue belohnt? Haben Sie echte Vorteile, wenn Sie bei einem bestimmten Anbieter bleiben?

»Me-too«-Konzepte oder ...

Was im Internet viel zu häufig zu finden ist, sind »Me-too«-Konzepte: Die Angebote gleichen sich, Differenzierung ist kaum auszumachen und selten wird echter Mehrwert geboten. Kein Wunder, wenn sich da die potenziellen Kunden umschauen und einen der größten Vorteile des Mediums Internet für sich nutzen – die hohe Markttransparenz. Selten war es so einfach, Preise zu vergleichen und sich auf Schnäppchenjagd zu begeben.

... Kreativität

Doch wo der individuelle Mehrwert fehlt und es keine echten Konzepte gibt, Stammkunden für ihre Treue zu belohnen, dort muss sich der Anbieter nicht wundern, wenn Kunden abwandern oder gar nicht erst kommen. Obwohl dieses Verhalten vielfach seitens der Anbieter kritisiert wird, würde der erfolgreiche Geschäftsmann bei einem Einkauf sich genauso verhalten. Nicht das Verhalten der als Schmarotzer, Jäger und Sammler beschimpften Online-Nutzer ist das Problem. Vielmehr sind es die falschen Vorstellungen, die man sich über Chancen und Risiken im E-Business macht. Nicht zu vergessen die mangelnde Kreativität der Anbieter.

Mein Tipp: Gehen Sie auf die Suche: Wo könnten Sie Ihren Topkunden einen echten Mehrwert bieten?

Nun, Sie haben zu diesem Buch gegriffen, weil Sie nach einem Ausweg aus diesem Dilemma suchen. Damit sind Sie dem Großteil Ihrer Konkurrenz bereits einen gewaltigen Schritt voraus!

Warum geht es vielen Anbietern so schlecht?

Problematisch im Online-Business sind vor allem folgende Aspekte:

- **Der globale Wettbewerb:** Was zunächst als enormer Vorteil gepriesen wurde, erweist sich mehr und mehr als ein Problem. Unternehmen buhlen um Kunden, die sich allerdings ihre Geschäftspartner selbst aussuchen und die verschiedenen Angebote genau vergleichen können.
- **Wegfall von Face-to-Face-Kontakten:** War es früher auch der persönliche Kontakt, der Folgegeschäfte sicherte, so fehlt jetzt oft die Individualität. Unternehmen werden nur noch durch ihre Computer repräsentiert, und alle Kunden werden gleich behandelt. Nur sind manche eben gleicher als gleich – Kunden wie Unternehmen.
- **Mangelndes Vertrauen der Online-Nutzer:** Im Online-Business gilt es, sich das Vertrauen der potenziellen Kunden von Null an neu aufzubauen. Woher aber soll dieses Vertrauen rühren, wenn Anbieter es nicht schaffen, aktiv um den *einzelnen* Kunden zu werben?
- **Notwendigkeit zur ständigen, teuren Neukundengewinnung:** Wer keinen tragfähigen Kreis von Stammkunden hat, muss umso mehr Geld in Marketing und Neukundengewinnung investieren. Zugleich aber sind die Erwartungen im Hinblick auf den Erfolg des Online-Marketings enttäuscht worden. Nicht etwa, weil Online-Marketing nicht funktionierte, sondern weil die Erwartungen überzogen waren[1].

---

1. Erlauben Sie mir einen kleinen Seitenhieb auf das Thema Bannerwerbung: Wenn sich einer von zweihundert Surfern verleiten lässt, auf ein mysteriöses Banner zu klicken, während er eigentlich etwas ganz anderes vorhatte, so ist das sehr beachtlich. Wie viele Nutzer das Banner wahrgenommen haben, lässt sich kaum feststellen. Aber es zeigt, dass man bei Online-Werbung besser auf den Erinnerungswert setzt statt auf direkte Reaktion – ganz ähnlich wie bei Print-Anzeigen und TV-Spots. Vergleiche hierzu auch mein Buch »Online-Marketingmix. Kunden finden, Kunden binden im E-Business«.

- **Fehlende Gewinne:** Technik und Marketing kosten Geld, die Markttransparenz erzeugt zugleich einen enormen Preisdruck und die Margen sinken. Doch längst sind die Kriegskassen leer und die Kapitalgeber sind vorsichtig geworden, was neue Investitionen betrifft.

Wenn aber all diese Probleme bestehen, lohnt es sich dann überhaupt noch, in E-Business zu investieren? Die Antwort lautet: Ja, mehr denn je! Denn das Medium Internet als Kommunikations- und Vertriebsweg bietet enorme Möglichkeiten. Dass diese vielfach nicht ausgeschöpft wurden, liegt nicht am Medium selbst, sondern daran, dass viele E-Business-Angebote eine differenzierte Strategie vermissen lassen[2].

Differenzierungsmerkmale verankern

Erinnern Sie sich an unser Restaurant-Beispiel aus der Einleitung? Wenn Sie einen romantischen Abend zu zweit planen, werden Sie ein geeignetes Restaurant nach seiner Qualität und dem Ambiente auswählen. Vermutlich lieber etwas gediegener ... Geht es hingegen um Fast Food, so sind die Kriterien andere! Vielleicht haben Sie in ihrer Nähe mehrere McDonald's-Filialen. Dort gibt es überall die gleichen Produkte zum gleichen Preis in der gleichen Qualität (na ja, was man so Qualität nennt). Vermutlich würden Sie in Ermangelung anderer Kriterien die nächstgelegene Filiale ansteuern, oder? Was aber, wenn Sie mit Kindern unterwegs sind und eine entferntere Filiale einen tollen Spielbereich mit Klettergerüsten und Rutsche hat? Das Beispiel zeigt, dass die Gaststätten unterschiedliche Zielgruppen adressieren und es wichtig ist, eine Differenzierung im Wettbewerb zu schaffen. Diese Differenzierungsmerkmale gilt es, in den Köpfen der Zielgruppe zu verankern.

Doch nun vergleichen Sie das mal mit vielen Angeboten im Internet. Hier fehlt oft jegliche klar wahrnehmbare Differenzierung. Viele Anbieter richten sich zudem an so diffuse Zielgruppen wie »alle deutschsprachigen Surfer, die Urlaubsreisen online buchen wollen«.

Mein Tipp: Stellen Sie sich folgende Fragen: An wen richtet sich Ihr Online-Angebot? Was unterscheidet Ihr Angebot von dem der Konkurrenz?

Die richtige Strategie?

Zunächst einmal könnten Sie alles dem Zufall überlassen. Sie sind ja im Internet, haben sich in die relevanten Suchmaschinen eingetragen, und auch offline kommunizieren Sie Ihre Webadresse. Doch es ist sehr zweifelhaft, dass es sich hier um eine erfolgversprechende *Strategie* handeln könnte.

2. Bei meiner Tätigkeit als Berater habe ich oftmals Unternehmer kennen gelernt, die weder die Internettechnik, noch ihre Branche oder gar die Interessen der potenziellen Kunden kannten. Business-Pläne fehlten ebenso wie eine gesunde Einschätzung der eigenen Position im Vergleich zur Konkurrenz.

Natürlich kann man dem Preisdruck nachgeben und so Umsätze erzielen. Sie machen sich zum Online-Aldi in Ihrem Marktsegment – in der Regel wird diese Strategie langfristig jedoch nicht erfolgreich sein und sie führt kaum dazu, Stammkunden zu gewinnen. Sinnvoll kann dies nur sein, wenn Sie es über lange Zeit schaffen, die Preise der Konkurrenz zu unterbieten und trotzdem wirtschaftlich zu arbeiten. Die Masse macht es dann. Doch die Massen im Internet zu erreichen ist enorm aufwändig!

Oder Sie stecken mehr Geld als die Konkurrenz ins Marketing. Dann können Sie hoffen, dass die Bekanntheit Ihres Angebotes ausreicht, ein Stück des Kuchens für sich zu bekommen. Aber auch das schafft nur wenig dauerhaften Erfolg: Werden die Kunden enttäuscht, dann wandern sie ab und kommen nie wieder.

Zu guter Letzt könnten Sie auf die Idee kommen, die Kunden einfach mit Ihrem Angebot zu überzeugen. Sich vom Wettbewerber unterscheiden und einen Mehrwert anbieten. Und Vertrauen schaffen. Dienst am Kunden im besten Sinne ... Hier handelt es sich um eine erfolgversprechende Strategie, die auch im E-Business funktioniert. Doch das gilt nur, wenn Sie sich nicht mehr an eine anonyme, diffuse Masse von Websurfern richten, sondern an ausgewählte, lukrative Kundensegmente.

Was wollen die Nutzer?

Vielleicht sind die potenziellen Kunden einfach zu anspruchsvoll? Alles sofort, alles billigst, größte Auswahl und neueste Technik! So die Forderungen ... oder doch zumindest die Behauptungen darüber, was die Kunden wollen. Treu sein wollen die eh nicht – wer will schon treu sein! Oder?

Sechs Gründe der Enttäuschung

Analysieren wir doch ein wenig die Situation aus der Sicht des Kunden[3]. Befragt man Online-Kunden nach ihrer Wahrnehmung zu den gemachten Erfahrungen, so werden immer wieder sechs Gründe genannt, die Enttäuschung zurücklassen:

1. Unfreundlichkeit
2. Ungenügende Kommunikativität
3. Fehlende Intuitivität
4. Mangelhafte Vertrauenswürdigkeit

---

3. Ich weiß! Das Thema »Kundenorientierung im Internet« wird oft überstrapaziert. Trotzdem: Der Blick durch die Kundenbrille ist entscheidend für den Erfolg im E-Business. Ich verspreche Ihnen, dass ich Sie nicht allzu sehr mit CRM, Datamining, 1:1-Marketing und Co. quälen werde :-)

5. Unzuverlässigkeit

6. Unzureichender Informationsgehalt

Diese Fakten sind natürlich der Tod für jede vertrauensvolle, loyale Beziehung zwischen Kunden und Anbieter. Vermutlich können Sie aus eigener Erfahrung zu jedem dieser Punkte etwas beitragen. Oder Sie selbst nutzen das Web gar nur zur Informationsbeschaffung – und das vielleicht, weil Sie aus dem Bekanntenkreis und der Presse zu viel über die Probleme des Internet-Handels gehört haben. Sie befänden sich in guter Gesellschaft!

Zeitlicher und finanzieller Aufwand des Kunden

Vergessen wir nicht: Für den potenziellen Online-Kunden bedeutet es einen nicht unerheblichen zeitlichen und finanziellen Aufwand, sich auf unsere Webseiten zu begeben und sich dort selbst zu bedienen. Auch wenn der Anbieter davon nichts mitbekommt: Der Nutzer geht davon aus, dass der Anbieter Geld *spart*, weil dieser ja kein Verkaufspersonal einstellen und keine Ladenmieten zahlen muss! Für ihn selbst allerdings bedeutet Selbstbedienung zunächst einmal einen erhöhten Aufwand. Er muss sich alleine zurechtfinden, hat keinen kompetenten Ansprechpartner bei Fragen, kann nur hoffen, die relevanten Informationen online überhaupt in endlicher Zeit zu finden ... und anschließend fleht er zum Himmel, dass bei Lieferungen und Zahlungen auch ja nichts schief gehen möge. Denn der gebotene Service ist viel zu oft miserabel.

Die vielzitierte Marktpräsenz stellt sich für ihn nicht so rosig dar. Schon die Suche und der Vergleich von Angeboten eines einzelnen Anbieters gestaltet sich mehr als schwierig. Will man gar verschiedene Anbieter miteinander vergleichen, so geht das nicht ohne zusätzliche Hilfsmittel wie Suchhilfen, Ausdrucke sowie Bleistift und Papier. Die schöne neue Welt hat ihre Tücken ... Wer die Flugangebote verschiedener Anbieter vergleichen will, braucht viel Geduld. Und eine Menge Know-how. *Einfach* ist es keinesfalls, sich im Internet zurechtzufinden! Wem kann man es da vorwerfen, wenn er sich zumindest nach dem günstigsten Angebot umschaut?

Surfer gegen Reisebüro: Wie gut ist Self-Service?

Speziell für dieses Buch habe ich einen kleinen Wettbewerb mit meinem Reisebüro vor Ort veranstaltet. Ich wollte herausfinden, ob das Internet wirklich ein Medium für Schnäppchenjäger ist.

Die Aufgabe war eigentlich ganz einfach: »Finde günstige Angebote für einen Mietwagen (Anmietung: SFO, Zeitraum: 2.-27. September, Wagenkategorie: Intermediate bzw. Fullsize, 2-Türer, ein Zusatzfahrer, Vergleich verschiedener Versicherungsoptionen)!« Der Anbieter war freigestellt.

Zunächst war ich an der Reihe: Ich habe mich also hingesetzt und die Angebote von knapp zehn Online-Reisebüros und verschiedenen Mietwagenfirmen zusammengesucht. Es kamen jeweils vier Suchläufe zusammen (2 Wagenkategorien, zwei Versicherungsoptionen) – insgesamt habe ich etwa 50 Mal die gleichen Daten in verschiedene Online-Formulare eingegeben, Preise notiert und die billigsten Angebote für jede Kombination notiert. Zeitaufwand: über eineinhalb Stunden.

Dann ging es zu FBI Flugbüro International in Kaiserslautern. Die wussten nichts von ihrem Glück, und ich habe die Zeit genommen vom Eintreten ins Reisebüro bis zum Angebot. Ergebnis: Nach weniger als fünf Minuten hatte ich ein Angebot. Und die Beratung dazu gab es gratis.

Doch wenn ich schon im Internet erheblich mehr Zeit benötigt hatte, vielleicht waren dann doch zumindest meine Schnäppchen besser? Doch auch hier wurde ich enttäuscht: Bei drei von vier Preisen entsprach das Reisebüro-Angebot meinem günstigsten Online-Preis. Nur im vierten Fall war ich etwas günstiger – gelten lassen kann ich diesen Teilerfolg jedoch eigentlich auch nicht, da es sich um einen Sondertarif für Club-Mitglieder handelte.

Das Fazit des kleinen Experiments, das natürlich nicht repräsentativ ist: Schnäppchenjagd im Internet lohnt sich kaum! Zumeist ist der Aufwand, online nach dem vermeintlichen Schnäppchen zu recherchieren, höher als die zu erzielende Ersparnis.

Wer sind die Online-Shopper?

All das hat natürlich auch Auswirkungen auf den Personenkreis, der überhaupt im Internet aktiv nach Produkten sucht. Einer Studie zufolge, die Laurie Windham für ihr Buch »The Soul of the New Consumer« durchgeführt hat, sind die derzeit aktiven Online-Shopper Leute, die es lieben, Preise zu vergleichen. Demnach beschreiben sich rund 34 Prozent der aktiven Shopper selbst als leidenschaftliche Käufer, die immer auf der Suche nach dem besten Deal sind. Sie sind abenteuerlustig und experimentierfreudig, vor allem aber technisch interessiert und haben einen eher hohen Bildungsgrad. Für sie ist das Internet mit seinen Suchhilfen ein hervorragendes Instrument für die Recherche zu Produkten und Dienstleistungen.

Mein Tipp: Recherchieren Sie einmal auf Ihren eigenen Seiten. Und denen der Wettbewerber. Notieren Sie Ihre Erfahrungen! Und dann bitten Sie einen oder zwei Bekannte, das Gleiche zu tun. Vergleichen Sie die Ergebnisse!

Es ist demnach also nicht so, dass die aktivsten Online-Shopper die sind, die es hassen, im Laden anstehen zu müssen. Im Gegenteil: Die Studie führt aus, dass unter den Web-Muffeln der Anteil der leidenschaftlichen Shopper nur bei acht Prozent liegt.

Das Internet muß einfacher werden

Rechnet man diese Ergebnisse hoch, und berücksichtigt dabei, dass das Internet auf dem Weg zum Massenmedium immer neue Nutzerschichten erschließt, die weniger technikbegeistert sind, so zeigt sich deutlich: Das Internet muss einfacher werden – und vor allem kundenfreundlicher! Die Wechselwilligkeit der Web-Muffel erweist sich nach der Studie als deutlich geringer als bei den bereits aktiven Web-Shoppern. Die kommende Generation der Internet-Nutzer wird demnach weniger sprunghaft sein als die Früheinsteiger. Wenn das Angebot stimmt!

Für die derzeit aktiven Online-Käufer ist die Preisgestaltung noch wichtiger als das Serviceangebot und die subjektiv wahrgenommene Transaktionssicherheit. Doch genau dies wird sich ändern – und Online-Anbieter tun gut daran, diesem Wandel aktiv zu begegnen!

Der Anspruch der Nutzer an erfolgreiche Online-Angebote steigt. Sie erwarten, dass nicht mehr sie sich der Technik anpassen müssen, sondern die Technik ihnen hilft, ihre Probleme zu lösen. Nicht mehr der Surfer soll über das Know-how verfügen müssen, um ein Problem zu lösen – das Online-Angebot muss die Instrumente bieten, um lösungsorientiert dem Nutzer zu »dienen«.

1.3 Ihre Kunden unterstützen heißt Ihr Business unterstützen

Substitutionsprozesse unterbinden

Service und Support sind gerade im Online-Geschäft entscheidend, wo Unternehmen nur durch Websites repräsentiert werden und es für den potenziellen Kunden jederzeit möglich ist, sich einen anderen Anbieter zu suchen. Es gilt, diese Substitutionsprozesse möglichst zu unterbinden. E-Commerce-Anbieter, die dieses Prinzip von Beginn an verstanden haben und es verstehen, die nötigen Maßnahmen früh umzusetzen, haben die Nase vorn.

Die Vielfalt der möglichen E-Commerce-Anwendungen stellt die Architekten dieser Angebote vor große Herausforderungen im Bereich Benutzerführung. Online-Shops, Buchungssites, Auktionen, Finanzdienstleistungen, Autobörsen: so verschieden die Leistungen, so verschieden auch die Zielgruppen und damit auch der Grad der Erfahrung mit dem Internet. Der erfahrene Anwender hat oftmals andere Wünsche und benötigt andere Tools als der Neukunde!

Support ist obligatorisch für jedes Online-Projekt

Es steht eine Vielzahl von Möglichkeiten zur Auswahl, dem Anwender und dem künftigen Nutzer von Produkten *vor*, *während* und *nach* dem Abschluss des Geschäftes mit Support zur Seite zu stehen. Und damit wird schon klar, dass Support ein wesentlicher Bestandteil jedes Online-Projektes ist. Er trägt zur Steigerung der Kundenzufriedenheit bei und hilft, richtig eingesetzt, mehr Stammkunden zu gewinnen und die Wechsel- und Substitutionsbereitschaft durch den Aufbau von Hürden zu verringern.

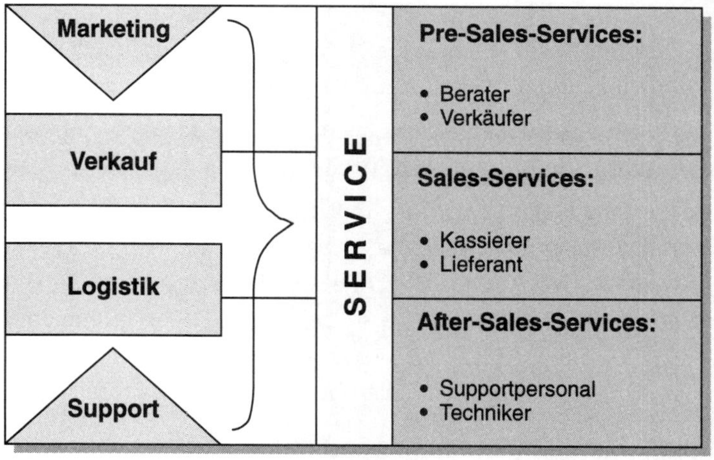

Abbildung 1.2 Service muss den Kunden zu jeder Zeit zur Verfügung stehen, und nicht nur im Reparaturfall. Damit wird jeder Mitarbeiter mit direktem Kundenkontakt zum Servicerepräsentaten.

Call Avoidance

Doch das ist nicht alles: Mit der Einrichtung von Supportmöglichkeiten über das Internet können Sie in anderen Bereichen Ihres Unternehmens Kosten senken. So ist es für Routineanfragen sehr viel kostengünstiger, wenn sich Ihre Kunden selbst helfen, anstatt die in Aufbau und Unterhalt teuere Hotline anzurufen. Call Avoidance (Anrufvermeidung) heißt hier das Zauberwort. Und Sie können bei geschicktem Einsatz von Self-Help-Instrumenten zudem wertvolle Benutzerdaten erhalten und erfahren viel über die wahren Bedürfnisse Ihrer Kunden.

1.4 Vor, während und nach dem Kauf

Wann ist ein Online-Kunde ein Kunde? Lohnt es sich überhaupt, allzu viel in Service und Support zu investieren? Wie stellt man im schnelllebigen Internet-Business fest, ob sich der ganze Aufwand rechnet? Die Meinungen gehen in diesen Punkten wild durcheinander.

Servicewüste Internet?

Es wurde viel geschrieben und gesagt zum Thema »Servicewüste Deutschland«. Damit will ich Sie nicht langweilen. Ich will Ihr Augenmerk vielmehr auf eine andere Servicewüste aufmerksam machen: das World Wide Web.

Oftmals ist der in den Online-Shops gebotene Service derart schlecht, dass ein Einkauf im Laden um die Ecke mehr Sinn machen würde. Beratung? Fehlanzeige! Den Kunden über den Stand der Dinge informieren? Eine Seltenheit! Und versuchen Sie besser gar nicht, eine Kontaktperson ausfindig zu machen, die Sie direkt – per E-Mail, Brief, Fax oder Telefon – ansprechen könnten. Es ist ja ein virtueller Shop mit virtuellen Mitarbeitern – und virtuellem Service!

Vertrauenskrise

Natürlich, es gibt positive Beispiele. Doch im Grunde haben sie Seltenheitswert. Während ich dies schreibe, habe ich seit eineinhalb Wochen zwei Online-Bestellungen laufen, für die ich nicht einmal eine Bestätigung des Bestelleingangs erhalten habe. In beiden Fällen wurde mir eine Lieferung binnen 5-7 Tagen zugesichert. Tja ... Kein Wunder, dass da vielen Kunden das Vertrauen fehlt und sie am liebsten auf Nachnahme oder noch besser auf Rechnung einkaufen wollen. Und wenn es schnell gehen soll, dann verzichtet man in vielen Fällen besser gleich auf Bestellungen im Internet.

Doch Moment – war nicht versprochen worden, dass das Internet alles schneller machen soll? Dass Informationen und Preise aktueller seien? Dass ich die Auswahl der großen weiten Welt hätte? Was nützt mir das, wenn die Wirklichkeit dann ganz andere Ergebnisse bringt? Wenn unbedachte Handlungen und Unterlassungen das Vertrauen schon im Keim ersticken, anstatt es aufzubauen?

Serviceparadies Internet!

Das Internet ist ein Servicemedium: Supportleistungen, die traditionell »offline« erbracht werden, können online kostensparender verfügbar gemacht werden. Die Informationen können schnell und effizient zum

Nutzer gebracht werden, viele Serviceleistungen sind überhaupt erst durch den Einsatz des Internets denkbar. Um hier Vorteile zu erzielen, sollte Sie allerdings frühzeitig überlegen, wie Sie die optimale Anwenderunterstützung zu einem Teil Ihres E-Business-Angebots machen können.

Paket-Tracking

Eine der Erfolgsstories par excellence haben die US-Paketdienste geschrieben: Federal Express und UPS haben es ihren Kunden schon frühzeitig ermöglicht, Paket-Tracking über ihre Website durchzuführen. Sie haben das Potenzial des Internets zu nutzen gewusst – und sparten ganz nebenbei noch Unsummen. Schließlich existierte das Tracking-System bereits, nur mussten die Kunden eben im Call Center anrufen, wenn sie wissen wollten, wo sich ein Paket befindet. Dieses Prinzip war personal- und damit kostenintensiv. Dabei hatte der Mitarbeiter im Call Center nichts anderes zu tun, als die Paketnummer zu erfragen, diese in ein Online-Formular zu übertragen, dieses abzusenden und das Resultat der Anfrage vom Bildschirm abzulesen. Was also lag näher, als diese Aufgabe gleich dem Kunden zu übertragen. Und der freut sich – kann er doch 24 Stunden am Tag, 7 Tage in der Woche und unabhängig von Telefonwarteschlangen und unfreundlichen Angestellten selbst seine Fragen beantworten!

Online-Banking

Oder nehmen Sie das Beispiel Online-Banking. Nein, Sie können noch immer kein Geld über das Internet abheben. Auch Einzahlungen sind unmöglich. Eigentlich können Sie nur Überweisungen tätigen und Ihren Kontostand abfragen. (Wer will den eigentlich so genau und aktuell wissen?) Aber Sie vermeiden es, an die völlig kundenunfreundlichen Öffnungszeiten Ihrer Bank gebunden zu sein. Sie müssen nicht mehr in der Schlange stehen, während die Parkuhr längst abgelaufen ist. (Und diesmal hatten Sie sogar einen Parkplatz bekommen!) Auch hier gilt: Die Bank spart Kosten, verlagert Risiken – und Sie sind trotzdem glücklich über die neu gewonnene Freiheit.

Online konfigurieren und bestellen

Ihren neuen Smart können Sie online konfigurieren und bestellen. Selbst Finanzierungsangebote werden Ihnen unterbreitet. Meinen letzten Smart habe ich zwischen dem Besuch in der Eisdiele und dem Beginn des Tatorts geordert![4]

Neue Treiber für Drucker, Grafikkarten und Co. hole ich mir selbstredend aus dem Netz. Wenn sie denn angeboten werden. Irgendwo liegt ein Drucker, für den es keinen Online-Support gibt: Nach dem dritten ent-

4. Scherz beiseite: Ich ertappe mich dabei, im Web die verschiedensten Konfigurationen durchzuspielen, wenn es um Produkte, Versicherungen und ähnliches geht. Dinge, bei denen ich früher froh war, wenn das Beratungsgespräch rum war ... und ich dann doch an der Seriosität des Verkäufers gezweifelt habe. Das Online-Konfigurationstool von Smart zieht mich nicht über den Tisch – hoffentlich!

nervten Anruf bei der Hotline mit der Bitte um einen Windows 2000-Treiber habe ich aufgegeben. Es war letzten Endes günstiger, sich einen neuen Drucker anzuschaffen!

Online-Hotelreservierung

Diese Beispiele lassen sich beliebig fortsetzen: Online-Hotelreservierung im Ausland mit sofortiger Bestätigung und der Möglichkeit, diese Reservierung auch jederzeit wieder zu stornieren. Archive, die ich im Volltext durchsuchen kann (gegen eine monatliche Gebühr). Ein Online-Shop, bei dem ich auf Mausklick mit einem Supportmitarbeiter chatten kann. Serviceseiten, die mir erklären, wie ich auf Dienstreisen im Ausland ins Internet komme: Einwahlnummern, Parameter etc.

Sie werden im Laufe des Buches noch viele Beispiele sehen, wie das Internet zum Serviceparadies werden kann. Und Sie erfahren, wie Sie selbst Ihr Online-Angebot dahin gehend optimieren können. Und warum Sie dies dringend tun sollten – nicht nur zum Wohl Ihrer Kunden, sondern zur Festigung Ihrer eigenen Wettbewerbsposition.

Fazit

Im Internet herrscht starker Wettbewerb – Unternehmen, die Informationstechnik gezielt einsetzen, können sich wichtige Vorteile verschaffen. Wer das Potenzial des Mediums im Hinblick auf Anwenderunterstützung *jetzt* erkennt, wird im Kampf um Marktanteile bald vorne liegen.

Die Beziehung zwischen Anbietern und Kunden ist von beiderseitigen Ansprüchen und Bedürfnissen geprägt – mit aggressiven Methoden zur Neukundengewinnung und einem ruinösen Preiskampf ist hier mittelfristig niemandem gedient. Es gilt, die lukrativsten Kundensegmente zu identifizieren und sich auf die eigenen Stärken zu konzentrieren. So können wirksame Supporttools im Internet angeboten werden, die wirklich auf die Anwenderbedürfnisse zugeschnitten sind und die eine nachhaltige Attraktivität auf die Kunden ausüben: lösungsorientiert und individuell.

Es gilt, das eigene Webangebot zu einem Serviceparadies werden zu lassen – ausgerichtet auf die Bedürfnisse Ihrer wertvollsten Kunden!

2 Customer Service – eine Einführung

»The service surrounding a product is often more important than the product itself.«
Tom Peters, »In Search of Excellence«, 1982

Kundendienst, Service und Support, Customer Service, alles Bezeichnungen für die gleiche Aufgabe: nämlich dem Kunden mehr zu bieten als das nackte Produkt. Doch warum ist Service so wichtig? Und wie kann man die Aufgaben, die hier bewältigt werden müssen, zusammenfassen?

Service entscheidet

Bereits 1989 hat Jacques Horovitz in seinem Buch »Service entscheidet« darauf hingewiesen, dass es für die Unternehmen nicht mehr ausreicht, wenn die Qualität der Produkte stimmt. Um sich vom Wettbewerb abzuheben, bedarf es mehr. Natürlich sprach er damals nicht vom Internet, sondern bezog sich auf die »Old Economy«, wie sie heute gerne genannt wird. In den vergangenen zehn Jahren haben einige Unternehmen es verstanden, ihre Kunden als Individuen zu behandeln und nicht als anonyme Marktteilnehmer. Wohlgemerkt: einige – längst nicht alle!

Doch diejenigen, die sich zur Aufgabe gemacht haben, Kunden individuell zu behandeln, schwören darauf, dass es kostengünstiger, leichter und auf Dauer gewinnbringender ist, vorhandene Kunden zu pflegen und zu halten, als immer wieder neue gewinnen zu müssen. Und genau das kennzeichnet die aktuelle Situation im E-Business: Die Fixierung auf ständige Neukundengewinnung ist eigentlich nichts anderes als das Eingeständnis, dass man die vorhandenen nicht an sich binden konnte!

Gerade dann, wenn die Wachstumsraten hinter den Erwartungen zurückbleiben, werden Kundenorientierung, Dienstleistungswillen und das Streben nach Kundenzufriedenheit zur Basis jeder dauerhaft erfolgreichen Geschäftstätigkeit.

Business Excellence

Allerdings reicht es nicht aus, nur die Erwartungen der Kunden zu erfüllen. Was benötigt wird, ist »Business Excellence« – herausragende Leistungen, die die Kunden überzeugen. Einer der bekanntesten Prediger dieser These ist Tom Peters, der seine Überzeugung in zahlreichen Büchern dargelegt hat und immer wieder in Seminaren präsentiert. Es geht um Spitzenqualität, wie sie vom Kunden gesehen wird, nicht von der Abteilung für Qualitätssicherung.

2.1 Was bedeutet »Customer Service«?

Also: Back to the basics! Schauen wir uns doch einmal an, was klassisch für den Dienst am Kunden gilt. Erst dann können wir überprüfen, was sich davon in unsere E-Business-Strategie übertragen lässt ... und wie.

Kundendienst

Das Lexikon definiert Kundendienst als: »Service; die Summe aller Anstrengungen, dem Kunden den Einkauf bequem zu machen (Lieferung frei Haus, Zahlungserleichterung u.a.) und ihn nach dem Kauf (durch Ersatzteillager, Reparaturdienst) zu betreuen.«

Warum überhaupt Kundendienst? – Kunden haben Erwartungen. Und diese gilt es zu erfüllen oder besser noch zu übertreffen. Dabei werden diese Erwartungen nicht nur durch den Anbieter selbst beeinflusst, sondern auch durch Wettbewerber, aber auch durch die Standards in anderen Branchen. Jeder Bericht über einen besonders guten Service lässt die Kunden aufhorchen und bewirkt einen Warum-gibt-es-das-nicht-bei-XYZ-Effekt.

Mein Tipp: Vergessen Sie nicht, dass Ihre Kunden auch andere Supportangebote wahrnehmen. Fragen Sie sie, was sie sich wünschen!

Mehr noch. Die Erwartungen steigen ständig, Sie können sich also niemals zurücklehnen und entspannen. Vielmehr ist es notwendig, immer wieder den Service graduell zu verbessern. Stillstand bedeutet Rückschritt!

Orientierung am Problem des Kunden

Nun ist es aber so, dass die Kunden oftmals gar nicht genau wissen, was sie wollen. Sie wissen viel besser, was sie nicht (mehr) wollen. Anders ausgedrückt: Die Kunden haben in der Regel ein Problem oder ein Bedürfnis, das es zu befriedigen gilt. Wie diese Lösung letzten Endes aussieht, ist eigentlich zweitrangig. Viele Geschäftsmodelle haben aber hier ihren größten Fehler – sie sind produktzentriert und orientieren sich zu wenig am Problem des Kunden beziehungsweise dessen Lösung.

Beispiel: Den Scheibenwischer wechseln

Stellen Sie sich vor, der Scheibenwischer an Ihren Pkw ist abgenutzt. Sie benötigen also einen neuen. Nun können Sie in einen Supermarkt gehen und dort einen Satz Scheibenwischer erstehen. Na ja – dazu dürfen Sie dann erst einmal in einer Liste nachschauen, welche Produktnummer zu Ihrem Fahrzeugmodell passt.

Dann stehen Sie da, den Fahrzeugschein in der Hand, und vergleichen Modelle, Motorisierungen und Baujahre. Self-Service eben. Aber viel mehr »Self« und weniger »Service«. Alternativ gehen Sie zu einer Kfz-Werkstatt. Ein Blick genügt für den Experten, und er gibt Ihnen die benötigten Scheibenwischer. Er bietet Ihnen vielleicht sogar an, sie direkt einzubauen. Und manchmal wird er Ihnen vielleicht gar empfehlen, nur die Wischerblätter auszutauschen statt den ganzen Scheibenwischer, weil das billiger ist. Das ist dann weniger »Self« und dafür mehr »Service«.

Service beeinflusst die Kaufentscheidung

An dem vorstehenden Beispiel haben Sie gesehen, dass das *Wie* für den Kunden oft wichtiger ist als das *Was*. Die einzelnen miteinander konkurrierenden Produkte und auch deren Preise unterscheiden sich häufig nur gering. So kann der Verkauf an sich und der Service, der dabei geboten wird, die Kaufentscheidung maßgeblich beeinflussen. Dieser Service muss von dem Moment an greifen, wo der potenzielle Kunde mein Areal betritt, und darf keinesfalls nach dem Kaufabschluss enden. Auch hierzu ein paar Beispiele. Spitzenrestaurants in den USA bieten ihren Kunden bereits vor Betreten des Lokals einen kostenlosen Parkservice für den Pkw. Und im Supermarkt wird die Ware von einem Angestellten eingepackt. Auch in Deutschland bekannt ist der Faxdienst von Restaurants mit den Mittagsmenüs der Woche. Und auf die Vielflieger-Programme der Airlines will ich hier nur ganz kurz verweisen.

Kundendienst umfasst also den gesamten Lebenszyklus des Kunden. Sobald dieser sich als Interessent geoutet hat, stehen ihm Beratungs- und Zusatzleistungen zur Verfügung. Und nach dem Kauf werden produktbezogene Supportangebote, Garantien, aber auch Zusatzangebote und Mehrwertdienste angeboten. Man kann also die Phasen Pre-Sales, Sales und After-Sales unterscheiden, darf jedoch nicht vergessen, dass nicht der einmalige Verkaufsabschluss das Ziel ist, sondern die Generierung von Wiederholungskäufen. So mündet der Support im After-Sales wieder in Aktivitäten im Pre-Sales.

2.2 Was kennzeichnet guten Service?

Guter Service hat die Aufgabe, *die richtige Information in der richtigen Form zur rechten Zeit am rechten Ort* bereit zu stellen. Für die Verkaufsphase ist es wichtig, den Kunden aktiv zu beraten und ihn auf Angebote und Alternativen hinzuweisen. Geht es um Reparatur und Fehlersuche im After-Sales, so steht die Problemlösung im Vordergrund.

Dialog-orientierung

Kundendienst ist dabei immer dialogorientiert! Es gilt, die wahren Bedürfnisse des Kunden in Erfahrung zu bringen und die passende Lösung vorzuschlagen. Daraus ergibt sich, dass für guten Service mindestens drei Dinge zusammen kommen müssen:

- **Wissen** über Produkte, Prozesse und Märkte
- **Erfahrung** über Einsatzszenarien und Kundenwüsche
- **Kommunikationsfähigkeit**

Das nackte Wissen ist nicht viel wert, wenn es an der Erfahrung fehlt, wie es auf eine konkrete Situation anzuwenden ist. Und dann gilt es noch, den Dialog mit dem Kunden effizient zu führen.

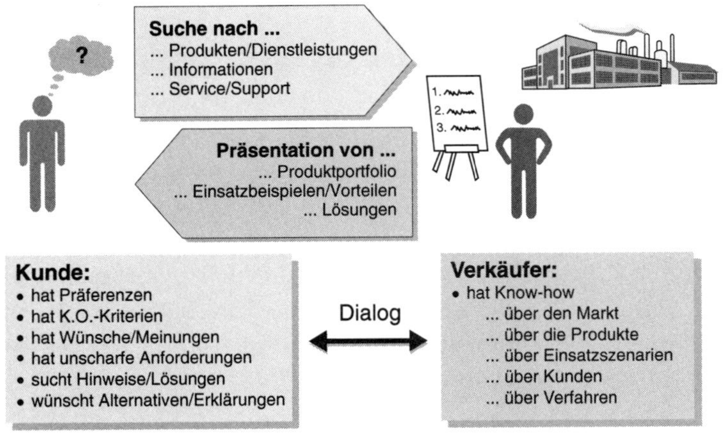

Abbildung 2.1 Kommunikation ist entscheidend: Guter Customer Service bedeutet immer einen zielgerichteten Dialog zwischen Kunden und Mitarbeitern eines Unternehmens.

Schauen wir uns die Problematik etwas genauer an, die diesen drei Aspekten inhärent ist und den Support erschwert. Zunächst die Kommunikation. Es klingt banal, doch es ist schwieriger als man denkt, die »Sprache des Kunden« zu sprechen. Oft sind dem Kunden Fachbegriffe oder Zusammenhänge nicht geläufig, er ist nicht geübt darin, seine wahre Situation zu erkennen und strukturiert darüber zu urteilen. Man geht ja auch nicht zum Arzt und sagt »Herr Doktor, ich habe einen Meniskusschaden.«. Vielmehr beschreibt man Symptome und hofft auf eine kompetente Ursachenforschung und Diagnose. Daher muss ein Supportmitarbeiter vor allem zuhören können und bei Bedarf die richtigen Fragen richtig[1] stellen.

1. Wenn Sie meinen, hier ist ein »richtig« zu viel, dann lesen Sie den Satz bitte noch einmal ;-)

Mein Tipp: Fragen Sie sich, ob Ihre Webseiten gute Zuhörer sind! Sind es Einbahnstraßen oder gibt es einen Dialog mit den Kunden?

Es zeigt sich aber auch, dass Service und Support häufig situationsbezogen benötigt werden. Der Kunden hat ein Problem – und das bedeutet nichts anderes als eine Situation, in der er sich befindet und für die er eine positive Veränderung wünscht. In der Regel wird er diese beschreiben, indem er Symptome nennt, die ihm aufgefallen sind (»Meine Nase läuft. Ich habe Fieber.«). Aufgabe des Customer Supports ist es nun, aus diesen Symptomen auf einen Zustand und dann auf die Ursache hierfür zu schließen. Erst dann kann die Ursache behoben und damit eine Lösung gefunden werden.

Adaption einer Lösung

Die Erfahrung des Supportmitarbeiters ist entscheidend, wenn es darum geht, die konkrete Situation zu erkennen und mit Prototyp-Situationen zu vergleichen, für die eine Lösung bekannt ist[2]. Sie bestimmt außerdem, wie erfolgreich der Versuch ist, eine bekannte, vorgegebene Problemlösung auf die aktuelle Situation zu übertragen. Man spricht dabei auch von der Adaption einer Lösung. Je mehr Erfahrung der Supportmitarbeiter hat, umso besser für den Ratsuchenden. Sie bestimmt maßgeblich die Effizienz der Problemlösung. Und ein guter Supportmitarbeiter lernt aus jedem Erfolg – ebenso wie aus jedem Misserfolg.

Mein Tipp: Fragen Sie sich: Ist Ihre Website lernfähig? Wie stellen Sie sicher, dass Erfahrungen gesammelt und konserviert werden?

Wissensbasis der Mitarbeiter

Das reine Fachwissen kann explizit entweder in Form von Fallbeispielen oder als Regelwerk vorliegen. Häufig existieren auch Mischformen. Viel verbreiteter sind jedoch implizite Formen des Supportwissens: Sammlungen von Bedienungsanleitungen, Konstruktionsplänen, Fehlerberichten, Normen, gesetzlichen Vorschriften, Verkaufszahlen, Testergebnissen und vielem mehr. In diesem Fall muss der Mitarbeiter sich seine persönliche Wissensbasis erst aufbauen. Jede Wissensbasis ist selbst aber passiv und nutzlos, wenn sie nicht durch die anderen Komponenten unterstützt wird.

Mein Tipp: Fragen Sie sich: Wo ist in Ihrem Unternehmen Wissen versteckt, das dazu genutzt werden kann, den Dialog mit dem Kunden zu optimieren?

---

2. Übrigens unterscheiden sich hierbei Verkauf und Fehlerdiagnose kaum. Nur wird im Fehlerfall eher ein technikbezogener Vergleich vorgenommen, während man im Verkauf versucht, den Kunden einzuschätzen.

Wissen hat schon immer Macht bedeutet. Heute, in einer Welt des jederzeit verfügbaren Zugriffs auf das Internet, besitzt es auch eine große wirtschaftliche Bedeutung.

2.3 Erfahrungswissen – Wenn Wissen und Erfahrung zusammentreffen

Nun, Wissen in Form von Buchstaben und Tabellen kann man recht einfach zusammenstellen und auch für die Kunden verfügbar machen. Nichts anderes sind die Bedienungsanleitungen, die vielen Produkten beiliegen. Eigentlich sollte man gar nicht von echtem Wissen sprechen. Vielmehr handelt es sich um Informationen, Fakten und Regeln, die erst verstanden und umgesetzt werden müssen, was manchmal gar nicht so einfach ist[3].

Doch erst, wenn dieses Fakten mit den Erfahrungen über das Einsatzgebiet zusammentreffen, können sie aktiv genutzt werden. Aus Wissensbasis und Erfahrung entsteht so Erfahrungswissen. Und genau diese Kombination von Fachwissen und Erfahrung ist für eine effiziente Problemlösung entscheidend.

Erinnern Sie sich an meinen kleinen Wettbewerb gegen das Reisebüro? So ganz fair war er in dieser Hinsicht nicht. Natürlich hat ein Reisebüro-Mitarbeiter eine Menge Erfahrung, wenn es um die Buchung eines geeigneten Mietwagens geht. Hätte ich ihn gebeten, mein Auto zu reparieren, so hätte er möglicherweise passen müssen, auch wenn ich ihm die benötigten Handbücher und Reparaturanleitungen besorgt hätte.

Dynamisches Erfahrungswissen

Der Unterschied liegt letztlich in der effizienten Suche, Handhabung und Adaption. Information ist statisch, wird abgelegt und ist meist nicht verfügbar, wenn sie wirklich benötigt wird. Information in Form von Service- und Wartungsunterlagen füllt häufig ganze Aktenordner. Nur: Wer hat den Überblick und zieht zur richtigen Zeit den passenden Servicebericht hervor, wenn Kunden die Hotline anrufen? Im Vergleich dazu ist Erfahrungswissen dynamisch und jederzeit abrufbar: Erfahrene Servicetechniker wälzen in der Regel nicht erst umfangreiche Serviceunterlagen – sie »wissen« häufig aus Erfahrung, welche Ursachen ein Problem haben kann.

---

3. Spannend sind zum Beispiel die Aufbauanleitungen von Ikea und Co. Diese kommen oftmals ganz ohne Text aus, Abbildungen sollen die einzelnen Schritte erklären. Sollen ... na ja!

Erfahrungswissen im Verkauf

Bei der Verkaufsunterstützung weiß der Verkäufer, oft aus langjähriger Erfahrung, Kundenwünsche einzuschätzen. Er wägt im Beratungsgespräch ab, welche Produktmerkmale für den Kunden wirklich wichtig sind, empfiehlt Alternativen und bietet Zubehörprodukte an. »Ich habe da einen Kunden, der war in der gleichen Situation wie Sie. Er hat das Modell xyz gewählt und ist seitdem sehr zufrieden damit!« So oder so ähnlich hört es sich an, wenn Verkäufer aufgrund ihrer Erfahrung argumentieren ...

Kundenwünsche einschätzen

Erfahrungswissen im Support

Wie wichtig Wissen, insbesondere Erfahrungswissen im Bereich des Reparaturdienstes ist, zeigt folgendes Beispiel, das in ähnlicher Form jeder bereits erlebt hat: Sie haben mit ihrem Pkw einen Defekt auf der Autobahn – nichts geht mehr, Sie sind reichlich ratlos und gefrustet. Nach geraumer Zeit kommt der Pannennotdienst. Ein kurzer Blick genügt, und der Pannenhelfer stellt sachkundig fest: »Das sind die Kontakte, bei dem Modell ist das typisch. Jetzt im Herbst, bei dem feuchten Wetter ... ja, ja ... Sie sind schon der vierte in dieser Woche.« In wenigen Minuten ist das Problem dann behoben, und Sie können ihre Fahrt wieder aufnehmen. Erfahrung!

Dieses »Erfahrungswissen«, das sehr spezielles Know-how darstellt, gilt es zu erfassen und für die Mitarbeiter (und gegebenenfalls Kunden) direkt verfügbar zu machen. Der Grad der Verfügbarkeit dieses Wissens bestimmt nicht nur Effektivität und Effizienz der Kommunikation mit dem Kunden, sondern ist auch ein wesentlicher, häufig versteckter Kostenfaktor im Unternehmen. Kosten entstehen für den Aufbau des Know-hows, z.B. durch Mitarbeiterschulungen, die Pflege des Wissens und die Bereitstellung für den Kunden über Außendienstmitarbeiter, Call Center, Handbücher, Frequently Asked Questions (FAQs) usw.

Grad der Verfügbarkeit

Mein Tipp: Überprüfen Sie, in welchen Formen bei Ihnen Wissen gehortet wird und wie die Aktualisierung sichergestellt ist.

2.4 Formen traditionellen Supports

Die direkteste Form des Kundendienstes erfolgt durch den Verkäufer oder Techniker vor Ort. Zumindest sollte es so sein. Oftmals sind die Verkäufer im Geschäft um die Ecke nicht besonders kompetent. Außerdem ist Personal teuer und nicht immer verfügbar. Daher ergab sich im Zeitalter der Massenproduktion schon frühzeitig die Notwendigkeit, die wichtigsten Informationen auch in anderer Form zur Verfügung zu stellen.

Von der Betriebsanleitung zum Call Center

Handlungsanleitungen

Hilfestellungen aller Art hat es für Käufer und Anwender von Produkten immer gegeben. Jeder von uns kennt Bedienungsanleitungen zu Produkten aller Art, von der Armbanduhr über die neue Digitalkamera bis hin zur komplexen Softwarelösung. Medizinische Präparate haben einen Beipackzettel. Und für die Steuererklärung gibt es Handlungsanleitungen. Diese Print-Produkte sind wie die Waren, denen sie beiliegen, von höchst unterschiedlicher Qualität. Als Beispiel seien hier die mangelhaft übersetzten Betriebsanleitungen von elektronischen Geräten genannt, die nur bedingt zur Erheiterung der geplagten Kunden beitragen[4]. Am anderen Ende der Skala findet man Videos aus dem Baumarkt, die dem ambitionierten Heimwerker beim Ausbau des Dachbodens helfen, CD-ROMs mit komplexen Lernprogrammen oder hoch qualitative Bildbände und Videos zum neuen Auto. Interessanterweise verwischen hier zum Teil auch die Grenzen zwischen Verkaufsförderung und Support: Ein Video, das zeigt, wie einfach das Anbringen der neuen Rollläden doch ist, kann genauso gut im Verkauf eingesetzt werden wie später als Aufbauanleitung. Schade, dass es so etwas nicht für Ikea-Möbel gibt!

Daneben gab und gibt es zahlreiche weitere Formen von Hilfe für den Anwender: Handbücher, Schritt-für-Schritt-Anleitungen mit und ohne Illustrationen, Fax- und Telefonservices. Installationshotlines geben Adhoc-Hilfestellung am Telefon, wenn es mit der Einrichtung des Internetzuganges nicht gleich klappt[5]. Wer es mit der Bestellung aus dem Katalog ganz eilig hat, ruft einfach die Hotline des Versandhauses an, und im Notfall findet man bei Servicenummern von Versicherungen und Kreditkartenunternehmen Rat und Hilfe rund um die Welt. Support ist derart bedeutsam, dass einige Unternehmen und Verlage sich sogar darauf spezialisiert haben, den gestressten Kunden bei Problemen mit Fremdprodukten kostenpflichtig zu helfen. Hierunter fallen vor allem gedruckte Ratgeber, aber auch der Telefonsupport.

Mein Tipp: Fragen Sie sich: Welche Produktunterlagen stehen Ihren Kunden zur Verfügung? Gäbe es weitere Quellen?

---

4. Zu meiner Armbanduhr gibt es eine über 200 Seiten starke Bedienungsanleitung. Ehrlich! Gerne wüsste ich, was diese Uhr so alles kann. Leider ist die Übersetzung derart schlecht, dass ich über die ersten 20 Seiten nie hinaus gekommen bin.
5. Allerdings verschweigt die Werbung, die diesen Service hervorhebt, dass der Kunde tunlichst zwei Telefonleitungen besitzen sollte ...

Call Center: Telefonzentrale für den Kundendienst

Telefonhotlines, die so genannten Call Center, haben die Aufgabe übernommen, den Kunden rasch und effizient zur Seite zu stehen, und das in vielen Fällen rund um die Uhr und an sieben Tagen der Woche. Call Center gehören heute in beinahe jeder Branche zur Pflichtausstattung und ihre Bedeutung nimmt ständig zu.

Den Begriff Call Center gibt es seit etwa zehn Jahren im deutschen Markt. Dabei ist der Begriff nicht einheitlich definiert. Es handelt sich vielmehr um einen Sammelbegriff für unterschiedlichste betriebliche Organisationsformen, die sich moderner Informations- und Kommunikationstechniken bedienen, um kommunikationsintensive Geschäftsprozesse effizienter zu bewältigen.

Vorteile

Der entscheidende Vorteil eines Call Centers für einen Anbieter liegt darin, dass Serviceleistungen nicht mehr vor Ort beim Kunden erbracht werden müssen, sondern über Call Center zentral und damit kostengünstiger abgewickelt werden können. Die Call-Center-Angebotspalette ist dabei breit gefächert, der Begriff umschreibt Informations-Hotlines und telefonisches Beschwerdemanagement ebenso wie Auftrags- und Bestellannahme, Markt- und Meinungsforschung sowie Notfall- und technischen Service. Call Center sind somit immer Dienstleistungsangebote mit direktem Kundenbezug. Im Idealfall zeichnen sie sich durch folgende Merkmale aus:

- Sie sind rund um die Uhr, 24 Stunden am Tag und 7 Tage in der Woche für den Kunden erreichbar.
- Sie senken die Kosten in den Bereichen Kundenbetreuung und Außendienst.
- Sie erhöhen die Kundenzufriedenheit durch die direkte, kompetente Bearbeitung der Kundenanfragen.
- Sie können flexibel auf das jeweilige Anfragevolumen und die Anfragearten reagieren.

In vielen Fällen eignen sich Call Center sehr gut für eine Auslagerung aus dem Unternehmen. Verschiedene Anbieter stellen ihre Call Center samt Personal für die unterschiedlichsten Aufgaben vom Telefonmarketing bis hin zu Service-Hotlines anderen Unternehmen zur Verfügung.

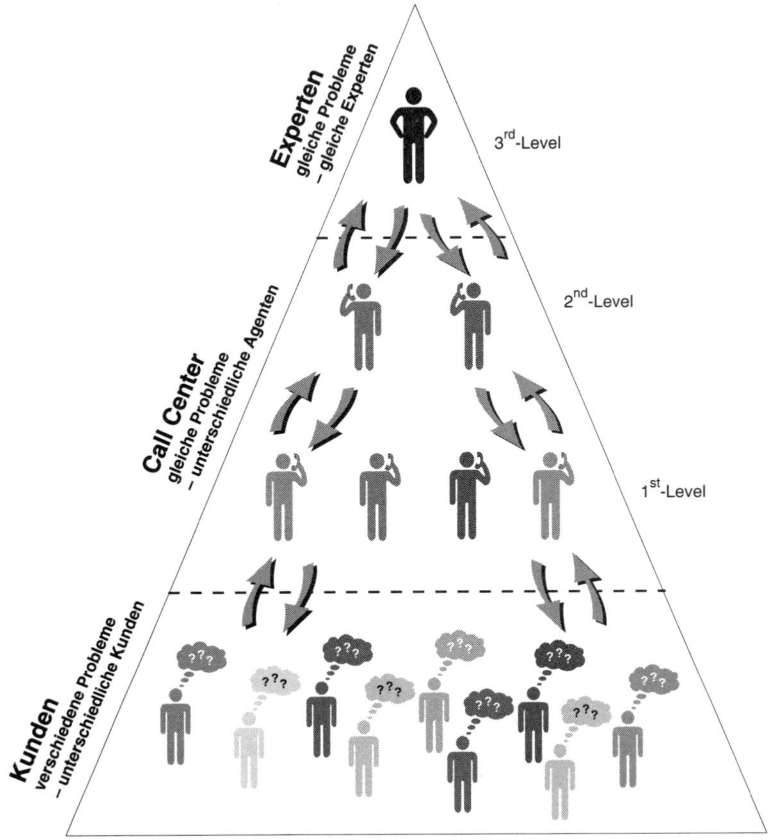

Abbildung 2.2 Die Call-Center-Pyramide: Nicht jeder Anruf landet gleich bei den Produktspezialisten. Im 1st-Level-Support werden nur Routineanfragen gelöst, alles andere muss weitergeleitet (eskaliert) werden.

Aktivitäten im Call Center

Aktive und reaktive Tätigkeiten

Im Call Center können zwei Arten von Tätigkeiten voneinander unterschieden werden: aktive und reaktive. *Aktive* beziehungsweise ausgehende Tätigkeiten umfassen Telefonmarketing und Meinungsforschung. Hier kann der Betreiber festlegen, welches Anrufvolumen zu bewältigen ist, die Erfolgskriterien sind leicht messbar (Verkaufsabschlüsse, erfolgreich absolvierte Umfragen etc.). Anders dagegen bei *reaktiven* Tätigkeiten oder eingehenden Aktivitäten: Hier entscheidet der Kunde, wann er den Service in Anspruch nimmt. Bei einer Service-Hotline können so nur in seltenen Fällen das Anrufvolumen und die Problemkategorien der Anrufe exakt vorhergesagt werden. Eine Steuerung der Anrufe zum jeweiligen Spezialisten ist daher in der Regel nicht ohne weiteres möglich.

In folgenden Bereichen sind Call Center unter anderem tätig:

- Im technischen Support von Telekommunikationsprodukten aller Art
- Bei der Installation/Wartung von Soft- und Hardware
- Bei Bestell- und Buchungsvorgängen
- Ergänzend zu Printkatalogen und TV-Werbung
- Im Pannendienst
- Im Notrufdienst von Versicherungsunternehmen
- Als Beschwerdehotlines
- Als Auskunftsdienste aller Art

Als Bindeglied zwischen dem Kunden, den verschiedenen Supportlevel[6] sowie den möglicherweise vorhandenen Abteilungen für Customer Relationship Management und Data Mining sind Call Center immer mehr auch in die aktive Gestaltung der Kundenbeziehung eingebunden.

Effizienz und Qualität in der Call-Center-Organisation

Call Center sind eine immer häufiger anzutreffende Form des Kundensupports, sowohl als Instrument zur Verkaufsunterstützung wie auch als Serviceinstrument. Um die Effizienz eines Call Centers zu verbessern, bietet sich eine dreistufige Strategie an:

1. **Problem-Management:** Optimierung der Abläufe
2. **Problem-Resolution:** Optimierung des Informationsflusses
3. **Call-Avoidance:** Hilfe zur Selbsthilfe

Call Center zeichnen sich dadurch aus, dass Kundenanfragen jederzeit, in der Regel telefonisch eintreffen können und diese Anrufe automatisch an den nächsten freien Mitarbeiter weitergeleitet werden. Dass Call Center dabei nicht immer effizient arbeiten, wissen die meisten aus eigener trauriger Erfahrung. Manchmal liegt es an unqualifiziertem Personal, manchmal an fehlenden Kapazitäten und nicht selten an den entstehenden Kosten, die zum Teil über teure 0190er-Telefonnumern auf den Kunden abgewälzt werden.

6. Apropos Supportlevel: Auch hier kann man viel lernen, wenn man sich nur genau umschaut! Wer sagt, dass jeder Kunde die gleichen Serviceangebote benötigt? Verschiedenste Beispiele zeigen, dass man auch hier differenzieren kann: Fakultative Garantieverlängerungen für Elektronikartikel gibt es schon lange; Kreditkartenunternehmen bieten neben der Standard- auch die Gold- und Platinvarianten an, die sich vor allem im Serviceangebot unterscheiden; Mobilfunkanbieter haben unterschiedliche Tarife für verschiedene Zielgruppen etc.

Mein Tipp: Machen Sie sich damit vertraut, wie Problem-Management, Problem-Resolution und Anrufvermeidung in Ihrem Unternehmen gehandhabt werden.

Supportkosten im Call Center

Nach einer Studie von Forrester Research verteilen sich die Supportkosten im Call-Center-Bereich zu 38 Prozent auf Aufwendungen zur Problembehebung, 37 Prozent verschlingt das Problem- und Call-Management, die verbleibenden 25 Prozent der Kosten entstehen für die Bereitstellung der Infrastruktur.

Kommunikation und Wissen managen

Hier liegen auch die Probleme von Call Centern: Sie sollen einerseits kostengünstig arbeiten, andererseits kompetente Antworten liefern – es ist die Verfügbarkeit von Know-how, die ein Call Center erfolgreich macht. Dazu ist es notwendig, die Call-Center-Mitarbeiter entsprechend zu schulen beziehungsweise mit telefonarbeitsplatzgerechten Hilfsmitteln zu unterstützen. Ein Call Center gibt es nicht als Produkt von der Stange! Es lebt durch die Kombination von Kommunikationsmanagement und Knowledge-Management.

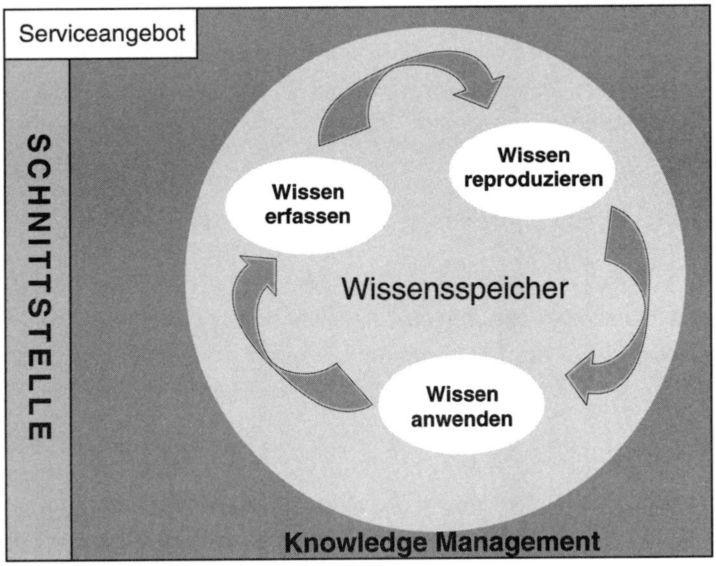

Abbildung 2.3 Hinter jedem Serviceangebot verbirgt sich immer eine Schnittstelle zu einem wie auch immer realisierten Knowledge-Management-Prozess. Dabei kann der Wissensspeicher ein Mitarbeiter, aber auch ein computergestützes System sein.

Call Center müssen sich den veränderten Randbedingungen des Marktes unterordnen. Diese lassen sich wie folgt zusammenfassen:

- Die Komplexität der Produkte wächst.
- Die Serviceansprüche der Kunden steigen.
- Das Know-how ist im Unternehmen verteilt.
- Das Budget für Customer-Support wird geringer.

Nun sind aber Produktspezialisten sehr teuer. Es wäre eine enorme Verschwendung, sie ständig mit Routineproblemen zu beschäftigen. Die Telefonmitarbeiter im Call Center sind daher häufig fachlich keine routinierten Experten, sondern sie haben eine Telefonausbildung und müssen fachlich weiter unterstützt werden. Dies geschieht oft durch eine Liste der zehn häufigsten Problemfälle für jedes Produkt oder ein Telefonskript, das Schritt für Schritt abgearbeitet wird. Das Ziel ist daher, besseren Service bei geringeren Kosten zu bieten! Damit ergeben sich verschiedene Problemfelder, deren Handhabung über die Effizienz und Effektivität des Call Centers entscheiden:

- **Zeitmanagement**
  Es ist nicht vorab zu bestimmen, wann eine Kundenanfrage eintrifft und wie viel Zeit ihre Beantwortung benötigt. Trotzdem ist jeder Mitarbeiter des Call Centers gehalten, die Anrufdauer und die entstehenden Kosten für das Unternehmen (Weiterleiten an 2nd-Level-Experten, Aussendung von Technikern etc.) zu minimieren.
- **Komplexität der Anfragen**
  Anfragen können von sehr unterschiedlicher Komplexität sein und ganz unterschiedliche Problembereiche (Technikprobleme, Vertragsauslegung etc.) betreffen. Es ist fast unmöglich, alle Call-Center-Mitarbeiter zu Experten in allen Bereichen auszubilden.
- **Genauigkeit und Vollständigkeit der Angaben**
  Je nach Wissensstand des Mitarbeiters und Ablauf des Telefonats kann die Genauigkeit der Angaben sowohl seitens der Kunden im Rahmen der Problembeschreibung als auch der Mitarbeiter hinsichtlich der Problemlösung stark schwanken.
- **Entscheidungsfindung**
  Für den Call-Center-Mitarbeiter ist es eigenverantwortlich nur schwer zu entscheiden, wann beispielsweise ein Rückruf fällig ist, eine Weiterleitung an den 2nd-Level-Support nötig wird oder gar ein Außendienstmitarbeiter vor Ort eingesetzt werden muss.

- **Restriktionen**
  Bestimmte Daten dürfen unter Umständen von den Mitarbeitern nicht erfragt werden (wie Passwörter) oder stehen dem normalen Anrufer gegebenenfalls nicht zur Verfügung (wie die Spannung des Netzteils, die nicht ohne Messgerät und Fachkenntnis ermittelt werden kann).
- **Qualität der Lösung**
  Bedingt durch all diese Faktoren ist es nicht verwunderlich, dass die Konsistenz und Qualität der angebotenen Lösungen stark schwankt.

Konserviertes Expertenwissen

Was benötigt wird, sind Konzepte, die das im Unternehmen vorhandene Know-how und Erfahrungswissen identifizieren, konservieren, verteilen und zur effizienten Problemlösung im Call Center verfügbar machen. Die Grundidee solcher Lösungen ist es, spezifisches Know-how von einer kleinen Gruppe von Experten bereitzustellen, das dann vom Rest des Unternehmens als konserviertes Expertenwissen zur Problemlösung herangezogen werden kann. Doch wenn dies gelingt, so ist es nur noch ein kleiner Schritt zum »intelligenten« Self-Service-Angebot im Web.

2.5 Probleme im klassischen Support

Die meisten Instrumente für Service und Support sind den Kunden wohlvertraut. Und doch lässt die Nützlichkeit vieler Angebote zu wünschen übrig. So sind die schlecht übersetzten Bedienungsanleitungen fast schon legendär. Für den Telefonsupport sowie die Beratung vor Ort werden immer wieder folgende Kritikpunkte genannt:

- Fehlende Informationen, vor allem bei Spezialfragen
- Schwankende Qualität der Beratung und Problemlösung
- Schlechte Verfügbarkeit, z.B. durch Überlastung
- Hohe Kosten, z.B. für Telefonate oder Serviceverträge
- Mangelnder Praxisbezug der Lösungsansätze

Doch was steckt dahinter? Warum sind Serviceangebote, die mit großem finanziellen Einsatz aufgebaut wurden, oftmals aus Sicht der Kunden unbrauchbar? Viele Kunden betrachten es gar als Glücksspiel, bei einer Hotline eine brauchbare Auskunft zu bekommen!

Die Probleme der klassischen Supportinstrumente sind wohlbekannt. Gedruckte Hinweise können nur auf allgemeine Fragen eingehen und auch nur die Informationen umfassen, die zum Zeitpunkt der Drucklegung bekannt waren. Damit scheiden sie bei spezielleren Fragestellungen aus. Die Beratung vor Ort oder per Telefon ist jedoch stark von der

Kompetenz des einzelnen Mitarbeiters abhängig. Große Probleme bereitet den Call Centern die Qualifizierung der Mitarbeiter und die hohe Fluktuation: Wirkliche Produktspezialisten haben selten Lust, als Telefonisten zu arbeiten!

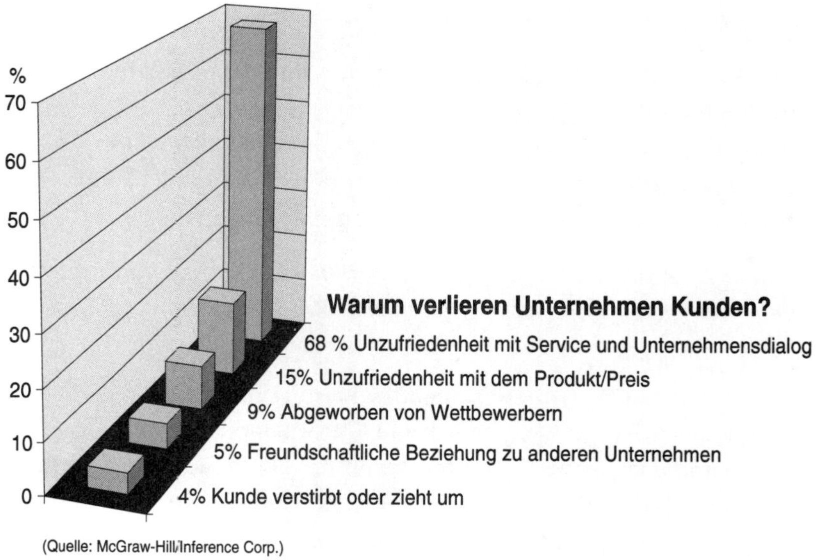

Abbildung 2.4 Die wenigsten Kunden wechseln den Anbieter, weil sie mit Preis oder Produktqualität unzufrieden sind – der Hauptgrund ist schlechter Service!

Mein Tipp: Stellen Sie fest, ob Sie die Sprache Ihrer Kunden sprechen! Gemeint ist nicht deutsch oder englisch, sondern die Verwendung von Fachvokabular und speziellen Bezeichnungen ...

Teurer Aufbau und Unterhalt

Der Aufbau und Unterhalt einer Call-Center-Organisation ist sehr teuer. Will man für jeden Ansturm gerüstet sein, so würde die meiste Zeit ein Teil des Personals gelangweilt herumsitzen. Schließlich sind viele Call Center nicht in der Lage, das Anfragevolumen zu steuern, sondern müssen auf die Anrufe der Kunden warten. Also plant man eher zurückhaltend oder versucht, einen Teil der entstehenden Kosten auf den Anrufer abzuwälzen.

Unwissen und Unzufriedenheit

Doch auch »Unwissen« verursacht Kosten im Unternehmen beziehungsweise der Call-Center-Organisation, die häufig nicht direkt messbar sind: ineffiziente Arbeitsabläufe, Produktivitätsausfälle, aber auch unzufriedene Mitarbeiter und vor allem Kunden beeinflussen die Geschäftsbilanz negativ.

Sie kennen das folgende Szenario: Der PC Ihrer Sekretärin ist defekt, und drei Ihrer Mitarbeiter stehen daneben und geben mehr oder minder kluge Ratschläge. Als sich endlich jemand von der IT-Abteilung um das Problem kümmert, stellt er fest, dass niemand weiß, wann die letzten Datensicherungen vorgenommen wurden, und wo sich die Treiber für die Grafikkarte befinden ...

Das Beispiel macht deutlich, dass nicht nur Ihre Sekretärin in ihrer Produktivität eingeschränkt wurde, sondern auch noch verschiedene andere Mitarbeiter bei der Fehlersuche und -behebung beteiligt waren. Es zeigt aber auch, dass das notwendige Wissen zur Problemlösung häufig verteilt ist und in vielen Fällen nicht konsequent gepflegt wird.

Mein Tipp: Analysieren Sie, wie es um Ihren Support steht. Sind immer alle benötigten Informationen vorhanden? Gibt es zentrale Know-how-Träger, von denen eine Abhängigkeit besteht?

Effiziente Bearbeitung von Kundenanfragen

Ein anderes, häufig zu beobachtendes Beispiel betrifft die Bearbeitung von Kundenanfragen. Fast jeder kennt die Situation, dass er von einem Unternehmen dringend eine Information benötigte, aber immer wieder vertröstet wurde: »Der Sachbearbeiter ist derzeit nicht an seinem Platz«, »Bitte rufen Sie morgen noch einmal an«, »Ich bin da nicht zuständig«, »Wir rufen Sie umgehend zurück«, ...

Weiterleitung und Rückrufe bei Kundenanfragen verursachen Unternehmen nicht nur hohe Kosten, sie sind darüber hinaus auch problematischer Natur, da aus Sicht der Kunden ein Negativimage aufgebaut wird: Seine Anfrage wird nicht effizient gelöst, und zudem zweifelt er an der Kompetenz der Kontaktpersonen.

Diese Beispiele machen deutlich, wie wichtig es ist, einen leichten Zugang zum Know-how des Unternehmens zu gewähren. Allerdings befindet sich dieses Erfahrungswissen in stetem Fluss – es ist (zumindest in Teilen) dynamisch und muss gepflegt werden!

Learning by doing

Wissen bedeutet demnach auch immer Lernen (»Learning by doing«). Im Beruf wird heutzutage lebenslanges Lernen eingefordert, aber diese Forderung wird allzu häufig nur auf die einzelnen Mitarbeiter bezogen und nicht auf die Organisation als Ganzes. Die lernende Organisation ist es, die letztlich das Ziel der Unternehmensentwicklung sein muss, die sich vor allem durch ihren Wissensvorsprung von der Konkurrenz abhebt – und nicht durch ihre Produkte.

Benötigt werden daher Konzepte, die z.B. für Call Center eine bessere Verfügbarkeit des Wissens und damit eine Serviceverbesserung und Kostenreduzierung sicherstellen. Die Vorteile einer solchen Lösung sind die folgenden:

- Gewährleistung einer konsistenten Beratungsqualität
- Verkürzung der Gesprächsdauer
- Flexibler Personaleinsatz durch breiteres Einsatzspektrum der Mitarbeiter
- Reduzierung der Rückrufe und Verbesserung der 1st-Call-Resolution
- Steigerung der Kundenzufriedenheit
- Reduzierung des Schulungsaufwandes von Mitarbeitern
- Differenzierung von Wettbewerbern

Dabei helfen computergestützte Supportsysteme, die das verfügbare Wissen allen Mitarbeitern bereitstellen und Unterstützung bei der Nutzung bieten. Doch das ist nur ein Schritt hin zu einem kompletten Electronic-Customer-Care-Konzept für die Kunden, das die Möglichkeiten des Mediums Internet optimal nutzt und eine jederzeitige Selbstbedienung der Kunden erlaubt.

2.6 Unterstützung durch computerbasierte Supportsysteme

Wissen muss geteilt werden

Das Wissen eines kompetenten Supportmitarbeiters für sich allein genommen ist nicht viel wert. Eine Person, die die beste Art und Weise kennt, etwas zu tun, zieht daraus materiellen Wert ... Aber eben nur diese eine Person. Damit Wissen im Unternehmen wirklich optimal zum Einsatz kommt, muss es »geteilt« werden. Wir müssen also dafür sorgen, dass das verfügbare Wissen auch anderen Mitarbeitern im Unternehmen zugänglich ist.

Erst die relativ neue Möglichkeit, Informationen mit Hilfe von Computern in einer sinnvollen und personifizierten Art und Weise zu sammeln, zu kategorisieren, zu speichern und wiederzuverwenden – und das in exakt dem Moment, in dem sie in der Interaktion mit Kunden, Zulieferern und Partnern benötigt werden – hat diesem Wissen einen messbaren Wert für das Unternehmen gegeben. Dieser Wert kann in einer kürzeren Anrufdauer im Call Center, schnelleren Problemlösungen (und damit weniger Arbeitsstunden), dem höheren Transaktionsvolumen der Mitarbeiter in Support und Verkauf oder in zusätzlichen Verkaufsumsätzen durch die Mitarbeiter gemessen werden.

Besseren Service bei geringeren Kosten

Damit trägt ein computergestütztes Supportsystem für die Angestellten z.B. im Call Center dazu bei, einen besseren Service bei geringeren Kosten zu ermöglichen! Die für das Knowledge-Management angebotene Werkzeuge bedienen sich sehr unterschiedlicher Technologien. Als Beispiele seien einfaches Textretrieval oder Help-Files, Hypertexte im Intranet bzw. Internet, Groupware-Lösungen wie Lotus Notes, Datenbanksysteme, Entscheidungsbäume, Expertensysteme und insbesondere wissensbasierte Anwendungen genannt.

Mein Tipp: Machen Sie eine Aufstellung aller computergestützten Supporttools, die implementiert wurden. Auch derjenigen, die nicht verwendet werden. Informieren Sie sich, was erfolgreich ist und was nicht ... und warum!

»Intelligente« Systeme

Rein textbasierten Technologien fehlt die Fähigkeit eines effizienten Retrievals im Call-Center-Alltag. Datenbanksysteme können zwar dazu verwendet werden, bestimmte Kundendaten wie Anschrift, verwendete Produkte, Abrechnungsdetails und Informationen über frühere Anfragen automatisch bereitzustellen, sie helfen jedoch nicht dabei, die Effizienz, Konsistenz und Qualität der Problemlösungen zu verbessern. Um die volle Produktivität von Knowledge-Management-Lösungen im Call Center freizusetzen, werden »intelligente« Systeme benötigt.

Call-Center-Unterstützung heute und morgen

Problematisch ist aus Sicht des E-Business vor allem, dass das klassische Call Center sich nicht ohne Medienbruch in das Online-Konzept integrieren lässt. Zwar kann man die Kunden bitten, bei Problemen eine Telefonnummer zu wählen (und es wird häufig so gemacht, z.B. im Online-Angebot des Otto-Versandes), aber wirklich komfortabel ist dies nicht.

Beratungsqualität: oft nur ein frommer Wunsch

Und dann sind da noch die leidigen Erfahrungen, die wohl jeder einmal mit einer telefonischen Hotline gemacht hat: Oft hängt es von der Kompetenz, der Verfügbarkeit und dem Willen des einzelnen Mitarbeiters ab, ob man eine brauchbare Beratung erhält. Viel zu oft sind mehrmalige Anrufe notwendig, um ein im Grunde einfaches Problem zu lösen. Konsistente Beratungsqualität ist oftmals nur ein frommer Wunsch. Und natürlich steigen so auch die Kosten für das Unternehmen immer weiter!

Um einen leistungsfähigen Online-Support zu gewährleisten, müssen Sie aber eine Methodik entwickeln, um genau dies zu erreichen – damit die Best-Practice-Lösungen für den Kunden zugänglich gemacht werden können.

Doch was können Sie tun? Lassen Sie uns ein kleines Fallbeispiel durchexerzieren...

Die Ausgangslage: ein ineffizientes Call Center

Sie sind der Leiter eines Call Centers, das sich um die Reparatur von Druckern kümmern soll. Qualität und Problemlösung können Sie durchaus sicherstellen. Doch Probleme bereiten Ihnen die Kosten, die Ihnen durch Kundenanfragen entstehen: Nicht nur, dass die Kunden selbst dann anrufen, wenn ein Blick ins Handbuch genügen würde, Ihre Mitarbeiter sind auch alle Spezialisten. Wenn der richtige Ansprechpartner nicht erreichbar ist, dann muss der Kunde zurückgerufen werden. Und das alles wird aus Ihrem Budget bezahlt ...

Deshalb lassen Sie alle Fehlerreports, Handbücher, Frequently Asked Questions (FAQs) und ähnliches Material zusammentragen. Alle Mitarbeiter sollen sich mit diesen Dokumenten beschäftigen, damit jeder auch Routineanfragen zu anderen Produkten bearbeiten kann. Installationsdateien, neue Treiber, Bugfixes usw. lassen Sie ebenfalls zusammensuchen. Und jeder ist angewiesen, ein Protokoll anzufertigen, wenn er ein neues Kundenproblem gelöst hat. Mit diesen Protokollen, so hoffen Sie, können auch die anderen Mitarbeiter von dieser Erfahrung profitieren.

Leider stellt sich der erwartete Erfolg nicht ein: Kaum jemand nutzt Ihre schöne Wissensbank. Es ist auch nicht gerade effizient, im Problemfall die richtigen Dokumente in den zusammengetragenen Ordnern zu finden. Das mit den Fehlerprotokollen klappt sowieso nicht wie gewünscht. Entweder wird die Anfertigung schlicht und einfach vergessen, oder die Dinger sind komplett unbrauchbar: »Fehlerbeschreibung: defekt, Fehlerursache: weiß nicht, Fehlerbehebung: Kunde hat Software neu aufgespielt«. Gepflegt wird das Ganze auch nicht – eigentlich stehen Ihre Mitarbeiter noch immer in Grüppchen zusammen und diskutieren die Kundenprobleme, während die Kunden auf Rückrufe warten ...

Die Erkenntnis: Information ist nicht gleich Wissen!

Viele Unternehmen sammeln Supportinformationen. Aber Information ist nicht gleich Wissen! Erst wenn die gesammelten Fakten für jeden einfach zugänglich, leicht verständlich und übertragbar sind, ist eine produktive und aktive Nutzung möglich.

Wissen, nicht nackte Information, ist das wertvollste Kapital der meisten Unternehmen. Dies wird immer dann deutlich, wenn der Zugriff auf eigentlich vorhandenes Wissen nur unter erheblichem Aufwand oder mit enormen Kosten möglich ist.

Optimierung der Beziehung zum Kunden

Dabei ist die Verfügbarkeit und Bereitstellung von Wissen entscheidend für eine erfolgreiche Kundenbeziehung: Sowohl das Verkaufsgespräch als auch der Kundensupport im Fall auftretender Probleme leben von der Erfahrung, die das Unternehmen mit seinen Produkten und den Kunden gesammelt hat. Je besser die Verfügbarkeit dieser Erfahrungen – dem Know-how des Unternehmens – desto effizienter und reibungsloser kann der Umgang mit dem Kunden sich gestalten. Die Kundenzufriedenheit steigt und zugleich werden Reibungsverluste minimiert. Das Ziel des Einsatzes wissensbasierter Systeme in Verkaufsunterstützung und Support dient wesentlich der Optimierung der Beziehung zum Kunden!

Wissen statt nackter Information heißt das eigentliche Schlüsselwort: Doch was unterscheidet beispielsweise Support-»Wissen« von »Information«?

Was ist »Wissen«?

Das Lexikon definiert »Information« als Mitteilung oder Nachricht sowie insbesondere als Bezeichnung für Daten, besonders wenn diese eine logische, in sich abgeschlossene Einheit bilden. »Wissen« hingegen wird mit Erfahrung gleichgesetzt und bezeichnet somit die »erworbene Fähigkeit sicherer Orientierungen, das Vertrautsein mit bestimmten Handlungs- und Sachzusammenhängen«. Erfahrung führt demnach, sich auf endlich viele Beispiele und Gegenbeispiele in der Anschauung stützend, zu elementarem Wissen.

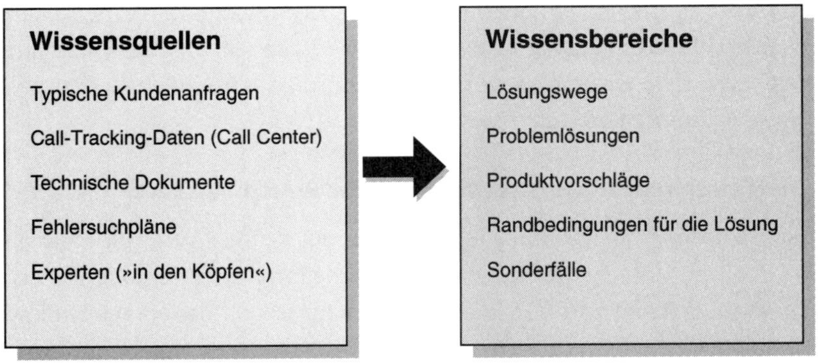

Abbildung 2.5 Wissen kann aus den unterschiedlichsten Quellen stammen. Wichtig ist, es in reproduzierbare, standardisierte Lösungsansätze zu übertragen und diese zu dokumentieren.

Der Unterschied liegt letztlich in der effizienten Suche, Handhabung und Adaption. Information ist statisch, wird abgelegt und ist meist nicht verfügbar, wenn sie wirklich benötigt wird. Information in Form von Service- und Wartungsunterlagen füllt häufig ganze Aktenordner – nur, wer hat den Überblick und zieht zur richtigen Zeit den passenden Servicebericht hervor, wenn Kunden die Hotline anrufen? Im Vergleich dazu ist Wissen dynamisch und jederzeit abrufbar: Erfahrene Servicetechniker wälzen in der Regel nicht erst umfangreiche Serviceunterlagen – sie »wissen« häufig aus Erfahrung, welche Ursachen ein Problem haben kann. Wissen ist demnach die Fähigkeit, Daten in nützliche Informationen zu verwandeln!

Der Computer allein bietet hier keine Lösung: Zwar sind dort die Informationen für alle Mitarbeiter leicht zugänglich, aber es fehlt an Werkzeugen, den Bestand nach bestimmten Kriterien zu durchsuchen, ähnliche Problemfälle zu erkennen und die Informationen so zu wiederverwendbarem Wissen zu machen.

Die Lösung: der virtuelle Ratgeber

Stellen Sie sich nun vor, in Ihrem Intranet gäbe es einen virtuellen Kollegen, nämlich ein wissensbasiertes System, das Ihren Mitarbeitern hilft, das im Intranet hinterlegte Wissen zu nutzen und zu übertragen. Dazu beschreibt Ihr Mitarbeiter kurz das Kundenproblem (genauer: die aufgetretenen Symptome), und der virtuelle Kollege unterstützt ihn dabei, genau die Information zu finden und anzuwenden, die dieses Problem löst.

Dabei ist das System nicht nur auf technische Fragen spezialisiert, sondern »kennt« auch die Bedienungsanleitungen der Produkte, gibt Hilfestellung bei der Bewältigung selten vorkommender oder komplexer Aufgaben, versorgt Sie mit den neuesten Informationen. Zudem hilft es unerfahrenen Mitarbeitern bei der Einarbeitung. Und sollte mal etwas fürchterlich schief laufen, so empfiehlt das System einen kompetenten Ansprechpartner im Unternehmen.

Knowledge at your fingertips selbst

Wissensmanagement direkt vom Arbeitsplatz aus: »Knowledge at your fingertips!« Und zugleich reduzieren Sie noch die Kosten, da Ihre Mitarbeiter produktiver sind und weniger Rückrufe anfallen ...

> *Mein Tipp: Gibt es in Ihrem Unternehmen ein Intranet? Wo ist hier das Konzept »Knowledge at your fingertips« realisiert?*

Dieses Szenario ist beileibe keine Zukunftsmusik. Immer mehr Firmen beschäftigen sich mit der Frage, wie sie Informationen, die im Unternehmen vorhanden sind, so aufbereiten, dokumentieren und aufbewahren, dass sie allen für das Funktionieren der Unternehmensabläufe relevanten Stellen auf einfache Art zur Verfügung gestellt werden kann. Das Stichwort: Wissensmanagement oder auch Knowledge Management. Der Bereich Anwendersupport steht dabei an vorderster Stelle, denn hier ist es besonders wichtig, raschen und umfassenden Zugriff auf gespeicherte Informationen zu haben.

Kunden lösen Routineprobleme selbst

Und ist ein solches System erst einmal aufgebaut, dann ist es auch kein großes Problem mehr, den Kunden zu einem Teil der Supportlösung einen direkten Online-Zugang zu verschaffen. Routineprobleme können Ihre Kunden dann zukünftig selbst lösen, können sich den neuesten Treiber für ihr Druckermodell und das richtige Betriebssystem herunterladen – und befreien so Ihre wertvollen Produktspezialisten von 08/15-Aufgaben. Im Ergebnis sparen Sie sogar noch Geld bei jedem Problem, das der Kunde online selbst lösen kann!

2.7 Unzufriedene Kunden

Pre-Sales/ After-Sales

So weit, so gut. In den vorangegangenen Kapiteln haben Sie die wichtigsten Anforderungen an den Customer Support aus der Sicht des Kunden und der des Anbieters kennen gelernt. Der Kunde sucht nach einer effektiven, effizienten Lösung für sein Problem, der Anbieter nach einer Möglichkeit, diese kosteneffizient bereitzustellen und einen wirtschaftlichen Vorteil daraus zu ziehen. Die entscheidenden Aktionen, die die Kundenzufriedenheit und entsprechend die Kundenbindung bestimmen, sind damit die Beratung vor bzw. während des Kaufs (Pre-Sales) sowie der Support im Problemfall (After-Sales). Genau an diesen Schnittstellen zum Kunden ist es notwendig, das benötigte Know-how in geeigneter Form zur Verfügung zu stellen, um so effiziente Informations- und Kommunikationsprozesse zu ermöglichen und Reibungsverluste zu minimieren.

Tipp: Nehmen Sie die Wünsche Ihrer Kunden ernst ... sehr ernst!

Häufig werden an der Schnittstelle zum Kunden durch einen Mangel an Know-how überflüssige Kosten verursacht, die Kommunikation wird unnötig in die Länge gezogen oder es wird nicht die optimale Qualität bei der Beratung erzielt. Diese Probleme wirken sich nicht nur auf den Ertrag des Unternehmens negativ aus, Gleiches geschieht mit der Zufriedenheit der Kunden, was die Serviceleistungen des Unternehmens angeht.

Oft wendet sich nur ein Zehntel aller unzufriedenen Kunden direkt an das Unternehmen, 90 Prozent tun dies nicht! Allerdings erzählt jeder unzufriedene Kunde durchschnittlich 10 anderen potenziellen Kunden von seinen negativen Erfahrungen ...

Das bedeutet, dass die Bedeutung zufriedener Kunden seitens des Unternehmens kaum überschätzt werden kann: Ein unzufriedener Kunde macht entscheidend mehr Negativpropaganda als ein zufriedener Kunde positive Effekte bringt. Die meisten ihrer unzufriedenen Kunden beschweren sich nicht bei Ihnen – sie beschweren sich bei Freunden, erzählen diese Negativerlebnisse Bekannten, Kollegen und im schlimmsten Fall sogar Ihren Wettbewerbern und den Medien. Unzufriedene Kunden malen ein Horrorszenario, welches das Ansehen des Unternehmens in der Öffentlichkeit stark beschädigen kann!

Negativpropaganda

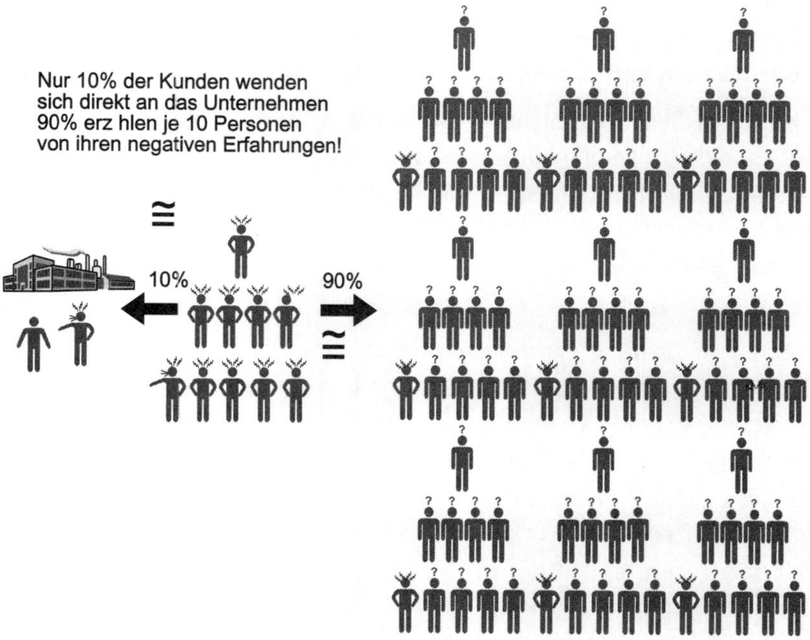

Abbildung 2.6 Unzufriedene Kunden sind Gift für den Erfolg! Negativpropaganda verbreitet sich wie ein Lauffeuer und kann alle Erfolge im Empfehlungsmarketing zunichte machen.

Dabei sind 70 bis 90 Prozent der Entscheidungen, ein bestimmtes Produkt nicht mehr zu erwerben, nicht auf das Produkt oder den Preis zurückzuführen. Sie hängen in irgendeiner Weise mit dem Service zusammen. Nach einer Untersuchung der Forum Corporation ist ein Anbieterwechsel durch den Kunden zu 70 Prozent auf Mängel im Customer Support zurückzuführen. Nach dieser Untersuchung wechseln 15 Prozent der Kunden den Anbieter aufgrund mangelnder technischer Qualität, ebenso viele schreckt der Preis ab – der Rest allerdings ist mit der Kundenbetreuung und dem Service des Geschäftspartners unzufrieden.

Mängel im Customer Support

Andererseits kann eine fünfprozentige Verbesserung in der Wahrnehmung durch die Kunden für das Unternehmen eine Steigerung der Umsätze um 25 bis 85 Prozent bedeuten (Quelle: Harvard Business Review).

Der Kunde erwartet im Allgemeinen einen ausgezeichneten Service, insbesondere erwartet er, dass sein Gesprächspartner (Verkäufer, Servicepersonal etc.) kompetent ist und ihn umfassend und korrekt beraten kann. Leider ist nicht jeder Mitarbeiter automatisch ein Experte für alle Anfragen! Zudem können es sich Unternehmen heute in der Regel nicht mehr leisten, jede Kundenanfrage direkt an einen (teueren) Produktspezialisten weiterzuleiten.

Was aber, wenn der Kunden trotzdem unzufrieden ist?

Versuchen Sie erst gar nicht, es allen recht zu machen. Sie werden nie alle Fälle bei Ihrer Planung berücksichtigen können. Daher ist es wichtig, sich auf eine Zielgruppe zu konzentrieren, die Sie gut kennen und damit sehr gut bedienen können. Versuchen Sie auch nicht, Ihre Supportorganisation zu einer eierlegenden Wollmilchsau zu machen. Das kann nicht funktionieren.

Fokussierung auf die wichtigsten Probleme

Wichtig ist allerdings, dass Sie für die wichtigsten Probleme (und das sind in der Regel die mit dem höchsten Anfragevolumen) effiziente Lösungen anbieten können. Die Kundenanfragen sind zu einem großen Teil Routineanfragen, die sich auf immer wieder die gleichen Ursachen zurückführen lassen. Häufig kann beobachtet werden, dass nach dem Pareto-Prinzip 80 Prozent des Anfragevolumens auf 20 Prozent des verfügbaren Supportwissens entfällt (Beispiele: Computerspiele, Vertragskonditionen etc.).

Noch wichtiger ist es jedoch, dass Sie ein leistungsfähiges Beschwerdemanagement etablieren. Hören Sie den Kunden zu, wenn sie mit Ihnen unzufrieden sind. Hieraus können Sie mehr lernen als in jedem Seminar! Und vor allem: Zeigen Sie, dass Ihnen an der Meinung der Kunden und an deren Zufriedenheit gelegen ist.

Enttäuschung wird zu Begeisterung

Viele Kunden sind überrascht, wenn sie feststellen, dass ihre Unzufriedenheit den Anbieter nicht kalt lässt. Wer sich aktiv um enttäuschte Kunden bemüht, hat so oft die Chance auf Nachbesserung. Sie können mit einem aktiven Beschwerdemanagement Kunden nicht nur zurückgewinnen, sondern sogar zu aktiven Fürsprechern machen.

Mein Tipp: Überdenken Sie, wie Sie unzufriedene Kunden aufspüren können und wie Sie diese Erfahrungen zur Optimierung Ihres Angebotes nutzen können! Was ist Ihnen ein unzufriedener Kunde wert, der Sie auf Probleme hinweist?

Zusammenfassung

Service und Support haben schon immer eine herausragende Rolle im Wettbewerb gespielt. Die Unterschiede von Produkt und Service verschwimmen. Fast jedes Erzeugnis – vom Buch bis zur Flugreise – wird durch zusätzliche Serviceangebote aufgewertet. Dabei misst sich Qualität nicht nur in den technischen Produkteigenschaften, sondern auch und besonders in der Frage, welche zusätzlichen Serviceleistungen und Supportangebote bereitstehen.

Traditionell wird dieses Angebot von Verkäufern und Supportmitarbeitern erbracht. Allerdings ist es in einer Welt, in der Produkte nicht mehr nur im eigenen Dorf, sondern weltweit verkauft werden, Usus geworden, Beratungsleistungen auch am Telefon zu erbringen. Hieraus haben sich ganze Dienstleistungsbereiche entwickelt. Der Wichtigste: Organisationen, die im Kundenauftrag Call-Center-Dienste übernehmen. Doch wohl jeder, der bereits einmal eine telefonische Hotline in Anspruch genommen hat, kennt auch deren Nachteile. Schwankende Beratungsqualität, wenig effiziente Lösungen, Warteschleifen und unfreundliche, inkompetente Mitarbeiter seien stellvertretend genannt.

Für den Betreiber zeichnet sich ein anderes Bild: Ein Call Center zu betreiben ist personalintensiv und daher teuer. Brauchbares, qualifiziertes Personal zu finden, ist zudem sehr schwierig – darüber hinaus ist die Mitarbeiterfluktuation sehr hoch, die Einarbeitung neuer Mitarbeiter muss oft »on the job« erfolgen. Daher ist es wichtig, Call Center zu entlasten und die Effizienz der Lösungsbestimmung zu steigern. Neben Call-Avoidance-Strategien, die die Reduzierung des Anfragevolumens vor allem für Routineanfragen zum Ziel hat, eignen sich vor allem computergestützte Supporttools, die das verfügbare Wissen am Arbeitsplatz jedes einzelnen Servicemitarbeiters verfügbar machen.

Trotzdem bleiben immer unzufriedene Kunden – und auch die gilt es mit Service und Support zu adressieren. Eine leistungsfähiges Beschwerdemanagement, das unzufriedene Kunden nicht einfach verwaltet, sondern sich um ihre Belange kümmert, ist ein extrem wichtiger Bestandteil dauerhaft erfolgreicher Service-Strategien.

3 Electronic Customer Care

»Im Internet, in dem alle Unternehmen nur durch ihre Computersysteme repräsentiert werden, entscheidet alleine der Einsatz intelligenter Software darüber, wie intelligent Ihr Unternehmen dort in den Augen Ihrer potenziellen Kunden erscheint.«
Chuck Williams, CEO Brightware

»Was müssen wir den Kunden bieten, um mit unserem Angebot erfolgreich zu sein?« Die Antwort auf diese Frage lautet in der so genannten New Economy nicht anders als in der so genannten Old Economy: Sie müssen dem Kunden umfassenden Service, gute Beratung und Unterstützung im Supportfall bieten. Im »realen« Leben wird durch die persönliche Beratung und Empfehlung, durch schriftliche Unterlagen oder durch multimedial aufbereitete Medien dem potenziellen Käufer das Produkt erklärt. Telefonhotlines bieten rasche Hilfe bei Fragen aller Art. Nach dem Kauf helfen Handbücher, Gebrauchsanleitungen und Telefonservices. Diese Instrumente sind dem Konsumenten geläufig, der Umgang mit ihnen bedarf grundsätzlich keiner näheren Erläuterung.

Doch so verständlich all diese Aussagen erscheinen, so schwierig scheint es dennoch, sie in das moderne E-Business zu übertragen. Vor einiger Zeit noch hieß es allenthalben, dass das Erfolgspotenzial im E-Business gerade in folgenden Punkten liegt:

- ▶ Der Handel wird grenzenlos.
- ▶ Das Kundenpotenzial wird fast grenzenlos.
- ▶ Die Zukunft liegt in der Selbstbedienung und der damit gewonnenen Freiheit der Kunden.
- ▶ Unternehmen erzielen besonders durch den Verzicht auf Personal und Ladenmieten Einsparungen.

Und das soll sich jetzt alles ins Gegenteil verkehren? Zum Glück nicht! Es gilt aber, mit dem neuen Vertriebsweg verantwortungsvoll umzugehen und Chancen wie Gefahren zu erkennen.

3.1 Was der Kunde will

Für viele Kunden ist das Internet noch immer viel zu kompliziert, und die Vorteile von Transparenz und Verfügbarkeit werden dadurch zerstört, dass die Informationsbeschaffung enorm aufwändig ist.

Kundenorientierung ist das Gebot der Stunde

Der Nutzer kennt weder die Anbieter noch deren Websites, und immer wieder muss er sich durch Online-Angebote schlagen, die vielleicht aus Sicht *des Unternehmens* einen Sinn ergeben, nicht jedoch aus *seiner* Sicht ihn bei der Lösung seiner konkreten Probleme unterstützen. Dabei müsste das oberste Ziel sein, kundenorientierte Websites zu bauen und so das Vertrauen zu schaffen, das im Web zunächst durch die anonyme, technische Kontaktanbahnung nicht vorhanden ist.

Wer weiß, was er sucht, der findet

Verschiedene Studien haben sich damit beschäftigt, was den langfristigen, dauerhaften Erfolg im E-Commerce derzeit behindert. Alle Studien heben hervor, dass Navigation, Beratung und individuelle Unterstützung der Kunden bei der Produktauswahl und im Support wesentliche Faktoren für erfolgreiche Online-Shops sind. Und doch müssen sich die potenziellen Kunden in den meisten Fällen durch endlose Warenkataloge klicken oder hilflos und ratlos nach Supportdokumenten fahnden, von denen sie nicht einmal wissen, ob sie online überhaupt verfügbar sind. Häufig gilt: »Wer weiß, was er sucht, der findet – wer es nicht weiß, ist verloren!«

Esther Dyson, Autorin von »Release 2.0« und amerikanische Internet-Päpstin, brachte es schon 1999 auf den Punkt: »Kunden wünschen den interaktiven Kontakt zum Unternehmen sowie effektivere Methoden, wie sie das Unternehmen dazu bekommen, auf ihre Bedürfnisse zu reagieren«. Dies deckt sich auch mit einer Studie von Cheskin Research, die aussagt, dass effektive Navigation generell eine wesentliche Voraussetzung für die Kommunikation und Wahrnehmung ist, und dafür, ob eine Website vertrauenswürdig ist und die Kundenbedürfnisse befriedigt – und dass hochwertige Navigation und erstklassiger Service gerade für weniger bekannte Anbieter entscheidend sind. Und auch eine aktuelle SKOPOS-Studie belegt diese Aussagen:

Käufer fordern mehr Kundendienst beim Online-Shopping

Das SKOPOS Institut für Markt- und Kommunikationsforschung hat im Juni 2001 eine Studie zum Thema Online-Shopping veröffentlicht. Etwa 7000 Meinungen des in Europa führenden Verbraucherportals dooyoo.de zu über 1000 Shops wurden für die Studie analysiert.

Fazit der Studie ist, dass Kundendienst und Pünktlichkeit die beiden Kernfaktoren sind, die für die Gesamtzufriedenheit der Kunden beim Online-Shopping verantwortlich sind. Die Service-Aspekte Kundendienst und Pünktlichkeit sind für Online-Einkäufer mit Abstand die wichtigsten Leistungskriterien und zu 67 Prozent für den Grad an Kundenzufriedenheit im E-Commerce verantwortlich. Im Vergleich hierzu sind die klassischen Aspekte zur Kundengewinnung, wie Preis-Leistungs-Verhältnis, Bestellvorgang, Warenangebot und Produktinformation, von deutlich geringerer Bedeutung.

Als weiteres Ergebnis hebt die Studie die Unterscheidung in erklärungsbedürftige und weniger erklärungsbedürftige Produkte hervor. »Der Kaufprozess eines komplexen Produktes ist sowohl für den Kunden als auch für die Shops wesentlich anspruchsvoller und kritischer als der eines einfachen Produktes. Der höhere Informationsbedarf beim Kauf solcher Produkte ist gerade im E-Commerce eine besondere Herausforderung«, so SKOPOS-Geschäftsführer Jörg Korff. Auf diese Weise erklären sich branchenspezifische Unterschiede: Die Gunst der Kunden gegenüber Online-Shops liegt vor allem in Branchen mit einfachen und standardisierten Produkten. Im Vergleich dazu werden die Shops von Branchen mit komplexen Produkten den hohen Ansprüchen ihrer Kunden heute oft nicht gerecht.

Die SKOPOS-Forscher gehen davon aus, dass die Gesamtzufriedenheit der Kunden mit einem Online-Shop zwei Dimensionen unterliegt. Jörg Korff hierzu: »Point-of-Sale-Faktoren wie beispielsweise der Bestellvorgang, die Produktdarstellung und die Website bieten den Shops grundsätzlich große Chancen, Kunden für sich zu gewinnen. Fulfillment-Faktoren wie Kundendienst und Lieferpünktlichkeit dagegen bergen für Shops große Risiken, Kunden langfristig und nachhaltig zu verlieren.«

Die wesentlichen Ergebnisse der Studie »Faktoren der Kundenzufriedenheit beim E-Shopping« können kostenlos unter über die Website www.skopos.de heruntergeladen werden.

Den Nutzern fehlt Wissen

Was aber genau fehlt den Kunden bei den heutigen Online-Auftritten? Betrachtet man die Ergebnisse der Studien genauer, so stellt sich heraus: Den Nutzern fehlt *Wissen*. Wissen über den Aufbau und die Struktur der Website, um sich schnell online zurechtzufinden. Und damit finden sie eine weitere Form von Wissen nicht – Wissen, das sie eigentlich suchen. Hierbei handelt es sich um das Wissen, das zur Bewältigung der aktuellen Kundenproblematik benötigt wird. Wissen darüber, welches Produkt für den Kunden das geeignetste ist. Oder Wissen darüber, wie ein Problem mit einem Produkt behoben werden kann.

Früher steuerte dieses Wissen der Verkäufer oder der Supportmitarbeiter bei – Erfahrungswissen, das gutes Personal von schlechtem unterscheidet. Doch im Web gibt es in der Regel kein Personal mehr. Und damit kein Wissen. – *The store ist silent and unhelpful ...*

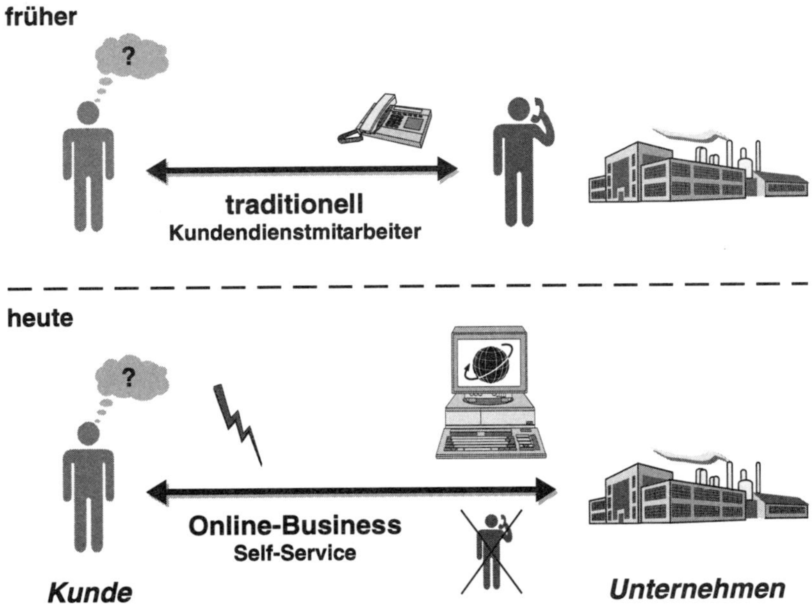

Abbildung 3.1 Kernproblem von Service und Support im E-Business ist der Wegfall des direkten Kontakts zwischen Kunden und Anbietern.

Electronic Customer Care, oder kürzer: Online-Service, hat vor allem die Aufgabe, das Erfahrungswissen wieder für die Kunden verfügbar zu machen – online und als Hilfe zur Selbsthilfe. Und genau das Fehlen dieser Komponenten bemängeln viele Kunde an den heutigen Webpräsenzen.

Wissen als strategischer Erfolgsfaktor

Wie bereits gesehen, wird Wissen zunehmend zur treibenden Kraft in Unternehmen und der effiziente Umgang mit der Ressource Wissen wird zum entscheidenden strategischen Erfolgsfaktor. Eine neue Generation von intelligenten »mitdenkenden« Systemen steht in Form von elektronischen Assistenten Mitarbeitern, Interessenten und Kunden zur Seite. Intelligente Beratungs- und Assistenzsysteme machen Wissen verfügbar, wo es aktiv genutzt wird: in der Entscheidungsunterstützung! Solche Systeme haben zum Ziel, intelligente Antworten zu liefern und kontextabhängig, also wissensbasiert, zu reagieren. Nicht nur Ihre Mitarbeiter sollen mitdenken, wenn es um Marketing, Verkauf oder Wissensmanagement geht, sondern auch Ihre Datenbanken und Retrieval-Systeme, die Produkt-, Kunden- und Unternehmensdaten verwalten.

Einsatzgebiete für solche Systeme sind:

- E-Commerce (Pre-Sales): »Elektronische Verkäufer« beraten Interessenten und Kunden über Produkte, kennen die jeweiligen Einsatzmöglichkeiten und weisen auf Alternativen hin.
- Customer-Support (After-Sales): »Elektronische Berater« helfen Mitarbeitern und Kunden bei Problemen, wissen über Updates sowie Tipps und Tricks Bescheid und unterstützen bei der Fehlerbehebung.

Wissensbasierte Systeme spielen dabei überall dort ihre Stärken gegenüber traditionellen EDV-Systemen aus, wo Anforderungen nicht exakt und vollständig spezifiziert werden können, das Anwendungsgebiet jedoch klar abgegrenzt werden kann.

3.2 Dialog statt Monolog

Was im Web zu oft vernachlässigt wird: Die Beziehung zwischen Anbieter und Kunde ist immer dialogorientiert. Der Kunde hat ein Problem, einen Wunsch, zu dem er eine möglichst gute Lösung wünscht. Im traditionellen Handel läuft der Verkaufsprozess nun so ab, dass der Kunde sein Problem schildert und erwartet, dass der Händler ihm passende Lösungsvorschläge unterbreitet sowie die Vor- und Nachteile der einzelnen Angebote abzuwägen hilft.

Manche Produkte sind standardisiert ...

Natürlich gibt es auch seit langem Supermärkte, die auf reine Selbstbedienung setzen. Beratung wurde hier quasi abgeschafft, das notwendige Personal auf ein Minimum reduziert und die so entstandenen Kostenvorteile (zumindest manchmal) auch in Teilen an die Kunden weitergereicht. Dabei bleibt der Dialog jedoch auf der Strecke und das Prinzip funktioniert vor allem bei standardisierten Produkten, die der Kunde immer wieder kauft und die er bereits kennt. Lebensmittel, Zeitschriften, Taschenbücher oder auch Benzin könnten als Beispiel dienen.

... manche sind beratungsintensiv

Geht es jedoch um individuell zusammengestellte Produkte und Dienstleistungen, um Investitionsgüter oder erklärungsbedürftige Produkte, dann ist Information und Beratung Trumpf. Nur ein Bruchteil der Kunden lässt sich in diesem Fall auf ein Abenteuer oder allein auf die eigene Urteilsfähigkeit ein.

Viele Online-Shops tragen diesem Prinzip zu wenig Rechnung. Sie lassen den Kunden allein mit sich selbst: Keine Beratung, kein Produktvergleich, keine Alternativvorschläge! Dabei haben Katalogversender und Homeshopping-Anbieter, aber auch viele andere Branchen, schon seit langem die Bedeutung des menschlichen Kontakts erkannt und setzen stark auf das Instrument Call Center.

3.3 Vom traditionellen Support zum Online-Support

Der Beschleunigung im Alltag und damit auch im Konsum begegnen die Unternehmen vermehrt mit der Einrichtung von Call Centern, die (manchmal rund um Uhr) Auskunft geben und Support leisten. Die Nutzung dieses Kanals ist für den durchschnittlichen Konsumenten aus seinem Alltag heraus verständlich und meist nicht weiter erklärungsbedürftig.

Setzen Sie auf den mündigen Nutzer!

Nicht so bei E-Commerce-Angeboten: Die Entscheidung, ein solches zu entwickeln, wirft die Frage auf, wie die Nutzer der Leistungen sich in diesem neuen Medium zurechtfinden werden. Es geht dabei nicht nur um die Frage der inhaltlichen Aufbereitung des Produktangebotes, sondern auch um den Umgang mit der Technik. Eine besondere Herausforderung erwächst dabei aus dem Self-Service-Charakter von Online-Angeboten. Doch diese setzen den mündigen, informierten Nutzer voraus.

Der Dienst am Kunden

Kundendienst bedeutet in der Regel, dass der Kunde ein Problem mit einem Produkt oder einer Dienstleistung hat, zu dessen Lösung er einer Unterstützung bedarf. Subjektiv ist das Problem für den Kunden grundsätzlich selbst nicht lösbar, auch wenn oft nur ein Blick in das Handbuch genügen würde. Die Erwartungshaltung der Kunden ist eindeutig:

- Er erwartet effektive und effiziente Unterstützung.
- Sein Problem soll durch den Kundendiensteinsatz möglichst unmittelbar behoben werden.
- Er geht davon aus, dass sein Kontakt ein »Experte« für die Problemlösung ist.

Kompetente Berater

Erwartet wird also kompetente und effiziente Hilfe. Leider sind die meisten Online-Angebote jedoch reichlich unintelligent, fast schon stupide! Kundendienst bedeutet aber auch, dass viele Kunden nicht genau wissen, welche Angebote für sie am geeignetsten sind. Zwar kennen sie ihr grundlegendes Problem, aber ihnen fehlt das Know-how, die Angebote zu vergleichen und die richtige Kaufentscheidung zu treffen. Im Ladengeschäft liegt hier die Aufgabe des Verkäufers darin, den Kunden zu beraten und ihm das Angebot transparent zu machen. Im Telesales übernimmt diese Funktion ein Mitarbeiter im Call Center, der telefonisch die Beratung übernimmt. Doch wie sieht das im Online-Shop aus? Hier fehlt das Personal und damit häufig auch jede Entscheidungshilfe!

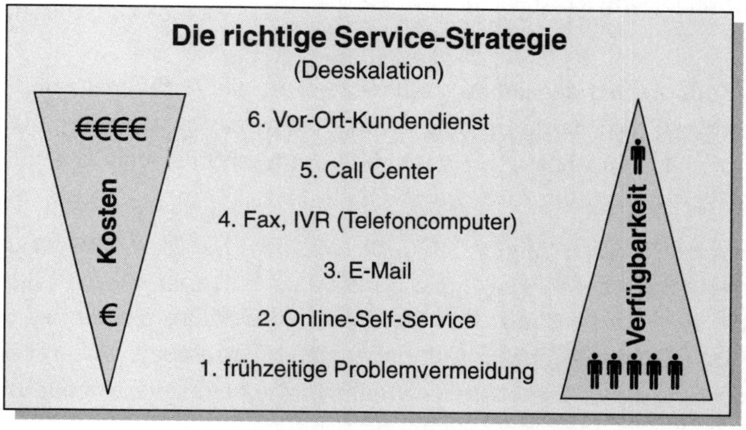

Abbildung 3.2 Die richtige Service-Strategie im Online-Business setzt auf Selbstbedienung, hohe Verfügbarkeit und geringe Kosten. Komplexere Probleme werden werden durch die Ebenen weiter nach oben gereicht.

Letztlich entscheidet die Kompetenz der Beratung darüber, ob der Kunde mit dem Service zufrieden ist. Wurde er aus seiner Sicht »kompetent« beraten, sein Problem also in akzeptabler Zeit erkannt und eine Lösungsstrategie gefunden, nimmt er sein Gegenüber als »Experten« wahr. Wird er allerdings in seiner Erwartungshaltung enttäuscht, wird das Vertrauen nicht nur in das Serviceinstrument, sondern auch in das Produkt und damit auch in das Unternehmen als solches unterminiert.

Kompetente Kunden

Kompetenz bedeutet Wissen – in der Regel Erfahrungswissen. Durch die steigende Variantenvielfalt und immer kürzere Produktzyklen ist es kaum mehr möglich, diese Erfahrung auf traditionelle Weise zu sammeln. Gesucht sind also Lösungen, die die Mitarbeiter mit dem notwendigen Wissen ausstatten, ohne diese kosten- und zeitaufwändig schulen zu müssen. Oder – im Fall des E-Business: direkt den Kunden!

Vom Call Center zum Contact Center

Zunehmend ist das Telefon nicht mehr der einzige Weg, um mit der Supportorganisation in Kontakt zu treten. Online-Supportformulare, E-Mail-Anfragen, Faxe und viele andere Kommunikationskanäle werden ebenso unterstützt. Das klassische Call Center wird so zum Contact Center, in dem alle Anfragen zusammenlaufen und koordiniert werden. Die verschiedenen Medien sind dabei nicht nur als Transportebene wichtig, sie erlauben auch unterschiedliche Formen der Interaktivität und Mediennutzung.

Online-Support zielt dabei massiv auf den Aspekt, die Anzahl der Anrufe zu verringern. Und da den eigenen Mitarbeitern das gesammelte Supportwissen ebenfalls online zur Verfügung steht, wird der Informationsfluss erleichtert.

High-Tech in Itzehoe

Ein Viertel aller global tätigen Call Center werden ihre Dienstleistungen nach einer Studie der Yankee Group bis 2002 auch über das World Wide Web anbieten. Dies bestätigt den Trend, dass Supportlösungen über Call Center und Supportlösungen im Internet durch den Einsatz wissensbasierter Technologien immer mehr zusammenwachsen. Allerdings muss dies nicht dazu führen, dass das Internet traditionelle Call Center ersetzt. Eine Befragung von 100 Unternehmen aus der Liste der Top 500 ergab: 80 Prozent erwarten, dass das Internet den direkten Telefonkontakt mit dem Call Center nicht wesentlich reduziert, sondern ergänzt und das Serviceangebot komplettiert. Ein Beispiel hierfür: In Itzehoe wurde Anfang September 1998 ein neuartiges Call Center eröffnet. Es verbindet erstmals in Europa Internet und Telefon. Internetnutzer können auf den Webseiten der Anbieter einen Button anklicken, der den Rückruf eines Operators aus Itzehoe auslöst. Beide haben dann die gleiche Webseite vor sich und können am Telefon die Auswahl des Urlaubshotels, den Kauf eines Produkts oder die Installation von Software besprechen. Ähnliche Contact-Center-Anwendungen entstehen mittlerweile immer häufiger.

3.4 Das moderne Contact Center

Contact Center sind immer Dienstleistungsangebote mit direktem Kundenbezug. Sie ermöglichen den Zugang zu den verschiedenen Supportangeboten über verschiedene Zugangswege. Das muss nicht nur der Supportmitarbeiter sein, sondern kann auch FAQs, Supportforen, wissensbasierte Assistenzsysteme und Live-Chats umfassen, um nur einige zu nennen. Der Zugang ist dabei über verschiedenste Medien möglich, wie Telefon, Fax, CD-ROM, Web, E-Mail oder WAP. Hierbei werden unterschiedliche Frontends verwendet, um auf das gleichen Supportinstrumentarium im Backend zuzugreifen.

Neue Aufgaben im Rahmen des E-Business

Alle Unternehmen stehen heute im globalen Wettbewerb. Für Service und Support bedeutet dies ganze neue Herausforderungen, die folgendermaßen begründet sind:

- steigende Produktkomplexität und Variantenvielfalt
- kurze Produktzyklen
- harter internationaler Wettbewerb
- zunehmende Anonymisierung der Kundenbeziehung bei gleichzeitiger Individualisierung
- sinkende Gewinnspannen
- Veränderungen auf dem Arbeitsmarkt
- »Learning on the job«
- Wandel vom Verkäufer- zum Käufermarkt

Kundenbeziehungen optimieren

Diese Faktoren beeinflussen die Erwartungshaltung der Kunden sowohl im Verkaufsprozess wie auch im Supportfall – und damit die Kundenzufriedenheit. Optimale Kundenbeziehungen aber sind der wichtigste Wettbewerbsvorteil, den ein Unternehmen aufbauen kann. Mit der Entwicklung des E-Business und des Handels über das Internet werden auch dem Contact Center neue Aufgaben übertragen. Der potenzielle Online-Kunde und der Käufer eines Produkts erwartet eine rasche und effiziente Beantwortung aller Fragen, und dies rund um die Uhr, an sieben Tagen in der Woche und unabhängig von räumlichen Gegebenheiten auch im Urlaub oder auf einer Dienstreise. Doch hier sind Auskünfte per Telefon nicht in allen Fällen optimal dazu geeignet, dem Kunden jene umfassende Hilfestellung zu bieten, die er wünscht. Bereits die ständige Verfügbarkeit eines Telefonsupports kann kaum gewährleistet werden und verursacht horrende Kosten für das Unternehmen. Besucht der Online-Kunde Ihre Website am Sonntag um ein Uhr nachts und haben Sie nicht eine Rund-um-die-Uhr-Hotline, die auch am Wochenende zur Verfügung steht, so ist das Risiko, diesen Kontakt gar nicht erst herstellen zu können, enorm.

Und auch der Faktor des Medienbruchs darf hier nicht unterschätzt werden: Der Surfer im Web muss zum Telefonhörer greifen und eine Hotline anrufen können. Ist er nicht mit ISDN- oder xDSL-Technologie ausgerüstet und verfügt er auch nicht über ein Mobiltelefon, so muss er sich oft erst aus dem Internet ausloggen, um anrufen zu können. Es besteht also das große Risiko, dass der Interessent den Webauftritt verlässt und nicht mehr wiederkommt. Ganz zu schweigen von der psychologischen Barriere, die der Anwender überwinden muss, um zum Hörer zu greifen.

Vom Call Center ins Web: Effizienzsteigerung und Kundenorientierung

Die Call-Center-Betreiber müssen, um wettbewerbsfähig zu bleiben, den Sprung zum internetbasierten Contact Center schaffen. In einer Studie warnt die Unternehmensberatung Mummert und Partner davor, dass Europas Call Center nicht zukunftsfähig sind. Demnach fühlt sich jeder zweite Verbraucher von modernen Technologien wie dem Internet überfordert und benötigt beim Umgang damit Hilfe. Doch bisher ist nicht einmal jedes zehnte europäische Call Center webfähig, wie der britische Marktanalyst Datamonitor ermittelte.

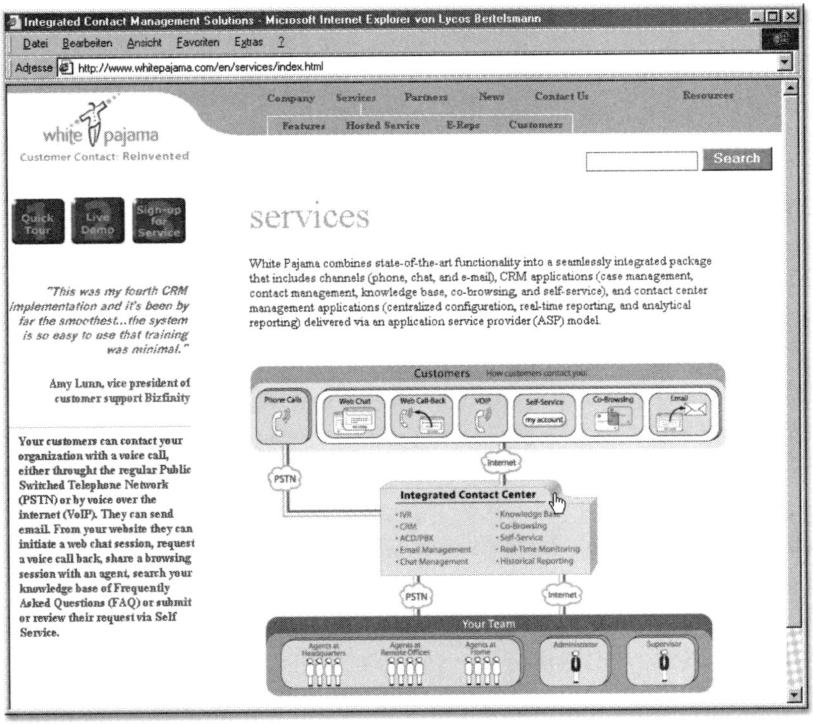

Abbildung 3.3 Moderne Serviceangebote zeichnen sich dadurch das, dass sie unterschiedliche Zugangswege zur Wissensbasis unterstützen. (Quelle: White Pajama)

Um E-Commerce-Sites zum Erfolg zu führen, muss der Kunde nach Auffassung von Mummert und Partner im Netz an die Hand genommen werden. Hierbei spielt vor allem das Contact Center eine wichtige Rolle. Das neue Contact Center ist nichts anderes als ein »weltoffeneres« Call Center. Die Grenzen zwischen den einzelnen Kommunikationskanälen verschwimmen.

Vernetzte Kanäle

Die Vernetzung erfolgt hierbei über Live-Chats, Internet-Telefonie und Shared Browsing, mit dem der Kunde vom Contact Center durch Webseiten geführt werden kann. Der Supportmitarbeiter kann dem Kunden mittels Mauszeiger bestimmte Details auf der Seite zeigen, während er sie per Internet-Telefonleitung erklärt. Die Kontaktaufnahme des Kunden erfolgt in den Zukunftsszenarien mittels Call-Button auf der Webseite, der direkt mit dem zuständigen Contact Center verbindet.

So verbinden Contact Center das Internetshopping mit direkter Kundenbetreuung. Die Kombination aus persönlicher Ansprache über die Stimme des Supportmitarbeiters und ansprechender grafischer Gestaltung der aufgespielten Seiten soll die Interaktivität und Individualität des Service steigern und die so ausgestatteten Angebote wettbewerbsfähiger machen.

3.5 Self-Service-Angebote als Ergänzung zum Contact Center

Die Verbreitung von E-Commerce-Dienstleistungen erfordert also die Einrichtung immer differenzierterer Methoden, um möglichst ohne Medienbruch und mit ständiger Verfügbarkeit Online-Support so zu gewährleisten, dass der Kunde an das Angebot gebunden wird. Dies gilt sowohl im Pre-Sales, also in der Beratung und dem Support vor Vertragsabschluss, als auch im After-Sales, wenn der Kunde mit dem erworbenen Produkt nicht zurecht kommt.

Leider hilft hier das Contact Center nur bedingt. Es ist fast unbezahlbar, ein Contact Center mit drei Schichten rund um die Uhr, 24 Stunden am Tag, sieben Tage in der Woche zu betreiben. Die Website jedoch kann man auch nicht einfach zusperren. Erschwerend kommt hinzu, dass vor allem der hohe Prozentsatz von Routineanfragen die Arbeit im Contact Center stumpfsinnig und wenig fordernd macht. Besonders in diesen Bereichen ist die Personalfluktuation sehr hoch, das Training neuer Mitarbeiter aber verschlingt zusätzliche Kosten.

Rationalisierungspotenzial nutzen

Wünschenswert ist es daher, einerseits Online-Serviceangebote aufzubauen, die rund um die Uhr genutzt werden können und niedrige Kosten verursachen. Andererseits bietet sich eine Automatisierung gerade für die Routineanfragen an. Untersuchungen belegen, dass bis zu 80 Prozent der Anfragen sich immer wieder auf die gleichen 20 Prozent der Lösungen beziehen! Hier besteht ein hohes Rationalisierungspotenzial, wenn es gelingt, die Kunden zur Selbsthilfe bei Routinefragen zu erziehen.

Eine Möglichkeit, beiden Anforderungen gerecht zu werden – also permanente Verfügbarkeit zu gewährleisten und vor allem Routineanfragen automatisiert zu bearbeiten – bieten Self-Service-Angebote im Internet. Sie leisten Hilfe zur Selbsthilfe. Die Aufgaben, die solche Systeme im Online-Shopping bewältigen müssen, entsprechen denen eines guten Verkäufers: Zunächst muss der individuelle Kundenwunsch erfasst werden. In einem Dialog wird dann auf diesen Wunsch reagiert und gegebenenfalls dieser Wunsch durch Nachfragen konkretisiert. Sind genügend Fakten gesammelt, so erfolgt die individuelle, fallgerechte Beratung mit der Bewertung von Alternativen – dem Kunden werden nur geeignete Objekte präsentiert, was die Selektion enorm vereinfacht. Die Produktpräsentation kann dabei die speziellen Wünsche des Kunden gesondert berücksichtigen. Anschließend erfolgt der Verkaufsabschluss und eventuell die Beratung über ergänzende Produkte und Zubehör.

Assistenzsysteme sind eine Art Middleware.

Dabei stellen sich diese Assistenzsysteme als eine Art Middleware zwischen Produkt- beziehungsweise Supportdatenbank und Web-Frontend dar. Damit ist es nicht notwendig, einen bestehenden Online-Auftritt komplett neu zu planen, sondern die Online-Serviceangebote können beispielsweise im Intershop als Plug-in realisiert werden. So werden aus einfachen Online-Shops intelligente, interaktive Beratungssysteme.

Beispiel: Support via Internet

Die Ausgangslage: Ihr Unternehmen stellt komplexe Telefonanlagen für Unternehmen her und installiert sie vor Ort. In den letzten Jahren ist dieser Markt heiß umkämpft: Die Gewinnspannen sinken, immer schnellere Produktzyklen sind erforderlich und die Öffnung der Telekommunikationsmärkte hat ganz neue Fehlerquellen mit sich gebracht. Sie machen es daher wie die Softwareindustrie, schließen jede Haftung aus und liefern als Dreingabe ein für alle Produkte identisches 500 Seiten umfassendes Fehlerhandbuch mit. Sortiert nach Produktnummern stehen dort all die Fehler, die typischerweise auftreten und was gegebenenfalls Abhilfe schaffen kann.

Stand: Mitte 1998. Die eigene Hotline schalten Sie auf eine 0190er-Nummer und führen sie als Profit-Center. Die Gewinne steigen, aber die Umsätze gehen in den Keller ... Leider sind nämlich auch Ihre Kunden immer anspruchsvoller und selbstbewusster geworden: Sie bestehen auf einem umfassenden und auch noch kostengünstigen Support. Das schöne Fehlerhandbuch ist ihnen viel zu umständlich! Und langsam wechseln sie zur Konkurrenz ...

Sie befinden sich in der Zwickmühle:

Support = teures Personal

teures Personal = hohe Preise

hohe Preise = mangelnde Wettbewerbsfähigkeit

Und:

fehlender Support = unzufriedene Kunden

unzufriedene Kunden = mangelnde Wettbewerbsfähigkeit

Support ist teuer, qualifiziertes Personal schwer zu finden, und bei den geringen Gewinnspannen zehrt eine Hotline diese Gewinne unweigerlich auf, denn die Kunden rufen wegen jeder Kleinigkeit an.

Die Lösung: ein Supportforum im Internet. Ein virtueller Servicetechniker unterstützt Ihre Kunden im Supportfall: Ausgehend von einer kurzen Problembeschreibung stellt er weitere Fragen, die das Problem eingrenzen. Weiß der Kunde die Modellbezeichnung seiner Telefonanlage nicht, so gibt er Anweisungen, wie diese herauszufinden ist. Der virtuelle Servicetechniker erkennt nicht nur, wenn das gleiche Problem bereits früher auftrat, sondern kann auch ähnliche Probleme analysieren und diagnostizieren. So bieten Sie einen weltweit verfügbaren Rund-um-die-Uhr-Service und Sie sparen Hotline-Personal, da Kunden nur dann anrufen, wenn wirklich schwer wiegende Probleme auftreten. Weiterer Vorteil: Sie erhalten automatisch ein Protokoll aller auftretenden Supportfälle, das Sie für Produktoptimierungen einsetzen können. Zugleich ist eine immer gleichbleibende Servicequalität garantiert, da der virtuelle Servicetechniker nicht unaufmerksam ist, nicht vergisst, wichtige Symptome abzufragen, und immer höflich bleibt. Er kann auch auf die Kundendaten zurückgreifen, weiß daher, welche Produkte im Einsatz sind und welche Probleme bereits früher aufgetreten sind.

Mit intelligenten Supportanwendungen im Internet ist dies schon heute realisierbar. Beispiele für solche Systeme gibt es viele: Yoda's Help Desk von LucasArts für Endkunden beispielsweise. Oder den SIMATIC Knowledge Manager, ein Support-Angebot von Siemens für B2B-Kunden, das sowohl im Internet als auch auf CD-ROM zur Verfügung steht. Beide Systeme werden später noch vorgestellt.

Es ist exakt die gleiche Technologie, wie sie zur Effizienzsteigerung im Call Center eingesetzt wird, die dazu genutzt werden kann, den Kunden direkt online, also ohne Zwischenschaltung eines menschlichen Beraters, zu unterstützen. Online-Serviceangebote eignen sich hervorragend, um als Internetlösung dem Kunden als Self-Service-Anwendung zur Verfügung gestellt zu werden.

Vorteile von Self-Service-Anwendungen

Self-Service-Anwendungen haben viele Vorteile als Ergänzung zum Call bzw. Contact Center. Der wichtigste Effekt ist in vielen Fällen die Vermeidung von Anrufen – und damit eine enorme Kosteneinsparung für den Anbieter: Der Aufwand, den ein Anruf im Call Center verursacht, kann im Vergleich zu den Kosten einer Self-Service-Anfrage im Internet nach amerikanischen Untersuchungen um den Faktor 10 bis 100 höher liegen! Man hat außerdem festgestellt, dass Kunden Self-Service-Angebote häufig auch und gerade dann nutzen, wenn sie mit der Hotline wenig zufrieden waren: Self-Service-Angebote verursachen im Allgemeinen zunächst geringere Kosten (vor allem Telefongebühren), ersparen leidige Warteschleifen, machen unabhängig von der Kompetenz und Freundlichkeit des Personals der Hotline und erlauben es dem Kunden, sich nach eigenem Gutdünken der Problemlösung zu nähern.

Zusammenfassung

Online-Kunden erwarten Beratung und effiziente Unterstützung – und damit die Bereitstellung von Erfahrungswissen für Kaufentscheidungen und Supportprobleme. Zu viele Unternehmen richten ihren Online-Auftritt nach ihren Produkten und Angeboten aus, nicht danach, mit welchen Problemen die Nutzer kommen und welche Lösungen sie suchen. Doch solche wenig hilfreichen Online-Auftritte haben nicht das Potenzial, die Nutzer an das Angebot zu binden – der Nutzwert fehlt, der normalerweise durch gutes Personal erbracht wird.

Call Center können hier nur bedingt sinnvoll eingesetzt werden, da der Griff zum Telefon immer einen Medienbruch darstellt und es zudem sehr kostspielig ist, eine Call-Center-Organisation rund um die Uhr zu betreiben oder auch nur mit Routinetätigkeiten zu beschäftigen. Dem Problem des Medienbruchs begegnet das Contact Center damit, dass es den Kunden zusätzliche Kommunikationskanäle und neue Dienstleistungen zur Verfügung stellt. Durch die Nutzung von internetbasierten Kommunikationsformen wird der Medienbruch vermieden. Zusätzlich entlasten Self-Service-Angebote die Supportmitarbeiter von Routineanfragen. Durch die Automatisierung und die Verlagerung der Lösungssuche auf den Kunden können dabei hohe Kosteneinsparungen entstehen.

Das Motto der Zukunft im Web heißt: Beraten statt Auflisten! Im zunehmenden Wettbewerb differenzieren sich Unternehmen mit ihren Online-Shops immer weniger nur über Produkte und Preise, sondern über die Qualität ihres Leistungsspektrums. Intelligente Assistenten stellen das Know-how des Unternehmens genau dort zur Verfügung, wo es am Produktivsten ist: an der direkten Schnittstelle zum Kunden!

Für E-Commerce-Lösungen bedeutet dies, dass immer mehr die Beratung in den Vordergrund rückt: Kompetente, individuelle Beratung führt zur Zufriedenheit des Kunden und erzeugt dauerhaft Vertrauen – Vertrauen in das Online-Shopping im Allgemeinen und in das spezifische Unternehmen im Besonderen. Die interaktive Online-Beratung der Kunden sorgt für den verstärkten Absatz von Reisen, Autos, Immobilien, Versicherungen oder Unterhaltungselektronik. Es lassen sich so elektronische Produktkataloge und Supportlösungen veröffentlichen, die Kunden intelligent durch das Angebot führen. Damit verknüpfen intelligente Assistenten im Online-Shopping die Bereiche Vertrieb und Kundendienst: Statt sich mühsam durch Produktlisten klicken zu müssen, wird der Online-Shopper beraten!

4 Online-Service praxisgerecht

»Kundendienst ist der nächste große Schub im Internet.«
Steve Robins, Director of Product Marketing, Servicesoft

Das Web scheint sich als idealer Ort für den Kundendienst geradezu anzubieten, denn genau dort suchen die Kunden nach schnellen Antworten. Es bietet die grundlegende Technologie, die nötig ist, damit die Kunden durch jede Menge Inhalt zu genau den Informationen navigieren können, die sie brauchen. Und es ist rund um die Uhr geöffnet. Nach Meinung von Beobachtern der Branche bietet der internetbasierte Kundendienst eines der größten Geschäftspotenziale im Web dar. Doch die Chancen werden bisher kaum genutzt!

4.1 Mangelhafte Online-Shops

So schön das Internet ist – in der Praxis hält es für die Nutzer viele Hürden und Fallgruben bereit. Wer weiß schon, worauf er sich einlässt, wenn er online bestellt? Das Vertrauen in die Anbieter ist gering, Sicherheits- und Datenschutzbedenken sind groß ... Doch vor allem: Der Kunde ist im Shop häufig komplett auf sich allein gestellt! Beratung und Service? Fehlanzeige!

Das Potenzial des Webs wird nicht ausgeschöpft

Die meisten Firmen schaffen es nicht, das volle Potenzial des Webs als Tool für den Kundendienst auszuschöpfen. Einige Firmen sind hierzu nicht in der Lage, weil sie nicht erkennen, wie leistungsfähig Serviceangebote im Internet sein können. Andere reagieren einfach zu langsam auf die Anforderungen der Kunden. Und manche Firmen entwickeln nie einen praktischen Prozess dafür, die von den Kunden gewünschten Informationen zu erfassen und sie unverzüglich auf ihrer Website zur Verfügung zu stellen!

DDV-Studie 2001: Kundenservice im Internet unzureichend

Nach einer im Juli 2001 durchgeführten Studie des Deutschen Direktmarketing Verbandes e.V. halten über zwei Drittel der Onliner eine individuelle Beratung per E-Mail für wichtig oder sehr wichtig. An zweiter und dritter Stelle der Wunschliste stehen für die Befragten die persönliche Beratung am Telefon (55 Prozent) und das Angebot, vom Unternehmen zurückgerufen zu werden (49 Prozent).

»Das Angebot einer persönlichen Beratung per Telefon oder E-Mail ist für die Kundenbindung im Netz entscheidend. Wenn der Kunde keine entsprechenden Angebote findet, kommt er beim nächsten Mal einfach nicht wieder«, sagt Bettina Höfner, Leiterin Neue Medien im DDV.

Kunden warten zu lange auf Antwort

Rund die Hälfte der Befragten war schon einmal unzufrieden, weil sie zu lange in einer telefonischen Warteschleife hingen, auf ihre E-Mail-Anfrage nicht reagiert wurde oder die Antwort zu lange auf sich warten ließ. Auch die Qualität der E-Mail-Auskunft wird von vielen Kunden bemängelt: 41 Prozent der Befragten hielten die Auskunft für unzureichend. Deutlich besser schneidet das Telefon ab: Nur 22 Prozent fühlten sich am Telefon schlecht beraten. »Mit der Nennung einer Kunden-Hotline oder einer E-Mail-Adresse ist es längst nicht getan. Der Kunde erwartet am anderen Ende eine qualifizierte und kompetente Beratung. Hier besteht offensichtlich noch ein Nachholbedarf von Seiten der Unternehmen«, so Höfner.

Kunden stellen individuelle Fragen

Derzeit nutzen die Kunden im Netz zur aktiven Kontaktaufnahme in erster Linie E-Mail (84 Prozent) und Telefon (55 Prozent). Das Fax steht als Kommunikationsmedium mit 24 Prozent an dritter Stelle. Zwei Drittel der Internetnutzer wollten bei ihrem Kontakt mit dem Unternehmen Waren bestellen, 45 Prozent forderten gedrucktes Informationsmaterial an. Für 37 Prozent war das Abonnieren eines E-Mail-Newsletters Grund für die Kontaktaufnahme, und 32 Prozent wollten Banktransaktionen durchführen. Das Bedürfnis der Kunden nach individuellen Informationen ist besonders groß: An erster Stelle stehen Anfragen zu Produkten (58 Prozent) und Preisen (47 Prozent), gefolgt von Fragen zu Lieferbedingungen (39 Prozent). Fragen zum Datenschutz stellen die Onliner dagegen seltener (7 Prozent).

Neue Technologien noch kaum genutzt

Neue Technologien der Kommunikation wie Co-Browsing, Text-Chat oder Internet-Telefonie nutzen die Onliner derzeit noch sehr selten. Auch hält die Mehrheit diese Angebote für nicht wichtig. Anders ist das Bild beim so genannten »Call-Back-Service«. Dabei kann der Surfer per Mausklick zu einem bestimmten Zeitpunkt einen Rückruf des Unternehmens anfordern.

Zwar haben nur vier Prozent der Befragten diese Möglichkeit schon einmal genutzt, 49 Prozent halten diesen Service aber für »sehr wichtig« oder »wichtig« und würden sich eine solches Angebot wünschen. »Der Call-Back-Button ist ein gutes Beispiel dafür, wie Unternehmen im Wettbewerb um den Kunden effektiv und kostengünstig zusätzliche Punkte sammeln können. Hier zeigt sich wieder einmal, wie wichtig die Anbindung des Internets an die bewährten Kommunikationskanäle ist«, so Höfner.

(Quelle: Pressemitteilung des DDV)

Versäumnisse haben kostspielige Folgen

Diese Versäumnisse haben kostspielige Folgen. Firmen mit schlechtem oder gar fehlendem Online-Service verlieren Kunden, da die Internet-Nutzer schnell frustriert sind und sich anderswo umsehen. Ohne eine solide Online-Service-Strategie kann es vorkommen, dass die telefonische Hotline eines Unternehmens mit Kundenanfragen total überlastet wird, wenn ein neues Produkt vorgestellt wird oder Probleme mit einem vorhandenen Produkt auftreten[1]. Firmen, die keinen effektiven Online-Service entwickeln, geben letztendlich viel mehr für die Kundenunterstützung aus als ihre Konkurrenz– und zwar bis zu 20 Mal mehr pro Ereignis. Online-Serviceangebote haben sich dahin gehend bewährt, das Verkehrsaufkommen auf der Website zu erhöhen, wodurch sich mehr Gelegenheiten für den Markenauftritt und die Werbung online bieten. Und bei Websites, auf denen bezahlte Werbung eingeblendet wird, können die Werbeeinnahmen beträchtlich in die Höhe getrieben werden.

Erfolgreiche Websites gehen auf die Bedürfnisse des Besuchers ein: Sie machen ihn neugierig auf weitere Informationen, erbitten sein Feedback auf das virtuelle Angebot und fordern zum Dialog auf. Ohne den Einsatz von Online-Serviceangeboten bleibt den Kunden jedoch oftmals nur der Griff zum Telefonhörer oder eine E-Mail, um Kontakt zum Unternehmen aufzunehmen.

Surfer wollen selbst Antworten finden

Die Vermutung zahlreicher Experten, dass Surfer aber in der Regel bevorzugt selbst die Antworten auf ihre Fragen finden, wird durch eine Studie des US-amerikanischen Marktforschungsinstituts Doculabs bestätigt: Unterstützt eine Website eine kompetente Selbsthilfe, können im Durchschnitt 86,9 Prozent aller Anfragen mit Hilfe einer entsprechenden Software bearbeitet werden – ohne zusätzliche Telefonate oder E-Mails. Daraus ergeben sich für den Anbieter erhebliche Kosteneinsparungen!

1. Denken Sie nur einmal an Krisenkommunikation: Selbst eine Pressemeldung über Gefährdungspotenzial durch ein Produkt Ihres Konkurrenten kann schon dafür sorgen, dass bei Ihnen zigtausende besorgter Kunden anrufen – nur um zu erfahren, ob Ihre Produkte eventuell auch betroffen sein könnten!

Guter Online-Service spart Geld ...

Einsparungspotenzial

Untersucht wurde weltweit der Einsatz von Online-Serviceangeboten in über 200 Unternehmen aus 22 Branchen. Ausgehend von mehr als drei Millionen Anfragen bei den untersuchten Unternehmen im ersten Quartal 2001 ergibt sich folgende Rechnung: Während telefonische Unterstützung mit durchschnittlich 32,74 US-Dollar zu Buche schlägt, kostet jede Anfrage, für die der Kunde durch eine Self-Service-Lösung selbst beantworten konnte, nur rund 1,17 US-Dollar. Aus der ermittelten Quote von 86,9 Prozent zugunsten der Selbsthilfe errechnet sich damit insgesamt ein Einsparungspotenzial von rund 100 Millionen US-Dollar.

Die Doculabs-Studie bestätigt Software-Hersteller, die Tools zur Realisierung von Online-Serviceangeboten entwickeln. »Dieser Report unterstreicht die Aussagen unserer Kunden: Effektive Selbsthilfe reduziert die Supportkosten und erhöht zugleich die Kundenzufriedenheit«, so Greg Gianforte, CEO und Gründer von RightNow Technologies. »Die Zahlen sprechen eine eindeutige Sprache: Unternehmen ohne webbasierten Kundenservice haben einen echten Wettbewerbsnachteil.«

Viele Geschäftsführer scheuen jedoch die Investition in ein professionelles Kundenservice-Angebot für ihre Website. Der Grund: Der quantitative Nutzen einer solchen Lösung ist ihnen oftmals nicht bekannt.

ROI-Gratis-Check

Wer wissen möchte, welche Einsparungen mit einer umfassenden Lösung für Online-Service und Online-Support tatsächlich möglich sind, dem bietet beispielsweise RightNow Technologies[2] einen so genannten »ROI (Return on Investment)-Gratis-Check«: Unternehmen haben die Möglichkeit, sich über die potenziellen Ersparnisse im eigenen Kundenservice individuell zu informieren. Für eine aussagekräftige Kalkulation sind verschiedene Angaben wie beispielsweise die Anzahl der Beschäftigten im Customer Service, das durchschnittliche Jahresgehalt eines dort tätigen Mitarbeiters oder der tägliche Umfang an Support-Leistungen nötig. Die Ergebnisse werden den Unternehmen umgehend mitgeteilt. Damit steht Supportverantwortlichen eine fundierte Argumentationsgrundlage für eine Kundenservice-Software zur Verfügung.

2. Mehr dazu im Webangebot des Unternehmens. Die deutschen Seiten finden Sie unter www.rightnow.de. Oder Sie können den Check gleich unter ROI-check@rightnow.com anfordern.

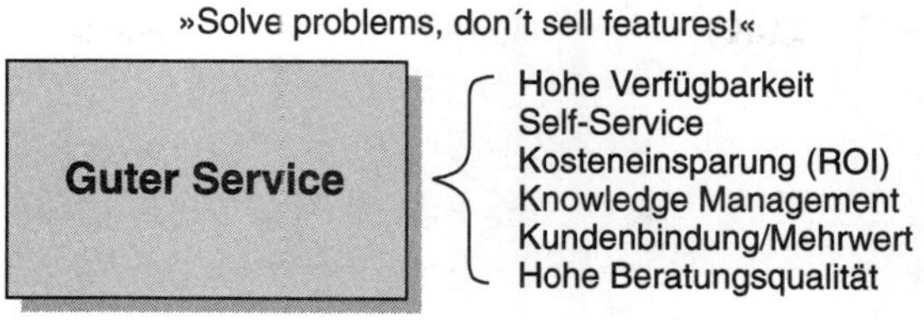

Abbildung 4.1 Die Bestandteile erfolgreicher Online-Serviceangebote

Nach der bereits erwähnten Doculabs-Studie können durchschnittlich rund 87 Prozent aller Kundenanfragen via Internet mit Hilfe einer entsprechenden Software bearbeitet werden – ohne zusätzliche Telefonate oder E-Mails. Im Schnitt erzielen diese Unternehmen in der Praxis eine Self-Service-Rate von rund 75 Prozent. Das heißt: Dreiviertel aller Kunden finden auf der Website eigenständig die gewünschten Informationen und das Supportpersonal wird stark von Routineanfragen entlastet. Nach Schätzungen von Forrester Research ergäben sich dadurch für die Firmen Kosteneinsparungen von rund 32 Dollar pro Anfrage.

... geeignetes Instrumentarium vorausgesetzt

Die eigene Strategie finden

Die Einsparungen fallen aber natürlich nicht vom Himmel. Sie sind nur realisierbar, wenn Untenehmen in die richtige Servicestrategie und das richtige Instrumentarium investieren. Dabei ist Individualität Trumpf: Was für den einen Anbieter funktioniert, muss nicht den gleichen Erfolg bei einem anderen Unternehmen bringen.

RightNow Technologies ist ein Anbieter von vielen, die Softwarelösungen für den Aufbau einer individuellen Service-Strategie im Internet entwickeln und (zum Teil als ASP-Lösungen) anbieten. Das Unternehmen bietet mit RightNow Web ein automatisiertes, integriertes Kunden-Service-System mit Funktionen wie Self Help, E-Mail-Management, Live-Chat, Kundenumfragen sowie Marktanalysen. Self Help speichert häufig gestellte Fragen in einer Wissensdatenbank. Zum raschen Auffinden und Abrufen stellt diese die meistgesuchten Antworten automatisch an den Listenanfang. Die Anzahl der manuell bzw. individuell zu bearbeitenden Online-Anfragen reduziert sich so erheblich; Qualität, Antwortzeiten und Kosteneffizienz webbasierter Interaktionen verbessern sich signifikant. Die Lösung ist mit jedem Websystem kompatibel und vollständig skalierbar, so dass sich beliebig viele Abfragen und Informationen speichern lassen. In Verbindung mit dem Hosting-Service gewährleistet RightNow eine Implementierungszeit von nur 14 Tagen. Das Unternehmen wurde 1995 in Bozeman, Montana (USA), gegründet und ist spezialisiert auf die Automatisierung von Arbeitsabläufen im Bereich Kundenservice und technischer Support im Internet. Die Kundenliste von RightNow umfasst so bekannte Namen wie Lufthansa, VIAG, British Telecom, Cisco Systems, Compaq, Nortel Networks, Nike, TDK, Vodafone Airtouch, Voicestream, Xerox sowie mehr als 1000 weitere Firmen.

Typische Online-Servicelösung: RightNow Web

RightNow Web kann als eine typische Online-Servicelösung bezeichnet werden. Andere Unternehmen bieten zum Teil nur einzelne Module oder haben sich auf andere Verfahren und Technologien spezialisiert. Natürlich ist auch der Aufbau einer eigenen Lösung ohne Rückgriff auf externe Anbieter und Dienstleister möglich. Dies rechnet sich allerdings nur selten – beispielsweise, wenn nur ein sehr einfaches Online-Serviceangebot realisiert werden soll oder ganz spezifische Anforderungen hinsichtlich Leistungsumfang und Integration in die bestehende Systemlandschaft bestehen.

4.2 Was spricht für Online-Service?

Da das Web immer populärer und sein Verkehrsaufkommen immer größer wird, ändert es sich auch rasch. Noch vor ein paar Jahren genügte es, eine Website einzurichten, auf der eine bescheidene Menge an Informationen über Produkte oder Dienstleistungen angeboten wurde – und eine Telefonnummer, bei der die Besucher für Bestellungen oder mit Fragen anrufen konnten. Inzwischen hat sich einiges geändert.

Das Web wurde interaktiv

Firmen benutzen heute das Web, um Verkäufe und Einkäufe zu tätigen, Personal zu rekrutieren, Angebote einzuholen und auf andere Geschäfte zu verweisen. Das Web hat sich zu einem extrem interaktiven Medium entwickelt. Auch ist das Web hervorragend dazu geeignet, Kundendienst anzubieten und engere Beziehungen mit Kunden zu knüpfen. – Das bedeutet aber auch, dass man dort leicht Kunden verlieren kann!

Wie verliert man Kunden im Web? Genau so wie in der »realen« Welt: indem man nicht auf ihre Bedürfnisse eingeht. Viele Führungskräfte, die fast einen Herzschlag bekommen würden, wenn ihre Telefonleitungen auch nur zehn Sekunden lang ausfielen, denken sich überhaupt nichts dabei, wenn sie einen Online-Kunden tagelang auf eine Antwort per E-Mail warten lassen.

Kommunikationsmedium Internet?

Eine von Jupiter Communications LLC durchgeführte Untersuchung kam zu dem überraschenden Ergebnis, dass 42 Prozent der Websites von namhaften Unternehmen, die unter die Lupe genommen wurden, keinen angemessenen Kundendienst bieten. Diese Firmen haben entweder mehr als fünf Tage benötigt, um eine E-Mail-Anfrage ihrer Kunden zu beantworten, haben überhaupt nie geantwortet oder waren nicht per E-Mail erreichbar. Und dieses Untersuchungsergebnis ist bei weitem kein Einzelfall! Doch nicht nur die Kommunikation per E-Mail liegt im Argen – Kommunikation und Dialog ist alles!

Bedürfnisbefriedigung. Jetzt!

Die Anziehungskraft des Webs ist zum größten Teil auf die unmittelbare Befriedigung von Bedürfnissen zurückzuführen. Natürlich ist den Nutzern klar, dass Sie die meisten Produkte nicht gleich erstehen und mitnehmen können. Doch gerade deshalb wollen die Besucher einer Website die Informationen, die sie für ihre Kaufentscheidung oder die Lösung eines Problems benötigt, schnell finden. Und daher reagieren Web-Besucher auf Verzögerungen besonders empfindlich.

Online-Service bedeutet zielgerichtetes Webdesign

Statistiken weisen darauf hin, dass es sich eventuell nur um ein paar Sekunden handelt, bis der suchende Besucher aufgibt und entweder anderswo weitersucht oder die Suche komplett abbricht. Eine treffende Regel lautet: »Du hast nur 15 Sekunden!« Innerhalb dieser 15 Sekunden muss eine Webseite zeigen, dass sie hilfreich für die Lösung der Fragestellung des Besuchers ist. Online-Service bedeutet also auch zielgerichtetes Webdesign.

Hierdurch werden nicht nur die Designer von Websites unter enormen Druck gesetzt, Websites zu entwerfen, auf denen die Navigation einfach ist und die rasch geladen werden, sondern es wird auch Druck auf diejenigen ausgeübt, die an der Entwicklung der Online-Inhalte beteiligt sind. Sie – unter anderem Mitarbeiter in der Marketingabteilung und in der Kundenunterstützung – müssen die möglichen Bedürfnisse der verschiedensten Besucher vorausahnen. Da die Vielfalt dieser Besucher von unerfahrenen Neulingen bis hin zu Stammkunden reichen kann, ist der Umfang der angeforderten Informationen unter Umständen überwältigend.

Und was macht ein Besucher, wenn er den benötigten Inhalt nicht finden kann? Er sucht nach einer Stelle, an der er eine Frage stellen kann. Normalerweise erfolgt dies über die Schaltfläche »Kontakt«, mit der eine generische Abfrage per E-Mail gestartet wird. Für einen Kunden, der ein Problem hat, ist dies aber leider jämmerlich wenig.

»Ich hätte da eine Frage ...«

Stellen Sie sich vor, Sie rufen bei einer Firma an und müssen auf einem Anrufbeantworter, von dem Sie nicht einmal erfahren, ob er zum Verkauf, zum Kundendienst oder zum Nachtwächter gehört, eine Nachricht hinterlassen! Unmöglich? Im Internet eher die Regel als die Ausnahme!

Von frustrierten Kunden

Das Ergebnis? Frustrierte Online-Nutzer sind wütend auf die Firma und werden gezwungen, zum Telefon zu greifen – was die Firma pro Anfrage bis zu 45 US-Dollar mehr kostet, als wenn das Problem direkt online behoben worden wäre.

Aber es kann noch schlimmer kommen: Wenn der potenzielle Kunde die Website verlässt und keine befriedigende Antwort auf sein Problem erhalten hat, kann es sein, dass er dem Unternehmen auf Dauer den Rücken zukehrt! Und auch noch Bekannten von dem Horrorerlebnis erzählt, das mit jeder neuen Erwähnung noch an Grausamkeit zunimmt ...

Der Weg zu besseren, dialogbereiten Websites

Das Problem ist oftmals, dass die Online-Anbieter gar nicht wissen, wie wenig Ihr Webangebot den Erfordernissen der Kunden entspricht. Welches Unternehmen nutzt schon aktiv die eigene Website? Vor allem: Welcher Verantwortliche für einen Online-Auftritt hat schon die Zeit, die Lust und die Befähigung, sich in die Lage der Kunden zu versetzen? Es scheitert doch im Allgemeinen schon daran, dass man selbst zu viel über die eigene Website weiß ... Und darüber, wie sie eigentlich funktionieren *soll*. Nur hat der Durchschnittsnutzer diese Kenntnisse eben nicht.

Mein Tipp: Versetzen Sie sich in die Situation Ihrer Online-Nutzer – oder noch besser: Engagieren Sie Testnutzer!

Zahlreiche Faktoren können dazu führen, dass Websites in den Augen der Nutzer zu schlecht funktionieren und nicht dialogfähig sind. Die wichtigsten sind:

- **Missverständnis der Anforderungen des Besuchers**
  Viele Manager ziehen die dynamischen, interaktiven Anforderungen der Online-Nutzer von heute einfach nicht ausreichend in Betracht. Sie wissen nicht, wie ihre Zielgruppe das Internet zu nutzen erhofft und erkennen nicht, welche Bedeutung Dialogfähigkeit und Interaktion im konkreten Einzelfall haben. Oft heißt es: »Das ist ja gut und schön für

XYZ, aber für unsere Belange ist das nicht nötig.« Solche Manager erkennen daher in der Regel nicht, welche Inhalte und Mechanismen bereitgestellt werden müssen, mit denen die Anforderungen und Erwartungen des typischen Besuchers einer Website erfüllt werden.

- **Budgetbeschränkungen**
  Selbst wenn alle Verantwortlichen sich darüber im Klaren sind, dass verbesserte Inhalts- und Antwortmechanismen den Wert einer Website beträchtlich steigern würden, mangelt es eventuell an den Ressourcen hierfür. Zu den Bemühungen in dieser Richtung kann gehören, dass ein oder mehrere Vollzeitmitarbeiter stets damit beschäftigt sind, häufig gestellte Fragen zu verfolgen, den passenden Inhalt zur Beantwortung dieser Fragen zu entwickeln und ggf. Seiten abzuändern oder neue Seiten hinzuzufügen. Bei Websites mit einer großen Anzahl von Besuchern können diese Arbeiten ungeachtet der Kosten undurchführbar erscheinen – weil einfach nicht genügend Personal zur Verfügung steht, das sich mit HTML auskennt, oder die Budgetplanungen dies »zurzeit« nicht vorsehen.
- **Mangel an passenden Tools**
  Wenn sich Organisationen direkt mit der Frage dialogfähiger Websites auseinander setzen, stellen sie oft fest, dass ihnen die passenden Tools fehlen, um eine wirklich umfassende Lösung einzusetzen. Die Funktionen, die zur Schaffung einer dynamischen, reaktionsbereiten Website erforderlich sind, umfassen oft mehrere Software-Kategorien: Erstellung von HTML-Webseiten, Verfolgung von Anfragen per E-Mail, Abfrage- und Suchfunktionen, wissensbasierte Systeme etc. Wenn keine Lösung vorhanden ist, mit der diese verschiedenartigen Komponenten integriert werden können, wird das Betreiben einer dialogfähigen Website, die sich an den Problemen der Nutzer und ihrer Lösung orientiert, unter Umständen extrem arbeitsintensiv.

Langfristiger Erfolg nicht ohne verbesserten Dialog

Trotz dieser Hindernisse ist es klar, dass Unternehmen, die den langfristigen Online-Erfolg anstreben, Methoden finden müssen, mit denen sie das Dialogverhalten ihrer Websites in Bezug auf die sich ständig ändernden Anforderungen der Interessenten und Kunden verbessern können. Wer das nicht tut, verliert Besucher an die Konkurrenz, erzielt schlechtere Gewinne aus den beträchtlichen Investitionen, die bereits in den Aufbau der Websites getätigt wurden, und gibt für teurere Ressourcen im Kundendienst – wie beispielsweise telefonische Hotlines und externe Call-Center-Organisationen – weiterhin mehr Geld als nötig aus.

4.3 Erfolgreiche Beispiele

Obwohl sich das Phänomen Online-Service noch im Anfangsstadium befindet, haben viele Unternehmen aus den unterschiedlichsten Branchen bereits bewiesen, dass die automatisierte, webbasierte Kundenunterstützung wirklich funktioniert. Nachstehend haben wir ein paar dieser Unternehmen als Beispiele angeführt und kurz beschrieben, welche Erfahrungen sie bis jetzt gemacht haben:

Air Canada: Verbesserung des Kunden-Informationssystems

Air Canada, eine internationale Airline mit mehr als 800 Zielen in über 130 Ländern, bekam ernsthafte Probleme, als die Anzahl der eingehenden E-Mail-Anfragen plötzlich sprunghaft auf mehr als 10000 pro Monat anstieg. Air Canada musste umgehend reagieren, um seine Kunden nicht zu verärgern.

Man implementierte für die Kunden von Air Canada einen schnellen und einfachen Self-Service-Zugriff auf die Informationen, die ihnen erfahrungsgemäß den größten Nutzen bringen: auf das Vielflieger-Programm. »Vor Einführung dieser Lösung bestand unser Kundenservice aus zwei Mitarbeitern, die E-Mails manuell beantwortet haben. Heute beschäftigen wir immer noch zwei Mitarbeiter im Support, obwohl wir viel mehr Kunden als früher bedienen«, erklärt Lisa Mc Nicholl.

Eines der Entscheidungskriterien für eine Online-Service-Lösung war die großen Anzahl der redundanten Fragen die im Support ankamen. Solche Fragen führen zur Demotivierung der Mitarbeiter und nehmen einen großen Teil der Ressourcen in den Supportabteilungen in Anspruch. Gerade durch Fragen im Bereich des Vielflieger-Programms wurde der Support stark beansprucht, so dass hier dringend eine Lösung gefunden werden musste, die nicht nur das Arbeitsaufkommen verringerte, sondern auch die Kosten senkte.

Lisa Mc Nicholl erläutert: »Die von RightNow entwickelte Lösung beinhaltet mehr als nur E-Mail-Management. Wir benötigten auch Reportingtools und Eskalationsmechanismen.« Air Canada erkannte schnell die vielfältigen Anwendungsmöglichkeiten des Systems und weitete dessen Einsatz auf die gesamte Website aus, so dass Kunden nun auch auf Fragen zu anderen Themen selbst die Antworten finden können. Entsprechend der zweisprachigen Tradition Kanadas wurde das Angebot sowohl in Französisch als auch in Englisch eingeführt. – Und die Rechnung ging auf: Unmittelbar nach der Einführung des Online-Serviceangebotes sank die

Anzahl der E-Mail-Anfragen von 10000 auf rund 4000 pro Monat. Das ist eine Reduzierung um 60 Prozent!

Gleichzeitig stieg die Zugriffszahl im Self-Service-Bereich auf der Website von Air Canada dramatisch an. Die Lösung stellt jeden Tag aufs Neue unter Beweis, dass die Kunden von Air Canada bereit sind, sich Informationen eigenständig zu beschaffen, und keineswegs auf einer direkten E-Mail-Anfrage bei der Fluggesellschaft bestehen. Momentan befinden sich rund 100 Fragen-Antwort-Paare in der Service-Datenbank.

Semikron Elektronik GmbH: Hocherklärungsbedürftige Produkte

Als Hersteller von Leistungshalbleitern mit einem weltweit operierenden Vertriebsteam war die Semikron Elektronik GmbH (www.semikron.com) auf der Suche nach einer Lösung, die die Informationen zu den hocherklärungsbedürftigen Produkten allen Vertriebsmitarbeitern zur Verfügung stellt. Durch den geplanten globalen Einsatz kamen nur solche Lösungen in Frage, die webbasiert und dadurch standortunabhängig sind.

Nachdem die Entscheidung gefallen war, ging alles sehr schnell: Innerhalb von fünf Tagen wurde die Lösung implementiert und im Intranet den Vertriebsmitarbeitern zur Verfügung gestellt. Gestartet wurde mit ca. 30 Frage-Antwort-Paaren in Englisch. Die inzwischen etwa 100 FAQs in der Datenbank helfen dem globalen Vertriebsteam, qualitativ hochwertige Auskünfte an die Kunden zu geben, egal zu welcher Uhrzeit, ob als neuer Kollege oder »alter Hase«. Die Informationen stehen weltweit auch dann zur Verfügung, wenn die Entwickler und Techniker in Deutschland bereits Feierabend haben. »Nach der bestandenen internen Bewährungsprobe, sind wir dabei, die Lösung in unseren Internetauftritt zu integrieren«, erklärt Markus Rupprecht, IT-Manager bei Semikron.

Turner Broadcasting: Einfache Benutzung als Schlüsselelement

Turner Broadcasting verwendet zur Unterstützung von 20 Millionen Kabelfernsehkunden, die ihre Kabeldienste von diesem Unternehmen beziehen, eine Online-Service-Anwendung. Da diese Kunden oft gleiche oder ähnliche Fragen stellen, gelang es Turner, die Anzahl der E-Mails, die an die Mailbox für allgemeine Unterstützung geschickt wurden, in nur zwei Wochen um ganze 75 Prozent zu verringern. Nach Aussage der Manager dieses Projektes war die einfache Benutzung für den Erfolg des Online-Unterstützungsprogramms von entscheidender Bedeutung, weil die Kunden im Allgemeinen keine »allzu versierten Benutzer« seien.

Mindspring: Online-Pool von Servicedokumenten

Dieser rasch wachsende Anbieter von Internetdiensten baut seinen Marktanteil weiter aus – größtenteils über Akquisitionen, die eine erhebliche Belastung der Ressourcen im Bereich Unterstützung verursachen. Mindspring unterstreicht in seiner Werbung seine Reaktionsfreudigkeit gegenüber Kunden, und infolgedessen war es absolut unumgänglich, die Website für den Dialog mit den Kunden effektiver zu gestalten. Das Unternehmen hat eine Online-Knowledgebase mit mehr als 2000 Servicedokumenten aufgebaut. Laut den Projektleitern von Mindspring bedeutet die hieraus resultierende Fähigkeit, Fragen der Kunden ohne menschlichen Eingriff zu beantworten, dass sich ihre Self-Service-Implementierung schon nach einem Monat bezahlt gemacht hat.

Specialized Bikes: Online-Service für die Marktforschung

Die von Specialized aggressiv betriebene Konzentration auf den Kunden wird dadurch belegt, dass diese Firma in einem wachstumslosen Marktsegment ein Jahreswachstum von mehr als 30 Prozent erzielt hat. Eigene Nachforschungen der Firma ergaben, dass mehr als 85 Prozent der Kunden, die anriefen, Zugang zum Web hatten und ein Online-Zentrum für die Kundenunterstützung demzufolge ein logischer Schritt war. Die Firma konnte nicht nur vermeiden, trotz der steigenden Anzahl von Anfragen zusätzliche Supportmitarbeiter einstellen zu müssen. Sie betrachtet Online-Service außerdem als ein unbezahlbares Werkzeug für die Marktforschung – weil die Firma hiermit herausfinden kann, was ihre Kunden wollen und wie gut sie die Marketing-Mitteilungen verstehen.

Fallstudie[3]: Lufthansa – Jeden Monat über 20000 Anfragen

Geschäfte über das Internet – für eine Fluggesellschaft wie die Lufthansa bedeutet dies, dass die Kunden ihre Buchungen selbst online ausführen. Was aber, wenn diese ihr Passwort vergessen oder nur den Kontostand ihres Meilenkontos wissen wollen? Was, wenn neben den begehrten Reservierungen auch jede Menge anderer Anfragen über die Website kommen? Kann es sich ein serviceorientiertes Unternehmen leisten, eine Anfrage zur Flugzeugtechnik oder zum Treibstoffverbrauch einfach zu ignorieren? Wohl kaum, denn im heiß umkämpften Reisemarkt zählt jeder Kunde.

3. Abdruck mit freundlicher Genehmigung von RightNow Technologies Deutschland

Das große Potenzial im Online-Handel war Lufthansa schon längst bewusst. Aus diesem Grund startete die Airline im Herbst 1999 eine umfangreiche Promotion für ihr Webangebot. Um zusätzlich den Service kundenfreundlicher zu gestalten, wurde die Kontaktaufnahme per E-Mail auf dem Flugplan und im Bordmagazin angeboten. Diese Promotion blieb nicht ohne Folgen: Bereits im folgenden Monat schnellte das E-Mail-Aufkommen auf über 20000 Anfragen hoch – das Lufthansa InfoFlyway Service Center (LISC) stand vor einer kaum lösbaren Aufgabe, zumal gerade das Medium Internet schnelle Antwortzeiten erfordert. Daher beschloss die Lufthansa //eCommerce GmbH (LHE) als Betreiber der Webseite, eine Software für Kundenservice zu implementieren.

Das LISC im großen Stil auszubauen, erschien bei einem zu erwartenden weiteren Anstieg der Userzahlen und damit der E-Mail-Anfragen jedoch langfristig wenig Erfolg versprechend. Es galt also eine Software zu finden, mit deren Hilfe sich Kundenanfragen effektiv und kostengünstig bearbeiten ließen. In ihren Anforderungskatalog nahm die Lufthansa //eCommerce GmbH folgende Punkte auf:

- **Einsparung bei den Prozesskosten:** Nicht jede Anfrage wird individuell beantwortet.
- **Höheres Service Level für die Kunden:** schnellere Antwortzeiten und qualitativ hochwertige Antworten
- **Workflow-Funktion:** Jede Anfrage wird sofort einem Themenkreis zugeordnet. Die Service Center können online zugreifen und die Fragen beantworten, für die sie fachlich zuständig sind.
- **FAQ-Funktion:** Abbilden einer Funktion für häufig gestellte Fragen
- **Einfache Bedienbarkeit:** Auch Mitarbeiter ohne technisches Knowhow können Inhalte einstellen.

Auf der Suche nach einem geeigneten Anbieter wurde die Lufthansa-Tochter schnell fündig: Ein Partner aus dem Star-Alliance-Verbund, die Air Canada, hatte bereits RightNow Web von RightNow Technologies im Einsatz. Die Empfehlung des Star-Alliance-Partners deckte das komplette Anforderungsprofil der LHE ab. Das Lizenzierungsmodell überzeugte auf Anhieb.

»Wir bieten dem Kunden jetzt mehrere Optionen, bevor er über das Feedback-Formular eine individuelle E-Mail absetzt. Auf diese Weise haben wir einen maximalen Anreiz zur Selbstrecherche geschaffen, das Aufkommen an individuell zu bearbeitenden Mails deutlich reduziert und die Prozesskosten erheblich gesenkt«, erklärt Eric Rüger, bei der LHE verantwortlich für Kundenbeziehungen und Qualitätsmangement, das Konzept. Der inhaltliche Fokus liegt aktuell auf den Bereichen Miles & More sowie den Services innerhalb des Infoflyway, in dem rund zwei Millionen Kunden registriert sind. Nach und nach sollen weitere Themengebiete aufgenommen werden. Das Tool Right-Now Web 3.2 wurde über den Button »FAQ« im Hauptmenü für die gesamte Website angelegt. Ferner gibt es im Fenster »Kontakt« einen Verweis auf die Möglichkeit zur Online-Recherche. Das Kernstück des Services bildet eine selbstlernende Wissensdatenbank. Diese kann der Kunde nach vorgegebenen oder frei definierten Stichworten durchsuchen. Bleibt die Recherche erfolglos, so bietet Lufthansa die direkte Kontaktaufnahme per E-Mail an. Dabei wird der Kunde dazu angehalten, in einem speziellen Online-Formular seine Anfrage bestimmten Themenkreisen wie »Am Boden«, »An Bord« oder »Miles & More«, zuzuordnen. Diese Kategorisierung durch den Kunden ist besonders wichtig, gewährleistet sie doch, dass die jeweils fachlich zuständigen Service-Center an sie gerichtete Nachrichten schnell identifizieren können. Anderenfalls ist eine Bearbeitungszeit bis zum Ende des auf den Eingang folgenden Werktags kaum zu garantieren.

Der Service-Mitarbeiter greift nun online auf die an ihn adressierten Anfragen zu. Ist die Nachricht für einen Fachbereich bestimmt, so leitet er die E-Mail entsprechend weiter. Zur Bearbeitung stehen den Mitarbeitern vom so genannten »SmartAssistant« automatisch aus der Datenbank selektierte Lösungsvorschläge als Textbausteine zur Verfügung. Erscheint ihnen die Fragestellung von generellem Interesse, so können sie diese der Wissensdatenbank hinzufügen. Dadurch wird das System ständig um neue Kundeninteressen ergänzt – weitere E-Mail-Anfragen werden zunehmend vermieden. Die Akzeptanz des Services bei den Kunden ist groß: Seit der Einführung von RightNow Web haben nach Erhebungen der LHE weit über 300000 Kunden auf die FAQ zugegriffen.

Bei der Installation von RightNow Web 3.2. nahm die LHE erhebliche unternehmensspezifische Konfigurationen vor: Das Design des User-Interfaces sollte sich nahtlos in den Styleguide der Website einfügen. Zusätzlich mussten die Workflow-Funktionalitäten so eingerichtet werden, dass die Anfragen ohne Umschweife beim richtigen Ansprechpartner ankommen. Auf die Möglichkeit, dem Kunden mit der Eingangsbestätigung automatisch aus der Datenbank generierte Lösungsvorschläge zu versenden, hat LHE bewusst verzichtet. Außerdem wurde der Live-Chat nicht aktiviert. Ende Mai geht die LHE nun mit der Version 4.0 online. »Mit der neuen Version hat das Customizing nur noch wenige Arbeitstage gedauert. Dies liegt daran, dass die neue Software entscheidende Verbesserungen bietet«, kommentiert Eric Rüger weiter. Und er ergänzt, dass für die technische Wartung von RightNow Web weniger als ein Arbeitstag pro Monat notwendig sei.

Seit der Einführung von RightNow Web hat sich laut Rüger das E-Mail-Aufkommen bei rund 5000 Nachrichten monatlich eingependelt – und dies, obwohl sich die Nutzerzahlen inzwischen verfünffacht und die Kontoabfragen bei Miles & More auf rund 3,4 Millionen verdoppelt haben. Die Zahl der im LISC beschäftigten Personen konnte somit konstant gehalten werden – ihnen steht jetzt mehr Zeit zur Verfügung, um Anfragen qualitativ hochwertig zu beantworten.

»Durch den Einsatz von RightNow Web haben wir unseren Kundenservice besser im Griff. Und wir konnten die Prozesskosten senken. Nun gilt es, durch ein fachbereichübergreifendes Redaktionssystem die Datenbank kontinuierlich auszubauen und auch die Aktualität und Qualität der eingestellten Antworten zu verbessern«, beschreibt Rüger die aktuelle Situation. »Wir geben deshalb den Kunden die Gelegenheit, uns mit wenigen Mausklicks mitzuteilen, zu wieviel Prozent ihnen die Antwort gefallen hat. Anhand dieser Angaben überarbeiten wir dann die FAQs.« Zusätzlich wertet die LHE jeden Monat die Stichworte aus, nach denen die Kunden suchen. Diese Analysemöglichkeit ist Rüger zufolge ein großer Vorteil der Software. Die Ergebnisse werden ebenfalls zur Ergänzung und Optimierung der FAQ sowie der gesamten Website herangezogen. Nachdem zum Beispiel im vergangenen Jahr rund 13000 mal nach »Miles & More-PIN vergessen« gesucht wurde, installierte LHE einen Button direkt unterhalb der Eingabemaske für den PIN.

Rüger resümiert: »Wir sind mit 120 FAQs gestartet und haben mittlerweile insgesamt 350 FAQs im Netz. Das ist schon eine ganze Menge, aber eigentlich noch zu wenig. Nur wenn sich alle betroffenen Mitarbeiter aktiv am kontinuierlichen Ausbau der Datenbank beteiligen, können wir noch besseren Service leisten und gleichzeitig die Kosten unter Kontrolle halten. Dafür müssen wir in Zukunft ein noch stärkeres Bewusstsein schaffen.«

Abbildung 4.2 Der InfoFlyway ist das zentrale Reise- und Serviceportal der Lufthansa.

4.4 Acht Geheimnisse für erfolgreichen Online-Service

Effektiver Online-Service ist trotz der offensichtlichen Hürden ein durchaus erreichbares Ziel. Zahllose Firmen, die Online-Serviceangebote bereits erfolgreich implementiert haben, konnten beweisen, dass hierfür nur die richtigen Prinzipien, Verfahren und Tools nötig sind. RightNow hat nach einer Umfrage unter den Firmen, die Online-Service momentan am effektivsten praktizieren, acht grundlegende Attribute identifiziert, mit denen die webbasierte Kundenunterstützung funktioniert:

1. **Stellen Sie sicher, dass Ihre Website »zuhört«!**
   Jeder erfolgreiche Verkaufsmitarbeiter weiß, dass das Zuhören zu den wichtigsten Aufgaben seines Jobs gehört – und zwar muss er sowohl auf explizite als auch auf implizite Mitteilungen horchen. Explizite Mitteilungen sind deutliche Anfragen nach bestimmten Informationen. Implizite Mitteilungen sind bestimmte Abfrage- oder Benutzungsweisen, die darauf hindeuten, dass es an einer bestimmten Art von Inhalt mangelt oder dieser nur schwer auffindbar ist. Für eine effektive Präsenz im Web sind Mechanismen und/oder Praktiken erforderlich, die sicherstellen, dass beiden Arten von Online-Anforderungen der Kunden Rechnung getragen wird.

   Explizite und implizite Mitteilungen

2. **Geben Sie den Kunden das, was sie wollen – und zwar sofort!**
   Es genügt nicht, nur herauszufinden, nach welchen Arten von Inhalt die Benutzer fragen. Dieser Inhalt muss außerdem schnell zur Verfügung gestellt werden. Im Web herrscht die Erwartung, dass alles immer sofort geschehen muss. Verzögerungen bei der Bereitstellung von Inhalten können tödlich sein. Eine Self-Service-Lösung muss daher die Anfragen der Kunden nicht nur erfassen, sondern diese Informationen auch dazu verwenden, den Inhalt der Website für zukünftige Benutzer automatisch zu verbessern.

   Verzögerungen können fatal sein

3. **Sorgen Sie dafür, dass dialogorientierte Inhalts- und Antwortmechanismen einfach einfach zu finden und zu benutzen sind!**
   Es ist erstaunlich, wie viele Website-Designer es Kunden erlauben, an Stellen zu landen, an denen sie nicht in der Lage sind, problemlos eine Methode zu finden, mit der sie um mehr Informationen bitten und/oder eine Anfrage per E-Mail schicken können. Auf vielen Websites wird mit der Schaltfläche »Kontakt« einfach ein vorab adressierter E-Mail-Bildschirm aufgerufen – ohne jegliche Informationen darüber, wie schnell man eine Antwort erwarten und/oder wo man sonst noch nach Informationen suchen kann. Auf vielen Websites steht auch keine Telefonnummer, falls ein Kunde wirklich sofort mit einer Person sprechen muss. Wenn Kunden nicht einmal die Telefonnummer der Firma finden können, wie gut stehen dann die Chancen, dass sie in der Lage sind, noch komplexere Informationen zu finden? Versteckte Informationen bereitzustellen ist genauso effektiv wie gänzlich auf Informationen zu verzichten. Aus diesem Grund muss die Benutzung von Online-Serviceangeboten für die Kunden *einfach* sein.

   Zielführendes Website-Design

4. **Pareto-Prinzip: Beachten Sie die »80:20«-Regel!**
   Obwohl es natürlich prima ist, wenn sichergestellt wird, dass der Inhalt einer Website so umfassend wie möglich ist, trifft es immer noch zu, dass durchschnittlich 80 Prozent des gesamten Verkehrsaufkommens

   Nicht jede Frage beantworten

auf einer Website auf 20 Prozent der Inhalte ausgerichtet sind. Anders ausgedrückt heißt das: Eine relativ kleine Menge an Informationen kann eine enorme Menge des Geschäfts erledigen, so lange es der richtige Inhalt ist. Firmen, die die Einrichtung von Websites oder Online-Serviceangeboten hinausschieben, weil sie versuchen sicherzustellen, dass sie jede erdenkliche Frage der Kunden online beantworten können, machen also einen Fehler. Es ist viel sinnvoller, zuerst die wichtigsten Informationen zur Verfügung zu stellen, und dann allmählich in Anpassung an die Bedürfnisse der Kunden mehr Informationen hinzuzufügen.

5. **Verwenden Sie die »Push«-Methode!**

Mailbox des Kunden als Erweiterung Ihrer Website!

Sie brauchen nicht darauf zu warten, bis Kunden Ihre Website besuchen, damit Sie ihnen die benötigten Informationen zukommen lassen können. Wenn Sie verschiedene Optionen für Benachrichtigungen per E-Mail anbieten (wie beispielsweise Newsletter und Follow-ups), können Sie die elektronische Mailbox eines Kunden in eine Erweiterung Ihrer Website verwandeln. Eine gute Möglichkeit hierfür ist, die Besucher zu fragen, ob sie benachrichtigt werden möchten, wenn in einem Bereich mit einem bestimmten Inhalt Änderungen vorgenommen werden, wie beispielsweise einem Produktkatalog oder einem Archiv mit Treibern. Mit diesen »Push«-Mechanismen für Benachrichtigungen über Änderungen können Sie Ihre Website voll nutzen und eine anhaltende elektronische Beziehung mit Ihren Kunden aufbauen.

6. **Reagieren Sie schnell!**

Am nächsten Werktag reagieren!

Wie bereits in der Untersuchung von Jupiter angemerkt, machen viele Firmen den Fehler, sich bei der Antwort auf Online-Anfragen nach Informationen zu viel Zeit zu lassen. Sobald ein Kunde oder Interessent erst einmal enttäuscht wurde, weil seine Frage zu langsam beantwortet wurde, wird er es wahrscheinlich nicht noch einmal versuchen. Auch wenn Sie nur einen simplen Mechanismus ohne Schnickschnack für die Kontaktaufnahme per E-Mail anbieten, müssen Sie sicherstellen, dass er zu einer schnellen Antwort führt – vorzugsweise schon am nächsten Werktag.

7. **Gewissenhaftes Controlling als Basis der Optimierung!**

Ständige Auswertung der Anfragen

Da ein großer Prozentsatz der Website-Besucher dazu neigt, den gleichen, begrenzten Satz an Fragen zu stellen, ist es extrem wichtig, Anfragen zu protokollieren, sobald diese eintreffen. Durch die ständige Auswertung solcher Anfragen können Sie herausfinden, worauf Sie Ihre Bemühungen konzentrieren müssen – was eine viel effizientere Verwendung von Personal- und Infrastrukturressourcen ermöglicht.

Effektive Online-Service-Anwendungen führen diese Verfolgung automatisch durch und stufen Informationen auf Grund der historischen Nützlichkeit für die Kunden dynamisch ein.

8. **Automatisieren ist das A und O!**

   Alle Arbeiten, die notwendig sind, um eine wirklich dialogbereite Website zu schaffen – Sammlung und Analyse von Benutzerabfragen, Entwicklung des passenden Inhalts und gut organisierte Bereitstellung dieses Inhalts, Handhabung von Mitteilungen per E-Mail entweder situativ oder mittels »Push«-Methoden etc. – können extrem arbeitsintensiv sein. Sobald der Verkehr auf der Website zunimmt, können sich diese Aufgaben sogar noch vervielfachen. Viele Websites werden durch ihren eigenen Erfolg beeinträchtigt, wenn der Umfang der Kommunikation die für die Unterstützung dieser Kommunikation eingesetzten Ressourcen übersteigt. Aus diesem Grund ist es extrem wichtig, effektive Automatisierungs-Tools einzusetzen, die zur Erfüllung steigender Anforderungen skalierbar sind. Mit diesen Tools wird die Rendite, die aus Investitionen in Personal- und Infrastrukturressourcen im Web erzielt wird, beträchtlich erhöht. Gute Online-Service-Anwendungen automatisieren die beim Betreiben der Website anfallenden Arbeiten und eliminieren zeitraubende Funktionen wie das Sammeln von Informationen und technische Aufgaben. Diese Funktionen haben, wenn sie über längere Zeit vernachlässigt werden, einen veralteten Inhalt und unzufriedene Kunden zur Folge.

Websites durch Erfolg in die Knie gezwungen

Diese einfachen Prinzipien können den Unterschied zwischen einem Online-Erfolg und einem Online-Fehlschlag ausmachen. Und viele Unternehmen haben in den letzten Jahren bereits bewiesen, dass der Online-Erfolg nicht nur Einfluss darauf hat, wie ein Unternehmen in den Augen der Kunden dasteht – sondern auch darauf, welches Ansehen es bei Investoren, Partnern und anderen wichtigen Stakeholdern genießt.

4.5 Die Vorteile von Online-Service

Firmen mit Websites, die im höchsten Maße auf Service und Dialogbereitschaft ausgerichtet sind, haben festgestellt, dass ihr Geschäft auf vielfache Weise von leistungsfähigen Online-Serviceangeboten profitiert – was zum Teil völlig unerwartet war.

Nachstehend ein paar Beispiele für die Vorteile, die Unternehmen durch Online-Serviceangebote und damit verbunden durch mehr Interaktivität und ein besseres Ansprechverhalten auf die Anforderungen und Verhaltensweisen ihrer Kunden erzielen konnten:

- **Geringere Kosten für den Kundendienst**
  Wenn sich Kunden auf einer Website selbst helfen können, anstatt sich telefonisch an den herkömmlichen Kundendienst zu wenden, können sich die Einsparungen pro Anfrage auf 10 bis 45 Euro belaufen. Wenn der Website ein leistungsfähiges, auf die Kunden ausgerichtetes Self-Service-Angebot hinzugefügt wird, steigt der Prozentsatz an Kunden, die sich online selbst helfen können, wodurch die Kosten für die Kundenunterstützung insgesamt drastisch gesenkt werden.
- **Schnellerer Kundendienst bedeutet mehr Zufriedenheit**
  Jeder hasst den Spruch »Bitte warten Sie!«. Wer sich auf einer Website selbst helfen kann, erhält schnellere Antworten auf seine brennenden Fragen. Außerdem entsteht hierdurch der Eindruck, dass die Firma, deren Website man gerade besucht, ziemlich gut versteht, welche allgemeinen Unterstützungsfragen auftauchen – wodurch das Vertrauen in diese Firma allgemein gestärkt wird.
- **Stärkere Kundenbindung**
  Je nützlicher eine Website ist, desto wahrscheinlicher ist es, dass Kunden und Interessenten diese Website als einen Mittelpunkt für die jeweilige Interessensgemeinschaft ansehen, die von dieser Website bedient wird. Die Firma verschafft sich hierdurch eine bessere Position als wichtiges Mitglied dieser Gemeinschaft, das eine zentrale Rolle spielt.
- **Erhöhtes Verkehrsaufkommen**
  Je nützlicher die Website, desto wahrscheinlicher ist es natürlich auch, dass Besucher wiederkommen. Diese Websites werden automatisch mit einem »Bookmark« versehen und oft auch anderen Personen empfohlen. Ohne einen derartigen Nutzwert können Besucher schnell die Lust verlieren – und kommen nie wieder.
- **Mehr Seitentreffer pro Besuch**
  Wenn Besucher auf einen Bereich einer Website stoßen, der mit der Art von Informationen voll gepackt ist, nach der sie wirklich suchen, klicken sie sich durch mehr Seiten. Untersuchungen haben zudem ergeben, dass ein dynamischer Bereich mit einem datenbankgesteuerten Inhalt 8 bis 10 Seitentreffer im Vergleich zu einem Treffer auf einer

Seite mit statischem Inhalt erzeugt. Benutzer verbringen außerdem mehr Zeit damit, sich eine Seite mit dynamischem Inhalt anzusehen, als eine Seite mit statischem Material, das schnell veraltet sein kann.

- **Mehr Werbeeinnahmen und/oder Ideenaustausch**
  Es ist nicht nur eine nette Statistik, mehr Besucher und Seitentreffer zu haben. Für viele Websites können sich diese Statistiken dank höherer Werbeeinnahmen unmittelbar auf die zur Verfügung stehenden Mittel auswirken. Selbst Websites ohne Werbeeinnahmen bieten Unternehmen die Möglichkeit, mehr Informationen zu Markenauftritt und Marketing zu präsentieren, wenn sie von mehr Besuchern länger gesehen werden.
- **Reaktionsbereitschaft rund um die Uhr**
  Die Besetzung und der Betrieb einer Kundendienstzentrale, in der in drei Schichten gearbeitet wird, ist ein teures Unterfangen mit fragwürdiger Investitionsrentabilität. Eine effektive Online-Unterstützung bietet den gleichen Service rund um die Uhr zu einem Bruchteil der Kosten – und mit einem größeren Maß an Skalierbarkeit.
- **Entlastung des Personals**
  Eine der größten Einschränkungen, durch die die Bemühungen vieler Unternehmen behindert werden, ist der Mangel an qualifizierten und erfahrenen Mitarbeitern. Wenn diese Mitarbeiter von den sich oft wiederholenden, sofort zu erledigenden Routineaufgaben befreit werden, können sie sich auf strategisch wichtigere Projekte konzentrieren.

Wie sieht das Ergebnis unter dem Strich aus? Ein dynamischer, dialogorientierter und auf Service ausgerichteter Online-Auftritt sorgt jeden Tag aufs Neue für konkrete Geschäftsvorteile. Durch Automatisierung werden diese Vorteile noch weiter ausgebaut und können so den Schlüssel zum Erfolg einer Website darstellen.

Schnelltest: Ihr Online-Service-Potenzial

Wie hoch ist das Potenzial für Online-Serviceangebote in Ihrem Unternehmen? Die Qualität von Online-Service und damit auch Online-Support wird zu einem immer wichtigeren Unterscheidungsmerkmal beim Wettbewerb unter den Unternehmen, die im Internet Geschäfte machen. Sie können mit diesem einfachen Test herausfinden, wie solide die Online-Service-Strategie Ihrer Firma wirklich ist – und genau feststellen, wo Verbesserungen gefordert sind.

1. Können Ihre Kunden auf Ihrer Website schnell die Antworten auf die am häufigsten gestellten Fragen finden?
2. Können sie den Status der Antwort, nach der bereits gefragt wurde, problemlos überprüfen?
3. Beantworten Sie alle E-Mails von Kunden innerhalb eines Werktages?
4. Wächst der Wissensinhalt in Ihrem Unternehmen auf Grund der Eingaben von Kunden dynamisch und automatisch an? Wird dieser Wissenszuwachs auch an Ihre Website weitergegeben?
5. Werden Besuchern die nützlichsten beziehungsweise die am häufigsten angeforderten Informationen zuerst präsentiert?
6. Steht Kunden eine einfache Methode zur Verfügung, sich an einen Supportmitarbeiter zu wenden?
7. Kehren Ihre Kunden immer wieder zu Ihrer Website zurück, um sich Informationen zu beschaffen? Haben Sie ein Mittel, um festzustellen, ob sie zurückkehren oder nicht?
8. Können Sie Berichte erstellen, in denen die Anfragen, die auf Ihrer Website von Woche zu Woche bearbeitet wurden, im Detail festgehalten sind? Helfen Ihnen diese Berichte dabei, die Investitionsrentabilität der Website zu ermitteln? Helfen Sie, das Angebot weiter zu optimieren?
9. Bieten Sie Besuchern die Option, sich Updates automatisch per E-Mail schicken zu lassen?
10. Verwenden Sie Ihre Website konsequent dazu, nützliche Informationen, die momentan noch bloße Ideen Ihrer besten Mitarbeiter sind, zu erfassen und zu veröffentlichen?
11. Sind Anrufe an Ihr Call Center weitergeleitet worden, die ohne menschlichen Eingriff auf Ihrer Website gehandhabt werden könnten? Was tun Sie dagegen?
12. Loben Kunden Ihr Unternehmen jemals, weil sie Ihre Website besonders nützlich fanden?

Zusammenfassung

Glücklicherweise gibt es eine effektive, einfach zu implementierende Lösung für Unternehmen, die ihre Websites dialog- und serviceorientierter machen wollen – und dies schnell erreichen möchten. Interaktive Kundendienstlösungen für das Web, die es Unternehmen ermöglichen, sich alle Vorteile einer umfassenden, integrierten Online-Service-Lösung mit einer minimalen Investition von Kapital und Personal zu verschaffen: dynamische, automatisierte Erzeugung von häufig gestellten Fragen (FAQ), Stichwortsuche, Self-Service-Angebote und direkt der unmittelbare Dialog mit dem Unterstützungspersonal über das Web – um nur einige Aspekte zu nennen. So verwandeln sich Websites in äußerst effektive Informationsquellen für Kunden, Interessenten und andere Geschäftspartner. So können Sie schnell:

- dafür sorgen, dass Ihre Kunden über Ihre Website rasch die benötigten Antworten finden
- die Kosten für Kundendienst und redundante Fragen reduzieren
- die Aktivitäten im Kundendienst verfolgen und Kundenanforderungen überwachen
- die Verwaltung eingehender E-Mails rationalisieren
- das Verkehrsaufkommen auf Ihrer Website erhöhen
- das Wissen und die Ideen Ihrer erfahrensten Mitarbeiter erfassen und veröffentlichen – dies sind Erkenntnisse, die sie andernfalls einfach mitnehmen, falls sie Ihre Firma verlassen

Da die Anzahl der Internet-Benutzer steigt und die Erwartungen der Kunden an den Online-Service von den »Early Adopters« höher geschraubt werden, sind webbasierte Einrichtungen zur Kundenunterstützung ein immer wichtigeres Unterscheidungsmerkmal im Wettbewerb. Die Marktforscher bei Frost and Sullivan sagen voraus, dass die Kategorie »webbasierte Kundenunterstützung« enorm anwachsen wird. Und Steve Robins, ein leitender Analyst für Internet Computing Strategies der Yankee Group, sagte klipp und klar: »Kundendienst ist der nächste große Schub im Internet«. Unternehmen, die das Potenzial des E-Business voll und ganz ausnutzen wollen, sollten sich daher eingehend damit befassen, wie intelligente Online-Serviceangebote in ihre Strategie für den E-Commerce insgesamt und die Ziele der gesamten Geschäftstätigkeit passen.

Teil 2
Maßnahmenkatalog

5 Klassifizierung von Maßnahmen

»Lernen ist wie Rudern gegen den Strom. Hört man damit auf, treibt man zurück.«
Laotse

Wir haben bisher gesehen, wie wichtig Service und Support als integrale Bestandteile des Produktmixes eines Unternehmens sind. Sie tragen maßgeblich zur Differenzierung im Wettbewerb und damit zur Kundenbindung bei. Die enormen Möglichkeiten des Anwendersupports in allen Transaktionsphasen des E-Commerce wurden vorgestellt.

Supportangebote können in ihrer Ausgestaltung und Realisierung die unterschiedlichsten Formen annehmen. In diesem Teil des Buches lernen Sie das technische Instrumentarium kennen, das Ihnen im Online-Support zur Verfügung steht. Die unterschiedlichen Formen und Kommunikationskanäle werden mit ihren Besonderheiten und mit Blick auf ihre Eignung innerhalb eines Service- und Supportkonzepts vorgestellt.

Verschiedene Aspekte beeinflussen die Entscheidung für oder gegen den Einsatz der einzelnen Instrumente:

- die Zielgruppe, deren Kenntnisstand sowie Fähigkeit und Willen, sich online zu bedienen
- die Branche und das Produkt sowie das Serviceangebot der Konkurrenz
- das zur Verfügung stehende Budget
- die Form der Refinanzierung
- technologische Rahmenbedingungen und Vorleistungen
- rechtliche Aspekte bzw. Sicherheitsbedenken

Es liegt in der Verantwortung des jeweiligen Projektleiters, über einen geeigneten Mix von Maßnahmen für den Anwendersupport zu entscheiden und diesen Mix ständig zu überdenken, zu optimieren und auszubauen.

In diesem Kapitel erfahren Sie, wie Sie die einzelnen Supportinstrumente anhand ihrer Eigenschaften voneinander unterscheiden können. Das ist wichtig, damit Sie später einen eigenen, individuellen Maßnahmenmix entwickeln können.

Abbildung 5.1 Differenzierungskriterien der Instrumente für Online-Service und -Support

5.1 Passive oder aktive Unterstützung?

Generell muss zwischen zwei verschiedenen Arten des Online-Supports unterschieden werden:

- passive, nicht-interaktive Serviceleistungen
- aktive, personalisierte, interaktive Serviceangebote

»Unpersönliche« Bereiche

Nicht-interaktive Formen des Online-Supports bieten mehr oder weniger ausführliche Supportinformationen, die jedoch nicht speziell auf die Bedürfnisse des Ratsuchenden zugeschnitten sind. Jedes Supportangebot im Internet umfasst auch solche »unpersönlichen« Bereiche. Trotzdem können Sie sich auch hier differenzieren, indem Sie mehr und besser auf die Problemlösung abgestimmte Angebote bereitstellen. Es ist erschreckend zu sehen, dass viele Maßnahmen in der Praxis gar nicht oder nur sehr schlecht umgesetzt werden, obwohl dies weder mit hohen Kosten verbunden wäre noch besonderer Anstrengung verlangte.

Dialog

Interaktive Angebote bei denen der Anwender dialoggesteuert auf seine Belange zugeschnittene, persönliche Informationen erhält, sind im Internet noch selten. Ihnen gehört jedoch die Zukunft, ob die persönliche Komponente nun durch einen realen Mitarbeiter im Contact Center oder über wissensbasierte, »intelligente« Systeme realisiert wird. Aber auch hier kann man gemächlich einsteigen und muss nicht gleich von Beginn an Avatare und Knowledge-Management-Lösungen in das eigene Angebot integrieren.

Wir haben diese Unterscheidung herangezogen, um den Maßnahmenteil des Buches zu strukturieren. Sie erscheint uns als die geeignetste. Trotzdem sollten Sie sich auch mit anderen möglichen Kategorisierungen vertraut machen: Sie sind wichtig für eine individuelle Bewertung der einzelnen Maßnahmen – und damit entscheidend für den Nutzwert des dritten Teils des Buches, in dem es um Ihre individuelle Maßnahmenplanung geht.

Mein Tipp: Nicht-interaktive Serviceangebote sind rasch zu implementieren und sollten auf jeden Fall vorhanden sein, aber interaktiven Lösungen, die die Möglichkeiten des Internets sinnvoll ausnutzen, gehört die Zukunft.

5.2 Zeitgleiche oder zeitversetzte Problemlösung?

Service und Support sind dann notwendig, wenn der Kunde oder Interessent ein Problem hat. Dann kann die Problembehebung natürlich nicht schnell genug vonstatten gehen. Das Internet kann hier seine Vorteile voll ausspielen: Der Kunde kann sich jederzeit in Sekundenschnelle über Self-Service-Angebote informieren und nach einer Lösung suchen.

Aber in der Praxis ist das manchmal nicht so einfach. Zwar kann das Internet Antworten auf viele Fragen geben, aber eben nicht auf alle. Insbesondere die Probleme, die immer wieder auftauchen, können im Internet effizient behandelt werden. Doch wenn es sich um ein etwas exotischeres Problem handelt, ist der Computer oftmals überfragt. Wie sieht es in diesem Fall aus? Ist eine Weiterleitung der Anfrage vorgesehen?

Die größten Vorteile für den Nutzer bestehen zweifellos in der Informationsbeschaffung, die über das Internet schnell und kostengünstig erfolgen kann. Auch Treiber-Downloads und Order-Vorgänge lassen sich in der Regel sofort tätigen. Aber nicht immer ist die sofortige Lösung in Sicht.

Wird beispielsweise ein Supportformular online bereitgestellt, das dann nach Ausfüllen und Versand erst manuell bearbeitet wird, so kann man sicher nicht davon sprechen, dass die Lösung zeitnah oder gar zeitgleich verfügbar wäre. Anders bei Datenbankabfragen für Bahn- und Flugverbindungen oder auch beim Blick in die FAQs. Hier findet der Frager seine Antwort sofort.

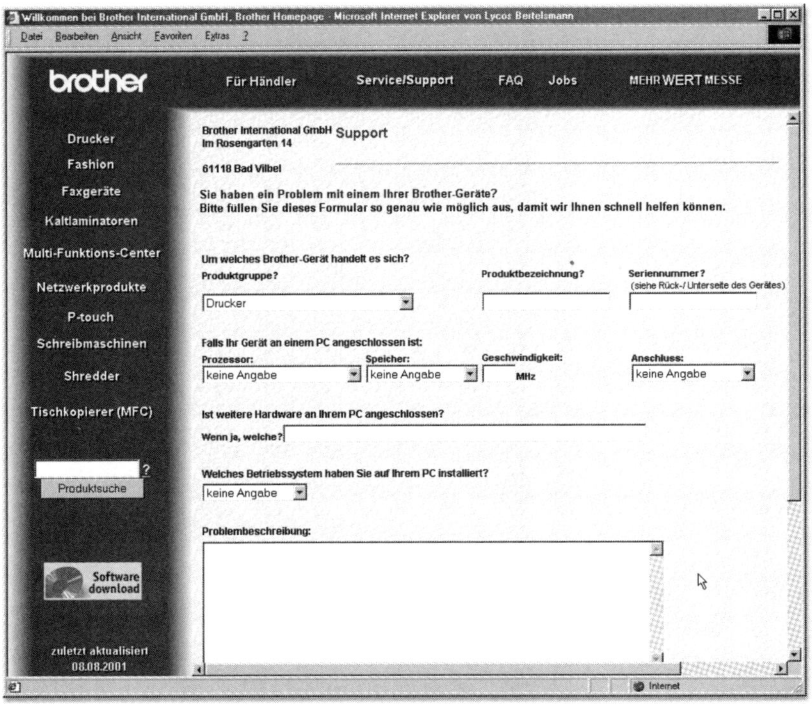

Abbildung 5.2 Zeitversetzte Problemlösung: Das Online-Formular hilft nur beim strukturierten Erfassen der Anfragedaten.

Es gibt auch Fälle, bei denen die zeitnahe Bearbeitung nur in bestimmten Situationen möglich ist. Ein Beispiel hierfür sind Live-Chats, die natürlich an die Präsenz eines Supportmitarbeiters gebunden sind. Auch Call Back funktioniert nur während gewisser Kernzeiten, sofern das Contact Center, das den Rückruf tätigt, nicht rund um die Uhr arbeitet.

Mein Tipp: Machen Sie eine Aufstellung: Welche Serviceangebote können Sie online als »Instant«-Lösung anbieten? Wo ist eine zeitversetzte Bearbeitung notwendig und warum?

5.3 Computer oder Supportmitarbeiter?

Eng mit der zeitlichen Verfügbarkeit hängt zusammen, wer die eigentliche Serviceleistung erbringt. Hier muss klar unterschieden werden, ob der Computer selbst die Lösung bereitstellt (und gegebenenfalls erst generiert) oder nur den Zugang zu Angeboten ermöglicht beziehungsweise erleichtert, die letztlich von menschlichem Supportpersonal erbracht werden.

Falsche Lösung oder gar keine Lösung?

Diese Unterscheidung hat zahlreiche Implikationen. So wäre es unrealistisch anzunehmen, dass ein Computer immer die richtige Lösung für ein Problem finden kann. Was aber, wenn die richtige Lösung eben nicht bereit steht?

Zunächst stellt sich die Frage, wie und von wem dies eigentlich bemerkt wird. Im Fall der FAQs ist das Vorgehen klar: Wenn sich das Problem dort nicht findet, dann muss der Nutzer auf andere Supportangebote ausweichen oder das Unternehmen direkt kontaktieren.

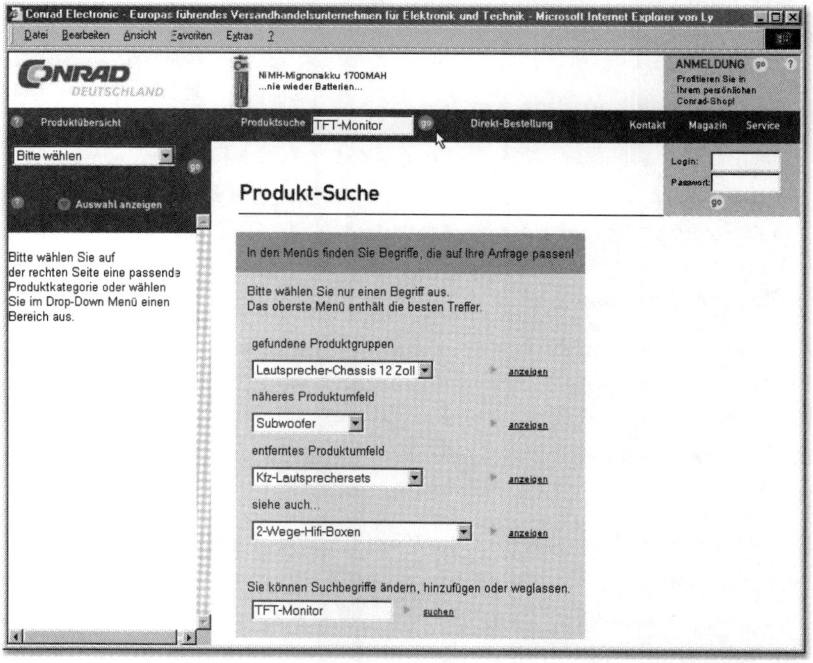

Abbildung 5.3 Zweifel an der Kompetenz? Bei der Suche nach einem »TFT-Monitor« landet man bei Conrad Electronic recht unvermutet bei den Lautsprechern. Vielleicht wäre »TFT-Display« besser gewesen. Aber weiß das der Nutzer?

Schwieriger liegt der Fall, wenn eine Antwort erst durch den Computer generiert wird. Ist die Supportlösung dann, wenn sie nicht »intelligent« genug ist, die Anfrage korrekt zu beantworten, so »klug«, dies zu bemerken und den Kunden auf die telefonische Hotline hinzuweisen? Oder wird eine Antwort generiert, die nicht korrekt ist, weil von falschen Prämissen ausgegangen wurde?

Dann können zwei Fälle auftreten:

- Der Nutzer bemerkt den Irrtum selbst. Dann aber wird er das Vertrauen in die bereitgestellten Self-Service-Lösungen verlieren – selbst wenn beim nächsten Mal die generierte Lösung korrekt sein sollte.
- Er bemerkt den Fehler nicht, folgt der Lösung und richtet dabei möglicherweise großen Schaden an. Dann verliert er nicht nur das Vertrauen in die Supportlösung, sondern auch in den Anbieter. Und noch schlimmer: Es stellt sich die Haftungsfrage.

Gefahrenquelle

Aus diesem Grund sollte ein Computer immer nur Lösungen anbieten, die verifiziert sind und keine Gefahrenquelle darstellen können. Das sollte übrigens auch für die Mitarbeiter im Support gelten: Im Zweifel muss auf den Expertenrat verwiesen werden – »Tut mir leid, da bin ich überfragt. Aber ich leite Ihre Anfrage weiter!«

Mein Tipp: Vermeiden Sie auf jeden Fall (auch aus Haftungsgründen), dass im Web falsche Lösungen generiert werden. Im Zweifelsfall muss auf andere Supportangebote verwiesen werden.

Hallo, ist hier jemand?

Andererseits muss auch festgelegt werden, was geschehen soll, wenn der Kontakt zum Support durch einen Mitarbeiter nicht hergestellt werden kann. Der Hinweis auf die telefonische Hotline steht natürlich immer auf der Webseite – es sollte jedoch erkennbar sein, wann diese erreichbar ist[1].

Automatische Abwesenheitsschaltung

Das später detailliert vorgestellte Live-Chat-Tool von HumanClick hat eine automatische Abwesenheitsschaltung. Ist kein Supportmitarbeiter für den Chat verfügbar, dann kann der Nutzer eine Nachricht hinterlassen. So oder so ähnlich sollten auch andere Supportinstrumente realisiert werden, die auf menschliche Unterstützung angewiesen sind, um nützlich zu sein.

Zuständigkeit

Aber auch banalere Fragen dürfen nicht unbeantwortet bleiben. Was beispielsweise passiert, wenn der Mitarbeiter, der die per E-Mail eingehenden Supportanfragen sichtet und gegebenenfalls weiterleitet, krank oder im Urlaub ist? Wer sorgt für den termingerechten Versand des Newsletters, wenn der zuständige Administrator nicht verfügbar ist? Und so weiter, und so fort!

1. Gegebenenfalls sollte sogar die Zeitzone mit angegeben werden, wenn sie nicht eindeutig ist (z.B. bei englischsprachigen Webseiten).

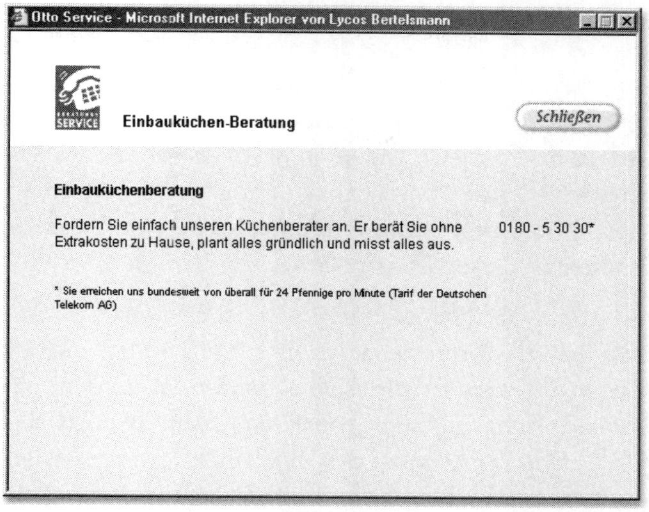

Abbildung 5.4 Die telefonische Einbauküchenberatung bei Otto.de besteht aus einer Telefonnummer, über die man einen Experten anfordern kann ... Nicht ganz optimal gelöst, zumal weder die Verfügbarkeit der Hotline oder des Mitarbeiters noch die für den Kunden eventuell entstehenden Kosten ersichtlich sind.

Diese Beispiele zeigen, dass die Integration der Online-Supportangebote in die bestehende Unternehmensstruktur nicht vernachlässigt werden darf. Denn es ist aus Sicht des Kunden natürlich schwer verständlich, wenn er unvermutet auf den versprochen Support verzichten soll, nur weil gerade jemand krank geworden ist oder sich die Belegschaft im wohlverdienten Urlaub befindet.

Mein Tipp: Die Integration der E-Business-Aktivitäten in ein bestehendes Unternehmen ist nicht einfach, aber essenziell! Fragen Sie sich: Wo können in Ihrem Online-Angebot »Dead-Locks« auftreten, wenn ein Mitarbeiter nicht verfügbar ist?

Qualität? Qualität!

Was die Beratungsqualität betrifft, so hat der Computer einen entscheidenden Vorteil gegenüber dem menschlichen Supportpersonal: Einmal »angelernt« liefert er immer die gleiche Beratungsqualität. Er ist unabhängig von Launen, nutzt immer das gesamte ihm zur Verfügung stehende Wissen und wird niemals müde.

Auf der anderen Seite lernt er nicht von selbst dazu, sondern muss immer wieder mit neuem Wissen gefüttert werden. Seine Ergebnisse sind immer nur so gut wie die Wissensbasis. Ist diese veraltet, so sind es auch die Antworten – und das merkt auch der Nutzer.

Kombination der Supportangebote in Theorie ...

Erst in der Kombination entfalten daher Supportangebote ihre volle Stärke: Die Mitarbeiter an der Hotline werden von Routinetätigkeiten entlastet und die computerbasierte Supportlösung unterstützt sie im Intranet bei deren Lösung. Neue Informationen tragen vor allem die Mitarbeiter bei. Diese werden schnellstmöglich wieder in die Wissensbasis des Systems integriert, so dass jederzeit überall das aktuellste Wissen bereitsteht. Damit können neue Mitarbeiter schneller produktiv eingesetzt werden, und jeder hat ein Interesse daran, das zentrale System zu pflegen.

... und Praxis

Na ja – zumindest ist das die Theorie. In der Praxis ist es oftmals so, dass die Supportmitarbeiter das System eher als eine Gefahr für ihren Job ansehen und es boykottieren. Hier gilt es vorzubeugen. Mitarbeiter, die ihre Erfahrung für sich behalten, sind jedoch für Organisationen eine ernstzunehmende Gefahr. Daher muss das Problem adressiert werden. Ein computergestütztes System hat weder die Aufgabe noch die Befähigung, die Supportmitarbeiter zu ersetzen, vielmehr sollte es auch zu deren Unterstützung dienen.

Mein Tipp: Das Sammeln und Bereitstellen von Erfahrungswissen kommt allen zugute: den Kunden, die schnell zu einer Lösung kommen; dem Unternehmen, da es Kosten einspart und wettbewerbsfähiger wird; den Mitarbeitern, die ebenfalls auf dieses Wissen zugreifen können und produktiver werden.

Der Peinlichkeitsfaktor und die Neutralität

Manchmal ist es aus Kundensicht aber auch aus anderen Gründen wünschenswert, auf ein automatisiertes Beratungssystem zurückgreifen zu können. Manchmal ist es einem fast peinlich, eine Information zu benötigen. Vielleicht trauen Sie sich gar nicht zu Ihrem Bankberater, um die Konditionen für einen Kredit zu erfragen. Oder Sie möchten in Ruhe verschiedene Optionen durchspielen, ohne dabei einen Kundendienstmitarbeiter lange zu belästigen. – Dann sind interaktive Beratungslösungen ideal. Hier können die Nutzer anonym die verschiedensten Varianten durchspielen, und der Computer wird geduldig immer wieder neue Modelle durchrechnen.

Die Sicherheit der Anonymität

Auch für den Fall, dass der Kunde sich zunächst einen Überblick verschaffen will oder daran zweifelt, dass ein Vertreter ihm immer nur die »besten« Angebote unterbreitet, kann der Self-Service im Internet vorteilhaft sein: Der Online-Service ist neutral, hat keine Hintergedanken und übt keinen Druck aus, das Geschäft genau jetzt abzuschließen[2].

2. Na ja, ich kenne Webseiten, die aggressiver vermarkten als jede Drückerkolonne ... Aber die sind in der Minderzahl.

Zugegeben: Während dieses Buch entsteht, warnt die Verbraucherzentrale Baden-Württemberg davor, sich bei der Baufinanzierung ausschließlich auf das Internet zu verlassen. Zwar gäbe es preisgünstige Finanzierungen, aber die Beratung sei insgesamt mangelhaft[3]. Dass die Beratung allerdings in der Bank besser sei, sagt die Verbraucherzentrale auch nicht. Und zur gleichen Zeit gibt es eine Studie von IBM, die belegt, dass Software-Agenten Menschen bei Geschäften überlegen sind. Der Vorteil der Agenten liege vornehmlich darin, dass sie viel schneller Aktionen starten und auf Marktsituationen reagieren können – natürlich nur, wenn sie mit den richtigen, aktuellen Daten gefüttert worden sind.

Mein Tipp: Fragen Sie sich: Wo kann es für Ihre Kunden vorteilhaft sein, dass Ihr Online-Angebot einen anonymen, neutralen Service anbietet?

5.4 Dumme oder lernende Systeme?

Lernt Ihr Supportsystem dazu? Aus geleisteter Beratung oder aus veränderten Rahmenbedingungen? Sowohl Erfolge als auch Misserfolge können wertvolle Informationen für die Optimierung des Angebotes liefern.

Die lernende Organisation

Dabei meine ich nicht unbedingt nur die wissensbasierte Software-Lösung, die ständig ihr Wissen erweitert. Ich meine vielmehr die lernende Organisation – das gesamte Unternehmen! Viel zu selten werden die Anfragen, die von den Nutzern online bearbeitet werden, analysiert. Und noch seltener werden sie danach gefragt, ob ihnen mit der gefundenen Antwort geholfen war.

Dabei eignet sich das Internet hervorragend dazu, aus dem Verhalten der Nutzer zu lernen:

- Eingaben in Suchmasken geben Auskunft über Themen und Sprache der Nutzer.
- Die Anzahl der Aufrufe einzelner Seiten liefert statistische Informationen über die Häufigkeit bestimmter Probleme.
- Die Häufigkeit bestimmter Einsprungpunkte kann Hinweise darauf liefern, wie erfolgreich die Hinweise auf das Online-Supportangebot sind.
- Links zu Newsletterbeiträgen können helfen, das Interesse an bestimmten Themen zu eruieren.

3. Die Anbieter können ja auch dieses Buch noch nicht gelesen haben :-)

- Das Feedback der Nutzer hilft, das Angebot weiter zu verbessern.
- Last but not least: Die Hinweise auf nicht erfolgreich gelöste Probleme zeigen das Optimierungspotenzial des bestehenden Angebotes auf. Hier muss die bereitgestellte Information ergänzt, modifiziert oder verfeinert werden.

Zielgerichtete Optimierung des Angebotes

Es ist verblüffend, wie selten von diesen Daten Gebrauch gemacht wird, obwohl viele automatisch durch den Webserver protokolliert werden. Ergänzt um Instrumente, die das Feedback der Nutzer erfragen, lässt sich eine zielgerichtete Optimierung des Angebots gewährleisten.

Dabei ist neben dem Erfahrungszuwachs für die Organisation zu berücksichtigen, dass die gewonnene Erfahrung auch in das Online-Angebot Eingang findet. Kunden, die auf einen Missstand aufmerksam machen oder deren Anfrage nicht direkt beantwortet werden konnte und daher weitergeleitet wurde, tendieren dazu, nach einiger Zeit zu überprüfen, ob das System an dieser Stelle dazugelernt hat. Stellen sie fest, dass dies nicht der Fall ist, so schwindet ihr Vertrauen in den Online-Support.

Mein Tipp: Wenn Sie es versäumen, die Nutzungsgewohnheiten regelmäßig auszuwerten, dann verzichten Sie auf eine enorm wichtige Quelle für Informationen, die zur Effizienz und für die Optimierung Ihres Serviceangebots beitragen kann.

5.5 Medium und Technik

Wie kann ich das Supportangebot nutzen und welche Voraussetzungen müssen dazu erfüllt sein? Dies sind wichtige, wenn auch oft unterschätzte Differenzierungskriterien für den Kunden. Bereits beim Zugang zum Online-Angebot sind deutliche Unterschiede zu verzeichnen. Manche Anbieter setzen anscheinend voraus, dass alle Kunden über einen Highspeed-Zugang verfügen. Grafiken und multimediale Spielereien lassen manches Angebot zum Geduldsspiel werden. Dabei sollte die effiziente Lösung des Kundenproblems im Vordergrund stehen.

Häufig werden auch bestimmte Plug-ins, die aktuellsten Microsoft- oder Netscape-Browser, Java und JavaScript sowie andere Ausstattungsmerkmale vorausgesetzt, ohne dass diese wirklich notwendig wären. Natürlich muss für Voice-over-IP oder Videokonferenzen die Ausstattung stimmen. Aber es handelt sich hierbei um Ausnahmen.

Handhabbarkeit muss im Mittelpunkt stehen

Im Regelfall sollte das Online-Supportangebot auch vom nächsten öffentlichen Internet-Terminal, per 28.8er-Modem aus dem Hotelzimmer oder sogar über einen Handheld genutzt werden können. Je nach Zielsetzung sogar per Handy über WAP. Das bedeutet natürlich, dass schon beim Webdesign der Nutzwert und die Handhabbarkeit im Mittelpunkt stehen muss. Auch das ist Teil von Service und Support!

Oftmals ist des dem Kunden gleichgültig, welche Technik dem Angebot zugrunde liegt. Auch ich habe im Rahmen dieses Buches bewusst weitestgehend darauf verzichtet, auf konkrete Implementierungen und Umsetzungen hinzuweisen. Viele Maßnahmen können sehr einfach als statische Supportdokumente umgesetzt werden. Bei anderen wird eine dynamische Informationsaufbereitung benötigt. Auch hier geht es darum, größtmöglichen Nutzen bei geringem Aufwand zu erreichen.

Angebote auch für andere Plattformen

Aber es gibt auch Fälle, in denen der Nutzer einen echten Vorteil dadurch hat, dass bestimmte Angebote auch für andere Plattformen bereitgestellt werden. Hier ist vor allem der Bereich Mobile Commerce zu nennen, der – glaubt man den Analysten – in den nächsten Jahren stark an Bedeutung gewinnen wird. Neben den dahindümpelnden WAP-Diensten sind es vor allem Handhelds mit PalmOS bzw. Windows CE, die bereits heute immer häufiger berücksichtigt werden.

Beispiel: Fahrplanauskunft der Deutschen Bahn

Die Deutsche Bahn stellt auf ihrer Website neuerdings eine Fahrplanauskunft für das PalmOS zur Verfügung. Der Service befindet sich derzeit im Testbetrieb. Ein entsprechendes Angebot für WAP-Handys und Windows-CE-Handhelds gibt es schon seit geraumer Zeit.

Das Programm funktioniert auf allen Palm-PDAs mit PalmOS 2.0 oder höher und ist als Download zirka 50 KByte groß. Hinzu kommen jeweils noch die eigentlichen Zugverbindungsdaten, die auf dem Server innerhalb kürzester Zeit erstellt und anschließend heruntergeladen werden können.

Und wenn es mal nicht klappt oder die Online-Tools nicht zum gewünschten Erfolg führen: Wie sieht es mit dem Verweis auf andere Kommunikationsmedien aus? Telefon und Fax sind praktisch ... aber haben Sie auch daran gedacht, dass manche Nutzer sich vielleicht im Ausland befinden? Gilt hier die angegebene Rufnummer überhaupt? Wie lautet die internationale Vorwahl? Gibt es eine direkte E-Mail-Adresse, an die Supportanfragen gestellt werden können?

Mein Tipp: Bevormunden Sie den Nutzer nicht, indem Sie Ihm vorschreiben, welche Technologien, Browser und Plattformen er verwenden soll. Unterstützen Sie Ihn vielmehr umfassend!

5.6 Kosten, Nutzen und Voraussetzungen der Umsetzung

Natürlich kann man die einzelnen Tools auf ihre Kosten-Nutzen-Relation hin analysieren. Aber dieses Vorgehen erfordert es, die individuelle Situation zu berücksichtigen.

Individueller Nutzen – individuelle Kosten

Einerseits ist der Nutzen nicht nur abhängig vom untersuchten Serviceinstrument und der Form der Umsetzung, sondern auch von der Branche und den Kundenwünschen. So macht ein Produktkonfigurator natürlich wenig Sinn, wenn die Produkte einfach nicht konfigurierbar sind. Und ein Chat-Tool mag noch so wünschenswert erscheinen: Wenn der Mitarbeiter am anderen Ende die meisten Kundenanfragen nur nach einer detaillierten Recherche – und damit eben nicht »live« und sofort – beantworten kann, ist der Sinn verfehlt. Dann tut es auch ein einfaches Supportformular, das die Anfragen entgegennimmt.

Auf der anderen Seite können die Kosten für die Implementierung einer Maßnahme ebenfalls nur im Einzelfall ermittelt werden. Neben den Kosten für die Technik (z.B. die Lizenzgebühren für ein Tool oder die eigentliche Programmierung) fallen Kosten an, die in ihrer Höhe abhängig davon sind, welche Vorleistungen bereits erbracht wurden. So sind die Kosten für die Erstellung einer einfachen HTML-basierten FAQ-Liste quasi vernachlässigbar. Wenn aber die Fragen und Antworten erst zusammengestellt werden müssen, eine effiziente Navigation durch eine größere Anzahl von Fragen gewünscht wird oder gar eine spezielle Suchfunktion für die FAQs implementiert werden soll, kann die Kostensituation sich plötzlich drastisch anders darstellen!

Trotzdem ist die Kosten-Nutzen-Analyse und die Untersuchung, welche Voraussetzungen im Unternehmen gegeben sind, um auf das benötigte Service- und Supportwissen zugreifen zu können, für die konkrete Umsetzung natürlich essenziell! Nur so kann eine sinnvolle Auswahl und Reihenfolge festgelegt werden, welche Serviceangebote wann und in welcher Form realisiert werden sollen – und welche nicht.

Mein Tipp: Kosten-Nutzen-Analyse: ja, unbedingt! Aber vergessen Sie nicht, dass es sich um eine individuelle Untersuchung Ihres konkreten Vorhabens handeln muss.

5.7 Kostenlos oder kostenpflichtig?

Wer behauptet, alle Angebote im Internet müssten kostenlos sein, der wurde in den vergangenen Monaten eines Besseren[4] belehrt. Viele ehemals kostenlose Angebote sind für den Nutzer gebührenpflichtig geworden. Ob die Rechnung der Unternehmen aufgeht, wird erst die Zukunft zeigen. Doch was hat das mit unseren Service- und Supportangeboten zu tun?

Refinanzierung des Angebotes

Nun, nichts hindert Sie, einen Teil des Angebotes nur für (zahlende) Premiumkunden bereitzustellen. Wie Sie die Refinanzierung sicherstellen – ob über einen eigenen Supportvertrag, über transaktionsabhängige Nutzungsgebühren, über einen Aufschlag auf den Warenpreis oder Ähnliches – hängt nicht nur von Ihrem Geschäftsmodell ab, sondern auch von den Nutzern selbst und nicht zuletzt vom Verhalten Ihrer Wettbewerber.

Richten Sie sich mit Ihrem Angebot nicht an den Endverbraucher, sondern sind Sie im B2B-Segment tätig, so kann es auch lukrativ sein, Ihr Angebot direkt in das Intranet Ihrer Topkunden zu integrieren und auf das Procurement der Kunden abzustimmen. Auch hier sind die Modelle vielfältig!

Letztlich gibt es sogar Anbieter, die nur noch eine Dienstleistung für Dritte erbringen und mit Herstellung und Vertrieb des zugrunde liegenden Produkts nichts mehr zu tun haben. So haben sich z.B. im Web Anbieter von Buch-Abstracts etabliert, die Kurzfassungen wichtiger Publikationen zum kostenpflichtigen Download bereitstellen. Oder auch Preisagenturen, die im Kundenauftrag nach den günstigsten Anbietern recherchieren und einen Teil der Preisdifferenz erhalten.

Diese Beispiele zeigen, dass es durchaus möglich ist, Teile des Angebots gebührenpflichtig zu machen. Zusätzlich können Sie durch Einsparungen (wie Druck-, Versand-, Transaktions- und Personalkosten, um nur einige Bereiche zu nennen) von Ihrem Online-Engagement profitieren[5].

Mein Tipp: Oft macht sich ein leistungsfähiges Online-Supportangebot bereits durch die erzielten Einsparungen wieder bezahlt. Überlegen Sie trotzdem, welche Premiumangebote Sie kostenpflichtig anbieten können und welche Finanzierungsmodelle sich eignen!

---

4. Hmm, nicht alles hat sich zum Besseren gewendet – das gebe ich gerne zu!
5. So kostet eine Überweisung am Bankschalter für die Bank etwa 2 Euro. Diese Kosten sinken bei einer Online-Überweisung bis auf ein Zwanzigstel dieses Betrages. Oder ein anderes Beispiel: Der Karstadt-Konzern sieht seine wiedererwachten Online-Shopping-Aktivitäten nicht als Konkurrenz zum Warenhaus, sondern erhofft sich mittelfristig laut Financial Times Deutschland vor allem Einspareffekte durch geringere Druckkosten für Prospekte und Kataloge.

Zusammenfassung

All diese Aspekte können zur Differenzierung Ihres Angebotes an Service- und Supportleistungen herangezogen werden. Darüber hinaus gibt es noch zahlreiche andere, die – je nach Zielsetzung – wichtig sein können.

Viele der hier vorgestellten Differenzierungskriterien eignen sich auch zur aktiven Vermarktung Ihres Angebotes. Informieren Sie Ihre Kunden über die Vorteile, die speziell Ihr Online-Serviceangebot ihnen bietet! Und stellen Sie für sich auch zusammen, welche Nachteile vorhanden sind. Hier gilt es, für die Zukunft Hand anzulegen und das Angebot weiter zu optimieren.

Doch wenden wir uns jetzt zunächst den einzelnen Maßnahmen zu, die wir ergreifen können. Später werden wir auf einige der hier vorgestellten Faktoren noch einmal Bezug nehmen, wenn es darum geht, einen eigenen, individuell abgestimmten Mix von Maßnahmen aufzubauen und sukzessive zu erweitern.

6 Anwendersupport online: nicht-interaktiv

»Vergisst du den Kunden, so hat er dich bereits vergessen.«
Heinz M. Goldmann, Unternehmensberater

In den folgenden Abschnitten werden die geläufigen Supportformen aufgeführt, die nicht dialogorientiert funktionieren. Das bedeutet, dass der Ratsuchende selbst nach einer Lösung für sein Problem suchen muss. Ob er eine Antwort findet, hängt maßgeblich von den hier besprochenen Instrumenten ab. Sie bilden in der Regel den Kern aller Supportangebote und sind rasch und kostengünstig zu realisieren.

6.1 Lenkende Hinweise

Wo geht's zum Support?

Keine Frage, manchmal merkt man gar nicht, dass man sich schon im Bereich Service und Support bewegt. Nur bedingt als Supportinstrument wahrnehmbar sind alle Hinweise für den Kunden oder Interessenten, die ihn zum Anwendersupport führen. Hierbei kann man zwischen zwei Varianten unterscheiden, die beide, zum Teil sogar komplementär, erfolgreich eingesetzt werden:

- Hinweise in anderen Medien auf das Online-Supportangebot
- Hinweise im Web auf Offline-Supportangebote

So ist es unabdingbar, dass im Handbuch, auf der Verpackung oder sogar auf dem Produkt selbst auf die Webseiten des Unternehmens oder auch auf eine E-Mail-Adresse für den Supportfall hingewiesen wird. Nur so kann eine Call-Avoidance-Strategie erfolgreich sein.

Auch Cross-Media-Produkte (wie ein Katalog auf oder mit beiliegender CD-ROM und einem ergänzenden Webangebot) wenden dieses Prinzip der Lenkung an. Hier kann der Medienbruch gemildert werden, wenn aus einer CD-ROM-Anwendung oder einem beliebigen Softwareprogramm gleich ein Link auf das Supportangebot online folgt.

Store Locator

Aber auch der umgekehrte Weg ist notwendig, vor allem wenn die Zielgruppe wenig Vertrauen in die neuen Medien hat oder die Angebote zum Teil erklärungsbedürftig sind. Dann können auf der Website auch Informationen wichtig sein, wie man z.B. das Call Center erreicht oder das nächste Ladenlokal findet. In den USA kommt kaum ein Online-Shop

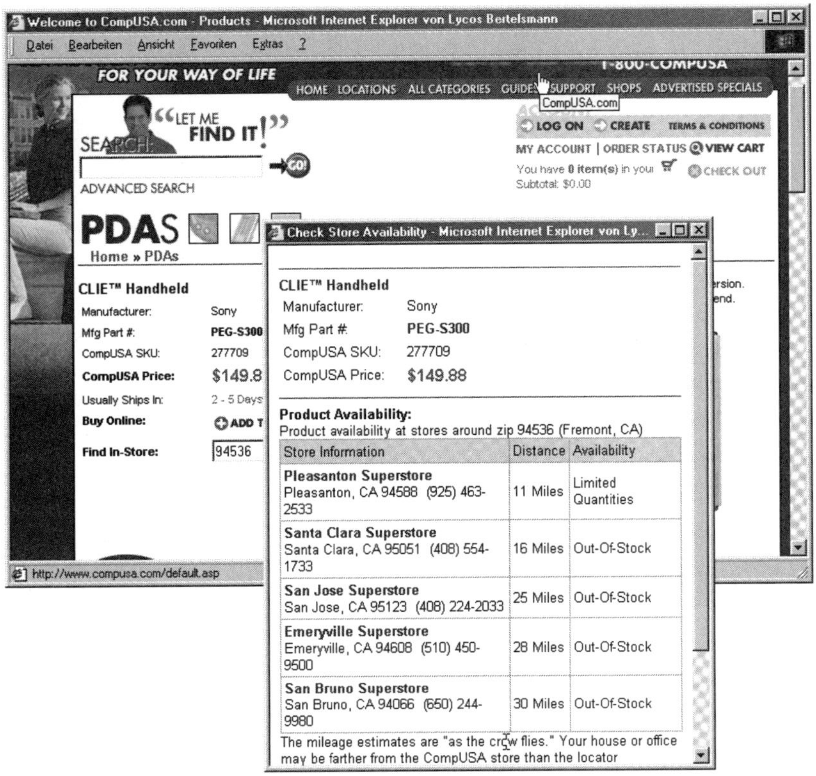

Abbildung 6.1 Der Store Locator von CompUSA: Ein nützliches Tool, um Kunden über alternative Bezugsmöglichkeiten für die Produkte im Ladenlokal zu informieren. Er gibt nicht nur Hinweise darauf, wo sich ein Geschäft befindet, sondern auch, ob das gewünschte Produkt verfügbar ist und wie man dort hinfindet.

mehr ohne so genannten »Store Locator[1]« aus. Hier zeigt sich das Zusammenwachsen von stationärem und Online-Handel.

Beispiel: Galileo Press

Die Galileo-Bücher enthalten allesamt deutliche Hinweise auf das ergänzende Online-Angebot. Ein Service, der allen Lesern kostenlos zur Verfügung steht. Würde der Hinweis im Buch fehlen, so würde kaum jemand das Online-Angebot finden.

1. Als Store Locator bezeichnet man ein Online-Tool, das nach Eingabe des aktuellen Standorts (in den USA der ZIP-Code) das nächstgelegene Ladenlokal des Anbieters nennt. Häufig wird dieser Service noch mit einem Routenplaner und einer Verfügbarkeitsüberprüfung für die gewünschten Artikel verbunden.

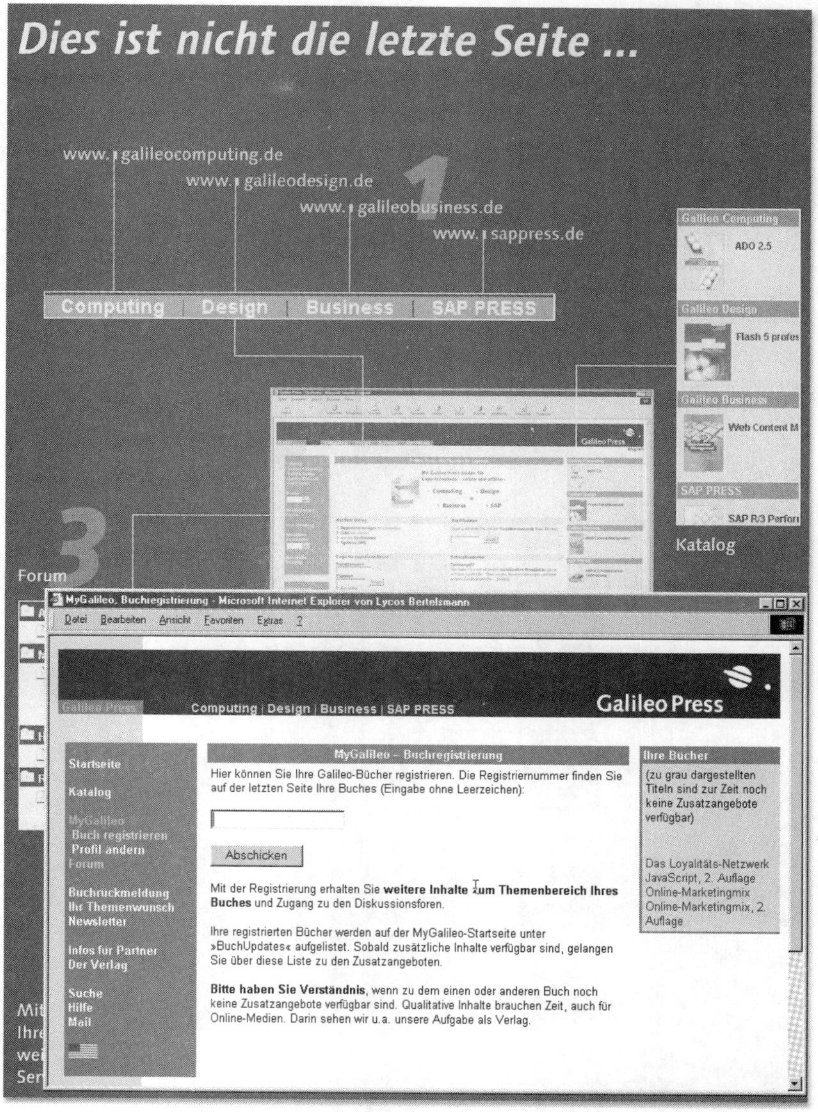

Abbildung 6.2 Lenkende Hinweise in den Galileo-Büchern öffnen für die Leser den Zugang zu ergänzenden Angeboten im Web.

Im Fall von Galileo soll aber auch sichergestellt sein, dass nur Käufer dieses Zusatzangebot in Anspruch nehmen können. Daher wird in jedes einzelne Buch per Digitaldruck eine persönliche Registriernummer eingedruckt, die auf der Website abgefragt wird und den Zugang zum Zusatzangebot gewährt.

Beispiel: Otto-Versand

Der Otto-Versand Hamburg ist als Katalogversender bekannt, unterhält jedoch auch einige sehr erfolgreiche Online-Shopping-Angebote. Aus der Tätigkeit als Versandunternehmen heraus hat Otto eine Vielzahl telefonischer Beratungsangebote aufgebaut. Dahinter steckt eine umfangreiche Call-Center-Organisation, die das Unternehmen auch in seine Internet-Aktivitäten mit einbezieht.

Nun ist es nicht so, dass der Otto-Versand all seine Call Center bereits zu Contact Centern ausgebaut hätte und den Kunden nun einen direkten Online-Kontakt zu den Service-Mitarbeitern bereitstellen würde. Vielmehr wird an verschiedenen Stellen im Online-Angebot auf die relevanten Telefonnummern hingewiesen, über die der Kunde, wenn gewünscht, beraten wird.

Abbildung 6.3 Auch ein lenkender Hinweis: Kunden werden auf die Möglichkeit hingewiesen, die 24-Stunden-Hotline anzurufen, hier im B2B-Segment.

Bei diesem Beispiel kann man darüber streiten, ob das Vorgehen sinnvoll ist. Schließlich wird den Kunden, die eigentlich eine Online-Beratung erwarten, ein Medienbruch zugemutet. Im schlimmsten Fall haben dann weder der anrufende Kunde noch der Mitarbeiter im Support während des Anrufs überhaupt die Möglichkeit, einen Blick auf das fragliche Online-Angebot zu werfen.

Graduelle Integration

Doch andererseits zeigt sich hier sehr schön, dass nicht die große Revolution im Servicebereich notwendig ist, sondern, dass eine graduelle Integration der vorhandenen Supportinstrumente in das Webangebot im Vordergrund steht ... mit dem Ziel, diese Integration ständig zu verbessern.

Überhaupt ist der Hinweis auf eine mögliche telefonische Beratung – wie auch auf andere Möglichkeiten, im Bedarfsfall eine Person im Unternehmen zu erreichen – nicht zu unterschätzen! Vielen Nutzern sind Online-Angebote zu anonym. Bei Fragen und Problemen wünschen sie sich, einen menschlichen Ansprechpartner kontaktieren zu können. Das zeigt auch unser nächstes Beispiel Amazon.de.

Mein Tipp: Schauen Sie an, wie viele Mausklicks Sie benötigen, um von Ihrer Homepage auf eine Telefon- und Faxnummer Ihres Unternehmens zu stoßen!

Doch leider versperren sich viele Unternehmen den Kunden, zum Teil bewusst, zum Teil unbewusst. Vielfach ist es kaum möglich, Hinweise zu finden, wie man mit dem jeweiligen Unternehmen in direkten Kontakt treten kann. Man kann sich des Eindrucks nicht erwehren, dass diese Unternehmen nicht gerade unglücklich damit sind, einen Teil ihrer Kunden ins Web abgeschoben zu haben.

Beispiel: Amazon.de

Dass man sich auch kommunikativ geben kann, zeigt ein Ausschnitt aus einer Versandbestätigung von Amazon.de. Hier wird der Kunde auf verschiedene Möglichkeiten hingewiesen, den Kundendienst zu erreichen. Auch mittels Telefon und Fax. Sogar die Nummern für den Kontakt aus dem Ausland fehlen nicht.

Besonders interessant an diesem Beispiel: Es zeigt, dass lenkende Hinweise auch in E-Mails und Newslettern untergebracht werden können. So muss der Kunde nicht erst auf der Website nachschauen, ob er dort die Telefon- oder Faxnummer finden kann.

```
----------------------------------------------------------------

Bei Fragen steht unser Kundenservice stets zu Ihrer Verfuegung. Und so
erreichen Sie uns:

------------------------------------------------------------------------
E-Mail: bestellstatus@amazon.de

Tel:     (innerhalb Deutschlands)     0180 / 53 54 990
         (innerhalb Oesterreichs)      00800 / 26 29 66 28
         (innerhalb der Schweiz)      00800 / 26 29 66 24
         (alle anderen Laender)        +49 941 788 788

Fax:     (innerhalb Deutschlands)     0800 / 2 82 40 00
         (ausserhalb Deutschlands)     +49 941 700 213
------------------------------------------------------------------------

Stiftung Warentest ueberpruefte 16 Internethaendler auf ihre
Einkaufssicherheit. Amazon.de erzielte die hoechste Einstufung.

UNSERE RUECKNAHMEGARANTIE

Wir wollen, dass Sie mit allen unseren Lieferungen zufrieden sind. Im
Rahmen unserer Ruecknahmegarantie koennen Sie alle bei uns gekauften
Artikel innerhalb von 30 Tagen an uns zuruecksenden.  Neben dem seit
kurzem in Kraft getretenen Fernabsatzgesetz, das Ihnen ein
Widerrufsrecht innerhalb von 14 Tagen nach Erhalt der Ware gewaehrt,
bleibt Ihnen also unser gewohnter Service weiterhin erhalten.
```

Abbildung 6.4 Ausschnitt aus einer E-Mail-Bestätigung von Amazon.de mit der Angabe von Servicerufnummern für Deutschland, Österreich und die Schweiz

Auch umgekehrt läuft nicht immer alles zum Besten. Ich schaue mir gerne Produkte und Verpackungen, aber auch Handbücher daraufhin an, ob eine URL aufgedruckt ist. Und manchmal besuche ich diese Adresse, um zu schauen, ob ich als *Kunde* etwas von dem dahinter verborgenen Online-Angebot habe. Manchmal gibt es wirklich positive Überraschungen, wie Rezeptvorschläge zu dem gekauften Lebensmittel oder umfangreiche Support- und Zusatzangebote zu Computerspielen.

Enttäuschung vorprogrammiert

Doch oft wird man auch bitter enttäuscht: Entweder findet sich gar keine URL, oder sie führt nur zur Homepage des Herstellers. Und selbst nach langem Suchen kann es passieren, dass der Nutzwert der Seiten für Kunden dieses konkreten Produkts äußerst gering ist.

Beispiel: Die Armbanduhr

Auch hierfür ein kleines Beispiel. Ich habe auf den Webseiten des Herstellers meiner schon einmal angesprochenen Armbanduhr herauszufinden versucht, ob es eine aktualisierte Software gibt (theoretisch soll sie Daten mit einem Computer austauschen können, doch leider kann sie mit Umlauten nichts anfangen). Allerdings fand ich die Uhr im Supportbereich des deutschsprachigen Webangebotes nicht einmal aufgeführt.

Deshalb besuchte ich die anderen, internationalen Webseiten des Herstellers. Fehlanzeige! Und das, nachdem ich viel Zeit mit »Self« verbracht hatte ... und keinen »Service« fand.

Und Kontakt zum Unternehmen? Gefunden habe ich einzig und allein ein anonymes Supportformular. Auf eine Antwort bezüglich meiner Anfrage warte ich seit zwei Monaten. Vielleicht sollte ich mir besser eine neue Uhr kaufen?

Produkte und Verpackungen mit URLs versehen

Achten Sie daher darauf, dass Sie auch Produkte und Verpackungen mit URLs versehen, wenn Sie die Kunden dazu anhalten wollen, sich online selbst zu helfen, anstatt Ihnen die Türen einzurennen. Dabei sollten Sie nach Möglichkeit für den Online-Support nicht auf Ihre Homepage verweisen, sondern auf den zugehörigen Service- und Supportbereich des jeweiligen Produktes. Sie können dabei gut mit Unterverzeichnissen auf Ihrem Webserver arbeiten[2].

Abbildung 6.5 Der E-Value-Code bei Dell: direkte Verbindung zwischen Online und Offline, auch wenn sich der E-Value-Code in der Printanzeige etwas versteckt

---

2. Nutzen Sie also nicht einfach www.xyz.de, sondern verweisen Sie auf www.xyz.de/produkt1 für Produkt 1 und www.xyz.de/produkt2 für den Servicebereich von Produkt 2.

Eine interessante Variante nutzt der PC-Direktversender Dell in seinen Anzeigen. Mit dem dort abgedruckten E-Value-Code kann ein Interessent ohne mühsame Suche online direkt weitere Informationen zum Angebot erhalten. Bei Dell heißt es dazu: »Wenn Sie in einer unserer Anzeigen ein Dell-Angebot gesehen haben, das Sie interessiert, können Sie anhand des E-Value-Codes das gleiche Angebot im Internet aufrufen. Mit E-Value kommen Sie im Handumdrehen an die Informationen, die Sie brauchen. Geben Sie einfach den E-Value-Code ein – schon sind Sie im Online-Shop, wo Sie das System an Ihre Bedürfnisse anpassen und bestellen können. Einfach, schnell, bequem.«

Jeder Barcode führt zu einer URL

Noch weiter geht eine Entwicklung aus den USA, die bisher in Europa weitgehend unbekannt ist. Die so genannte »:CueCat« (www.cuecat.com, www.crq.com) ist ein Barcode-Leser für den PC, der dafür sorgt, dass mit der zugehörigen Software jeder Barcode zu einer URL führen kann. Damit steht eine mächtige Technologie zur Verfügung, die das Zusammenwachsen zwischen Produkten und deren ergänzenden Online-Angeboten stark vereinfachen kann. Schließlich hat fast jedes Produkt irgendwo einen Barcode. Zudem können spezielle Barcodes z.B. in Zeitschriften abgedruckt werden, um darüber auf weitere Informationen zu einem Artikel zuzugreifen, die online bereit stehen. Auch eine Kopplung zwischen dem laufenden Fernsehprogramm und weiterführenden bzw. ergänzenden Webangeboten wurde über diese Basistechnologie realisiert. Dabei sendet der Fernsehsender ein Signal, das von einem Sensor vor dem Fernseher empfangen wird und dann die Software in der gleichen Weise nutzt und den Browser zum zusätzlichen Online-Angebot beordert.

Kurzgefasst: Lenkende Hinweise	
Einsatzmöglichkeiten	Aufmerksamkeit des Nutzers auf ergänzende Supportangebote aktiv steuern
Implementierung	sehr einfach (direkt im Text)
Verbreitung	hoch
Bedeutung	wichtig, sichert Verzahnung verschiedener Supportinstrumente online und offline
Kosten	gering
Besonderheiten	keine

Mein Tipp:
Lenkende Hinweise müssen:
1. auffallen (der Kunde will ja nicht lange suchen)
2. leicht zu befolgen und nutzbringend sein
3. für den Kunden verständlich und nachvollziehbar sein

6.2 Frequently Asked Questions (FAQs)

Der Klassiker! Die FAQ-Liste ist fast so alt wie das Internet, älter jedenfalls als das World Wide Web. Das macht sie zu einem der am häufigsten eingesetzten Instrumente des Online-Supports.

Keimzelle des weiterführenden Supports

Hierbei handelt es sich um eine Zusammenstellung der häufigsten Fragen aus dem Supportbereich mit den zugehörigen Antworten. Dieses Liste kann mehr oder weniger umfangreich sein. In vielen Fällen bildet sie in Form eines einfachen HTML-Dokuments jedoch die Keimzelle aller weiterführenden Supportangebote.

Besondere Bedeutung gewannen FAQs übrigens im Usenet. In den einzelnen Newsgroups, vergleichbar mit textbasierten schwarzen Brettern zu den unterschiedlichsten Themen, tauchen immer wieder die gleichen Fragestellungen auf. Anstatt nun jedes Mal aufs Neue individuelle Antworten auf Routinefragen geben zu müssen, kamen die Moderatoren und Organisatoren rasch auf die Idee, diese Standardfragen mitsamt den Antworten zusammenzufassen und in regelmäßigen Abständen in die Newsgroup zu posten. Die Pflege dieser FAQs bedeutet einen nicht zu unterschätzenden Aufwand und wird im Usenet in der Regel von Freiwilligen übernommen!

Pareto-Regel

Der Erfolg der FAQs liegt darin begründet, dass vielfach immer wieder die gleichen Supportprobleme und Fragen auftauchen. Untersuchungen belegen, dass hier die 80/20-Regel zum Tragen kommt: Die so genannte Pareto-Regel sagt, dass sich 80 Prozent aller Supportanfragen immer wieder auf die gleichen 20 Prozent (oder weniger) der Problemstellungen beziehen. Hierin begründet sich auch, warum ein Online-Supportangebot nicht in sich geschlossen sein muss: Viele »einfache« Routineanfragen können im Self-Service gelöst werden, während die schwierigen Aufgabenstellungen die Hilfe eines Spezialisten und damit ein interaktives Supportinstrument benötigen.

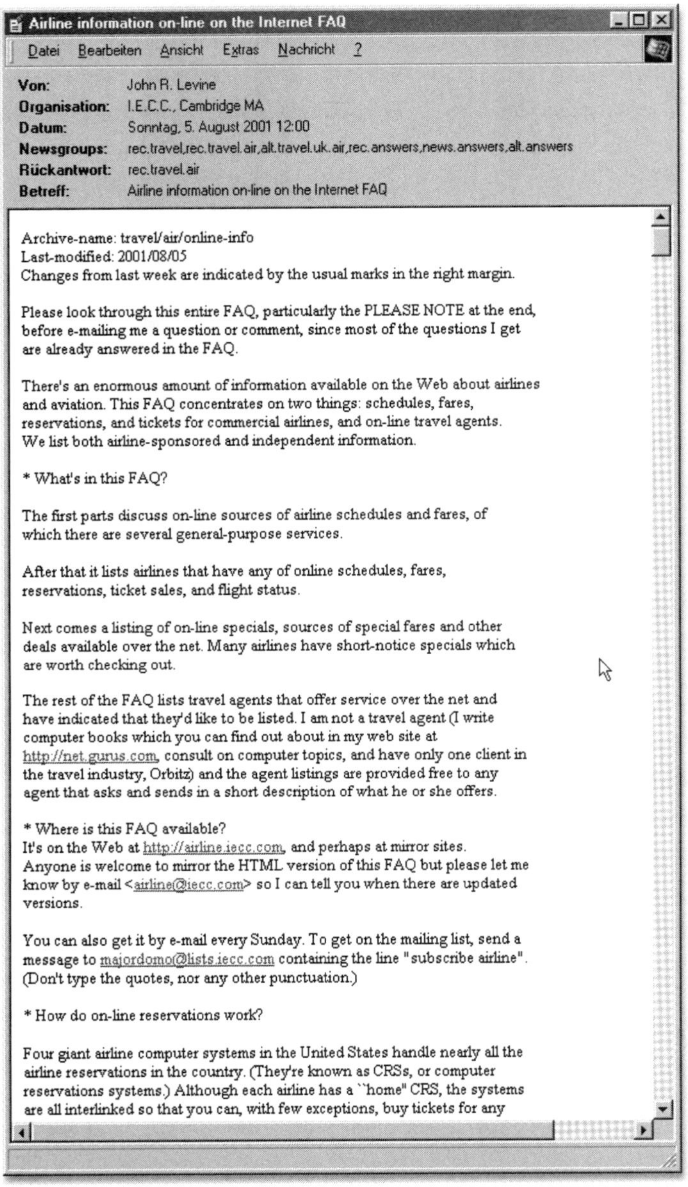
Airline information on-line on the Internet FAQ

Datei Bearbeiten Ansicht Extras Nachricht ?

Von: John R. Levine
Organisation: I.E.C.C., Cambridge MA
Datum: Sonntag, 5. August 2001 12:00
Newsgroups: rec.travel,rec.travel.air,alt.travel.uk.air,rec.answers,news.answers,alt.answers
Rückantwort: rec.travel.air
Betreff: Airline information on-line on the Internet FAQ

Archive-name: travel/air/online-info
Last-modified: 2001/08/05
Changes from last week are indicated by the usual marks in the right margin.

Please look through this entire FAQ, particularly the PLEASE NOTE at the end, before e-mailing me a question or comment, since most of the questions I get are already answered in the FAQ.

There's an enormous amount of information available on the Web about airlines and aviation. This FAQ concentrates on two things: schedules, fares, reservations, and tickets for commercial airlines, and on-line travel agents. We list both airline-sponsored and independent information.

* What's in this FAQ?

The first parts discuss on-line sources of airline schedules and fares, of which there are several general-purpose services.

After that it lists airlines that have any of online schedules, fares, reservations, ticket sales, and flight status.

Next comes a listing of on-line specials, sources of special fares and other deals available over the net. Many airlines have short-notice specials which are worth checking out.

The rest of the FAQ lists travel agents that offer service over the net and have indicated that they'd like to be listed. I am not a travel agent (I write computer books which you can find out about in my web site at http://net.gurus.com, consult on computer topics, and have only one client in the travel industry, Orbitz) and the agent listings are provided free to any agent that asks and sends in a short description of what he or she offers.

* Where is this FAQ available?
It's on the Web at http://airline.iecc.com, and perhaps at mirror sites.
Anyone is welcome to mirror the HTML version of this FAQ but please let me know by e-mail <airline@iecc.com> so I can tell you when there are updated versions.

You can also get it by e-mail every Sunday. To get on the mailing list, send a message to majordomo@lists.iecc.com containing the line "subscribe airline". (Don't type the quotes, nor any other punctuation.)

* How do on-line reservations work?

Four giant airline computer systems in the United States handle nearly all the airline reservations in the country. (They're known as CRSs, or computer reservations systems.) Although each airline has a ``home'' CRS, the systems are all interlinked so that you can, with few exceptions, buy tickets for any

Abbildung 6.6 Der Urahn: eine FAQ-Liste aus dem Usenet

Die richtigen Inhalte

Doch was sich so einfach anhört, muss trotzdem gut vorbereitet sein. Denn viel zu häufig wissen Unternehmen gar nicht, welcher Art die häufigsten Kundenprobleme sind. Also muss unter Umständen erst einmal gesammelt und gezählt werden.

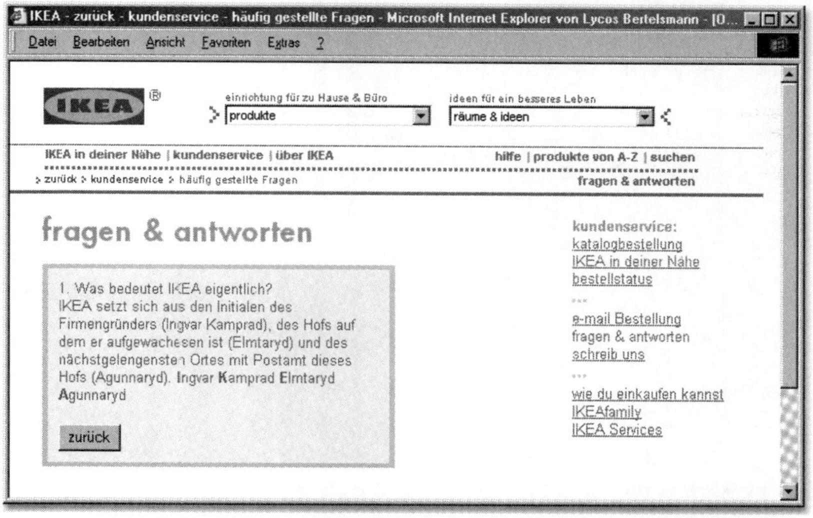

Abbildung 6.7 Fragen gibt's, die gibt's gar nicht! Die Top-Frage in der FAQ von Ikea.at.

Verständliche Formulierung

Hat man sich für eine Auswahl von Problemen entschieden, die in die FAQ-Liste aufgenommen werden sollen, dann geht es ans Texten und Strukturieren. Die Fragen und Antworten müssen so formuliert werden, dass sie von Ihren Kunden verstanden werden – nicht von Ihren Mitarbeitern! Der Kunde muss möglichst rasch erkennen können, dass er genau *hier* eine Lösung für sein Problem findet. Schließlich weiß er nicht, ob es sich bei seiner Anfrage um eine häufig gestellte Frage handelt! Auch die Antworten müssen in der Sprache des Kunden abgefasst sein. Sonst kann er die Antwort nicht mit seinem Problem in Einklang bringen.

Aufbau der FAQ

Nicht zu viele Fragen pro Liste

Doch wichtiger noch ist die Organisation der FAQs. Hier muss Übersichtlichkeit Trumpf sein. Keinesfalls sollten Sie zu viele Fragen in eine Liste quetschen. Unter Umständen bietet es sich an, die Liste thematisch zu gliedern und eigene FAQ-Listen zu verschiedenen Themen und Produkten aufzubauen oder die Gesamt-FAQ in verschiedene Unterkapitel zu zerlegen.

Auch der Reihenfolge der Fragen sollte einiges an Aufmerksamkeit gewidmet werden. Bei vielen FAQs hat man das Gefühl, die Reihenfolge der Fragen ist völlig willkürlich. Deutlich besser ist es, die Fragen, die am häufigsten gestellt werden, an den Anfang zu stellen[3]. Oder man findet eine

3. Am Rande sei bemerkt: Das Prinzip, das Wichtigste für den Kunden ganz nach oben auf die Webseiten zu stellen, sollte eigentlich immer gelten. Bei vielen Webseiten und Navigationsmenüs fragt man sich schon, welcher prototypische Nutzer da eigentlich zugrunde gelegt wurde.

»natürliche« Reihenfolge. Bei Software könnten so zunächst Installationsprobleme, dann allgemeine Probleme bei der Nutzung und zum Schluss Schwierigkeiten bei und nach der Deinstallation behandelt werden.

Beispiel: c't

Der FAQ-Bereich (www.heise.de/ct/faq) im Online-Angebot des Computermagazins c't umfasst alle nur denkbaren Bereiche. Dabei ist es der Redaktion gelungen, zahlreiche technische FAQs übersichtlich mit einer »Hotline« überschriebenen Sammlung allgemeiner Fragen zu Abos und Co. zu verbinden.

Da die eigentliche FAQ im rechten Bereich thematisch untergliedert ist, stört hier die alphabetische Anordnung der Fragen nicht. Auch die Tatsache, dass statt der Fragen selbst nur Schlagworte genannt werden, erhöht die Übersichtlichkeit eher als sie zu behindern.

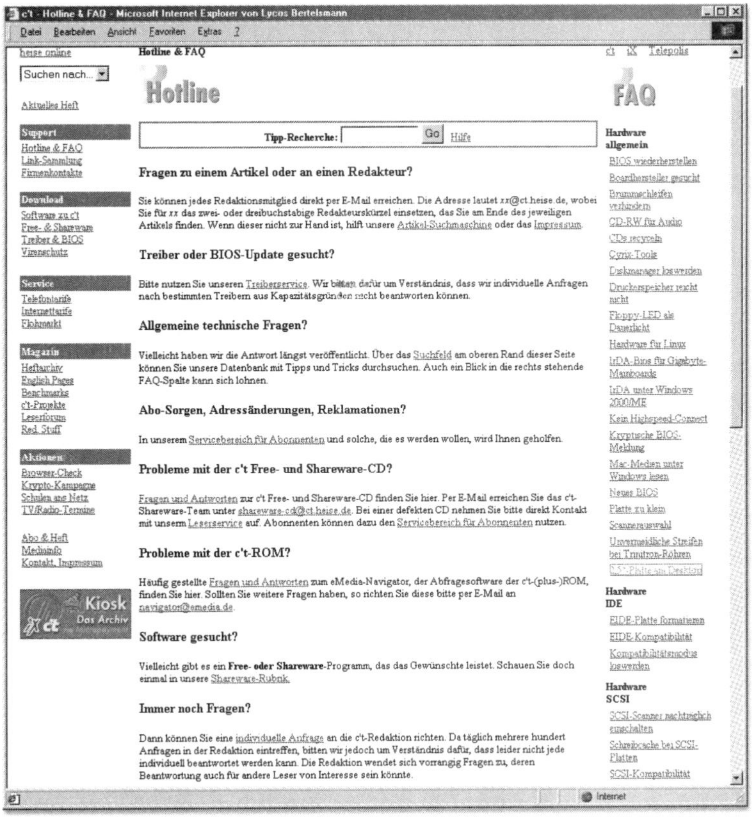

Abbildung 6.8 Der FAQ-Bereich im Online-Angebot des Computermagazins c't aus dem Verlag Heise gliedert sich in verschiedene Servicebereiche.

Übersichtlichkeit

Die Übersichtlichkeit leidet, wenn auf der FAQ-Seite Fragen und Antworten bunt gemischt sind, ohne dass der Besucher eine klare Struktur erkennen kann. Daher bietet es sich an, zunächst eine Übersicht der Fragen zu präsentieren und von den einzelnen Fragen auf die korrespondierenden Antworten zu verlinken, die sich entweder auf der gleichen Webseite unterhalb der Übersicht oder auf einer eigenen Seite befinden können.

Beispiel: Arbeitsamt

Beim Arbeitsamt gibt es sehr viele häufig gestellte Fragen. Um sie besser handhaben zu können, wurde eine Hierarchie aufgebaut. Wonach die Kategorien und Themen jedoch sortiert sind, erschließt sich nicht auf Anhieb. Auch ist nicht ohne Weiteres erkennbar, dass es sich bei den Aufzählungen um Links handelt.

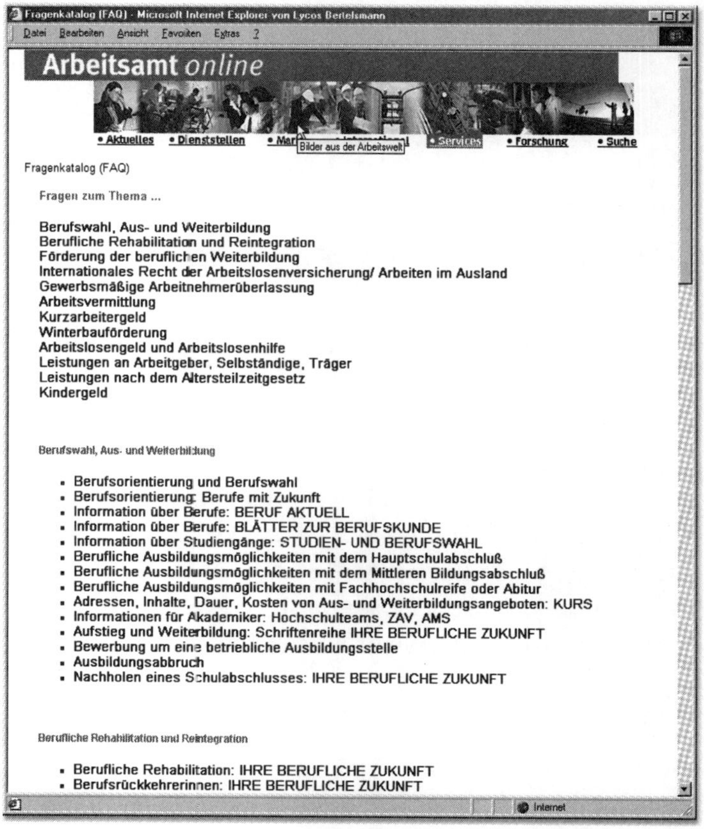

Abbildung 6.9 Vielseitig: Die FAQ-Liste des Arbeitsamts ist hierarchisch geordnet.

Vergleichen Sie dieses Beispiel einer FAQ-Liste einmal mit der von T-Mobile. Auch hier ist der FAQ-Bereich weiter untergliedert, eine Einstiegsseite enthält gerade mal sechs Links auf Unterrubriken, die vermutlich nach Wichtigkeit sortiert sind. Ob sich hier jedoch jeder Kunden zurechtfindet und zügig zum Ziel kommt?

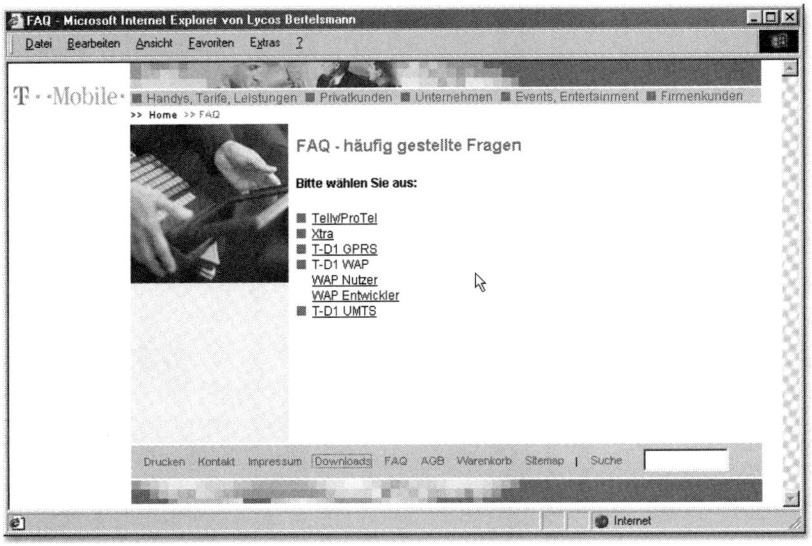

Abbildung 6.10 Übersichtlich? Oder zu wenig lösungsbezogen? Die FAQ-Leitseite von T-Mobile kommt ohne Fragen aus.

Die beiden Beispiele zeigen auf jeden Fall, wie wichtig es ist, den Umfang, die Strukturierung, die Darstellung und die Wahl der Formulierungen auf ihre Tauglichkeit hin zu überprüfen.

Multimedia oder Text?

Natürlich müssen die Antworten in einer FAQ nicht unbedingt nur aus Text bestehen. Sie können auch Abbildungen und andere multimediale Bestandteile sowie Links auf ergänzende Angebote oder Downloads integrieren. Allerdings sollten Sie darauf achten, dass die Antworten prägnant und übersichtlich bleiben. Sonst brauchen Sie irgendwann eine FAQ, die sich um Fragen zur effizienten Nutzung der FAQ kümmert!

Probleme und Lösungen: die moderne FAQ

Bei den meisten FAQs ist der Nutzer vor allem damit beschäftigt, herauszufinden, ob es überhaupt Einträge zu seinem Problem in der FAQ gibt. Wird die FAQ zu umfangreich, so wird dies zu einem echten Problem: Der Aufwand, der nötig ist, um festzustellen, dass es keine passenden Einträge gibt, frustriert in solchen Fällen den Nutzer, und er wird das eigentlich überaus nützliche Hilfsmittel nie wieder bemühen.

Intelligente Suchfunktionen

Einige Supportbereiche haben auf dieses Problem reagiert und bieten eine mehr oder weniger »intelligente« Suchfunktion zum Durchforsten der FAQ-Einträge an. Dieses Vorgehen kann den Nutzer wesentlich dabei unterstützen, rasch eine passende Antwort auf seine Frage zu finden.

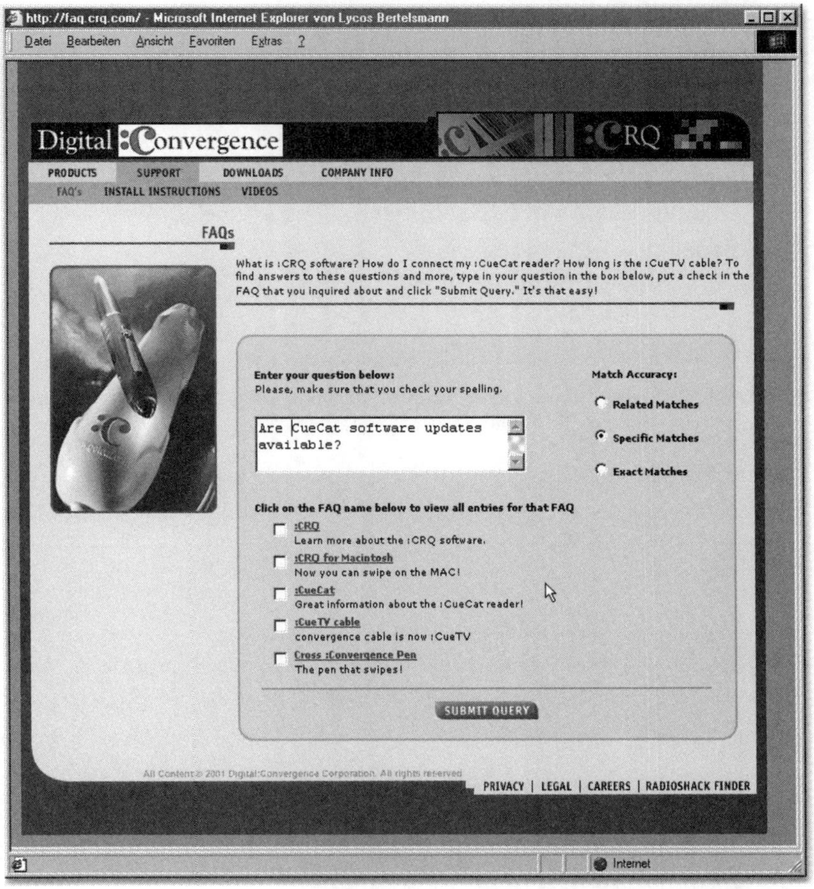

Abbildung 6.11 Die Zukunft der FAQ? CRQ bietet ein leistungsfähiges Recherchewerkzeug, das den Nutzwert der FAQ-Liste weiter erhöht.

Allerdings kann der Schuss auch nach hinten losgehen: Wählt der Nutzer eine Kombination von Begriffen, die so nicht vorkommen, dann kann die Suchfunktion unter Umständen keine Einträge finden, obwohl passende Lösungen für das Problem vorhanden sind. Wir werden dieses Problem bei der Erörterung von Suchfunktionen noch detaillierter untersuchen!

Mein Tipp: Auf eine FAQ-Liste sollten Sie auf keinen Fall verzichten. Sorgen Sie aber dafür, dass sie überschaubar und verständlich ist.

Beispiel: CRQ

Der FAQ-Bereich, der zum Online-Angebot des bereits genannten Anbieters für Tools zur digitalen Konvergenz CRQ.com gehört, erlaubt eine natürlichsprachliche Suche in den Einträgen, wobei der Nutzer beeinflussen kann, wie genau die Treffer mit dem Suchbegriff übereinstimmen müssen.

Zusätzlich kann man den Suchraum bestimmen ... und auf Wunsch auch die FAQs im Volltext anschauen. Hierbei handelt es sich um ein sehr flexibles, zukunftsweisendes Konzept, das den Nutzwert der FAQ für den Anwender stark steigern kann – gerade bei umfangreichen Informationen, die hinterlegt sind.

Kurzgefasst: FAQ-Liste	
Einsatzmöglichkeiten	Antwort auf die häufigsten Kundenanfragen in knapper Form geben
Implementierung	sehr einfach (direkt im HTML-Text)
Verbreitung	sehr hoch
Bedeutung	sehr wichtig, da sie rasche Erfolge für viele Routineanfragen garantiert und enorm zur Anrufvermeidung beiträgt
Kosten	gering, »intelligente« Suchfunktion kann jedoch zusätzliche Kosten verursachen
Besonderheiten	keine

6.3 Bereitstellung von ergänzenden Produktinformationen und Servicedokumenten

Vermehrt gehen Unternehmen dazu über, komplette Serviceunterlagen online zur Verfügung zu stellen. Es zeigt sich nämlich, dass dies viel kostengünstiger ist, als die gedruckten Broschüren auf Anforderung zum Kunden zu senden. Die eingesparten Personal-, Druck- und Versandkosten sind gewaltig. Hier zahlt sich Self-Service wirklich aus!

Bedienungsanleitungen, Handbücher, Schulungsunterlagen, Präsentationen und vieles andere mehr: Sie alle eignen sich, um als ergänzende Servicedokumente online gestellt zu werden. Hierbei stellen sich zwei Fragen:

- Ist es sinnvoll, diese Informationen nur zur Online-Nutzung bereitzustellen? Alternativ können sie auch zum Download angeboten werden.
- In welchem Format liegen die Dokumente vor und in welcher Form können bzw. sollten sie für den Online-Support aufbereitet werden?

Im After-Sales-Support ...

Beispiel: Fujitsu Siemens

Nicht nur Fujitsu Siemens stellt im Support-Bereich Handbücher zu allen möglichen jemals produzierten PC-Komponenten zur Verfügung. Das ist nicht nur eine wertvolle Informationsquelle beim Besuch des Computer-Flohmarkts, sondern es erübrigt sich in vielen Fällen der Anruf bei der Hotline, nur weil das Handbuch verschwunden ist.

Auch intern können diese Dokumente wichtige Informationen für Service und Support liefern, da sie digitalisiert vorliegen. Der Servicetechniker kann so im Außendienst ein Notebook sowie eine CD-ROM mitnehmen, auf der sich alle Servicedokumente befinden, die jemals erzeugt wurden. Und auch für den Hotline-Mitarbeiter ist die digitale Verfügbarkeit dieser Dokumente sehr hilfreich, da er über das Intranet rasch darauf zugreifen kann, ohne seinen Arbeitsplatz dafür verlassen zu müssen. Damit werden Rückrufe unnötig, die früher aufgrund der mangelnden Verfügbarkeit notwendig waren.

PDF versus HTML

Nicht alle Dokumente eignen sich dazu, online gelesen zu werden. Für die Online-Nutzung ist HTML das bevorzugte Format, was jedoch zu Problemen beim Ausdruck führen kann. Alternativ kann auch das PDF-Format von Adobe verwendet werden, das weit verbreitet und weitgehend plattformunabhängig ist bei gleichzeitiger Layoutkontrolle sowohl am Bildschirm als auch beim Ausdruck. Voraussetzung dafür, dass der Anwender das Dokument öffnen kann, ist das Programm Acrobat Reader, den es kostenlos für verschiedene Betriebssysteme gibt und der sich auch in den Webbrowser einbindet.

Das HTML-Format hat den Vorteil, dass es auch von einfachen Suchhilfen im Internet verarbeitet werden kann, während man bei PDF-Dokumenten darauf angewiesen ist, diese zunächst vom Server zu laden und erst dann zu durchsuchen[4].

4. Eine der wenigen Suchmaschinen, die auch PDF-Dokumente indexieren kann, ist Google.com. Interne Suchhilfen können mit den Inhalten dieser Dokumente in der Regel jedoch nichts anfangen.

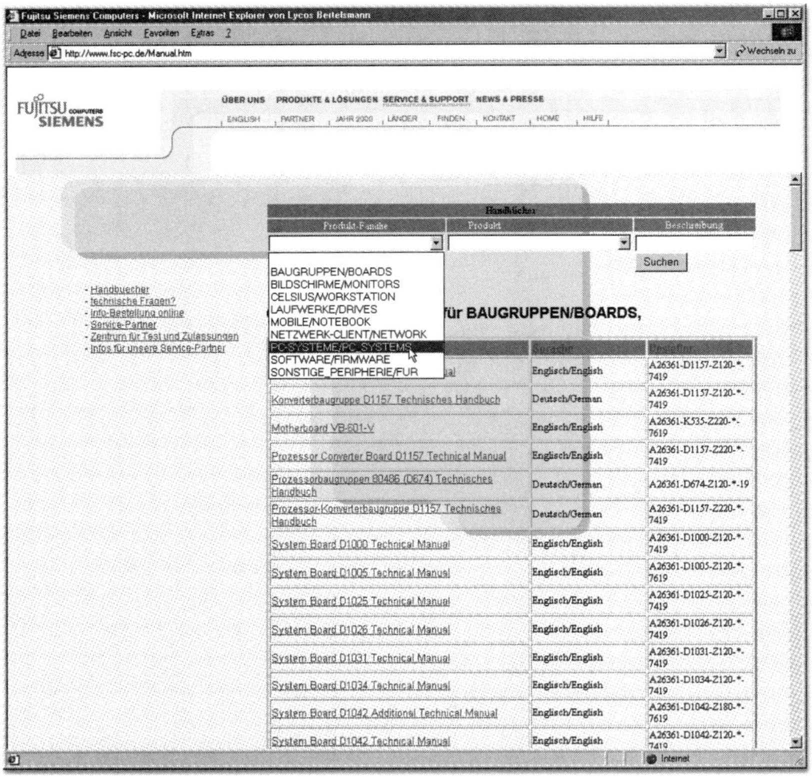

Abbildung 6.12 Bereitstellung von (zum Teil längst vergriffenen) Handbüchern bei Fujitsu Siemens Computers

Plattform- und Systemabhängigkeit

Andere Formate sind in den meisten Fällen nicht sinnvoll. So findet man zwar immer wieder Dokumente im MS Office-Format (Word, PowerPoint, Excel), aber sofern die Dokumente nicht vom Nutzer weiterbearbeitet werden sollen, limitiert wegen der damit verbundene Plattform- und Systemabhängigkeit dies unnötigerweise die Anzahl der potenziellen Nutzer. Es können große Probleme bei der Nutzung auftauchen, wenn der Anwender nicht das Ursprungsprogramm besitzt oder gar ein anderes Betriebssystem nutzt.

Die Softwarevoraussetzungen beim Kunden müssen daher kritisch hinterfragt werden. Ein Anzeigeprogramm für PDF-Dateien gibt es für verschiedene Rechnersysteme vom Windows-Rechner bis zum Palm-Pilot kostenlos. Und auch HTML kann von allen gängigen Plattformen verarbeitet werden.

Ob Sie die Dokumente zusätzlich komprimieren sollen, darüber streiten sich die Gelehrten! Bei sehr umfangreichen Dokumenten kann eine Komprimierung in ein Zip-Archiv aufgrund seiner weiten Verbreitung hilfreich sein. In den meisten Fällen jedoch hat die unkomprimierte Bereitstellung von HTML- und PDF-Dokumenten den Vorteil, dass das Dokument direkt im Browser angezeigt werden kann.

Nur Zip-kompatible Pack-Programme

Keinesfalls aber sollten Sie andere Pack-Programme verwenden als solche, die Zip-kompatibel sind, da sie nur wenig verbreitet sind. Und hüten Sie sich davor, für Dokumente eine selbstextrahierende Datei zum Download bereitzustellen. Nicht nur, dass diese Archive nicht auf jedem System lauffähig sind. Viel schlimmer noch ist die Verwirrung und Angst, die Sie bei den Nutzern erzeugen können: »Warum ist das kein Dokument, sondern ein Programm? Ist es sicher, es auf meinem Rechner zu starten? Was, wenn es Viren oder Trojaner enthält?«

Nicht jeder ist erfahren im Umgang mit dem PC

Wenn Sie Dokumente in Fremdformaten (also nicht als HTML-Seiten) anbieten, geben Sie an, was zur Benutzung benötigt wird. Verweisen Sie gegebenenfalls auf die benötigten Zusatzprogramme per Link. Und beschreiben Sie kurz, wie man das Angebot nutzen sollte. Vergessen Sie nie: Nicht jeder Besucher ist erfahren im Umgang mit dem PC. Vielleicht sitzt Ihr Kunde in einer Bibliothek an einem öffentlichen Terminal und *kann* die Dokumente gar nicht abspeichern oder gar zusätzliche Software installieren!

... und in der Verkaufsunterstützung

Beispiel: Conrad Electronic

Welche Dokumente sich zur Bereitstellung eignen und wie Sie dieses Instrument nutzen, bleibt Ihrer Fantasie überlassen. So nutzen einige Anbieter Zusatzinformationen und Dokumente auch im Verkauf. Conrad Electronic beispielsweise ergänzt die Produktbeschreibung für ICs mit Links auf relevante Datenblätter und Dokumentationen.

Und ein Anbieter von Fertighäusern in den USA wirbt mit VRML-Darstellungen, bei denen man virtuell das neue Heim bereits betreten kann ... Die Möglichkeiten sind endlos: Einbauskizzen, Konstruktionspläne, Emissionsdaten, Prüfzertifikate – je nach Produkt bieten sich zahlreiche ergänzende Angebote an, die für den potenziellen Käufer interessant sein können!

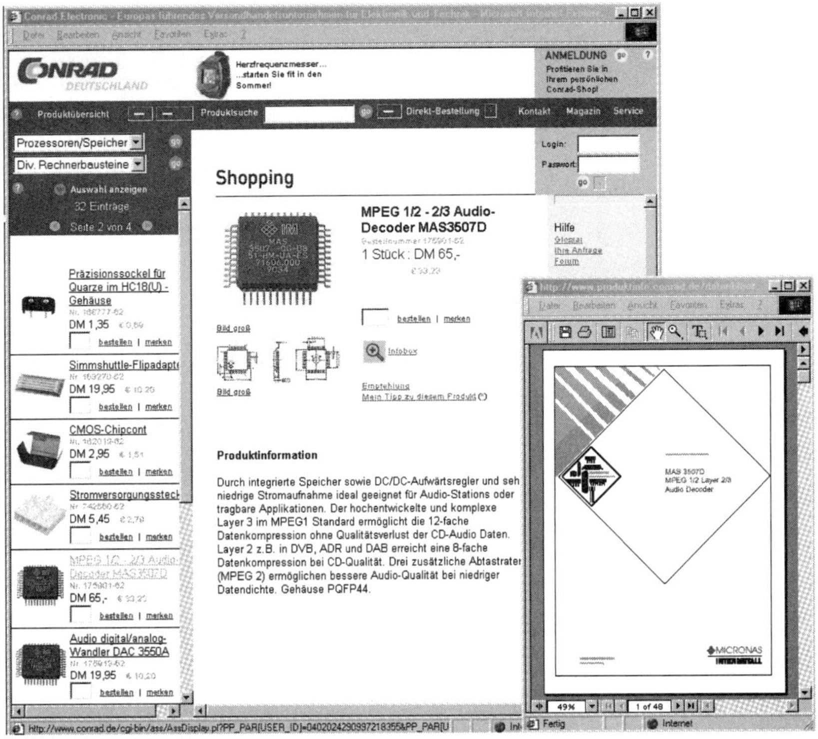

Abbildung 6.13 Datenblätter in Form von PDF-Dateien als Ergänzung zur Produktbeschreibung, hier bei Conrad Electronic

Doch man muss gar nicht so sehr »um die Ecke« denken! Bei Amazon gibt es zu vielen Büchern zahlreiche ergänzende Informationen. Diese reichen von Inhaltsverzeichnissen und Probekapiteln bis hin zu Rezensionen und Leserkommentaren. Hier schafft Amazon eine starke Differenzierung und einen echten Mehrwert für die Kunden. Sie erhalten oftmals deutlich mehr Information über ein Buch als in der Buchhandlung.

Aber das Konzept von Amazon ist nicht nur ein Zufallsprodukt: Gezielt werden Leser dazu aufgerufen, Kritiken zu schreiben. Auch Amazon selbst bringt eigene Rezensionen ein. Doch längst lässt man auch zuliefern: Die Verlage sind aufgefordert, geeignetes Material zur Verfügung zu stellen – seien es nun Grafiken der Buchcover, Inhaltsverzeichnisse oder Probekapitel. Auch beschreibende Texte und Rezensionen aus anderen Quellen integriert Amazon in die Buchpräsentation.

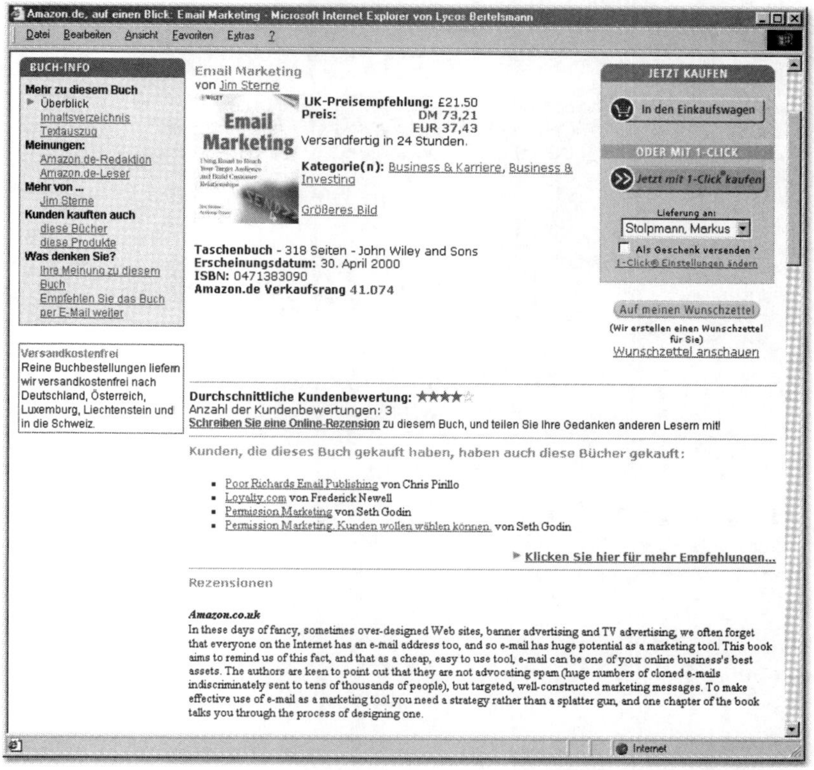

Abbildung 6.14 Inhaltsverzeichnis, Textauszug, Cover, Rezensionen und Kundenbewertungen: umfassende Buchpräsentation bei Amazon.de

Gebräuchliche Formate

Hieraus ergibt sich aber auch für die Hersteller von Produkten eine Pflicht, geeignetes Material in für die Online-Nutzung gebräuchlichen Formaten bereitzustellen. Nur so können Shop-Betreiber im Internet die eingekauften Waren wirklich geeignet präsentieren. Dabei kommt es darauf an, dass die Präsentation in verschiedenen Detaillierungsstufen erfolgt. Wer sich nur einen Überblick verschaffen will, wird keine Details aus Datenblättern benötigen. Doch falls der potenzielle Kunde solche Angaben benötigt, wäre es fatal, stünden sie nicht zur Verfügung!

Mein Tipp: Sammeln Sie einmal alle verkaufs- und supportrelevanten Dokumente für eines Ihrer Produkte – ganz gleich, ob sie in digitaler Form oder auf Papier vorliegen. Was davon würde online Sinn machen? Würden Sie sich als Kunde noch mehr Informationen online wünschen?

Kurzgefasst: Ergänzende Dokumente	
Einsatzmöglichkeiten	Mehrwert bieten durch eine umfangreiche Produktpräsenation oder die Bereitstellung ergänzender Supportdokumente, die evtl. beim Anwender verloren gegangen sind oder ihm (noch) nicht zur Verfügung standen
Implementierung	einfach (direkt im HTML-Code verlinkt)
Verbreitung	hoch
Bedeutung	wichtig, schafft Differenzieung im Wettbewerb
Kosten	gering
Besonderheiten	Dateiformate, die verwendet werden sollen, müssen kritisch hinterfragt werden

6.4 Videos online

Ein Bild sagt mehr als tausend Worte. Müsste dann nicht ein Video noch viel mehr aussagen? Tatsächlich können Videos bestimmte Vorgänge viel besser erläutern, als es am Telefon oder in einem Text erklärt werden könnte!

In Support ...

Beispiel: Die Tonerkartusche

Nutzen Sie einen Laserdrucker? Haben Sie einmal die Tonerkartusche gewechselt? Und haben sich über die Piktogramme auf der Kartusche gewundert? Erst horizontal hin- und herschütteln, dann vorsichtig vor und zurück neigen, anschließend den Sicherheitsstreifen entfernen. Drucker entriegeln und öffnen ... mit einer Hand die alte Kartusche entfernen, dabei in der anderen die neue jonglieren, und zwischendurch schnell noch die herunterfallende Verpackung auffangen!

Wäre es da nicht besser, man könnte einem Artisten bei diesem Kunststück erst einmal über die Schulter schauen? Kein Problem: Videosequenzen von realen Szenen oder auch Trickanimationen können oftmals komplizierte Vorgänge und Sachverhalte besser erläutern. Was also liegt näher, als eine entsprechende Videosequenz im Supportbereich der Website zur Verfügung zu stellen?

Allerdings existieren einige Hürden, will man Videos in einer ansprechenden Qualität online präsentieren. Da ist zunächst das Problem der Bandbreite auf Seiten des Nutzers: Je nach Zugangsart kann er über eine langsame Modemverbindung verfügen, aber auch einen Breitband-Internetzugang sein Eigen nennen. Für den einen müssen die Videos möglichst klein sein – das aber geht zu Lasten der Bildgröße und der Detailschärfe. Oder aber der Download dauert ewig, beziehungsweise das Bild ruckelt – beides ist unakzeptabel! Andererseits ist derjenige, der einen schnellen Zugang besitzt, mit einem briefmarkengroßen Videobild kaum zufrieden.

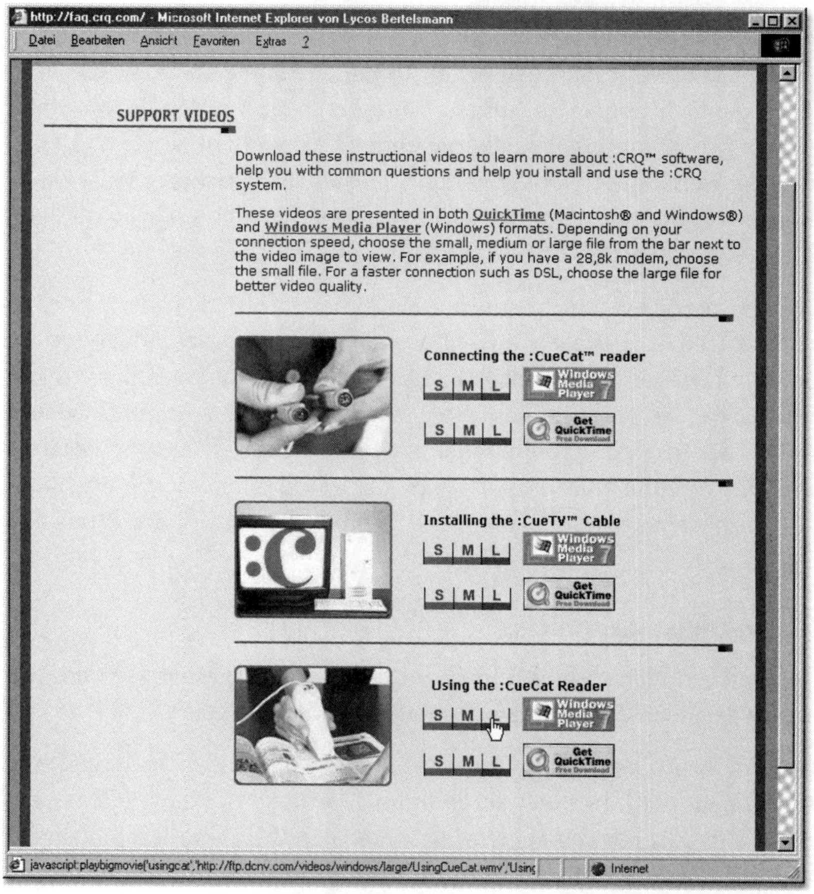

Abbildung 6.15 Der Einsatz von Videos im Support am Beispiel der :CueCat-Installation – auffällig die verschiedenen Videoformate, die die technische Hürden dieses Konzepts verdeutlichen

Streaming oder Download

So muss zunächst überlegt werden, welche grundlegende Technologie verwendet werden soll: Streaming oder Download? Streaming bedeutet, dass das Video bereits während der laufenden Übertragung beim Nutzer angezeigt wird. Es müssen also zu jeder Zeit so viele Daten übermittelt werden können, wie Bildinformationen für eine flüssige Darstellung benötigt werden. Ist dies nicht der Fall, so ruckelt die Wiedergabe, und es gibt Aussetzer. Beim Download hingegen wird zuerst das gesamte Video übertragen und erst danach auf dem PC des Nutzers abgespielt. Dabei kommen aber rasch Downloadzeiten von 10 Minuten und mehr zusammen, in denen der Nutzer nur warten kann. Und das für briefmarkengroße Bilder von nur wenigen Minuten Länge.

Streaming-Formate

Häufig entscheidet man sich daher für die Streaming-Variante, die allerdings deutlich höhere technische Anforderungen an den Server stellt. Zudem gibt es zahlreiche konkurrierende Streaming-Formate, von denen zwei die weitaus höchste Verbreitung haben: Der Microsoft Media Player wird vor allem von Windows-PCs unterstützt, während das Format von Real Networks auch auf anderen Plattformen lauffähig ist.

Doch es reicht eben nicht aus, nur eines dieser Formate (oder beide) zu unterstützen – zusätzlich muss noch die Bildgröße und Videoqualität bestimmt werden. Diese richtet sich nach der Zugangsgeschwindigkeit auf Seiten des Nutzers. So bieten einige Anbieter bestimmte Videos sowohl für geringe, mittlere, aber auch hohe Zugriffsgeschwindigkeiten an. Der Anwender muss sich dann auf der Website für eine dieser Varianten entscheiden, die für seine spezielle Situation das beste Ergebnis liefert.

... und Online-Marketing

Die gleichen technischen Hürden müssen auch gemeistert werden, will man Videos und Animationen als Verkaufsanreiz einsetzen.

Breitband-Internetzugang

Obwohl es sich bei diesem Einsatzgebiet noch um eine recht junge Spielart handelt, wird ihr doch ein enormes Wachstumspotenzial zugesprochen. Mit der zunehmenden Verfügbarkeit von Breitband-Internetzugängen wird der Markt für wirklich multimediale Werbung demnach stark zunehmen. Erste Portale, die sich an den Breitbandsurfer wenden, existieren bereits. Noch allerdings bleiben viele Werbetreibende bei den klassischen Online-Werbeformen und nutzen die Möglichkeiten der Breitbandtechnologie nicht aus. Doch dies könnte sich bald ändern. Der Werbespot im Internet steht schon vor der Tür.

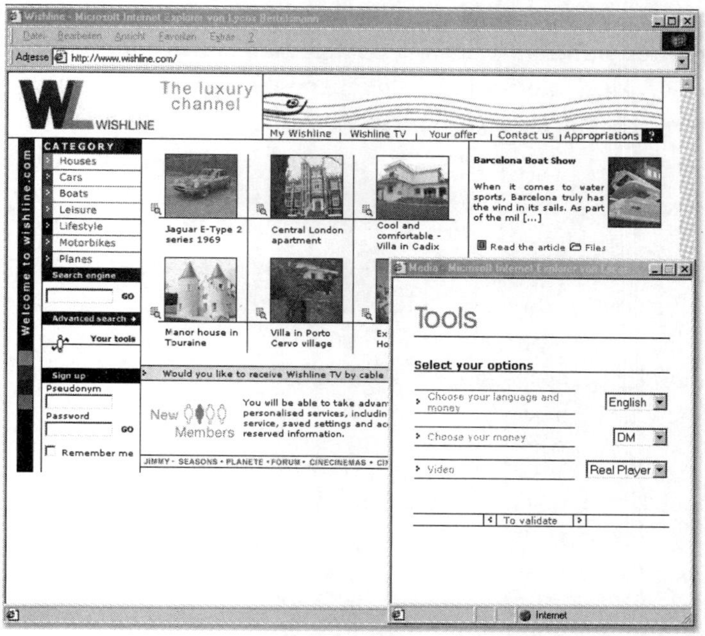

Abbildung 6.16 Online-Shopping von Luxusgütern? Bei Wishline.com werden Sie gleich darauf aufmerksam gemacht, dass hier Videoclips eine wichtige Rolle spielen ...

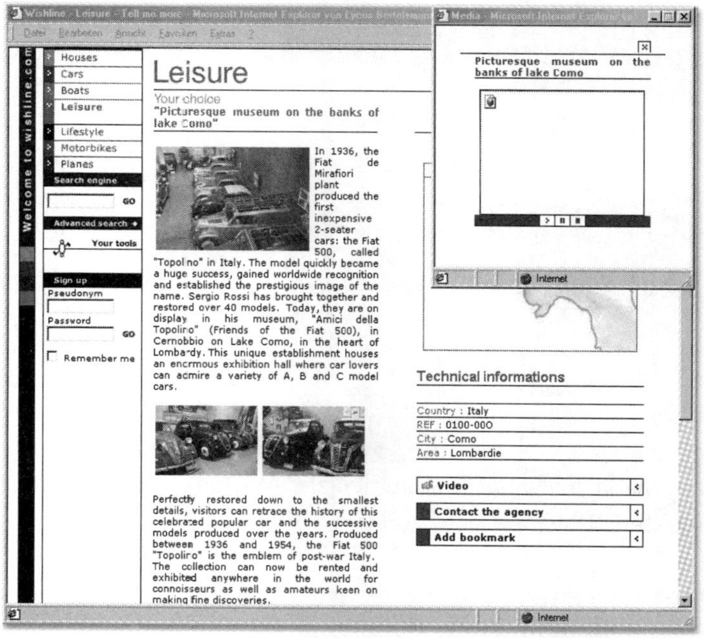

Abbildung 6.17 ... nur dumm, wenn dann das benötigte Plug-in beim Benutzer nicht korrekt installiert ist!

Ob das BMW-Engagement wirklich einen kommenden Trend in der Verkaufsförderung zeigt, bleibt abzuwarten. Interessante Anwendungen sind auf jeden Fall denkbar. Und es könnte ein ganz neuer Markt für Werbespots entstehen, die nicht den Restriktionen der TV-Werbung unterliegen.

Beispiel: BMWfilms

BMW hat eine eigene Website unter www.bmwfilms.com eingerichtet, die Kurzfilme exklusiv im Internet präsentiert, bei denen die BMW-Modelle (natürlich) die wirklichen Stars sind. Was bei den James-Bond-Filmen noch geschicktes Product Placement war, wird hier zur eigenen Werbeform.

Interessant ist dabei, dass BMW auf einen eigenen Videoübertragungsstandard setzt und den dafür benötigten Player zum kostenlosen Download anbietet. Was im Support-Bereich fatal wäre (nämlich dem Kunden noch ein weiteres, unbekanntes Format zuzumuten), ist in der Verkaufsunterstützung und im Entertainment-Sektor durchaus akzeptabel. Schließlich haben die Filme reinen Werbe- und Unterhaltungswert – somit kann zugunsten von Wirkung und Effektsteigerung darauf verzichtet werden, sich an etablierte (Quasi-) Standards zu halten.

Abbildung 6.18 Kreatives Marketing mit Kurzfilmen im Internet: BMW hat schon immer geschickt Product Placement betrieben – nun werden die Autos bei *www.bmwfilms.com* zu den wahren Filmhelden ... exklusiv im Internet.

Aber Vorsicht! Sollten Sie bereits älteres Filmmaterial besitzen, das Sie nun gerne im Internet weiternutzen möchten, so sollten Sie sich zunächst informieren, ob Sie dafür auch die Lizenzrechte besitzen[5]!

Mein Tipp:Videos sollten Sie nur einsetzen, wenn diese hohe Qualität und hohen Nutz- bzw. Unterhaltungswert haben!

Kurzgefasst: Videos	
Einsatzmöglichkeiten	animierte Darstellung von komplexen Produkten und Vorgängen sowie Artikeln, die mit statischen Abbildungen nur schlecht beurteilt werden können (z.B. Kleidung)
Implementierung	mittel
Verbreitung	gering
Bedeutung	begrenzt hilfreich
Kosten	mittel bis hoch (Kapazitäten, Technologie, Erstellung, Nachbearbeitung und Konvertierung der Videos, ...)
Besonderheiten	Schwierig ist es, allen Nutzern gerecht zu werden: unterschiedliche Bandbreiten und Dateiformate machen es schwer, eine sinnvolle technische Realisierung zu wählen. Videos eignen sich vor allem für Nutzer mit Breitbandzugängen, die in Deutschland aber noch rar sind.

6.5 Software-Download: Treiber, Patches und Co.

Hilfsprogramme und Bugfixes

Ein Supportinstrument, das in einigen Branchen, besonders für Hardware- und Softwareanbieter, eine enorme Bedeutung erlangt hat, ist das Bereitstellen von Hilfsprogrammen und Fehlerkorrekturen zum Download. Ob Treiber, Updates, Upgrades, Bugfixes etc. – der Versand auf Diskette oder CD-ROM wäre sehr viel kostspieliger für den Anbieter, und der Kunde spart auch noch Zeit!

Wenn Sie nun weder Software noch Hardware zu betreuen haben, dann scheinen Downloads für Sie zunächst bedeutungslos zu sein. Doch dies muss nicht unbedingt so sein. Möglicherweise wollen Sie Präsentationen zu einer Veranstaltung für Ihre Kunden bereitstellen. Oder Sie entwerfen

5. Kein Scherz! Ich kennen den Fall eines weltweit tätigen Konzerns, der gerne seine alten Werbespots digitalisiert und online bereitgestellt hätte. Doch damals waren die Verwertungsrechte nur für Fernsehen und Kino abgegolten worden. Um einem drohenden Rechtsstreit mit Produzenten, Darstellern etc. aus dem Weg zu gehen, hat man auf die Aktion verzichtet ...

eine Excel-Tabelle, mit deren Hilfe Ihre Kunden in Ruhe ihren Bedarf an Ihrem Produkt kalkulieren können. Oder ... Die Möglichkeiten sind vielfältig!

Mein Tipp: Nicht nur Käufer sind die Kunden für Ihre Service- und Supportangebote. Auch Multiplikatoren, Vertriebspartner, Journalisten und die eigenen Mitarbeiter können enorm von gutem Service profitieren!

Effiziente Unterstützung von Journalisten und Vertriebspartnern

So kann die Unterstützung von Journalisten und Vertriebspartnern über Downloads effizienter gehandhabt werden: Canon stellt beispielsweise Produktfotos in hoher Auflösung bereit, bei der Deutschen Bank gibt es reprofähige Portraits der Vorstandsmitglieder und ein bekanntes Pharmaunternehmen versorgt seinen Außendienst mit neuesten Produktinfos und Präsentationen – per Extranet erfolgt der Abruf auf Knopfdruck.[6]

Beispiel: Johnnie Walker bzw. Moorhühner

Die bekannteste Download-Aktion aller Zeiten hat aber wohl der Whiskey-Brenner Johnnie Walker gestartet. Man hat 1999 Phenomedia beauftragt, ein kleines, unterhaltsames Computerspiel zu entwickeln, das den Nutzern als Entertainment-Angebot zum Download angeboten wird und für den Auftraggeber werben soll. Dieses Werbespiel brach alle Download-Rekorde. Server brachen unter der Last des Ansturms zusammen. Vermutlich wissen die Spieler bis heute nicht, wie »Johnnie Walker« geschrieben wird – den Begriff »Moorhuhn« kennt aber jeder[6]. Und mittlerweile hat sich das Kultspiel verselbständigt.

Kostenlose Werbespiele

Und in der Folge haben zahlreiche Anbieter kostenlose Werbespiele als Serviceangebot für die Kunden entdeckt. Vom Musical-Veranstalter Stella, der mit »Vampirjagt« für sein Musical »Tanz der Vampire« warb, über VW mit dem Autorennspiel »Midtown Madness« bis hin zu M&Ms und der Suche nach der »Lost Formula« mit den bekannten Werbefiguren Red und Yellow: setzen Zahlreiche Anbieter setzen auf dieses Instrument.

6. Warum eigentlich Moorhühner? Zumal es sich nicht um das Logo von Johnnie Walker handelt? Einige behaupten, dass das Moorhuhn in Schottland so etwas wie ein Wappentier sei. Es gibt aber auch eine andere Darstellung: 1998 gab sich die Whiskey-Brennerei Teachers, ein Konkurrent von Johnnie Walker, ein neues Image und verzichtete in der Werbung auf die üblichen Flaschen und Gläser. Vielmehr setzte man u.a. auf die witzige und ansprechende Werbung mit dem Moorhuhn (dem »Titelhelden« von Famous Grouse). Man hatte Erfolg. Also wird mit dem Moorhuhnspiel symbolisch die Konkurrenz abgeschossen. Eine tolle, witzige Idee. Ob sich das umsatzmäßig für Johnnie Walker positiv ausgewirkt hat, ist mir allerdings nicht bekannt.

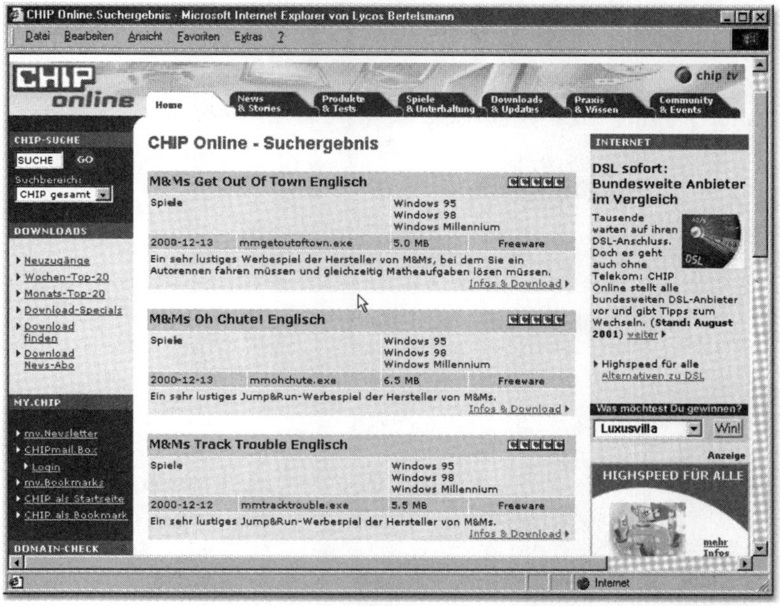

Abbildung 6.19 Die Suche im Download-Bereich von Chip.de bringt es an den Tag: Allein drei Werbespiele des Herstellers der M&Ms sind verfügbar.

Mein Tipp: Zur Zeit ist die Euphorie um die Werbespiele wieder abgeklungen. Aber es müssen ja keine Spiele sein (deren Werbewirkung zudem umstritten ist). Etwas mit Mehrwert für die Kunden lässt sich aber immer finden!

Wichtig ist aber, dass bei allen Dateien, die zum Download angeboten werden, Folgendes eindeutig erkennbar ist:

- Für welchen Zweck sind sie geeignet?
- Um welchen Stand handelt es sich?
- Welche Voraussetzungen müssen erfüllt sein für den erfolgreichen Einsatz (Betriebssystem, benötigte Programmversion oder Hardware, zusätzliche Hilfsmittel wie Entpacker ...)?
- Werden weitere Dateien, z.B. Installationsanleitungen, benötigt?
- Wie groß ist die Datei, wie lange also wird ungefähr der Download dauern?

Problematisch sind vor allem zwei Dinge: Zum einen die Verwendung unüblicher Dateiformate, die nicht automatisch vom Zielbetriebssystem unterstützt werden und den Anwender nötigen, sich erst weitere Hilfsprogramme zu besorgen. Zum anderen eine unübersichtliche Strukturierung des Download-Bereichs.

Mühsame Suche nach dem richtigen Download

Die Suche nach dem richtigen Download kann dabei sehr mühsam sein: Die korrekte Gerätebezeichnung, das verwendete Betriebssystem, die richtige Spracheinstellung und anderes mehr kann von Wichtigkeit sein. Bei Canon kann es sogar notwendig werden, zu wissen, welche Tinte man für seinen Drucker verwendet: neue Tinte – neuer Treiber, alte Tinte – alter Treiber. Und dabei könnte die Welt so schön sein ...

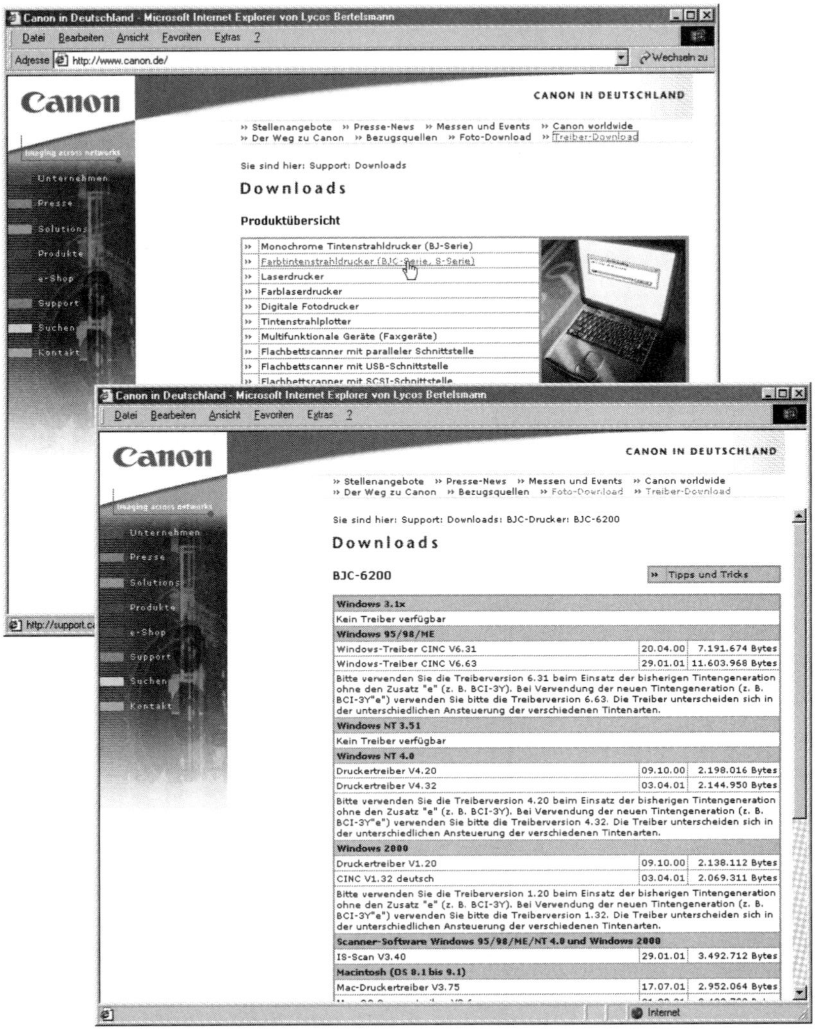

Abbildung 6.20 Kurios: Nachdem Sie sich durch die Produkthierarchie geklickt haben, müssen Sie jetzt auch noch wissen, welche Tinte Sie verwenden!

Beispiel: Treibersuche bei Hewlett-Packard

Um die Suche nach passenden Treibern für Drucker und Co. zu vereinfachen, hat Hewlett-Packard eine flexible Navigation durch das Download-Angebot realisiert.

So kann man direkt die Modellbezeichnung oder Teile davon eingeben, man kann sich aber auch durch ein hierarchisch aufgebautes Produktmenü hangeln.

Während die eigentlichen Download-Seiten denen von Canon zumindest ähneln, ist hier die Integration der Downloads in das restliche Supportangebot sehr gut gelungen. Auf der linken Seite führt ein Menü zu anderen Supportangeboten speziell für das gewählte Modell. Diese Integration ist durchaus nicht überall so gut gelungen. Häufig muss man sich bei anderen Anbietern immer wieder durch ähnliche Produkthierarchien kämpfen – mal zum Treiber-Download, mal für die FAQ, dann wieder auf der Suche nach dem nicht auffindbaren Handbuch ...

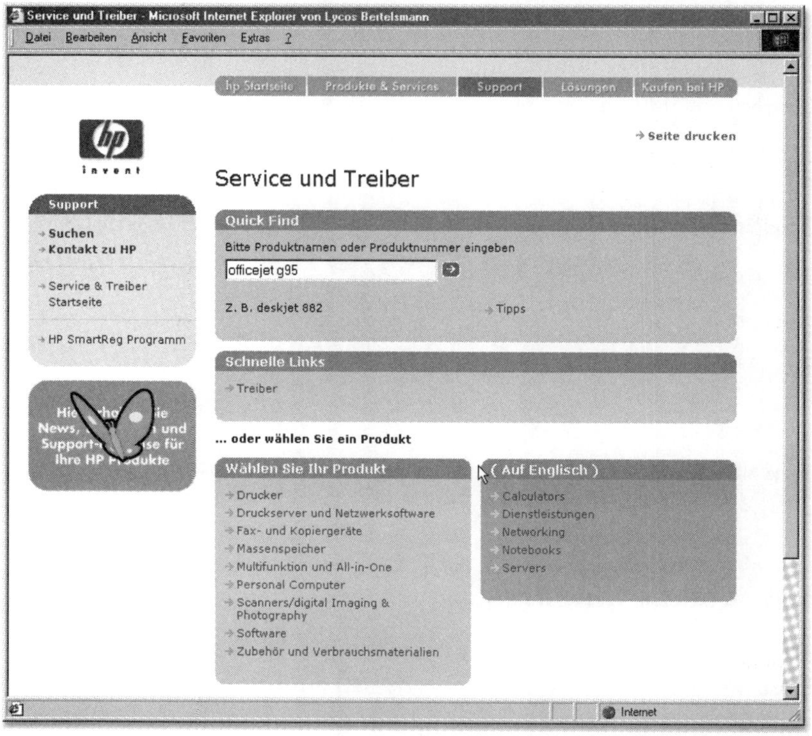

Abbildung 6.21 Flexible Navigationsmöglichkeiten durch das Download-Angebot bei Hewlett-Packard: Entweder hangeln Sie sich durch die Produkthierarchien oder Sie geben gleich die Modellbezeichnung Ihres Gerätes ein.

Desinfizierte Downloads Auf jeden Fall müssen Sie auch sicherstellen, dass die von Ihnen angebotenen Downloads frei von Viren und anderen Schädlingen sind! Immer wieder werden Fälle bekannt, bei denen Unternehmen versehentlich schadhafte oder mit Viren verseuchte Software verteilt haben. Das ist nicht nur ärgerlich für die Nutzer, sondern es schadet massiv dem Ruf des Anbieters. Der Test mit einem oder gar mehreren aktuellen Antivirus-Programmen sollte obligatorisch ein, bevor ein Download freigeschaltet wird!

Daten in kleinen Päckchen Auch die Dateigröße kann zum Ärgernis werden. Dateien von 30 MB und mehr lassen sich per Modem kaum sinnvoll herunterladen. Und wird der Download abgebrochen, so ist zumeist die ganze Mühe umsonst gewesen. In diesem Fall bietet es sich an, die Daten alternativ in kleinen Päckchen anzubieten, die nacheinander heruntergeladen werden können. So kann der Anwender entscheiden, ob er lieber alles am Stück herunterladen will oder den segmentierten Download bevorzugt.

Mein Tipp: Machen Sie die Probe: Bieten Sie größere Downloads gleichzeitig in einem großen und in mehreren kleinen Paketen an und analysieren Sie, welche Variante von Ihren Nutzern bevorzugt wird!

Kurzgefasst: Software-Download	
Einsatzmöglichkeiten	Angebot von ergänzender Software, Informationen oder Fotos, aber auch Treibern und Fehlerkorrekturen
Implementierung	einfach (Verlinkung)
Verbreitung	hoch
Bedeutung	wichtig, spart im Support Kosten für Produktion und Versand von Datenträgern und ermöglicht dem Kunden schnelle Selbsthilfe
Kosten	gering
Besonderheiten	Navigation durch das Angebot effizient gestalten, auf Viren überprüfen

6.6 Linksammlungen

Häufig vernachlässigt, aber trotzdem ein wichtiges Hilfsmittel: Von Linklisten ist hier die Rede. Sie verweisen auf (externe) Webseiten, die ergänzende oder weiterführende Informationen für die Nutzer bereithalten. Kaum ein Produkt wird für sich alleine genutzt. Vielmehr macht erst der Einsatz in einer komplexen Umgebung Sinn. Allerdings übernimmt kaum ein Anbieter eine Gewähr, dass z.B. alle Komponenten auch reibungslos zusammenspielen, dass rechtliche Vorschriften eingehalten werden usw.

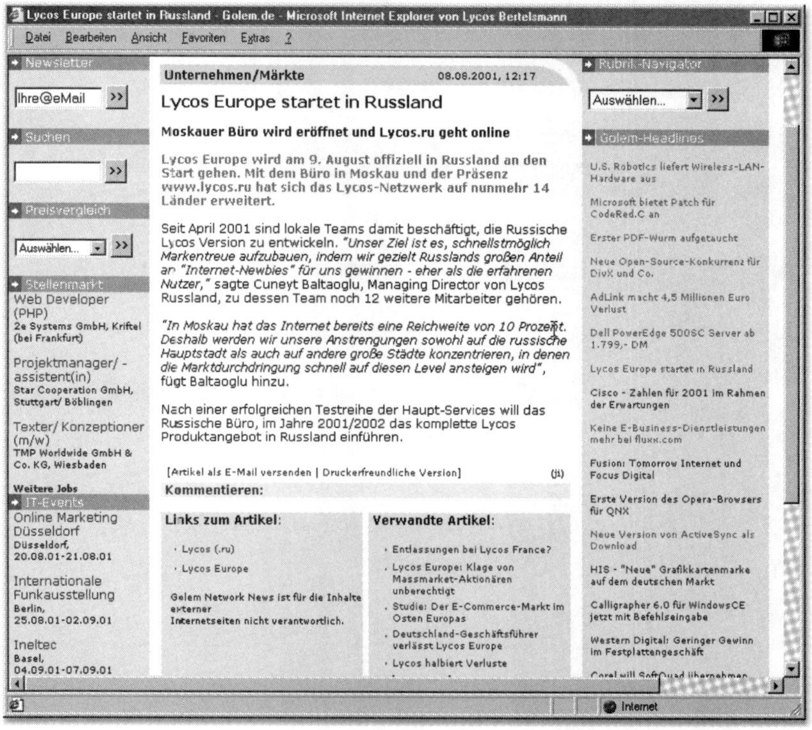

Abbildung 6.22 Golem.de: Aktuelle Nachrichten werden mit externen Links zu Unternehmensseiten sowie internen Links zu verwandten Nachrichten ergänzt.

Beispiel: Linklisten bei Alternate

Alternate, einer der großen Online-PC-Shops, kann unmöglich selbst alle Treiber und Supportdokumente für die angebotenen und verkauften Produkte bereitstellen. Aber man lässt die Kunden nicht im Regen stehen: Im Bereich Technik können die Kunden auf Linklisten zu verschiedenen Produktgruppen zugreifen. Hier wird nicht etwa nur auf die Homepage der Hersteller verwiesen, sondern direkt auf den relevanten Supportbereich.

Damit entfällt für den Kunden die lästige Suche nach der korrekten URL, während Alternate für den Support direkt auf das externe Online-Angebot des Herstellers verweisen kann. Für Alternate ist dies zudem eine geschickte Call-Avoidance-Strategie: Viele Kunden würden sich zunächst per Telefon, Brief, Fax oder E-Mail an Alternate wenden, fehlte hier dieser direkte Hinweis auf den richtigen Ansprechpartner. Nicht umsonst nennt Alternate den entsprechende Bereich im Online-Angebot selbst Technik-*FAQ*.

Abbildung 6.23 Linksammlung beim Online-Shop Alternate.de: Verweis auf den Hersteller-Support

Weiterführende Links

Weiterführende Links können hier wichtige Servicebestandteile sein. So kann ein Online-Reisebüro auf das aktuelle Wetter am Urlaubsort ebenso verlinken wie auf die offiziellen Einreise-, Visum- und Impfvorschriften etc. Diese Informationen selbst anzubieten und zu pflegen, wäre vom Aufwand her gar nicht zu leisten. Die Informationen sind für Reisende jedoch von großer Bedeutung.

Beispiel: California Dreamin'

Links als ergänzende Informationsquelle findet man auch in den Online-Angeboten von verschiedenen Fernsehsendungen. Für die Serie »California Dreamin'« hat das ZDF im Web verschiedene Zusatzangebote bereitgestellt. Diese werden um Tipps ergänzt, die empfehlenswerte Bücher und Webseiten fremder Anbieter umfassen. Auffällig ist hier im Vergleich zum Alternate-Angebot, dass die Links kommentiert sind. Dafür ist die hinterlegte URL nicht unmittelbar erkennbar.

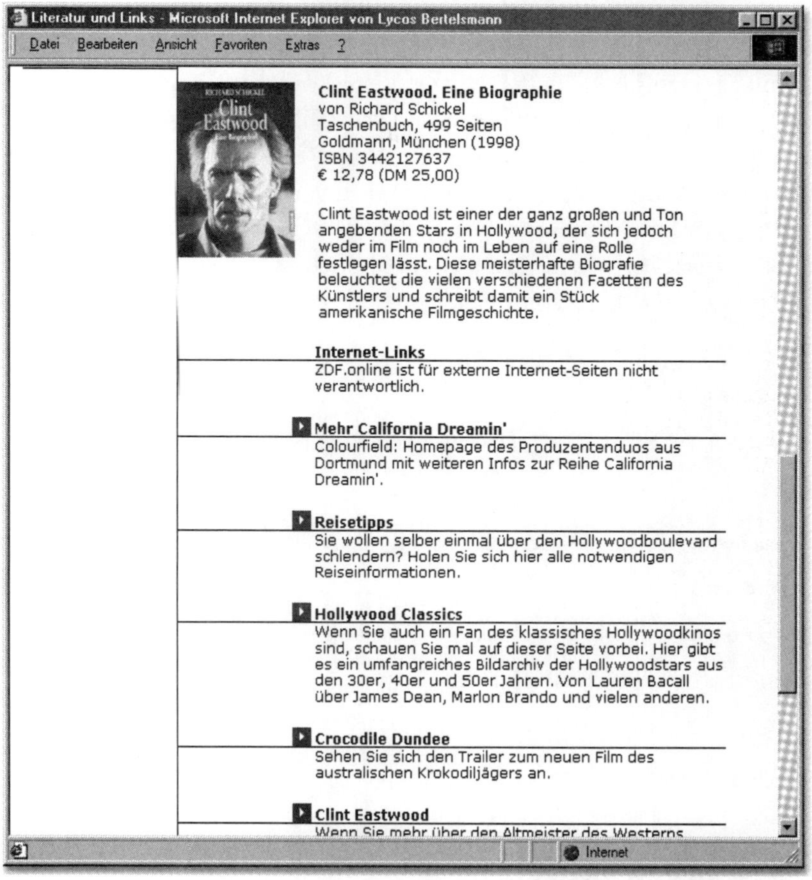

Abbildung 6.24 Weiterführende Hinweise auf Bücher und Online-Angebote zu einer Sendung des ZDF

Rechts vor Links – Juristisches

Wollen Sie externe Links in Ihr Online-Angebot aufnehmen, so sollten Sie explizit darauf hinweisen, dass diese Informationen nicht von Ihnen stammen. Rechtlich und auch stilistisch ist es zu empfehlen, den Anbieter des externen Angebots zu informieren und gegebenenfalls um die Erlaubnis der Verlinkung zu bitten.

Ein Link selbst ist zwar normalerweise nicht strafbar. Sollten Sie jedoch die fremden Inhalte so in Ihr Angebot integrieren, dass sie nicht als Fremdleistung erkennbar sind, kann dies zu Problemen führen. Und auch die Verwendung von fremden Inhalten in einer diffamierenden oder vom Urheber nicht intendierten Absicht ist unbedingt zu vermeiden.

Mein Tipp: Bedenken Sie vorher: Der größte Nachteil von Linklisten für den Anbieter besteht in der Tatsache, dass sie gepflegt werden müssen! :-)

Die Pflege von externen Links ist wichtig! URLs können sich ebenso rasch ändern wie die Inhalte. Und ohne regelmäßige Kontrollen bekommen Sie davon gar nichts mit. Für den Nutzer aber ist es ärgerlich und unverständlich, wenn Ihr Angebot fehlerhaft und schlecht gewartet wirkt. Das wirkt sich dann auch auf den Gesamteindruck aus, den die Kunden von Ihnen gewinnen. Andererseits ist der Aufwand zu verschmerzen: Externe Quellen können Ihr Online-Angebot enorm bereichern. Und Sie wären niemals in der Lage, diese Zusatzinformationen selbst zusammenzutragen und aktuell zu halten. Warum also das Rad zweimal erfinden?

Kurzgefasst: Linklisten	
Einsatzmöglichkeiten	Sammlung von Links zu Webseiten, die von externen Anbietern unterhalten und gepflegt werden, aber das eigene Angebot ergänzen
Implementierung	sehr einfach (direkt im Text)
Verbreitung	hoch
Bedeutung	wichtig, ermöglicht die (kostenlose) Ergänzung des eigenen Online-Angebots um von Dritten bereitgestellte Zusatzinformationen
Kosten	gering
Besonderheiten	rechtliche Situation bedenken

6.7 Guided Tours

Überblick bieten

Im Grunde ist eine Guided Tour nichts anderes als eine automatisch ablaufende Liste interner Links. Das mit dem Einsatz dieses Service-Instruments verbundene Ziel ist es, dem neuen, unerfahrenden Besucher einen Überblick über das Online-Angebot zu geben. Daher wird die Tour in der Regel mit ergänzenden Kommentaren versehen.

Die Auswahl der zu präsentierenden Webbereiche muss mit Bedacht vorgenommen werden. Gerät die Guided Tour zu lang und zu detailliert, so brechen viele Nutzer die Tour ab, bevor die für sie relevanten Themen vorgestellt werden. Auch die Geschwindigkeit des Ablaufs der Tour kann ähnliche Auswirkungen haben.

Technisch können Guided Tours in unterschiedlichen Formen realisiert werden: Die Nutzung einer Frame-Überstruktur in Verbindung mit JavaScript ist rasch realisierbar.

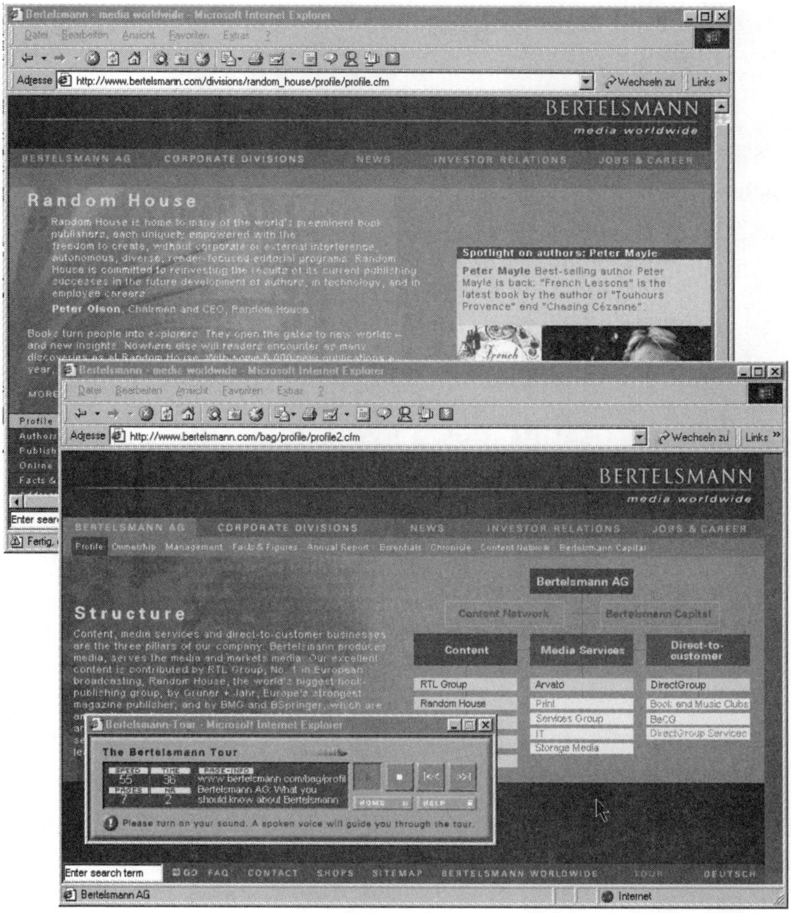

Abbildung 6.25 Eine Guided Tour durch das Online-Angebot von Bertelsmann.de stellt Konzern und Online-Angebot vor.

Andere Lösungen, wie die bei Bertelsmann verwendete, arbeiten mit mehreren, sich gegenseitig beeinflussenden und steuernden Browserfenstern. Dieses Konzept ist leistungsfähiger, allerdings aufwändiger in der Realisierung und problematisch bei kleiner Bildschirmauflösung, da sich dann die Fenster zum Teil gegenseitig überdecken.

Guided Tours nicht für alle Fälle

Guided Tours machen nicht in jedem Fall Sinn. Da sie nur einen Überblick vermitteln, selbst jedoch nicht aktiv zur Lösung des Anwenderproblems beitragen, muss ihr Einsatz gut durchdacht werden.

Mein Tipp: Guided Tours lohnen sich vor allem für umfangreiche, unübersichtliche Online-Angebote!

Kurzgefasst: Guided Tours	
Einsatzmöglichkeiten	Nutzern einen automatischen Überblick über das Service- und Supportangebot geben
Implementierung	relativ aufwändig
Verbreitung	gering
Bedeutung	hilfreich vor allem für neue Nutzer
Kosten	abhängig von eingesetzter Technologie und Umfang
Besonderheiten	vor allem für umfangreiche Online-Angebote

6.8 Unterstützung beim Produktvergleich

Beim Vergleich handelt es sich im Grunde um nicht mehr als die zeitgleiche Präsentation von Informationen über zwei oder mehr Produkte, die der Kunde selektiert hat. Vergleichen tut der Kunde selbst. Interessanterweise bietet kaum ein Online-Shop dem Kunden effiziente Möglichkeiten, Produkte miteinander zu vergleichen. Zumeist ist man darauf angewiesen, mehrere Browserfenster parallel zu öffnen oder die Produktbeschreibungen auszudrucken. Dabei ist der direkte Vergleich ein durchaus üblicher Prozess, der im Ladenlokal einfach zu bewerkstelligen ist.

Wichtig bei technischen Produkten oder Reisen

Natürlich ist der Vergleich nur dann sinnvoll, wenn die selektierten Produkte einer gemeinsamen Kategorie angehören. Äpfel mit Birnen zu vergleichen ist sicher auch im Online-Shop unsinnig. Besonders bei technischen Produkten oder Reisen liefert der direkte Vergleich der Produktdaten jedoch wichtige Entscheidungshilfen. Dabei eignet sich besonders ein tabellarischer Vergleich der Produkteigenschaften – aber oft wäre man schon mit weniger zufrieden, würden nur die einzelnen Produktbeschreibungen gemeinsam auf den Bildschirm passen.

Der tabellarische Vergleich setzt dabei voraus, dass die Produkteigenschaften zuvor in geeigneter Weise erfasst wurden. Beschreibender Freitext reicht bei weitem nicht aus. Hier sind neben den Shop-Betreibern auch die Hersteller gefordert, die Daten in geeigneter Form bereitzustellen.

Beispiel: Elektronik & Foto bei Amazon.de

Obwohl der Einsatz geeigneter Tools zum Produktvergleich in Online-Shops noch recht selten anzutreffen ist, hat Amazon.de in seinem neu eröffneten Shop »Elektronik & Foto« diese Möglichkeit zumindest teilweise vorgesehen.

Stöbert man in einer Kategorie, so befindet sich neben den angezeigten Produkten ein Kästchen, mit dem die zu vergleichenden Produkte festgelegt werden können.

Anschließend kann man den Produktvergleich starten und erhält als Ergebnis eine tabellarische Zusammenstellung der Produkteigenschaften. Hier zeigt sich jedoch noch eine Schwäche des Systems: Viele Daten sind schlicht nicht verfügbar ... entweder weil sie für das gewählte Produkt keinen Sinn machen oder weil sie nicht in die Produktdatenbank eingegeben wurden. Ein Lob gebührt Amazon jedoch dafür, dass man beliebig viele Produkte miteinander vergleichen kann und die Zahl der Produktparameter sehr umfangreich ist.

Abbildung 6.26 Der erste Schritt zum Vergleich: Auswahl der gewünschten Produkte, hier bei Amazon.de für Digitalkameras

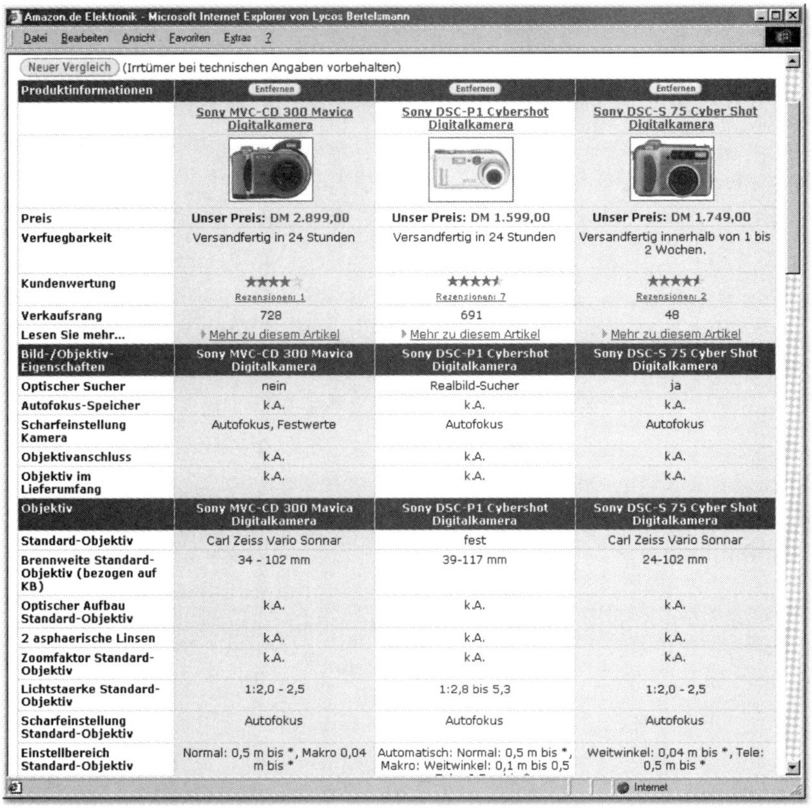

Produktinformationen	Entfernen	Entfernen	Entfernen
	Sony MVC-CD 300 Mavica Digitalkamera	Sony DSC-P1 Cybershot Digitalkamera	Sony DSC-S 75 Cyber Shot Digitalkamera
Preis	Unser Preis: DM 2.899,00	Unser Preis: DM 1.599,00	Unser Preis: DM 1.749,00
Verfuegbarkeit	Versandfertig in 24 Stunden	Versandfertig in 24 Stunden	Versandfertig innerhalb von 1 bis 2 Wochen.
Kundenwertung	Rezensionen: 1	Rezensionen: 7	Rezensionen: 2
Verkaufsrang	728	691	48
Lesen Sie mehr...	Mehr zu diesem Artikel	Mehr zu diesem Artikel	Mehr zu diesem Artikel
Bild-/Objektiv-Eigenschaften	**Sony MVC-CD 300 Mavica Digitalkamera**	**Sony DSC-P1 Cybershot Digitalkamera**	**Sony DSC-S 75 Cyber Shot Digitalkamera**
Optischer Sucher	nein	Realbild-Sucher	ja
Autofokus-Speicher	k.A.	k.A.	k.A.
Scharfeinstellung Kamera	Autofokus, Festwerte	Autofokus	Autofokus
Objektivanschluss	k.A.	k.A.	k.A.
Objektiv im Lieferumfang	k.A.	k.A.	k.A.
Objektiv	**Sony MVC-CD 300 Mavica Digitalkamera**	**Sony DSC-P1 Cybershot Digitalkamera**	**Sony DSC-S 75 Cyber Shot Digitalkamera**
Standard-Objektiv	Carl Zeiss Vario Sonnar	fest	Carl Zeiss Vario Sonnar
Brennweite Standard-Objektiv (bezogen auf KB)	34 - 102 mm	39-117 mm	24-102 mm
Optischer Aufbau Standard-Objektiv	k.A.	k.A.	k.A.
2 asphaerische Linsen	k.A.	k.A.	k.A.
Zoomfaktor Standard-Objektiv	k.A.	k.A.	k.A.
Lichtstaerke Standard-Objektiv	1:2,0 - 2,5	1:2,8 bis 5,3	1:2,0 - 2,5
Scharfeinstellung Standard-Objektiv	Autofokus	Autofokus	Autofokus
Einstellbereich Standard-Objektiv	Normal: 0,5 m bis *, Makro 0,04 m bis *	Automatisch: Normal: 0,5 m bis *, Makro: Weitwinkel: 0,1 m bis 0,5	Weitwinkel: 0,04 m bis *, Tele: 0,5 m bis *

Abbildung 6.27 Und das Ergebnis: eine tabellarische Übersicht der Produkteigenschaften ... natürlich nur hilfreich, wenn sich die Produkte vergleichen lassen und alle Vergleichsdaten erfasst wurden

Was der Amazon-Lösung fehlt, ist die Möglichkeit, die Ergebnisdarstellung beeinflussen zu können. So kann man weder Produkteigenschaften ausblenden, um die Darstellung übersichtlicher zu machen, noch die Übersicht nach bestimmten Kriterien sortieren.

Beispiel: Produktvergleich bei Analog Devices

Genau diese Möglichkeiten bietet der Produktvergleich von Analog Devices, einem Hersteller von Halbleiter-Bauelementen. Bei dieser B2B-Lösung, die sich nur an Experten richtet, ist Flexibilität Trumpf.

Der Anwender kann hier nach Auswahl der Produktkategorie zunächst bestimmen, welche Parameter in den Vergleich mit aufgenommen werden sollen.

Anschließend wird ihm ein tabellarischer Vergleich präsentiert, der dem bei Amazon ähnlich ist, durch die Beschränkung auf die gewählten Parameter jedoch übersichtlicher wirkt.

Bei genauer Betrachtung fällt auf, dass bei der Präsentation gegenüber der Amazon-Variante Zeilen und Spalten vertauscht sind. Ein Klick auf einen Spaltenkopf macht die korrespondierende Produkteigenschaft zum neuen Sortierkriterium für die Tabelle. So können die Produkte rasch gefunden werden, die bestimmte Eigenschaften aufweisen. Zudem lassen sich jederzeit einzelne Produkte abwählen sowie die Vergleichskriterien verändern.

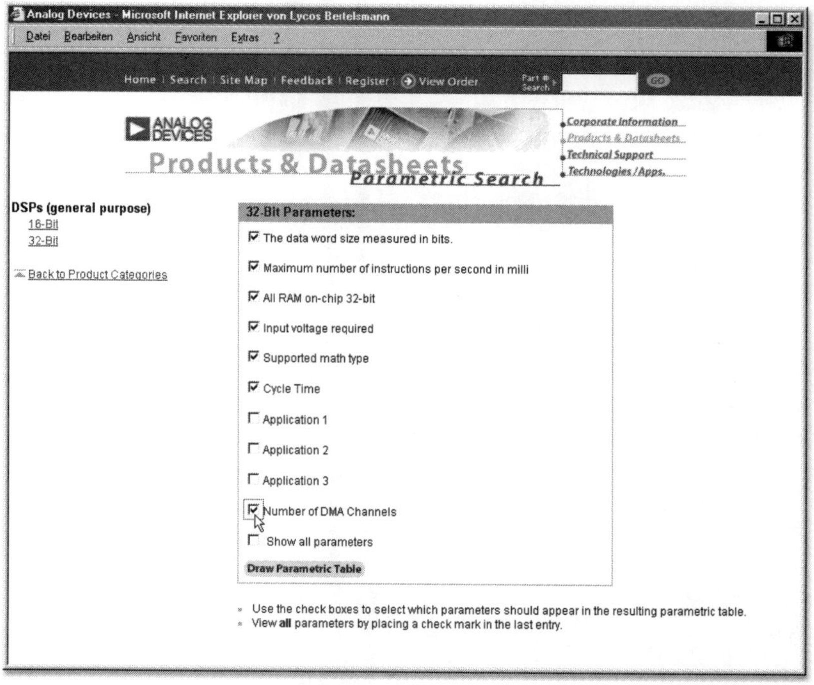

Abbildung 6.28 Im B2B bei erklärungsintensiven Produkten noch wichtiger: Auswahl der Vergleichsparameter bei Analog Devices durch den Nutzer

Mein Tipp: Die Möglichkeit zum Produktvergleich gewinnt zunehmend an Bedeutung. Überprüfen Sie, welche Produkte aus Ihrem Angebot sich zum tabellarischen Vergleich eignen und welche Parameter sinnvoll erscheinen!

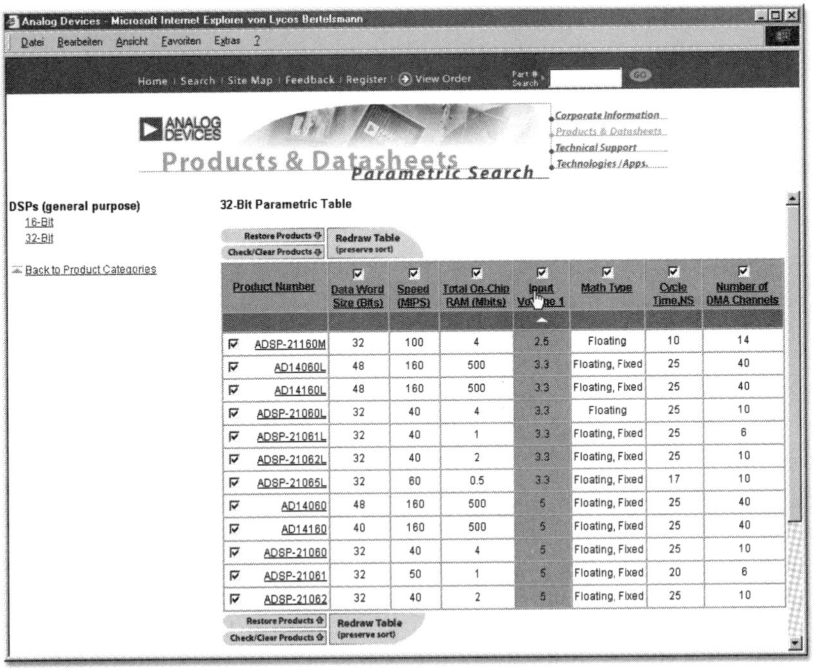

Abbildung 6.29 Analog Devices ermöglicht einen besonders flexiblen Vergleich: Der Nutzer bestimmt Produkte, Parameter und Sortierkriterien.

Kurzgefasst: Produktvergleich	
Einsatzmöglichkeiten	ermöglicht eine effizientere Produktauswahl und liefert rasche Übersicht über Alternativangebote
Implementierung	aufwändig
Verbreitung	gering
Bedeutung	hoch, liefert echten Mehrwert bei der Produktselektion
Kosten	je nach Anzahl der zu vergleichenden Produkte und Parameter, abhängig davon, ob die Daten bereits in geeigneter Form vorliegen
Besonderheiten	die Daten werden i.d.R. in einer Datenbank gespeichert, die Präsentation erfolgt dynamisch zur Laufzeit nicht für alle Branchen und Produkte gleichermaßen geeignet

6.9 Newsletter

Wer kennt sie nicht? Newsletter boomen. Kaum ein Online-Angebot, das etwas auf sich hält, ohne eigenen Newsletter. Der Newsletter übernimmt im Internet die Bedeutung der Kundenzeitschrift. Er informiert über Neuigkeiten, Angebote und Events.

Unidirektional

Es handelt sich dabei um einen E-Mail-Verteiler, bei dem die Newsletter-Abonnenten jedoch selbst keine Beiträge schreiben, sondern nur solche empfangen können. Newsletter informieren lediglich über ein bestimmtes Thema, ohne den Teilnehmern ein Diskussionsforum zu bieten, sind damit also unidirektional. Sie werden häufig als Marketinginstrument, für Pressemitteilungen und zum Zwecke der Kundenbindung eingesetzt.

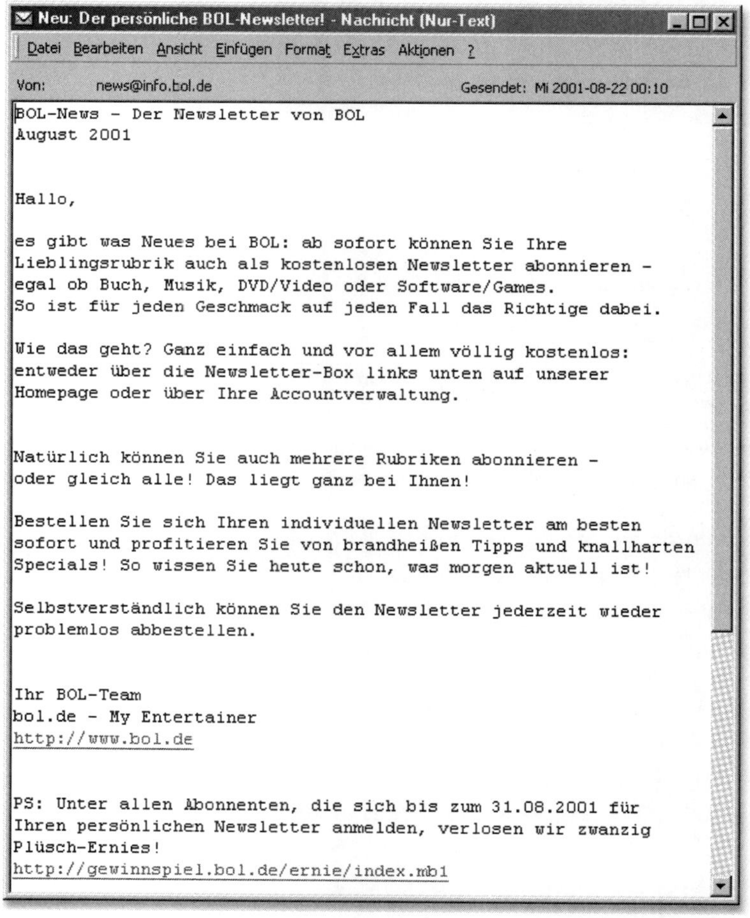

Abbildung 6.30 Die Newsletter von BOL informieren regelmäßig über neue Angebote. Auch Ihre Lieblingsthemen können Sie hier gezielt abonnieren.

Der größte Vorteil eines Newsletters aus der Sicht des Anbieters besteht darin, dass er direkt in die Mailbox des Interessenten geliefert wird. Als größter Nachteil aus der Sicht des Abonnenten erweist sich, dass sich zu viele Newsletter in seiner Mailbox ansammeln, die statt gewünschten Nutzwerts nur Werbebotschaften bringen.

Schlüssiges und dauerhaftes Konzept

Wichtig ist es daher, ein schlüssiges und dauerhaftes Konzept zu entwickeln, welche Inhalte der Newsletter transportieren soll und an wen er sich wendet. Hierzu gehört neben dem intendierten Nutzwert auch die Festlegung der Aussendefrequenz. So erscheinen einige Newsletter täglich, andere wöchentlich oder monatlich.

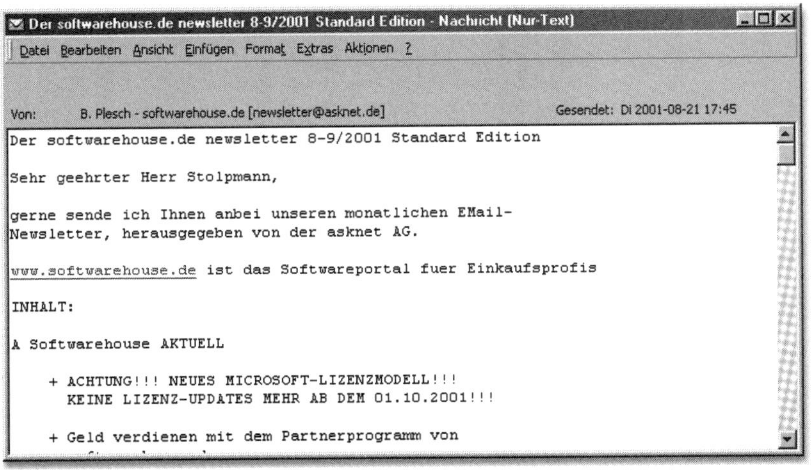

Abbildung 6.31 Bei diesem Newsletter-Beispiel fällt die persönliche Ansprache ins Auge – hier macht es Spaß, weiterzulesen.

Interessante Inhalte

Denken Sie daran: Sie müssen in der Lage sein, immer wieder interessante Inhalte anzubieten. Wählen Sie eine zu hohe Frequenz, so kann dies zum Problem werden. Erscheint der Newsletter hingegen zu selten oder gar unregelmäßig, so wird viel Potenzial verschenkt.

Newsletter eignen sich nicht nur für Marketing und Pre-Sales: Im Online-Support können Newsletter Tipps zum effizienten Einsatz eines Produktes geben, Hinweise auf Zubehör und Add-Ons liefern, sowie über Neuerungen und aktuelle Events (Messen, Roadshows, Sonderaktionen ...) informieren.

Zwei Varianten bieten sich an, Abonnenten für einen Service-und-Support-Newsletter zu gewinnen:

- Interessenten können sich über ein Webformular registrieren und ihre E-Mail-Adresse hinterlassen.
- Käufern eines Produktes kann man während des Bestellprozesses eine Option für den automatischen Bezug anbieten.

Aber vergessen Sie nicht: Ihren Newsletter sollte man auch wieder abbestellen können. Und das möglichst bequem[7]!

Über Newsletter sind bereits zahlreiche Bücher geschrieben worden. Eine umfassende Darstellung würde den Rahmen dieses Buches bei weitem sprengen. Interessenten sei für eine genauere Beschreibung z.B. das Buch »Newsletter und Mailinglisten« von Karina Matejcek empfohlen, das im Ueberreuter Verlag erschienen ist.

Mein Tipp: Es lohnt sich, sich mit dem Thema näher zu beschäftigen! Newsletter bieten interessante Möglichkeiten für Service und Support. Für den Versand gibt es zahlreiche Softwareprogramme, aber auch Serviceanbieter. Allerdings ist es unabdingbar, sich zuvor mit den technischen, organisatorischen und rechtlichen Grundlagen zu beschäftigen.

Kurzgefasst: Newsletter	
Einsatzmöglichkeiten	Aufmerksamkeit des Nutzers auf auf das eigene Angebot aktiv beeinflussen
Implementierung	einfach
Verbreitung	hoch
Bedeutung	wichtig, erreicht die Interessenten in ihrer Mailbox, ohne dass sie die Webseiten des Anbieters besuchen müssten
Kosten	gering
Besonderheiten	Beschäftigung mit technischen, organisatorischen und rechtlichen Rahmenbedingungen ist unabdingbar

7. Während ich dies schreibe, kämpfe ich damit, einen Newsletter wieder los zu werden. Obwohl es mehrere Möglichkeiten gibt, scheint keine davon zu funktionieren. Das ist nicht nur ärgerlich und bedeutet für mich einen hohen, unnötigen Aufwand – es wirkt auch ignorant und höchst unprofessionell, wenn Unternehmen ihre Technik so wenig im Griff haben. Und das färbt dann natürlich auch unmittelbar auf das Image des Unternehmens ab. Nein, es handelt sich in diesem Fall nicht um Spam (unverlangt zugesandte E-Mail-Werbung, die man nicht wieder los wird), sondern um einen seriösen Newsletter eines seriösen Anbieters. Zumindest war das bisher mein Eindruck ...

6.10 Autoresponder: E-Mail on demand

Der Einsatz von E-Mail in Service und Support setzt voraus, dass eingehende Mails prompt beantwortet werden. Prompt bedeutet in diesem Fall, dass eine Antwortzeit von 24 Stunden auf keinen Fall überschritten werden sollte.

Automatischer E-Mail-Beantworter

Wenn nur einige Anfragen pro Tag hereinkommen, so wird es ausreichen, diese individuell innerhalb von ein paar Stunden zu beantworten. Doch wenn die eingehende Post mehr wird und vielleicht nicht mehr sofort abgearbeitet werden kann, dann bietet sich die Einrichtung eines Programms an, das eingehende E-Mails automatisch und umgehend beantwortet: der Autoresponder. Der Absender erhält quasi eine Empfangsbestätigung und damit das beruhigende Gefühl, dass seine Anfrage wahrgenommen wurde[8]. Im Grunde handelt es sich damit also um einen Anrufbeantworter für Ihre Mailbox!

Beispiel: Eingangsbestätigung bei Fast Multimedia

Ein typisches Einsatzgebiet für Autoresponder ist der automatisierte Versand von Eingangs- und Empfangsbestätigungen. Ob im Support, bei dem der Erhalt einer Anfrage bestätigt wird, oder bei der Bestätigungsmail für eine online getätigte Bestellung – das technische Fundament ist das Gleiche. Nicht nur der Hersteller Fast Multimedia bestätigt den Eingang von Supportanfragen auf diese Weise. Das Tool bringt jedoch nur dann wirklichen Nutzen, wenn der Kunde sich nach Erhalt der Bestätigung auf rasche Bearbeitung verlassen kann. Autoresponder sind keine Entschuldigung für schlechtes E-Mail-Management!

Diese Programme erlauben es je nach Komplexität auch, anhand von Begriffen in der Betreff-Zeile oder der Empfänger-Adresse entsprechend vorbereitete Texte abzurufen, die dem Empfänger vermitteln, sein Anliegen werde bereits individuell bearbeitet. Durch den Einsatz von Autorespondern kann man dem Interessenten schon vorab diverse weiterführende Informationen zukommen lassen, und man gewinnt Zeit für die individuelle Beantwortung.

8. Vorsicht! Man sollte sich nicht immer darauf verlassen! Ich habe selbst einmal gleich zwei Autoresponder-Nachrichten von einem international tätigen ISP erhalten: »Ihre Nachricht wurde an den zuständigen Ansprechpartner weitergeleitet!«. Doch trotzdem benötigte ich zig telefonische Nachfragen, bis ich wirklich Hilfe erhielt ... Es ist nicht alles Gold was glänzt!

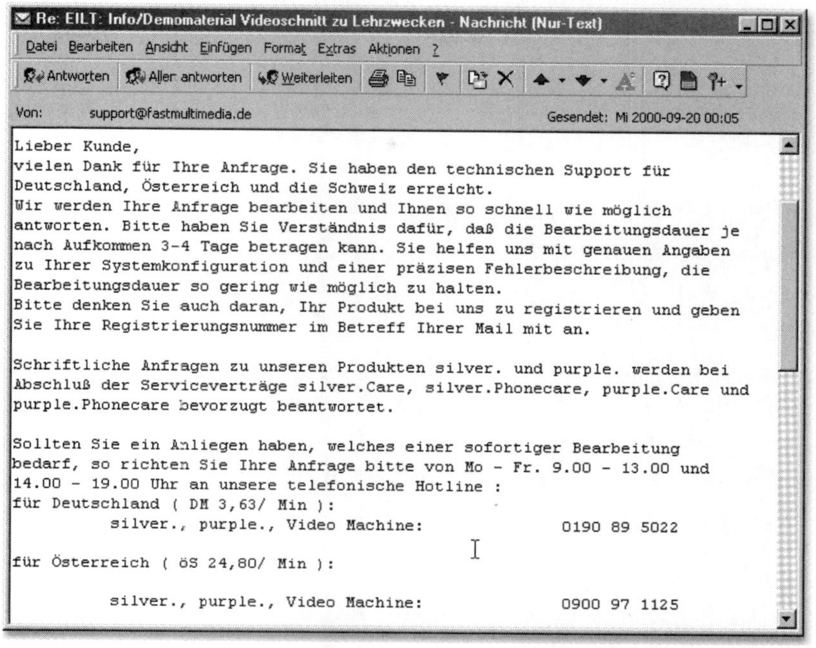

Re: EILT: Info/Demomaterial Videoschnitt zu Lehrzwecken - Nachricht (Nur-Text)

Datei Bearbeiten Ansicht Einfügen Format Extras Aktionen ?

Antworten Allen antworten Weiterleiten

Von: support@fastmultimedia.de Gesendet: Mi 2000-09-20 00:05

Lieber Kunde,
vielen Dank für Ihre Anfrage. Sie haben den technischen Support für Deutschland, Österreich und die Schweiz erreicht.
Wir werden Ihre Anfrage bearbeiten und Ihnen so schnell wie möglich antworten. Bitte haben Sie Verständnis dafür, daß die Bearbeitungsdauer je nach Aufkommen 3-4 Tage betragen kann. Sie helfen uns mit genauen Angaben zu Ihrer Systemkonfiguration und einer präzisen Fehlerbeschreibung, die Bearbeitungsdauer so gering wie möglich zu halten.
Bitte denken Sie auch daran, Ihr Produkt bei uns zu registrieren und geben Sie Ihre Registrierungsnummer im Betreff Ihrer Mail mit an.

Schriftliche Anfragen zu unseren Produkten silver. und purple. werden bei Abschluß der Serviceverträge silver.Care, silver.Phonecare, purple.Care und purple.Phonecare bevorzugt beantwortet.

Sollten Sie ein Anliegen haben, welches einer sofortiger Bearbeitung bedarf, so richten Sie Ihre Anfrage bitte von Mo - Fr. 9.00 - 13.00 und 14.00 - 19.00 Uhr an unsere telefonische Hotline :
für Deutschland (DM 3,63/ Min):
silver., purple., Video Machine: 0190 89 5022

für Österreich (öS 24,80/ Min):

silver., purple., Video Machine: 0900 97 1125

Abbildung 6.32 Autoresponder-Nachricht, die den Eingang einer Anfrage bestätigt, hier am Beispiel von Fast Multimedia

Autoresponder versenden Informationen

Autoresponder können jedoch auch auf andere Weise sehr sinnvoll in Service und Support eingesetzt werden, nämlich als System, mit dem Interessenten zu unterschiedlichen Themen per E-Mail Informationen abrufen können. Diese Informationen werden unmittelbar nach Eingang der Anforderungs-E-Mail versandt – und das rund um die Uhr, an jeden Punkt der Erde. Diese Möglichkeit bietet sich vor allem dann an, wenn Sie den Besuchern Ihrer Website weiterführende Informationen oder Formulare zukommen lassen möchten, wie zum Beispiel:

- Allgemeine Geschäftsbedingungen (AGB)
- aktuelle Preislisten
- Informationen zu Produkten und Dienstleistungen
- nähere Angaben über Ihre Firma
- Frequently Asked Questions (FAQs)
- Gebrauchsanweisungen
- Bestellformulare

Der Interessent sendet lediglich eine E-Mail an den Autoresponder. Das Programm erkennt die Anfrage und schickt den angeforderten Text. Eine klare Anleitung auf der Website oder entsprechende Eingabefelder erleichtern dem User den Umgang mit dieser Lösung.

Beispiel: Seminarprogramm auf Abruf bei Online-Marketing-Praxis

Autoresponder in Kombination mit Newslettern eröffnen interessante Möglichkeiten. So wurde im Newsletter von Online-Marketing-Praxis.de auf ein Seminar hingewiesen. Die Detailinformationen zum Seminarprogramm hätten den Rahmen des Newsletters gesprengt. Stattdessen wurden die Leser aufgefordert, bei Interesse eine E-Mail an eine Autoresponder-Adresse zu senden. Dieser schickte dann postwendend das detaillierte Seminarprogramm als E-Mail zurück.

Diese Prinzip hat einen weiteren Vorteil für den Anbieter: Er kann aufgrund der eingegangenen Mails das Interesse an dem Angebot abschätzen und mit der Anzahl der eingehenden Anmeldungen vergleichen. Er erhält so wertvolle Informationen, die nicht verfügbar wären, wenn die Detailinfos Bestandteil des versendeten Newsletters gewesen wären.

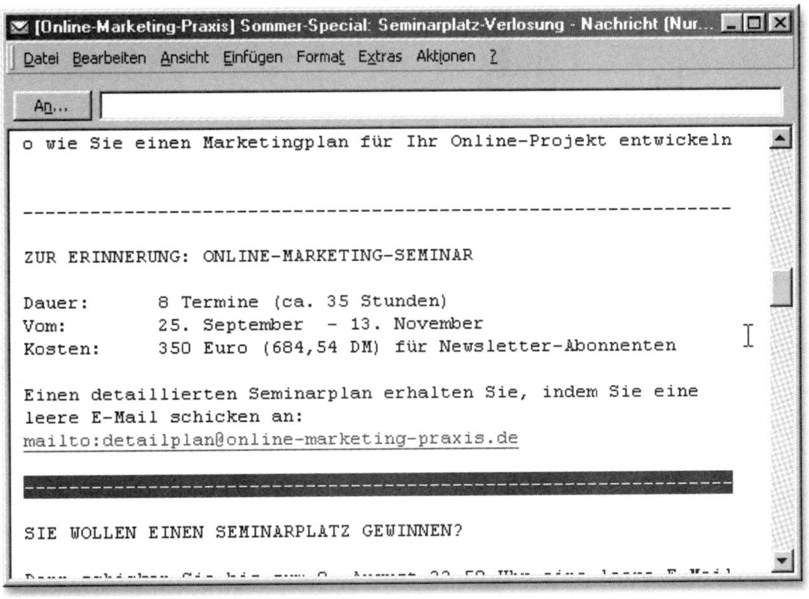

Abbildung 6.33 Sinnvoller Autoresponder-Einsatz: Im Newsletter wird darauf hingewiesen, dass eine leere Mail an den Autoresponder detaillierte Infos zu einem Angebot in die eigene Mailbox liefert.

Sie werden sich vielleicht fragen, warum Sie diese Informationen nicht gleich auf der Website veröffentlichen sollten. Nun, sicherlich können Sie Ihre AGBs oder Bestellformulare auch online bereitstellen, und in vielen Fällen werden Sie sich auch dafür entscheiden. Doch bedenken Sie: Sie können dann vielleicht über die Auswertung von Logfiles die Herkunft der Interessenten feststellen. Durch die Abfrage von Informationen über einen Autoresponder erhalten Sie jedoch darüber hinaus eine gültige Mail-Adresse, die für Ihre Marketing-Tätigkeit ungleich interessanter ist als die IP-Adresse eines Website-Besuchers. Ein weiterer Vorteil liegt darin, dass der Text einer Autoresponder-Nachricht in der Regel einfacher zu aktualisieren ist als der Text auf der Website.

E-Mail-Adresse für Marketing-Tätigkeiten

Mein Tipp: Autoresponder sind eine sehr nützliche Errungenschaft und werden in abgewandelter Form auch durch CGI-Scripts realisiert, die automatische Bestellbestätigungen etc. versenden.

Kurzgefasst: Autoresponder	
Einsatzmöglichkeiten	automatisierte Empfangsbestätigung und einfacher Informationsabruf
Implementierung	entweder Funktion des Mailservers oder als CGI-Skript realisiert (Programmieraufwand)
Verbreitung	als Eingangsbestätigung: hoch zum Informationsabruf: gering
Bedeutung	wichtig
Kosten	gering
Besonderheiten	nutzt automatisierte E-Mails zur Kommunikation

6.11 Fax on demand

Informationen per Faxabruf sind eine praktische Form, Informationen zu Verfügung zu stellen: Adresslisten, Zubehörlisten, Tipps aller Art können auf diese Weise angeboten werden. Vielfach läuft der Abruf über eine gebührenpflichtige Telefonnummer, er kann aber auch als Gratisdienstleistung angeboten werden.

Das Prinzip unterscheidet sich nicht vom zuvor vorgestellten Autoresponder für E-Mails, nur kommt es hier zu einem zusätzlichen Medienbruch. Dafür ist die Angabe von 0190er-Telefonnumern für das Unternehmen

Lukrative 0190er-Nummern

aus Sicht der Refinanzierung unter Umständen sehr lukrativ. Einige Wetterdienste und Börseninformationsdienste nutzen beispielsweise diesen Supportweg.

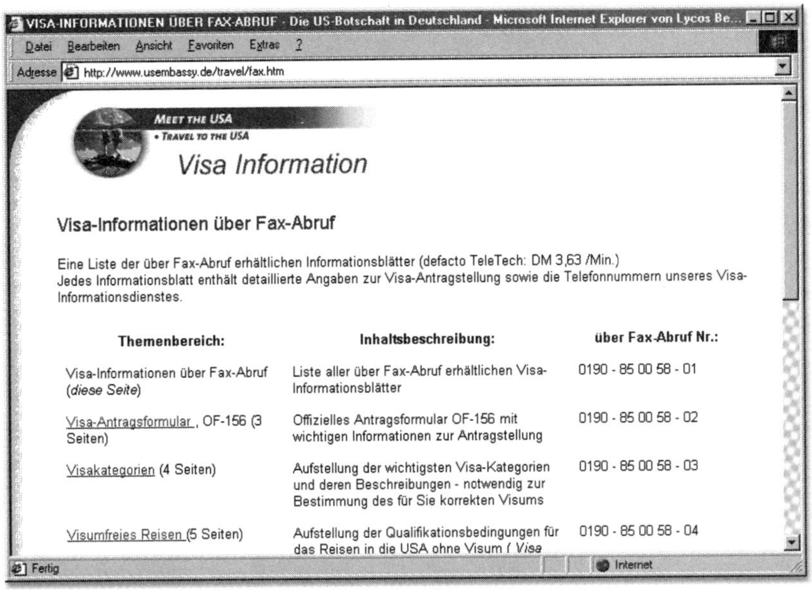

Abbildung 6.34 Beispiel für den Hinweis auf Faxabruf von Informationen on demand. Hier sind die Dokumente auch online abrufbar, aber es gibt auch Beispiele, bei denen so der Support über die Telefonkosten refinanziert wird!

Mein Tipp: Verzichten Sie lieber auf dieses Instrument. Zwar verspricht es eine Möglichkeit der Refinanzierung, aber die Verwendung von 0190er-Telefonnummern wirkt schnell unseriös!

Kurzgefasst: (Hinweise auf) Fax on demand	
Einsatzmöglichkeiten	Aufmerksamkeit des Nutzers auf ergänzende Informationsangebot aktiv steuern, die per Fax abrufbar sind
Implementierung	sehr einfach (direkt im Text)
Verbreitung	gering (im Web, außerhalb hoch)
Bedeutung	gering
Kosten	gering
Besonderheiten	kann zur Refinanzierung genutzt werden

6.12 Klassische Suchhilfen

Aus Sicht des Anwenders wünschenswert ist die Zusammenfassung aller Dokumente zu Service und Support sowie die Bereitstellung geeigneter Strukturierungs-, Navigations- und Suchwerkzeuge zur Navigation in diesem Informationspool. Hierunter fällt die Volltextsuche auf einer Website ebenso wie explizite Support-Datenbanken, Sitemaps usw. Der Nutzer wird so in die Lage versetzt, zumindest effektiv[9] in dem Datenbestand zu navigieren.

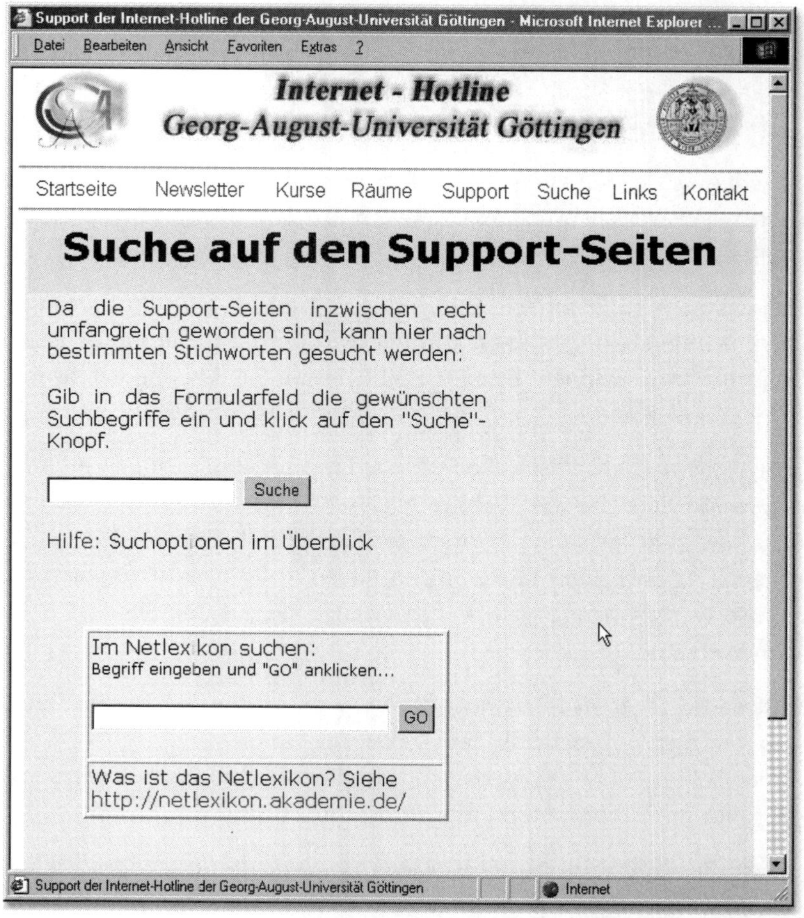

Abbildung 6.35 Stichwortsuche im Supportbereich: Auch bei der Internet-Hotline der Universität Göttingen. Besonders wichtig auch der Hinweis auf die Hilfe zur Suchfunktion.

9. Vielfach ist die Suche womöglich effektiv, aber leider nicht effizient, da die Suchhilfen zu »dumm« sind ...

Allerdings weisen diese einfachen Suchhilfen einige gravierende Nachteile auf. Was, wenn der Anwender den Term »Bildschirm dunkel« eingibt, in allen Supportdokumenten aber vom »defekten Monitor« die Rede ist? Natürlich werden keine Treffer gefunden, denn es gibt ja keine Übereinstimmung. Auch kann es passieren, dass bei der Volltextsuche eine ungeschickt formulierte Suchanfrage Tausende von Treffern liefert. Und das in willkürlicher Reihenfolge, keinesfalls die »besten« Treffer zuerst.

Zu viele Treffer ... oder zu wenige

Es handelt sich dabei um das klassische Datenbank-Dilemma: entweder bekommt man zu viele Treffer ... oder zu wenige. Hierin liegt ein Grund für die Entwicklung von interaktiven, intelligenten Werkzeugen, die den Anwender bei der Suche aktiv unterstützen. Wir werden uns im nächsten Kapitel diesen Werkzeugen zuwenden.

Auf jeden Fall sollten Sie daher auch zu Ihren Suchhilfen einen Hilfetext bereitstellen. Welche Suchmöglichkeiten existieren? Wie können Suchbegriffe verknüpft werden? Geben Sie Beispiele und Empfehlungen!

Übrigens ist es gar nicht aufwändig, eine Volltextsuche für Ihr Webangebot zu realisieren. Es gibt sogar kostenlose CGI-Skripte, die Sie für diesen Zweck einsetzen können. Doch Vorsicht: Testen Sie das eingesetzte Tool auf Herz und Nieren!

Sinnvoll kann es auch sein, die Suche auf bestimmte Dokumente beziehungsweise Bereiche der Website einzuschränken. Einfache Suchwerkzeuge sind zum Teil so konfiguriert, dass sie einfach alles wahllos durchsuchen. Das aber kann fatale Folgen haben[10]! Und es ist unpraktisch, denn so werden häufig viele Treffer erzeugt, die für den Support ohne jeden Wert sind.

Es ist daher sogar zu überlegen, ob die Suchfunktion in verschiedenen Varianten und unterschiedlichen Stellen im Online-Angebot eingesetzt werden sollte. Auf der Homepage übergreifend, im Support-Bereich ausschließlich auf Supportinformationen beschränkt usw.

Mein Tipp: Die Volltextsuche eignet sich gut, um die Sprache und die Bedürfnisse der Nutzer kennen zu lernen. Werten Sie daher regelmäßig aus, was als Suchanfragen eingegeben wurde!

---

10. Mir persönlich sind Fälle bekannt, bei denen die Suchfunktion auch Verzeichnisse bearbeitet, in denen die Eingaben gespeichert werden, die Nutzer auf der Website in diversen Formularen vorgenommen haben. Auch wenn es sich nicht immer um Kreditkartennummern handelt – diese Daten sollten tunlichst vertraulich behandelt werden und nicht online recherchiert werden können!

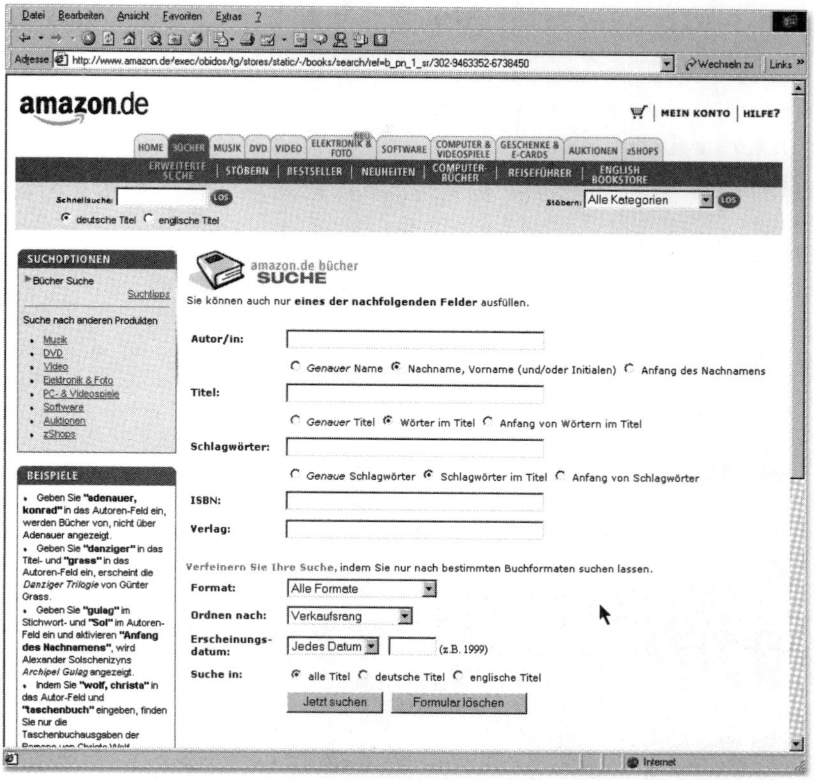

Abbildung 6.36 Auch bei der Produktsuche ist eine leistungsfähige Suchfunktion entscheidend für effiziente Selbsthilfe. Hier die Detailsuche nach Büchern bei Amazon.de, die zahlreiche Suchkriterien berücksichtigt.

Kurzgefasst: Suchhilfen	
Einsatzmöglichkeiten	Suche des Anwenders nach bestimmten Informationen erleichtern
Implementierung	einfach (es existieren fertige Tools)
Verbreitung	mittel
Bedeutung	sehr wichtig, steigert die Effizienz des Problemlösungsprozesses
Kosten	gering
Besonderheiten	auch wichtig zur Kontrolle: Wie drücken sich die der Anwender aus? Wonach suchen sie vor allem? Sind diese Informationen leicht zugänglich?

6.13 Nicht zuletzt: Überblick geben

Es mutet etwas primitiv an, aber eines der wichtigsten Online-Support-Instrumente ist ein Überblick über die Supportangebote, die dem Kunden zur Verfügung stehen[11]. Zu oft hat man den Eindruck, die Anbieter gehen von Nutzern aus, die das Online-Angebot besser kennen als sie selbst. Dabei macht es eine vertrackte Navigation und Struktur fast unmöglich, sich überhaupt einen Überblick zu verschaffen.

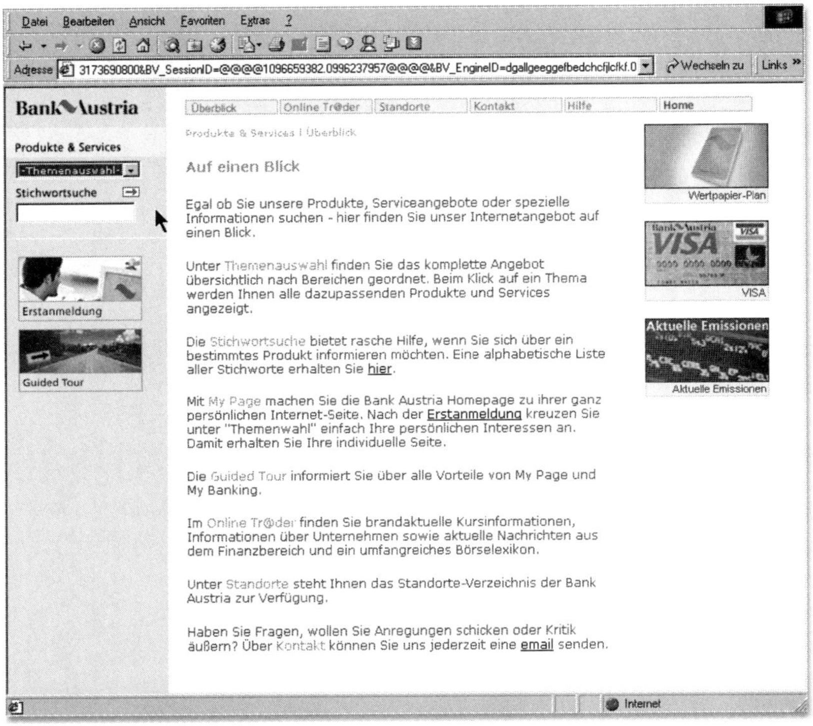

Abbildung 6.37 Umfassender Überblick über die zur Verfügung gestellten Service- und Supportangebote, hier am Beispiel der Bank Austria

Überblick über das Service- und Support-Angebot an verschiedenen Stellen

Helfen Sie Ihren Kunden! Geben Sie einen Überblick über das Service- und Support-Angebot ... und das an verschiedenen Stellen und immer wieder. So reicht es nicht aus, nur eine allgemeine Einstiegsseite in den Supportbereich aufzubauen. Wir haben bereits mehrfach darauf hinge-

11. Oder zur Verfügung stehen könnten, hätte er z.B. einen Vertrag zum Serviceupgrade geschlossen. Niemand kann Sie daran hindern, bestimmte Serviceinstrumente nur für Premiumkunden anzubieten. Unter Umständen kann man bestimmte Tools eben nur gegen eine zusätzliche Gebühr oder nach Abschluss eines Supportvertrages nutzen. Aber ein wenig Werbung dafür kann nicht schaden...

wiesen, wie wichtig die Übersichtlichkeit und die Verzahnung der einzelnen Angebote ist.

Natürlich ist der Aufwand für eine sinnvolle Vernetzung der einzelnen Angebote aufwändiger, je umfangreicher das Gesamtpaket ist. Aber auch bei kleineren Websites ist es wichtig, zu informieren.

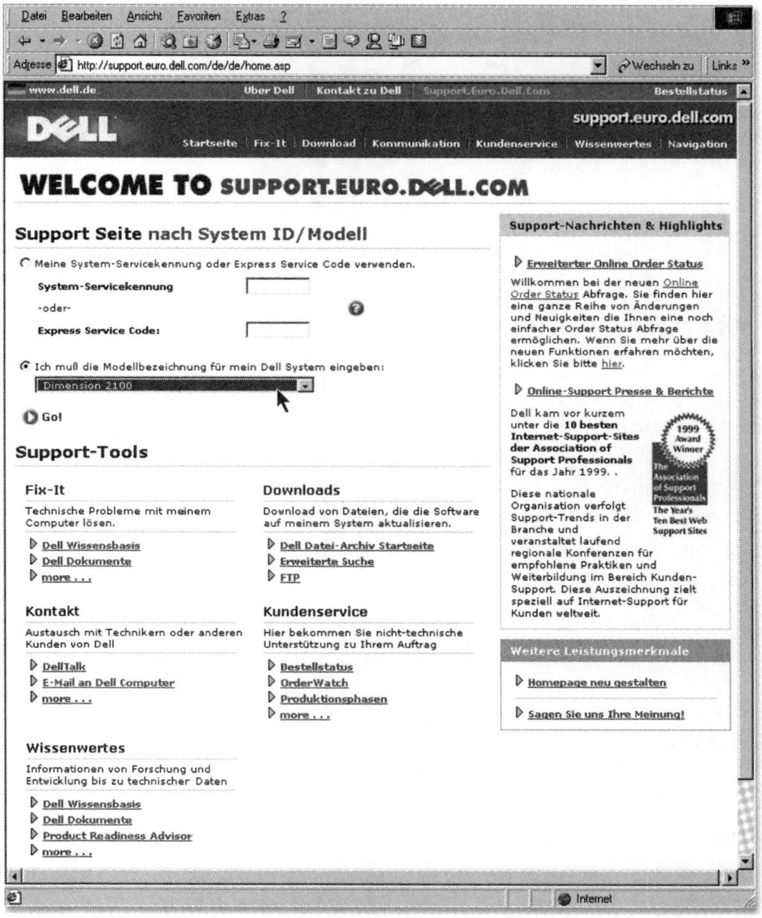

Abbildung 6.38 Bei Dell ist das Service- und Supportangebot ein wichtiges Differenzierungskriterium.

Hinweise überall

Auch andere Medien sollten hierbei berücksichtigt werden. Eine Call-Avoidance-Strategie kann beispielsweise nur greifen, wenn der Kunde im Fall des Falles über die Self-Service-Angebote informiert ist. Also darf nicht nur im Internet für das Internet-Angebot geworben werden, sondern auch in der Bedienungsanleitung oder sogar auf dem Produkt selbst!

Mein Tipp: Auch in E-Mails, die beispielsweise als Bestätigung für den Eingang einer Bestellung oder Anfrage automatisch versandt werden, sollten Sie einen Überblick über Kontaktmöglichkeiten und Online-Serviceangebote geben.

Kurzgefasst: Übersicht über Supportangebot	
Einsatzmöglichkeiten	Nutzer auf die Vielfalt der Supportangebote aktiv hinweisen und den Zugang erleichtern
Implementierung	einfach (direkt im Web, aber auch in anderen Medien)
Verbreitung	mittel
Bedeutung	sehr wichtig, sichert den Bekanntheitsgrad der zur Verfügung stehenden Optionen
Kosten	gering
Besonderheiten	keine

Zusammenfassung

Alle in diesem Kapitel vorgestellten Instrumenten zur Unterstützung des Anwenders weisen keine eigene »Intelligenz« auf. Immer ist es der Nutzer, der die Auswahl treffen und die Ergebnisse bewerten muss.

Das muss nicht immer ein Nachteil sein – im Gegenteil. Der größte Vorteil der meisten vorgestellten Instrumente ist nämlich, dass sie kostengünstig und ohne enormen Aufwand implementiert werden können. Damit eignen sie sich hervorragend, um langsam aber sicher Service- und Support-Angebote im Internet aufzubauen und zu ergänzen.

7 Anwendersupport online: interaktiv, dialogorientiert

»Besonders allergisch reagiere ich, wenn einer meiner Mitarbeiter vom Kunden erwartet, dass dieser Verständnis für seine Probleme hat, statt dass er die Probleme des Kunden löst.«
Claus Wisser,deutscher Unternehmer

Will man den Anwender nicht komplett sich selbst überlassen, so muss das nicht interaktive Supportangebot durch weitere Maßnahmen unterstützt werden, die einen flankierenden *individuellen*, *interaktiven* Service ermöglichen. Die typischen Instrumente in diesem Segment werden im Folgenden kurz vorgestellt, aber auch hier handelt es sich, wie schon beim vorangegangenen Kapitel, nicht um eine vollständige Aufzählung, sondern um eine Listung typischer Instrumentarien, die zum Nachdenken anregen soll.

Interaktion und Dialog kann dabei durch zwei Konzepte realisiert werden:

- Die Nutzung des Internets, um den Kunden mit einem menschlichen Servicemitarbeiter zu verbinden.
- Die Interaktion mit dem Computer selbst, der dann eine mehr oder weniger »intelligente« Lösung bereitstellt.

Integrierter Online- und Offline-Support

Der eher konventionelle Ansatz besteht darin, Supportpersonal über verschiedene Konzepte in das Online-Supportangebot zu integrieren. Dabei kann nicht immer gewährleistet werden, dass der Kunde sofort eine Antwort auf seine Fragen erhält, denn in den meisten Unternehmen wollen die Mitarbeiter auch einmal nach Hause. Eine Rund-um-die-Uhr-Verfügbarkeit – 24 Stunden am Tag, sieben Tage in der Woche, 365 Tage im Jahr – wie sie die Website bietet, ist für diese Konzepte kaum zu realisieren. Auch besteht ein weiteres Problem darin, dass ein Mitarbeiter immer nur einer begrenzten Zahl von Kunden zur Verfügung stehen kann. So kann es passieren, dass er im einen Moment gar nichts zu tun hat und dann im nächsten derart überlastet ist, dass er gar nicht alle anfragenden Kunden bedienen kann.

All diese Nachteile können vermieden werden, wenn dem Computer selbst die Fähigkeit beigebracht wird, den Kunden individuelle Antworten zu geben und einen Dialog zu führen. Die Computerlösung kann ständig konsultiert werden, ermüdet nicht, liefert immer die gleiche Beratungsqualität und kann (fast) beliebig viele Nutzer gleichzeitig zufrieden stellen[1].

Intelligenz gibt es nicht von der Stange

Aber es gibt – wie immer im Leben – natürlich nicht nur Vorteile. So ist der Aufwand ungleich höher, ein funktionierendes, wissensbasiertes System aufzubauen, als z. B. eine FAQ-Liste zusammenzutragen. Und ein solches System kann immer nur in seinem Kerngebiet, seiner Wissensdomäne, gute Resultate liefern – außerhalb seiner Kernkompetenz versagt es jämmerlich, wie man auch an den Avataren sehen kann, die das Web mittlerweile zahlreich bevölkern. Und nicht zu vergessen – die Lösungen, die das wissensbasierte System generiert, können nur so gut sein, wie das Erfahrungswissen, das ihm einprogrammiert wurde. Intelligente Softwarelösungen gibt es daher nicht von der Stange. Vielmehr müssen sie individuell erstellt werden, nur der Kern ist oftmals eine Standardlösung.

Doch schauen wir uns die einzelnen Maßnahmen an, die dazu beitragen, intelligente Menschen und intelligente Software in unser Online-Supportangebot zu integrieren sowie Interaktion und Dialogfähigkeit zu fördern.

7.1 Telefon: Hotline und Call Center

So banal es klingt: Die einfachste Form, den Online-Support um ein dialogorientiertes Instrument zu erweitern, ist die Angabe der Telefonnummer eines Call Centers.

Abbildung 7.1 Call-Center-Integration auf der Website: Rufen Sie uns doch einfach an!

1. Natürlich sollte man bei der Entwicklung computergestützter Lösungen für Service und Support auf die Skalierbarkeit achten. Existieren in der Software keine Exklusivzugriffe auf Daten und Ressourcen, dann kann man das gesamte System bei Bedarf einfach auf einen schnelleren Rechner mit einer besseren Netzwerkanbindung übertragen. Zumindest, wenn die Rechner miteinander kompatibel sind.

Das Telefon besitzt in der Kundenbetreuung schon seit langem eine wichtige Rolle. Am Telefon werden Bestellungen aufgenommen, und der Kundendienst nimmt Fragen und Beschwerden entgegen. Die Telefonakquisition gehört zum Marketingrepertoire vieler Unternehmen und Telefonumfragen sind aus der Markt- und Meinungsforschung nicht wegzudenken.

Das Telefon gehört zum Standardrepertoire

Nun könnten Sie zurecht einwenden, dass ich genau das auch empfohlen hätte als nicht-interaktiven, lenkenden Hinweis. Und Sie hätten natürlich recht. Worauf es mir allerdings ankommt, ist eine unterschiedliche Sichtweise: Lag im vorherigen Kapitel der Schwerpunkt auf dem Hinweis (der ja nicht interaktiv ist) und auf ergänzende Angebote, so geht es mir diesmal um die Organisation des (hoffentlich interaktiven) Telefonsupports.

Um heute effizienten Kundendienst per Telefon zu gewährleisten, bedarf es des Einsatzes komplexer Soft- und Hardware, damit Anrufe gleichmäßig auf die Mitarbeiter verteilt werden, diese ständigen Zugriff auf Supporttools haben und der Gegenstand der Anrufe zugleich für eine spätere Auswertung mitprotokolliert wird. Viele Unternehmen lagern die Telefon-Dienstleistung an externe Call Center aus. Doch viele bauen ein solches Kundenbetreuungssystem auch im eigenen Hause auf.

Keine Online-Dienstleistung ohne telefonischen Support

Auch im Bereich des E-Commerce spielt das Telefon eine wichtige Rolle. So sind viele Online-Shops mit einer Bestell-Hotline ausgestattet. Zahlreiche Online-Dienstleistungen sind ohne telefonischen Support nicht denkbar. So betreiben Internet-Provider Call Center für die Unterstützung bei der Installation des Internetzugangs und zur Hilfe bei technischen Problemen. Amazon bietet es Kunden, die Angst vor der Übermittlung ihrer Zahlungsinformationen wie Konto- oder Kreditkartennummern haben, an, dies per Telefon nachzuholen. Die Reihe der Beispiele ist endlos.

> *Mein Tipp: Gibt es in Ihrem Unternehmen einen Telefonsupport? Überlegen Sie, wie er in die E-Business-Aktivitäten eingebunden werden kann!*

Call Center bilden damit immer eine wichtige Schnittstelle in Ihrem Kundenbetreuungsmanagement. Als Zentrum des persönlichen Kundenkontakts kann das Call Center genau die Defizite auffangen, die ein relativ anonymer Online-Auftritt mit sich bringt. Wie bereits ausgeführt, sind die Aufgaben und Zielsetzungen eines Call Centers sehr vielfältig. Als Ergänzung zum Online-Support kann es sich ebenso um ein Bestelltelefon handeln wie um individuelle Produktberatung oder auch den After-Sales-Service.

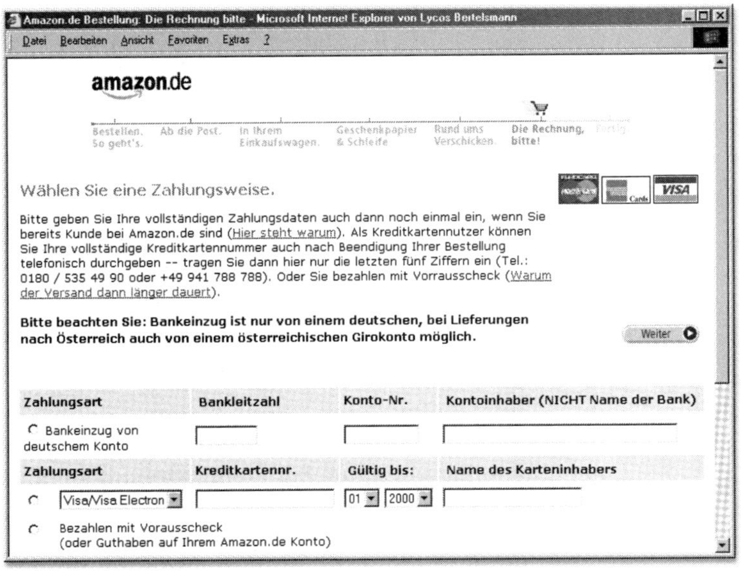

Abbildung 7.2 Amazon bietet die Möglichkeit, Zahlungsinformationen auch telefonisch zu übermitteln.

Medienbruch

Daher existieren vielfältige Möglichkeiten, das Call Center auch in die Online-Aktivitäten zu integrieren. Die Hauptproblematik besteht darin, dass den Kunden ein Medienbruch[2] zugemutet wird und Call Center oftmals nicht rund um die Uhr 24 Stunden und 7 Tage in der Woche arbeiten.

Kurzgefasst: Call-Center-Einbindung	
Einsatzmöglichkeiten	Nutzerfragen telefonisch klären Sicherheitsbedenken adressieren
Implementierung	sehr einfach (direkt im Text)
Verbreitung	hoch
Bedeutung	wichtig, sichert Verzahnung verschiedener Supportinstrumente online und offline
Kosten	gering, falls Telefonsupport bereits existiert und Kapazitäten verfügbar sind sowie die Schulung der Mitarbeiter nicht zu aufwändig ist
Besonderheiten	Dialog wird mit einem Mitarbeiter per Telefon abseits der Website geführt Problem des Medienbruchs Kosten für den Anruf werden vom Kunden getragen

2. Problematisch vor allem bei Kunden, die eine Frage zum Webangebot haben, aber nur eine Telefonleitung besitzen, über die sie auch surfen. Dann muss die Internet-Verbindung unterbrochen werden, um telefonischen Rat zu suchen.

7.2 Call-Back-Button

Der Hinweis auf die Telefonnummer des Call Centers ist nützlich, hat jedoch wie gesehen einige Nachteile. So ist die Hemmschwelle für den Online-Nutzer hoch, zum Telefon zu greifen, zumal er auch die Kosten dafür tragen muss. Doch auch hierfür gibt es eine Lösung, die diese Hemmschwelle reduziert und die entstehenden Kosten dem Anbieter in Rechnung stellt.

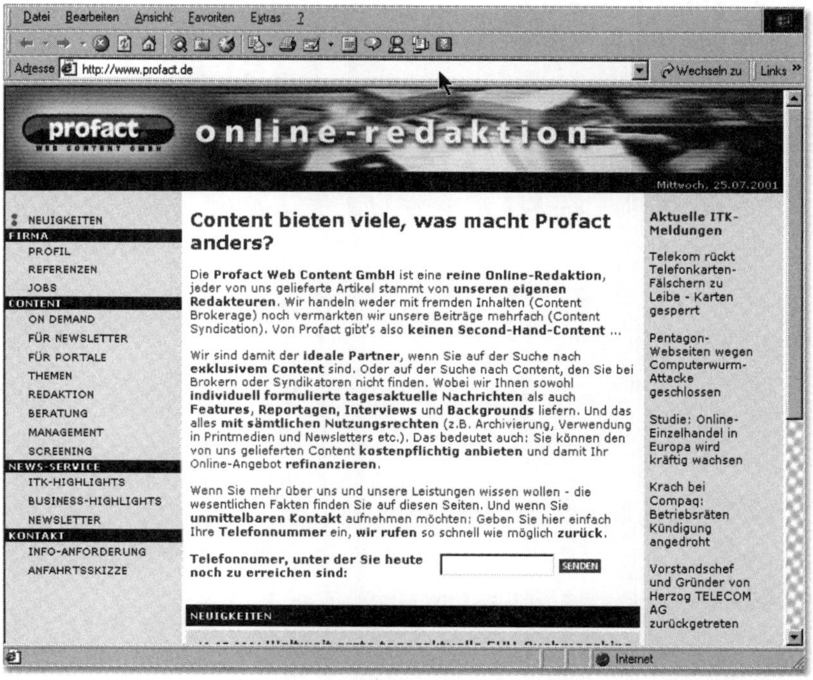

Abbildung 7.3 Beispiel für eine Call-Back-Funktion: Wir rufen zurück!

Auf dem Weg zum Contact Center

Die ideale Verbindung von Web-Auftritt und Call Center ist der so genannte »Call-Back-Button«. Er stellt einen wichtigen Schritt hin zum Contact Center dar. Klickt der Besucher auf diesen Button, öffnet sich ein Online-Formular, in das die Telefonnummer und die Uhrzeit eingetragen werden kann, zu der man von einem Mitarbeiter kontaktiert werden möchte. Das Call Center erhält diese Anfrage und ein Agent ruft dann zur gewünschten Zeit an.

Individuelle Führung durch die Webseiten

Optimal ist diese Lösung vor allem dann, wenn der Anwender zugleich telefonieren und im Web surfen kann. In diesem Fall lässt sich durch den Rückruf eine individuelle Führung des Anwenders durch die Webseiten realisieren.

Für den Nutzer bietet der Call-Back-Button zwei wichtige Vorteile:

- Die Hürde »Medienbruch« wird herabgesetzt, da er nicht selbst aktiv den Kontakt über das Medium Telefon herstellen muss.
- Es entstehen durch den Rückruf des Call Centers für ihn keine zusätzlichen Kosten.

Allerdings bleiben zwei Nachteile: Zunächst muss der Telefonanschluss des Online-Nutzers frei sein, wenn der Rückruf erfolgt ... und das kann man manchmal nicht sicherstellen. Und zum anderen müssen im Call Center Kapazitäten bereitstehen, um den Rückruf auch tatsächlich zur vereinbarten Zeit durchzuführen. Dabei kann jeder Supportmitarbeiter naturgemäß keine zwei Telefonate zur gleichen Zeit führen.

Mein Tipp: Setzen Sie den Call-Back-Button nur ein, wenn Sie organisatorisch sicherstellen können, dass der Rückruf auch wie vereinbart von einem kompetenten Ansprechpartner erfolgt.

Kurzgefasst: Call-Back-Button	
Einsatzmöglichkeiten	Rückruf durch das Contact Center auf Kundenwunsch veranlassen
Implementierung	einfach (Online-Formular), allerdings muss zuverlässig die umgehende Bearbeitung der Eingaben im Contact Center gewährleistet sein
Verbreitung	gering
Bedeutung	nettes Feature, aber nicht überlebenswichtig
Kosten	mittel, abhängig davon, ob eine funktionsfähige Contact-Center-Organisation existiert
Besonderheiten	Medienbruch Web-Telefon Kosten für Rückruf trägt Anbieter

7.3 Textbasierter Live-Chat

Chat im Supporteinsatz ist noch wenig gebräuchlich. Allerdings ist dieses Instrument in bestimmten Situationen durchaus geeignet, die Probleme zu umgehen, die beim Call-Back-Button und der Call-Center-Integration noch bestehen. Der Supportmitarbeiter ist hier direkt über das Internet erreichbar – ein Medienbruch ist so nicht mehr vorhanden. Hinzu kommt, dass der textbasierte Chat es erlaubt, mehrere Anfragen zur gleichen Zeit zu bearbeiten, sofern geeignete Tools zur Verfügung stehen.

Für die Kontaktaufnahme existieren verschiedene Möglichkeiten. Entweder der User nimmt mit dem Berater Kontakt auf, indem er einen Button anklickt, auf dem sinngemäß zu lesen ist: »Hier geht's zur Live-Beratung«. Daraufhin öffnet sich ein Fenster mit der Kommunikationsschnittstelle. Oder aber, das Beratungsfenster (Pop-up oder Frame) erscheint parallel mit dem Betreten der Website auf dem Bildschirm des Betrachters. Oder der Berater sendet dem User die Beratungsschnittstelle auf dessen Bildschirm, was jedoch zur Verwirrung des Users führen kann, der sich eventuell beobachtet fühlt.

Verschiedene Möglichkeiten der Kontaktaufnahme

In der Regel werden nicht öffentliche 1:1-Verbindungen zwischen dem Website-Besucher und dem Berater initialisiert, aber auch öffentliche Chats sind denkbar. Die User und Berater können so Textnachrichten per Tastatur und Bildschirm austauschen.

Privater Chat in Service und Support

Die Textkommunikation mit mehreren Ratsuchenden gleichzeitig stellt Supportmitarbeiter jedoch vor ganz neue Herausforderungen. Sie erfordert hohe Konzentration und gute technische Unterstützung am Arbeitsplatz des Support-Mitarbeiters.

Supportmitarbeiter vor neuen Herausforderungen

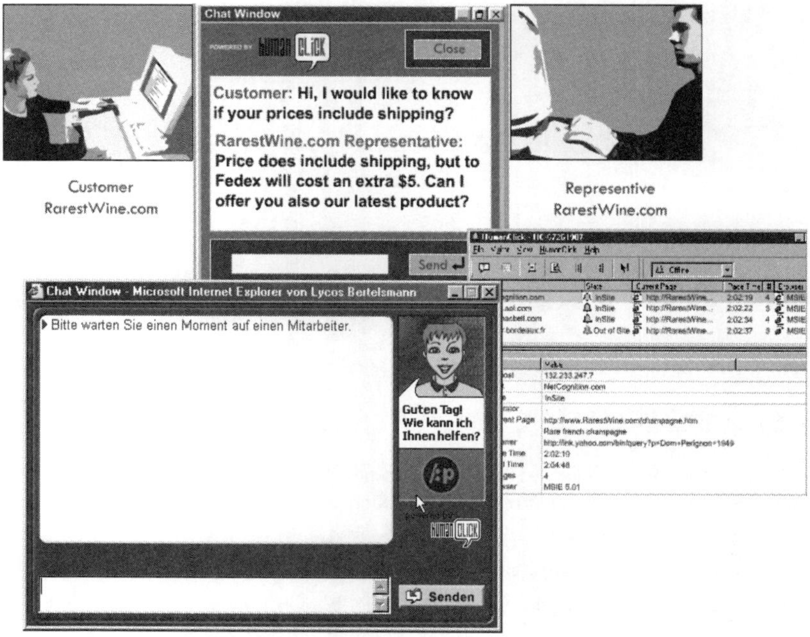

Abbildung 7.4 Beispiel für ein HumanClick-Chat-Fenster. Gleich steht uns ein Mitarbeiter zum Live-Chat zur Verfügung.

Dieses Instrument ist allerdings sehr gut geeignet zur Ausweitung eines Call Centers zum Contact Center, und es werden von verschiedenen Anbietern wie HumanClick, LivePerson, Bluehands, Cahoots, Netempire, Novomind, Tenovis und anderen fertige Lösungen angeboten. Neben der Basisfunktionalität des 1:1-Chats bieten die verschiedenen Produkte noch zusätzliche Funktionen, um die Kundenkommunikation persönlicher, bequemer, auswertbarer und damit nützlicher zu gestalten.

Kostenloses Support-Chat-forum

HumanClick Ltd. (www.humanclick.com) ermöglicht beispielsweise jedem Betreiber einer Homepage die Einrichtung eines kostenlosen Support-Chatforums. Dazu muss nur ein kleines Programm auf dem Rechner des Supportmitarbeiters installiert werden, und einige wenige Zeilen HTML-Code müssen in die Webseiten integriert werden. Besteht eine Online-Verbindung zum PC des Supporters, so führt ein Klick auf das HumanClick-Logo auf der Webseite dazu, dass ein Chat-Fenster geöffnet wird und der Besucher so über einen textbasierten Chat mit dem Mitarbeiter kommunizieren kann. Dieser Mitarbeiter ist zudem in der Lage, mit mehreren Besuchern zugleich per Chat zu interagieren[3]. Während die HumanClick Free-Version kostenlos ist, bieten die Express- und Pro-Versionen zahlreiche zusätzliche Features, sind jedoch mit monatlichen Kosten verbunden[4].

Abbildung 7.5 Und so sieht es aus, wenn einmal niemand für einen Live-Chat zur Verfügung steht: Senden Sie Ihre Anfrage einfach per Formular an den Anbieter.

3. Untersuchungen zufolge, die bei anderen Anbietern von Chat-Tools für den Support durchgeführt wurden, kann ein Mitarbeiter im Support je nach Komplexität der Anfragen zwischen fünf und zehn Chats parallel führen. Dazu muss er natürlich durch die Software optimal unterstützt werden. Nicht alle erhältlichen Werkzeuge bieten jedoch eine optimale Unterstützung für zeitgleiche Chats.
4. Überhaupt handelt es sich in diesem Marktsegment fast ausschließlich um ASP-Lösungen. Man kauft also nicht ein Tool, sondern nutzt (»mietet«) die angebotenen Application Services je nach Bedarf.

Solche Live-Chats bieten sich vielleicht nicht für die umfassendste Beratung an, aber sie sind ein leistungsfähiges und effizientes Supportinstrument. Doch was passiert, wenn der Supportmitarbeiter einmal nicht verfügbar oder überlastet ist? HumanClick kennt für diesen Fall einen Offline-Modus: Der Nutzer wird darauf hingewiesen, dass gerade niemand für den Chat zur Verfügung steht und erhält die Möglichkeit, seine Frage zur Beantwortung per E-Mail zu hinterlassen.

Chats: leistungsfähig und effizient

Neben HumanClick gibt es weitere Anbieter ähnlicher Services, die sich in den unterstützten Features und der Einbindung in die eigene Website sowie die Integration des Supportpersonals unterscheiden. Zu den Unterschieden zählen unter anderem:

- Die Zahl der vom Supportmitarbeiter maximal gleichzeitig geführten Kunden-Chats
- Ein Monitoring, bei dem der Mitarbeiter automatisch über neue Besucher auf der Webseite informiert wird (»Türklingel«)
- Die Anpassbarkeit der Kommunikationsschnittstelle an die Bedürfnisse und das Corporate Design des Unternehmens
- Die Veränderbarkeit von Texten wie Statusmeldungen etc.
- Die Einrichtung und Nutzung vorgefertigter (ggf. individualisierter) Antwortmodule für Routineanfragen als Mittel der Effizienzsteigerung
- Die Identifizierung wiederkehrender Besucher samt Speicherung einer Kundenhistorie
- Die automatische Protokollierung der Chats zur späteren Auswertung
- Die Möglichkeiten, neben nicht öffentlichen Text-Chats auch öffentliche Chats sowie Chats unter Kunden zuzulassen
- Die optionale Einbindung von Grafik, Audio und Video
- Die Unterstützung von Push-Pages, bei denen der Supportmitarbeiter eine HTML-Seite auf den Bildschirm schicken kann (z.B. einen bestimmten Bereich der Website oder ein Supportdokument)
- Die Abwesenheitsschaltung für den Supportmitarbeiter
- Ein automatisches Verteilen von Anfragen auf mehrere Supportmitarbeiter

Je nach gewünschtem oder benötigtem Leistungsumfang kann ein kostenloses Tool zum Einsatz kommen, aber es können auch monatliche Kosten für eine ASP-Lösung von mehreren Hundert Euro anfallen. Ein Supportchat kann auch auf dem eigenen Webserver mittels Java, CGI-Scripts

Kosten für eine ASP-Lösung

oder ähnlichem realisiert werden, ist dann aber in der Regel öffentlich für alle Besucher einsehbar und weit weniger auf die Supportproblematik hin optimiert.

Öffentlicher Expertenchat

Als eine zusätzliche Variante bieten sich öffentliche Expertenchats als Online-Event an. Während der Chat über HumanClick und Co. privat ist (also von anderen Nutzern nicht eingesehen werden kann), ist diese Form des Chats öffentlich einsehbar. Jeder kann sich an der Diskussion beteiligen.

Diese Form des öffentliches Chats ist wohlbekannt und durchaus weit verbreitet. Allerdings werden in der Regel prominente Gäste zum Chat eingeladen. Das Konzept ist aber durchaus auch auf Service und Support übertragbar. Dabei wird vorab ein Termin bekannt gegeben, zu der ein Experte für Fragen und Antworten aus dem Nutzerkreis zur Verfügung steht, und interessierte Nutzer können sich daran beteiligen.

Moderator sinnvoll

Um den Chat besser handhaben zu können, ist dabei der Einsatz eines Moderators sinnvoll, der die Diskussion ordnet und strukturiert. Wird ein zu großer Andrang befürchtet, so kann der Chat auch in einem geschlossenen Bereich der Website angesiedelt sein. Die Interessenten müssen sich dann vorab registrieren und erhalten ein Passwort, sofern die maximale Zahl von Teilnehmern noch nicht erreicht ist.

Ein Chat-Bereich kann auf dem eigenen Webserver mittels Java, CGI-Scripts oder ähnlichem realisiert werden. Daneben gibt es auch fertige Chat-Tools und Dienstleister, die Chats realisieren und leistungsfähige Werkzeuge für Moderatoren und die Kontrolle des Chats bereitstellen.

Öffentliche Chat-Bereiche für die Nutzer untereinander

Wenn wir schon ausführlich über Chats als Service- und Supportinstrument sprechen, so muss abschließend auch darauf hingewiesen werden, dass es auch den Chat unter den Kunden gibt. Hier wird ein öffentlicher Chat-Bereich zum Meinungsaustausch genutzt, wobei das Ziel der Aufbau einer Community Gleichgesinnter ist, die sich gegenseitig unterstützen.

Furcht vor Kontrollverlust

Durch solche Community-Konzepte kann die Supportorganisation des Anbieters deutlich entlastet werden – trotzdem schrecken viele Anbieter davor zurück, solch ein Instrument einzusetzen. Sie befürchten, die Kontrolle zu verlieren und sehen eine Gefahr darin, dass sich die schlechten Erfahrungen einzelner auf die Community übertragen, ohne selbst dazu aktiv Stellung nehmen zu können. Inwieweit dieses Instrument mehr Vor- oder mehr Nachteile für den Anbieter mit sich bringt, muss im Einzelfall entschieden werden, allgemeine Aussagen hierzu sind kaum möglich. Allerdings hat der Community-Chat einen anderen gravierenden Nachteil: Die Anwender, die sich gegenseitig helfen könnten, müssen zur gleichen Zeit online sein. Die Chat-Themen sind flüchtig und werden nicht für längere Zeit gespeichert! Als Alternative bieten sich daher öffentliche Supportforen an.

Mein Tipp: Besonders der persönliche Live-Chat kann eine echte Bereicherung einer Online-Präsenz sein!

Kurzgefasst: Chat	
Einsatzmöglichkeiten	private und öffentliche textbasierte Live-Kommunikation mit Experten oder unter den Nutzern
Implementierung	mittel (Integration und Anpassung kommerzieller Tools)
Verbreitung	gering (privater Live-Chat) mittel (öffentlicher Chat)
Bedeutung	hoch, integriert menschliches Know-how ohne Medienbruch
Kosten	mittel bis hoch
Besonderheiten	sowohl als öffentlicher als auch privater Chat realisierbar Supportmitarbeiter kann mehrere Anfragen zur gleichen Zeit bearbeiten

7.4 Supportforen

Eine Variante des Live-Chats sind die Supportforen. Sie können eine Alternative zu öffentlichen Chats unter den Kunden darstellen und haben nicht den Nachteil, dass alle Teilnehmer sich zur gleichen Zeit auf der Website treffen müssen. Vielmehr handelt es sich um ein Konzept, bei dem die zeitgleiche Problemlösung nicht im Vordergrund steht.

C2C-Kommunikation

Das Prinzip ist einfach: Im Forum können Nutzer ihre Fragen als Textnachrichten ablegen und auf andere Fragen antworten. Es handelt sich also auch hier um eine Kunde-zu-Kunde-Kommunikation, die Ihre Supportorganisation entlastet, da Sie Kunden zu Experten machen und sich die Usergemeinschaft gegenseitig unterstützt. Es handelt sich also um eine webbasierte Alternative zu anbieterspezifischen Newsgroups im Usenet.

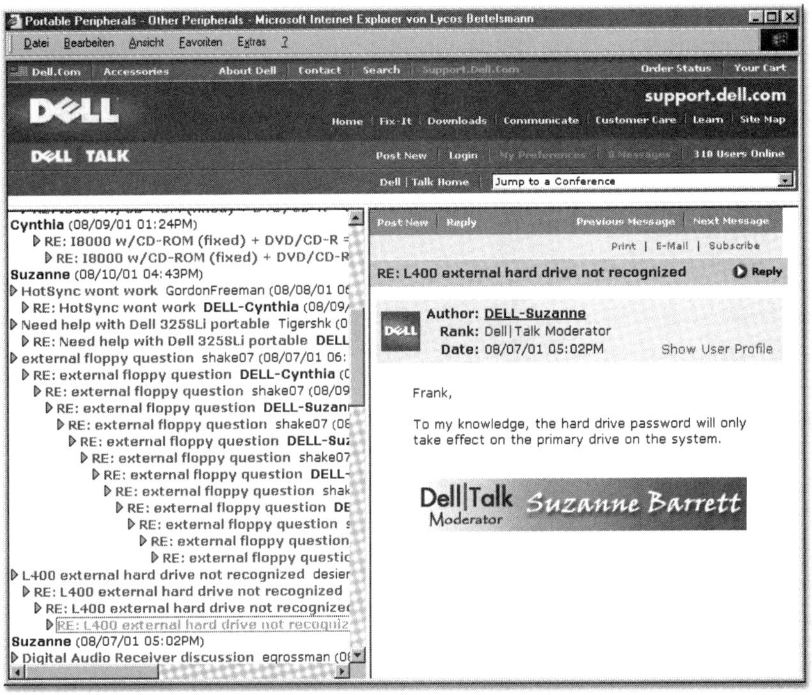

Abbildung 7.6 Stark frequentiert: öffentliches Supportforum bei Dell. Im DellTalk antworten Dell-Supportmitarbeiter, aber auch andere Kunden auf Supportanfragen.

»Schwarze Bretter« bzw. Foren zeigen meist eine Übersicht der Themen und den Verlauf des Diskussionsfadens (Threads) in Form einer hierarchischen Struktur an. Es muss allerdings gewährleistet werden, dass jemand die im Forum gestellten Fragen auch rasch zur Zufriedenheit der Nutzer beantwortet. Bei einer geringen oder inaktiven Usergemeinde kann dies zum Problem werden ...

Natürlich kann auch Ihr Supportpersonal Antworten auf Fragen geben, und wenn Sie im Zweifel sind, ob Sie die Kommunikation der Kunden untereinander einschränken sollen, können Sie ihnen auch die Berechtigung entziehen, Antworten zu verfassen. Auch können Sie einen Moderator einsetzen, der alle Nachrichten, die in das Supportforum gesendet werden, zunächst prüft und erst dann veröffentlicht.

Mein Tipp: Dem Supportforum fehlt zwar die Eigenschaft, dass die Supportanfragen sofort bearbeitet werden, aber dies muss nicht immer von Nachteil sein. Es handelt sich um ein nützliches Serviceangebot.

Kurzgefasst: Supportforum	
Einsatzmöglichkeiten	Forum, in dem die Kunden ihre Anfragen öffentlich hinterlassen und Antworten erhalten können
Implementierung	einfach (es existieren fertige CGI-Scripte u.ä.)
Verbreitung	hoch
Bedeutung	je nach Branche interessant, wenn Kunden selbst zum Experten werden können
Kosten	gering
Besonderheiten	zeitversetzte Beantwortung der Anfragen

7.5 Videokonferenz

Im Grunde handelt es sich beim Einsatz von Videokonferenzen um eine Erweiterung des privaten Live-Chats mit Bewegtbildübertragung. Allerdings kann der Supportmitarbeiter so kaum mehreren Kunden gleichzeitig für Auskünfte zur Verfügung stehen.

Hochwertiger 1:1-Support

Videokonferenzen bieten sich im Idealfall an, um einen hochwertigen 1:1-Support zu gewährleisten. Durch die Kombination eines Live-Videobildes mit der Möglichkeit der gesprochenen, bidirektionalen Kommunikation mit einem Support- oder Servicemitarbeiter lassen sich detailliertere Angaben machen. Die Effizienz kann enorm gesteigert werden.

Dabei sind verschiedene Varianten denkbar. Nicht immer müssen beide Kommunikationspartner eine komplette Videoausstattung haben. So gab es im Kaufhaus Galeries Lafayette in Frankreich für das Online-Shopping Mitarbeiter, die mit Webcam ausgerüstet für einzelne Kunden Waren im Kaufhaus aufsuchen und Fragen beantworten. Umgekehrt könnte eine Webcam beim Anwender ggf. hilfreich bei der Ferndiagnose eines Fehlers sein. Der Kunde oder auch Servicetechniker vor Ort kann mit der Videokamera so Detailaufnahmen eines defekten Gegenstandes machen. Diese Variante wird beispielsweise in der Medizin bei schwierigen Operationen genutzt, um andere Expertenmeinungen einzuholen.

Benötigte Bandbreite steht nicht zur Verfügung

In der Regel geht man jedoch von bidirektionaler, echter Videokonferenz aus. Der Nutzen dieser Technologie ist allerdings eingeschränkt, da in vielen Fällen die benötigte Bandbreite nicht zur Verfügung steht und Bild- sowie Tonqualität äußerst bescheiden sind. Zudem kann ein Supportmitarbeiter immer nur eine Videoverbindung nutzen, während textbasierte Chats mit mehreren Kunden zeitgleich geführt werden können.

Mein Tipp: Es wird viel über Videoübertragung im Internet geredet, doch für Service und Support ist das Instrument nur in wenigen Situationen notwendig.

Kurzgefasst: Videokonferenzen	
Einsatzmöglichkeiten	Live-Bewegtbildübertragung
Implementierung	aufwändig
Verbreitung	gering
Bedeutung	von Ausnahmen abgesehen keine große Bedeutung
Kosten	sehr hoch, je nach Ausstattung und Bildqualität
Besonderheiten	setzt eine besondere technische Ausstattung voraus

7.6 Voice-over-IP

Will man die Nachteile der Videoübertragung vermeiden, so kann auch die Sprachkommunikation ohne Übertragung von Videobildern zum Einsatz kommen. Für die reine Sprachübertragung mittels Internet gelten die Aussagen analog, die im vorherigen Abschnitt über Einsatz von Videokonferenzen im Supportbereich gemacht wurden. Allerdings sind die technischen Anforderungen deutlich geringer.

Voice-over-IP bietet sich gut als Schnittstelle zum Contact Center an, vorausgesetzt, die Bandbreite/Sprachqualität ist gewährleistet und der Anwender hat die nötigen Voraussetzungen (Mikrofon, Soundkarte, Lautsprecher, ruhige Arbeitsumgebung).

Kostenvorteile

Die Sprachkommunikation über das Internet bietet vor allem Kostenvorteile gegenüber dem klassischen Telefonanruf. Es ist jedoch fraglich, ob sich der höhere Implementierungsaufwand gegenüber dem textbasierten Chat durch Vorteile ausgleicht, die daraus entstehen, dass die Kommunikation nicht mehr mittels Text, sondern sprechend abläuft. Dabei ist zusätzlich zu berücksichtigen, dass ein Support-Mitarbeiter zwar mehrere nicht-öffentliche Chats parallel handhaben kann, er kann jedoch nicht mehrere Gespräche[5] gleichzeitig führen.

Mein Tipp: In der Regel bringt Voivce-over-IP höchstens Kostenvorteile als Alternative zu herkömmlichen Telefonaten.

---

5. Außerdem wird man leichter heiser oder hat eine unsympathische Stimme als man Hornhaut auf den Fingerkuppen vom vielen Tippen bekommt :-)

Kurzgefasst: Voice-over-IP	
Einsatzmöglichkeiten	Sprachkommunikation im Internet zwischen Supportmitarbeiter und Kunde
Implementierung	aufwändig
Verbreitung	sehr gering
Bedeutung	sehr gering
Kosten	mittel
Besonderheiten	kaum Vorteile gegenüber textbasiertem Chat

7.7 E-Mail in Service und Support

Die elektronische Post entwickelt sich zu einem immer wichtigeren Instrument im Rahmen von Supportleistungen. Die Gründe dafür sind die Verfügbarkeit rund um Uhr, die Schnelligkeit, aber auch die Tatsache, dass jeder Internetzugang standardmäßig mit einer E-Mail-Verbindung ausgestattet ist. Surfen und Mailen sind nicht voneinander zu trennen. Ein optimales Supportmanagement wird diese Tatsache berücksichtigen.

Zu unterscheiden sind drei Arten der E-Mail-Nutzung im Online-Support:

- eingehende E-Mails, in der Regel Kundenanfragen
- persönliche, ausgehende E-Mails, über die Antworten und allgemeine Kundeninformationen versandt werden
- automatisch versendete, ausgehende Nachrichten, die ereignisgesteuert erzeugt werden

Eine umfassende Behandlung des Themas »E-Mail in der Unternehmenskommunikation« würde den Rahmen dieses Buches bei weitem sprengen. Bei Interesse verweise ich Sie an dieser Stelle auf die Literaturangaben im Anhang. Hier nur einige für den Serviceaspekt relevante Hinweise ...

Effizientes Management von E-Mail-Anfragen

Eine große Herausforderung ist das effiziente Management von E-Mail-Anfragen. Zunächst ist zu klären, ob Sammeladressen für den Support eingerichtet werden sollen oder jeder Mitarbeiter unter seiner persönlichen E-Mail-Adresse erreichbar sein soll. Was passiert, wenn ein Mitarbeiter aus dem Unternehmen ausscheidet, im Urlaub ist oder krank wird: Wer übernimmt die zeitnahe Beantwortung der Kundenanfragen?

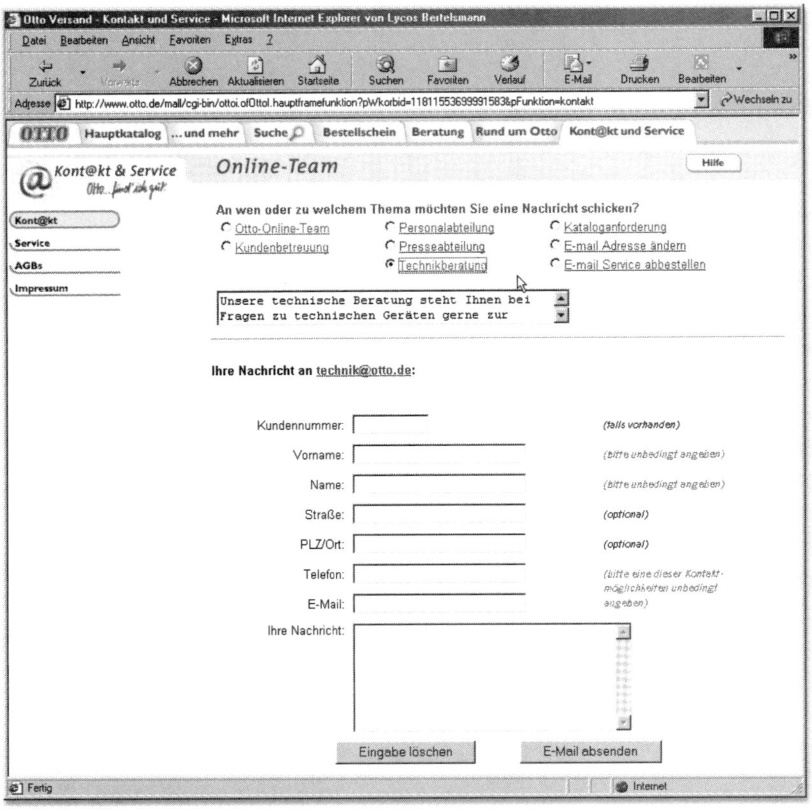

Abbildung 7.7 E-Mail-Management durch den Kunden bei Otto: Der Kunde wählt aus, wohin seine Anfrage geht – doch nicht immer kennt er auch den richtigen Adressaten.

Kritische Antwortgeschwindigkeit

Auch die Antwortgeschwindigkeit ist bei E-Mail-Anfragen kritisch. Müssen Anfragen erst manuell einem Sachbearbeiter zugeordnet werden, so ist eine umgehende Beantwortung häufig unmöglich. Gefragt ist daher ein effizientes Managementsystem, das eingehende E-Mails automatisch zuteilt und die Beantwortung überwacht. Viele Unternehmen gehen verstärkt dazu über, gar keine direkte E-Mail-Adresse für den Support preiszugeben, sondern den Kontakt nur über ein Webformular zuzulassen, bei dem der Absender bereits eine Klassifizierung seiner Frage vornehmen muss.

Neben der persönlichen Kommunikation per E-Mail können aber auch automatisch Nachrichten beim Eintreten bestimmter Ereignisse versandt werden. Dabei handelt es sich um eine Erweiterung des bereits im vorangegangenen Kapitel vorgestellten Autoresponder-Konzepts.

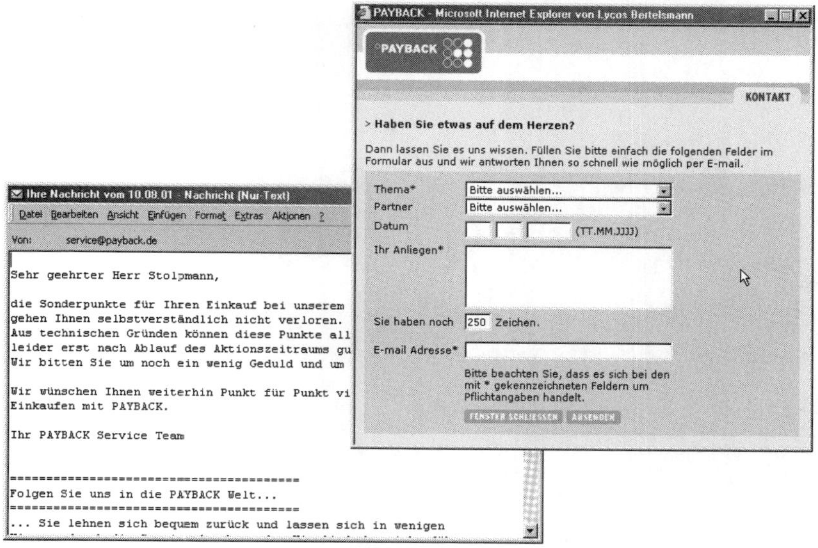

Abbildung 7.8 Supportformular und persönliche Antwort per E-Mail, hier bei Payback.de

Beispiel: E-Mail-Service bei Travelocity

Wer viel fliegt oder das Datum seiner Flugreisen frei wählen kann, dürfte sich für ein Angebot von Travelocity.de interessieren, bei dem ein so genannter »Tarif-Scout« Preisänderungen für Flüge automatisch per E-Mail mitteilt. Jeder registrierte Nutzer kann weltweit bis zu fünf Städtepaare, die jederzeit modifiziert werden können, für einen beliebigen Zeitraum angeben.

Der Tarif-Scout bietet die Möglichkeit, Preissenkungen oder Preissteigerungen von mindestens 25 Euro oder eine Preissenkung unterhalb eines selbst gewählten Betrages zu verfolgen. Der Anwender hat zwei Möglichkeiten, über die Preisentwicklungen informiert zu werden: über ein Web-Interface oder alternativ per E-Mail, die automatisch bei Erreichung der gewählten Preisgrenzen abgeschickt wird. Der Tarif-Scout-Service ist registrierten Travelocity-Mitgliedern kostenlos zugänglich.

Automatisierter, individueller Servicedialog

Bei diesem Einsatzszenario der E-Mail-Kommunikation wird eine automatisierter, individueller Servicedialog initiiert. Dabei ist es nicht notwendig, dass jemand in die automatisierten Versandprozesse eingreift. Für die versendeten Nachrichten werden Templates verwendet, die mit den aktuellen Daten gefüllt werden.

Mein Tipp: Weisen Sie Ihre Mitarbeiter in den richtigen Umgang mit E-Mail ein, und stellen Sie Regeln auf, wie das Medium zu nutzen ist!

Kurzgefasst: E-Mail	
Einsatzmöglichkeiten	vielfältig, individuelle Kommunikation mit den Kunden und Interessenten
Implementierung	sehr einfach
Verbreitung	sehr hoch
Bedeutung	wichtig
Kosten	gering
Besonderheiten	Umgang mit dem Kommunikationsmedium E-Mail muss erlernt werden

7.8 Diskussionslisten

Die Diskussionsliste ist neben dem bereits im vorherigen Kapitel vorgestellten, nicht interaktiven Newsletter die zweite wichtige Form der Mailingliste. Bei Diskussionslisten läuft die Kommunikation allerdings in beiden Richtungen: Die Teilnehmer erhalten E-Mail-Nachrichten über den E-Mail-Verteiler und können auch selbst Mails an die Liste schicken. Diese Nachrichten werden wiederum an alle Abonnenten der Liste weitergeleitet.

Betreiber stellt Infrastruktur

In einer Diskussionsliste verläuft die Kommunikation von vielen zu vielen. Im Gegensatz zum Newsletter stellt der Betreiber hier weniger den Inhalt, als vielmehr die Infrastruktur zur Verfügung, mit der Abonnenten untereinander kommunizieren können. Das heißt: Eine Diskussionsliste lebt von und mit ihren Abonnenten, denn diese produzieren den Inhalt und schaffen mit der Art und Weise ihrer Kommunikation unter Umständen eine ausgeprägte interne Beziehungsstruktur.

Communities Gleichgesinnter

Diese Beziehungsstruktur wird auch häufig als Community bezeichnet. Communities im Internet sind nichts anderes Online-Gemeinden, also Gemeinschaften von Personen, die sich für ein bestimmtes Thema oder ein bestimmtes Produkt interessieren.

Diskussionslisten können auf verschiedene Arten organisiert sein. Es gibt:

- Unmoderierte Diskussionslisten, bei denen alle eingehenden Beiträge automatisch an alle Teilnehmer weitergeleitet werden.

- Moderierte Diskussionslisten, bei denen die eingehenden Mails vom Betreiber der Liste erst gesichtet werden, ehe sie an die anderen Mitglieder weitergeschickt werden. Damit verhindert man, dass die Diskussion abdriftet oder dass Beiträge, die nicht zum Thema passen, in die Liste gelangen.

Wie viel Zeit können Sie aufbringen?

Vor der Einrichtung einer Diskussionsliste sollten Sie genau überlegen, wie viel Zeit Sie kontinuierlich aufbringen können, um die Liste zu verwalten und zu betreuen. Als Faustregel können Sie davon ausgehen, dass Sie für eine Liste mit 100 bis 200 Teilnehmern durchaus ein bis zwei Stunden pro Tag reservieren sollten. In dieser Zeit werden Sie individuelle Anfragen beantworten, administrative Aufgaben erledigen und sich nicht zuletzt selbst aktiv an Diskussionen beteiligen. Ist Ihre Liste moderiert, so wird sich dieser Aufwand noch erhöhen, denn Sie müssen jede eingehende Mail durchsehen, bevor Sie sie weiterschicken oder gegebenenfalls zurückweisen.

Die Anmeldung bei einer Diskussionsliste erfolgt wie beim Newsletter meist mit einer E-Mail, die an den Listserver gesendet wird. Unter Umständen wird dieser Prozess vereinfacht durch ein Webformular, in das der zukünftige Empfänger nur seine E-Mail-Adresse eintragen muss. Der Listserver schickt üblicherweise nach wenigen Sekunden eine Bestätigungsmail (Confirmation) mit ersten Informationen zur Liste. Fallweise muss der Interessent diese zurückschicken, um wirklich in den Verteiler aufgenommen zu werden.

Mein Tipp: Unterschätzen Sie den Aufwand nicht, eine Diskussionsliste zu moderieren und zu pflegen.

Kurzgefasst: Diskussionslisten	
Einsatzmöglichkeiten	Kommunikation der Kunden untereinander und mit dem Anbieter per E-Mail-Nachrichten
Implementierung	einfach, hoher Pflegeaufwand
Verbreitung	mittel
Bedeutung	als Serviceinstrument nur in bestimmten Segmenten wichtig (für sehr aktive Heavy Buyer)
Kosten	geringe Initialkosten, aber Pflegeaufwand
Besonderheiten	keine

7.9 Webformulare

Formulare mit Kundenbindung

Kontakt- und Feedbackformulare ermöglichen Ihnen durch den Einbau mehr oder weniger einfacher Tools in Ihren Webauftritt die Interaktion mit dem Kunden. Damit bieten sie nicht nur ein hervorragendes Supportinstrument, sondern können auch zur Kundenbindung beitragen.

Formulare geben den Besuchern die Möglichkeit, Ihnen direkt aus der Website heraus eine strukturierte Nachricht zu schicken. In Verbindung mit so genannten »Check-Boxes«, kleinen Kästchen zum Auswählen und Ankreuzen, sowie Pull-down-Menüs und Eingabefeldern können Sie aus Feedback-Formularen komplexe Bestellformulare für Newsletter, gedruckte Broschüren oder Kataloge ebenso machen wie leistungsfähige Supportinstrumente, Suchformulare oder Fragebögen zur Meinungserhebung.

Nun kann man Webformulare mit wenigen HTML-Befehlen erstellen. Doch dann wird einfach alles, was der Benutzer eingibt, unkommentiert als Meinungsäußerung übernommen. So passiert es oft, dass Nutzer bei Ausfüllen zwischen den Feldern mit der Return-Taste wechseln wollen, dabei aber versehentlich das halbausgefüllte Formular absenden. Oder es werden – aus welchen Gründen auch immer – Angaben gemacht, die auf den ersten Blick widersprüchlich und unzutreffend sind. Auch fehlt es bei einem einfachen Formular an einer Hilfestellung, was wie auszufüllen ist.

Ein wenig »Intelligenz«

Viel wünschenswerter ist es daher, die Formulare selbst wiederum mit rudimentärer »Intelligenz« zu versehen. Ein kleines Programm oder eine JavaScript-Routine überprüft dann die Eingaben auf Vollständigkeit und Konsistenz hin: Gibt es in der E-Mail-Adresse ein – und genau ein – »@«? Ist die PLZ fünfstellig, besteht nur aus Ziffern und passt zum angegebenen Ort? Ist die Kundennummer angegeben? Dann können die restlichen Kontaktangaben leer bleiben, da sie aus der Kundendatenbank übernommen werden! Und so weiter ...

Diese Formulare basieren in den meisten Fällen auf CGI-Scripts (CGI = Common Gateway Interface – allgemeine Datenaustausch-Schnittstelle). CGI-Scripts sind (kleine) Programme, die häufiger in der Programmiersprache Perl oder PHP, seltener in C und C++ geschrieben wurden. Diese Programme werden direkt auf dem Webserver installiert, wo auch die Dateien liegen, aus denen Ihre Website zusammengesetzt ist. Einfachere Skripte sind auch für den kommerziellen Einsatz meist kostenlos oder für wenig Geld im Internet erhältlich.

Die Aufgabe der CGI-Skripte besteht in diesem Fall darin, die Nutzereingaben in das Formular auf Vollständigkeit und Konsistenz hin zu überprüfen. Daraus ergibt sich auch der Hauptvorteil solcher Webformulare für Service- und Supportanfragen der Kunden: Während eine einfache E-Mail-Nachricht aus Freitext besteht und wichtige, benötigte Informationen vielleicht fehlen, sorgt das Formular für die strukturierte und vollständige Erfassung der benötigten Daten. So werden unnötige Rückfragen vermieden, und die Bearbeitung der Anfragen kann effizienter erfolgen!

Strukturierte und vollständige Erfassung der benötigten Daten

Durch die strukturierte Erfassung wird in einigen Fällen sogar eine automatische Prüfung der Anfrage mit direkter Filterung und Beantwortung von Routineanfragen möglich.

Mein Tipp: Gut durchdachte Webformulare können eine echte Arbeitserleichterung für Ihre Kunden und Mitarbeiter darstellen!

Kurzgefasst: Webformulare	
Einsatzmöglichkeiten	strukturierte Erfassung von Service- und Supportanfragen, ersetzt Freitext-E-Mails
Implementierung	einfach (HTML-Formular und JavaScript beziehungsweise CGI-Skripts zur Auswertung)
Verbreitung	hoch
Bedeutung	sehr wichtig, sichert strukturierte Erfassung und damit effiziente Bearbeitung
Kosten	gering
Besonderheiten	keine

7.10 Co-Browsing

Unter Co-Browsing versteht man das gemeinsame Surfen von Berater und User sowie das gemeinsame Bearbeiten von Formularen. Entscheidend ist dabei, dass beide die gleichen Webseiten vor sich sehen und gemeinsam darin interagieren können.

Individuelle Beratung »vor Ort«

Bisher bietet zum Zeitpunkt der Manuskripterstellung meines Wissens nur die ASP-Lösung namens »SupportChat« von Netempire begrenzte Co-Browsing Funktionen. Allerdings wird überall an entsprechenden Werkzeugen gearbeitet. Die Möglichkeiten sind sehr interessant und reichen von der raschen, interaktiven Führung des Nutzers durch das

Online-Angebot bis hin zur individuellen Beratung mit Vorstellung (»Besuch«) verschiedener Produktalternativen bis hin zur kooperativen Bearbeitung von komplexen Kreditanträgen und Versicherungsformularen.

Allerdings handelt es sich hierbei um ein typisches 1:1-Servicetool. Ein Berater wird kaum in der Lage sein, mehrere Sessions mit verschiedenen Kunden zeitgleich zu führen! Daher eignet sich das Konzept vor allem abseits des Marktes für Massengüter für besonders erklärungsbedürftige, hochpreisige Angebote.

Servicekonzept mit Zukunft

Bisher steht die dafür benötigte Technologie auch noch nicht in vollem Umfang zur Verfügung – trotzdem handelt es sich um ein Servicekonzept mit Zukunft, das viele Vorteile in sich vereint.

Mein Tipp: Beobachten Sie die Entwicklung aufmerksam – Co-Browsing könnte schon bald ein wichtiges Instrument im Premiumsupport werden.

Kurzgefasst: Co-Browsing	
Einsatzmöglichkeiten	kooperatives Surfen und Bearbeiten von Webformularen durch Kunde und Berater
Implementierung	aufwändig
Verbreitung	sehr gering
Bedeutung	interessant für erklärungsbedürfige Produkte und Premiumsupport, z. B. im B2B
Kosten	hoch
Besonderheiten	Technologie steht bisher nur bedingt zur Verfügung

7.11 Virtuelles Personal: Avatare und Bots

Viele der bisher vorgestellten Serviceinstrumente beruhen darauf, das Personal in der einen oder anderen Form heranzuziehen, um Service und Support mittels des und für den Webauftritt zu leisten. Das Problem dabei ist, dass diese Ressource begrenzt ist und Einsatzlimitationen bestehen. Der Mensch braucht nun mal seine Pausen und steht eben *nicht* 24 Stunden am Tag und 7 Tage in der Woche zur Verfügung. Zudem ist Personal sehr teuer, und seine Produktivität kann nicht beliebig gesteigert werden.

Daher liegt es nahe, die Tätigkeit des menschlichen Beraters durch Software zu simulieren. Natürlich kann diese Simulation nie perfekt sein und sich auch nur auf bestimmte Wissensdomänen erstrecken. Doch seit vielen Jahren versucht die Informatik unter der Bezeichnung »Künstliche Intelligenz« Software zu entwickeln, die eigenständig Dialoge führen und Problemlösungen ermitteln kann. Was also liegt näher, als die Ergebnisse dieser Bemühungen als *virtuelle* Berater und Serviceangestellte in die Internetpräsenz zu integrieren.

Virtuelle Berater und Serviceangestellte

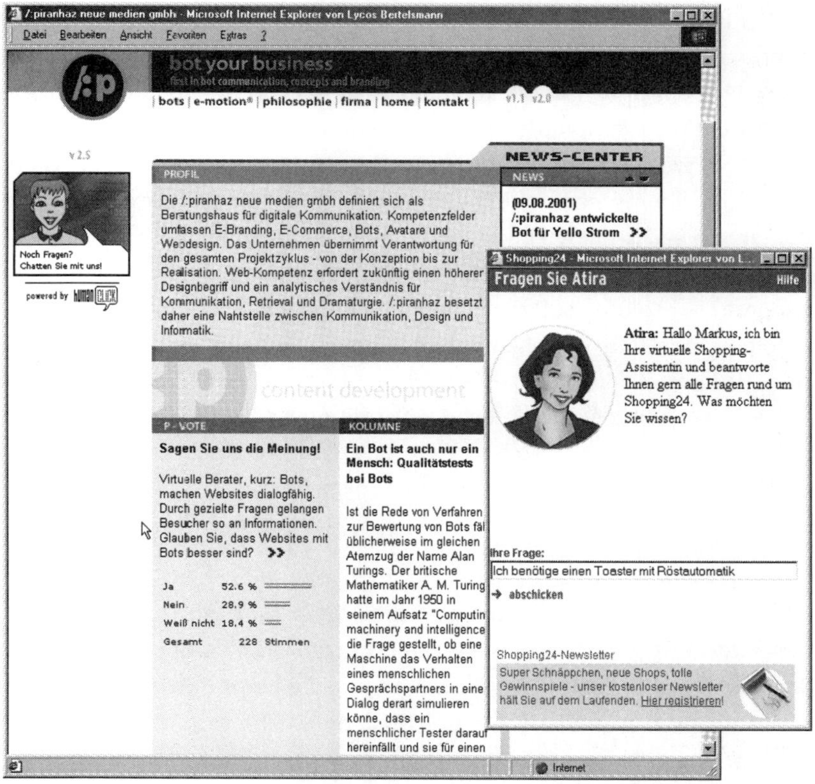

Abbildung 7.9 Virtuelle Berater entlasten den Supportmitarbeiter von Routineanfragen und sollen eine stärkere Identifikation der Nutzer mit dem Online-Auftritt bewirken.

Auf der Website der Deutschen Bank arbeitet Cora, die virtuelle Begleiterin durch das Online-Angebot des Bankhauses. Cora begrüßt den Besucher und begleitet ihn durch den Webauftritt. Sie reagiert auf Stichwörter, die über eine kleine Dialogbox eingegeben werden können. Und hat sie einmal nicht verstanden, was der Besucher wissen möchte, fragt sie einfach nach. Beim ZDF erwartet Cornelia den Besucher online, dessen einfache Fragen sie beantwortet. Und Vee berät auf der Website der Victoria-Versicherung Jugendliche bei der Berufswahl.

Avatare: virtuelle, dreidimensionale Wesen

Die drei Damen sind so genannte »Avatare«, virtuelle, dreidimensionale Wesen. Sie und zahlreiche weitere »Kollegen und Kolleginnen« tummeln sich auf Websites aller Art, von der Finanzdienstleistung über die Autoplattform bis zum Spieleanbieter. Ihr Auftrag ist klar: Sie sollen über den vermeintlich intelligenten Dialog Vertrauen erwecken und dabei helfen, Hemmschwellen abzubauen.

Programmiertechnisch bestehen die virtuellen Hilfskräfte aus einer animierten Grafik in 3D und einer mehr oder weniger komplexen Datenbank. Will der Besucher die Figuren zum Sprechen bringen, muss er häufig erst ein Plug-in herunterladen. Auf jeden Fall aber sind die Ladezeiten der Site etwas verlängert. An diesen Dingen wird aber in den Programmierstuben heftig gearbeitet, und es ist zu erwarten, dass die Zahl der Avatare im E-Commerce in der nächsten Zeit zunehmen wird. Hersteller – »Schöpfer« – virtueller Mitarbeiter für Service und Support sind unter anderem Absolute Software GmbH, Artificial Life, :/piranhaz neue medien gmbh und Vista New Media GmbH. Dabei ist individuelle Beratung Trumpf, schließlich stellen Sie auch nicht gleich den erstbesten Arbeitslosen von der Straße ein ... Da sollte Ihr neuer Außendienstmitarbeiter schon zu Ihnen passen. Denn er wird Ihr Unternehmen zukünftig rund um die Uhr gegenüber den Kunden vertreten!

Bots: Aufträge über Dialogboxen und Formulare

Eine weitere Form von virtuellen »Agenten« sind Bots. Diese sind meist nicht als Figuren dargestellt, sondern die Unterhaltung läuft über Dialogboxen und Formulare. Allerdings ist die Abgrenzung schwierig und selbst die Entwickler von Bots und Avataren nutzen die Begriffe nicht einheitlich. Auch Bots basieren auf Datenbanken, die mehr oder weniger komplex aufgebaut sind. Viele Bots sind auch mit Suchmaschinen verbunden. Ein typischer »Auftrag« für einen Bot ist es, sich im Web auf die Suche nach einem bestimmten Produkt zu machen. In Kombination mit der Suchmaschine surft das Programm dann durchs Web, um die günstigsten Angebote zu finden.

Tipps zu Bots und Avataren[6]

Worauf müssen Unternehmen bei Planung, Installation und Betrieb von virtuellen Kundenberatern achten?

Maßgeblich für den Erfolg eines virtuellen Beraters ist nicht die technische Lösung, sondern seine kommunikative Stärke. Die Wissensdatenbank mit den Dialogmodellen für den Bot sollte deshalb von Entwicklern mit ausreichender Erfahrung in der Kommunikationsbranche erstellt werden.

Welche Typen von virtuellen Kundenberatern eignen sich für welche Online-Vertriebsmaßnahmen am besten?

Nur ein virtueller Berater mit einem starken Charakter kann User binden und online Produkte vertreiben. Charakter wird aber nicht nur über die visuelle Darstellung, den so genannten Avatar, verliehen, sondern wesentlich auch über die Sprache und den Tonfall, in dem ein Bot antwortet. Deshalb muss auch jeder Bot entsprechend seiner Zielgruppe individuell entwickelt werden. Bots werden im Prinzip wie Menschen beurteilt: Bots mit ausgeprägten positiven oder negativen Charakterzügen kommen deutlich besser an als Durchschnittstypen, die es jedem recht machen wollen.

Wohin geht der Trend?

Der Trend geht dahin, Spezialanbieter mit der Entwicklung von Bots zu beauftragen. Es gehören eine Menge Know-how und Erfahrung in der Dialogmodellierung dazu, um eine glaubhafte und zielorientierte Gesprächsführung aufzubauen. Der Markttrend geht darüber hinaus sehr stark hin zu professionellen Anwendungen. Dienten die meisten Bots bisher in erster Linie der Erhöhung der Stickyness auf Websites, rückt zunehmend die Integration in Prozessabläufe in den Vordergrund. In Zukunft werden Bots Transaktionen ausführen, dem User das Ausfüllen von Formularen abnehmen und der Abfrage von Datenbanken dienen.

Was sind typische Fehler, die Unternehmen beim Einsatz von virtuellen Kundenberatern vermeiden sollten?

Ein Bot ist aus Usersicht in erster Linie eine Kommunikationslösung. Wer sich als Betreiber ausschließlich auf die technische Funktionalität fokussiert, wird möglicherweise feststellen, dass die Akzeptanz bei den Usern ausbleibt. Also: Neben der Auswahl der geeigneten Software-Lösung ist es wichtig, die Modellierung der Dialoge in kompetente Hände zu legen.

---

6. Ausschnitt aus einem Interview, mit freundlicher Genehmigung der /:piranhaz neue medien gmbh (www.piranhaz.com)

Begrenzter Einsatzbereich Beide Formen, Avatare und Bots, sind jedoch derzeit nur für bestimmte Routineaufgaben geeignet. In anderen Fällen führen wissensbasierte Systeme nicht zum Ziel. Der virtuelle Mitarbeiter muss immer dann versagen, wenn die Anfragen zu speziell werden. So führt der Versuch, mehr über die Persönlichkeit des virtuellen Mitarbeiters zu erfragen, schnell ins Leere. Die dann generierten Standardantworten zeigen die Grenzen des Konzepts auf.

Vorteile Gegenüber einer herkömmlichen Website bieten virtuelle Berater enorme Vorteile: Durch den natürlichsprachigen Dialog bekommen die User auf alle ihre Fragen sofort eine Antwort. Das ist besonders wichtig, da fehlende oder schwer auffindbare Informationen für die hohe Abbruchrate bei Online-Transaktionen verantwortlich sind.

Außerdem kann ein virtueller Berater aktiv auf Cross-Selling-Angebote hinweisen. Reserviert ein User etwa ein Hotelzimmer über eine Website, kann ihm der virtuelle Mitarbeiter das passende Flugticket für die Anreise gleich mit anbieten. Dieses aktive Eingreifen ist bei vielen anderen Service- bzw. Supportinstrumenten nur schwer realisierbar.

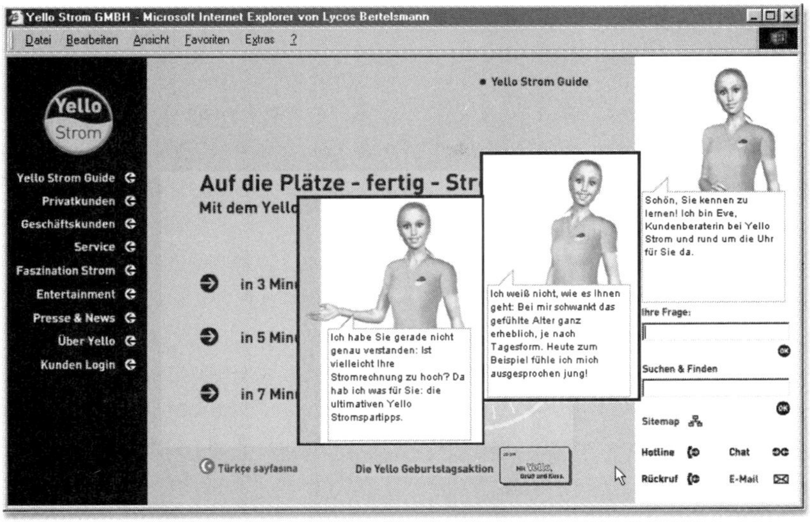

Abbildung 7.10 Kein vollwertiger Gesprächspartner: Außerhalb der Kernkompetenz ist das virtuelle Personal dann doch etwas ratlos. Hier die Reaktionen von Eve, dem Avatar von Yello Strom, auf persönliche Fragen nach Alter und Befinden.

Seinem Betreiber liefert der Bot zudem en passant qualifizierte Marktforschungsdaten über seine Zielgruppen. Jeder Dialog kann ausgewertet werden und so zur Verbesserung des Antwortverhaltens dienen. Allein diese Controlling-Funktion kann in ihrer Bedeutung kaum überschätzt werden.

Mein Tipp: Bots und Avatare sind Identifikationspunkte für eine Website. Aber die Entwicklung ist aufwändig und daher nicht immer sinnvoll.

Kurzgefasst: Avatare, Bots	
Einsatzmöglichkeiten	wissensbasierter Dialog mit virtuellem Personal
Implementierung	aufwändig (Optik, Charakter, Wissens- und Dialogmodell)
Verbreitung	gering
Bedeutung	kann sehr zur Identifikation der Zielgruppe mit dem Angebot beitragen effiziente »persönliche« Beratung bei Routinefragen, entlastet Serviceorganisation
Kosten	hoch
Besonderheiten	auf eng umrissenes Aufgabengebiet begrenzt

7.12 Wissensbasierte Entscheidungsunterstützung

Beratungssysteme im Dialog mit dem Kunden

Vielleicht scheuen Sie den Aufwand, einen animierten Charakter entwickeln zu lassen, möchten aber auf das Potenzial wissensbasierter Systeme in Service und Support doch nicht verzichten. Hier bieten sich wissensbasierte Beratungssysteme an, die im Dialog mit dem Kunden Produkte und Alternativen auswählen und bewerten, Ausstattungsvarianten konfigurieren oder bei der Fehlerdiagnose helfen.

Mehr Flexibilität, mehr Komfort, mehr Beratung

Die Grundlage dieser wissensbasierten, dialogorientierten Anwendungen bilden intelligente Informationssysteme. Sie enthalten Wissensmodelle, die Informationen, Produkte und Dienstleistungen wie zum Beispiel Reisen, Immobilien oder auch Versicherungen beschreiben. Dadurch wird ein intelligentes Suchverhalten möglich – und das bedeutet einen echten Mehrwert für die Anwender: mehr Flexibilität, mehr Komfort und mehr Beratung. Die Integration von wissensbasierten Systemen in E-Commerce-Lösungen ermöglicht so die Entwicklung intelligenter Beratungs-, Verkaufs- und Informationsassistenten, die dem gestiegenen Bedürfnis der Konsumenten nach Individualität und Service nachkommen.

Die Verbindung von wissensbasierten Informationssystemen mit dem Internet eröffnet Unternehmen eine ganze Reihe von innovativen Anwendungsgebieten:

- Online-Beratung
- Online-Service
- Online-Support

Werkzeuge zur interaktiven Produktselektion und Konfiguration

Enormes Potenzial

Die Prognosen hinsichtlich des Potenzials, das dem E-Commerce für die nächsten Jahre zugesprochen wird, sind trotz aller Unkenrufe enorm. Aktuelle Untersuchungen zeigen aber, dass die Realität oft hinter den ehrgeizigen Zielen und auch den Kundenerwartungen zurückbleibt. Denn bestehende Informationssysteme zeigen so manche Schwächen:

- Sie verstehen Benutzerbedürfnisse nicht.
- Sie führen Kunden nicht zu den gewünschten Produkten.
- Sie liefern unzulängliche Suchergebnisse.

Erfolg im E-Commerce ist gleichbedeutend mit »intelligenten« Lösungen. Bisher bieten die Online-Shops jedoch weniger als im richtigen Leben: weniger Erleben, weniger Beratung und weniger Komfort!

K-Commerce

Wissensbasierte Beratungssysteme können diesen Missständen begegnen und eine neue Qualität von E-Commerce-Lösungen etablieren. Bieten Sie Ihren Kunden im Internet mehr! Mehr Beratung, mehr Komfort und mehr Interaktivität ... Wissensbasierte Systeme beamen das vielzitierte E-Commerce in eine neue Dimension: K-Commerce (»Knowledge-based Commerce«) heißt die Zukunft!

Die Integration von wissensbasierten, »intelligenten« Systemen in das Online-Konzept ermöglicht es Ihnen, dem gesteigerten Bedürfnis der Kunden nach Individualität und Service gerecht zu werden. Die wenigsten bestehenden Datenbanken gehen auf die Bedürfnisse der Anwender ein – und das gilt auch für die auf diesen Datenbanken basierenden E-Commerce-Lösungen. Denn herkömmliche Datenbanken stellen meist die Technologie in den Vordergrund und kommen den Kundenbedürfnissen nur unzureichend nach. Um erfolgreich Produkte und Dienstleistungen über das Internet zu verkaufen, müssen diese Benutzerbedürfnisse verstanden und umgesetzt werden.

Beratung spielt beim Verkauf eine zentrale Rolle. Befindet sich der potenzielle Kunde in einem realen Shop, so wird der Verkäufer anhand gezielter Fragen versuchen, das Bedürfnis zu erkennen, eine entsprechende Angebotspalette zusammenzustellen und durch Nachfragen das Angebot zu verfeinern. Oder anders gesagt: Er versucht festzustellen, was der Kunde möchte! Kunden im Internet wird dies allerdings in der Regel nicht geboten. Denn herkömmliche Online-Datenbanken lassen kaum Dialogmöglichkeiten zu, führen nicht durch das Angebot und verfügen nicht über das nötige Wissen, um auf unscharfe Anfragen[7] sinnvolle Antworten zu liefern.

Datenbanken versagen bei unscharfen Anfragen

Gerade bei unscharfen Anfragen, also dann, wenn der Kunde nicht genau weiß, was er möchte, versagen die meisten Datenbanken im Internet! Sie liefern nämlich nur dann sinnvolle Ergebnisse, wenn der Kunde bereits exakt bestimmen kann, was er möchte. Außerdem fehlt ihnen das nötige »Wissen«, um zu entscheiden, ob das Ergebnis im richtigen Zusammenhang mit der Anfrage steht und ob die Informationen für den Benutzer relevant sind.

Neben den eigentlichen Angebotsinformationen enthält eine E-Commerce-Anwendung auf der Basis eines intelligenten Beratungssystems ein Wissensmodell, das die Daten und die Zusammenhänge zwischen den Daten beschreibt. Bei einer Anfrage arbeitet dieses Wissensmodell als Vermittler zwischen Kunden und der Datenbank. Es bewertet die Ergebnisse, vergleicht Datensätze, grenzt die Anfrage im interaktiven Dialog mit dem Anwender ein und bestimmt mögliche Alternativen. Potenzielle Kunden werden damit gezielt durch das vorhandene Online-Angebot geführt.

Durch die Fähigkeit, Zusammenhänge zu erkennen, gewonnenes Know-how in die Suche mit einzubeziehen und die Möglichkeit, Alternativen bereitzustellen, können solche Systeme effizient in verschiedene E-Commerce-Anwendungen integriert werden:

- interaktive Verkaufsassistenten (z.B. Reiseshops)
- Online-Beratungsagenten (z.B. Versicherungsagenten)
- digitale Konfigurationstools (z.B. Ausstattung von Pkws)

7. Unscharfe Anfragen liegen immer dann vor, wenn der Nutzer etwas sucht, aber nicht exakt weiß, was. Er möchte, dass ihm ähnliche, vergleichbare Lösungsvorschläge unterbreitet werden. Doch genau das leisten Datenbanken nicht. Dieses typische Datenbankdilemma kennen Sie auch aus den Suchmaschinen im Internet: Entweder ist die Suchanfrage zu speziell, dann finden Sie keine passenden Treffer. Oder sie ist zu allgemein – und Sie erhalten Tausende von Ergebnissen. Ganz ähnlich ist es in vielen Webshops.

Unternehmen bieten damit ihren Kunden nicht nur unabhängig von Zeit und Ort ihre Verkaufs- und Beratungsdienstleistungen an, sondern können damit auch ihr Verkaufs-, Beratungs- und Supportteam deutlich entlasten.

Der Auswahlprozess

Es gibt heute eine Vielzahl von Angeboten im Internet, die von der Produktsuche über die Präsentation bis hin zur Abwicklung der Bestellung alle Funktionen bereitstellen, die nötig sind, um Waren und Dienstleistungen im Internet anzubieten.

Das Katalogprinzip

Viele dieser Systeme arbeiten im Wesentlichen nach einem Katalogprinzip: Der Benutzer sucht in einem Hypermedia-Dokument, dem Äquivalent eines Produktkatalogs aus Papier, das von ihm gewünschte Produkt heraus. Die Produkte sind meist in Kategorien eingeteilt, um das Auffinden zu erleichtern. Viele Systeme stellen auch eine einfache Suchfunktion bereit, die es gestattet, Produkte aufgrund von Stichworten zu finden. Das System zeigt dann alle Produkte an, deren Name und/oder Beschreibung dieses Stichwort enthält. Dieser Ansatz ist dann ausreichend, wenn in jede Kategorie nur einige wenige Produkte fallen, aus denen dann leicht das »richtige« ausgewählt werden kann. Dies trifft zu bei Produkten, die sehr gut voneinander zu unterscheiden sind, sich daher leicht kategorisieren lassen. Allerdings sollten diese Kategorien auch allen Kunden bekannt sein.

Anforderungsprofil

Beim Verkauf komplexer Produkte oder Dienstleistungen mit einer Vielzahl von Eigenschaften, die alle strukturell sehr ähnlich sind, sich aber dennoch in der Ausprägung der Strukturen unterscheiden, versagt dieser Ansatz. Diese Produkte lassen sich nicht mehr in weitgehend disjunkte Kategorien aufteilen, die dann in einer Baumstruktur katalogartig nach Ober- und Unterkategorien aufgelistet sind. Als Beispiele hierfür seien der Verkauf bzw. die Vermittlung von Gebrauchtwagen, Reisen, Immobilien, Hotels und Ferienwohnungen oder auch Stellenangebote genannt. Für solche Bereiche eignet sich ein Anforderungsprofil: Der Kunde gibt hierbei in ein oder mehrere Formulare seine Anforderungen ein, die er an das Produkt stellt. Dann sucht das System in einer Datenbank nach Produkten, die diese Anforderungen erfüllen und präsentiert sie in einer Liste. Anhand der Liste kann der Kunde dann einzelne Produkte auswählen und sich diese detailliert anzeigen lassen. Die meisten Systeme, die nach dem Anforderungsprinzip arbeiten, haben gravierende Nachteile:

- Das Formular, in dem die Anforderungen spezifiziert werden, ist entweder sehr umfangreich, um eine sehr detaillierte Suche zu gestatten, damit aber auch unübersichtlich. Oder aber es ist übersichtlich, dafür kann der Interessent dann nur wenige Produkteigenschaften definieren.
- Die Suche in der zugrunde liegenden Datenbank, die die Produktdaten enthält, ist »scharf«, das bedeutet, es werden nur Produkte dargestellt, die ganz exakt den Anforderungen entsprechen. Dieses Verhalten führt einerseits häufig dazu, dass dem Interessenten bei Eingabe von wenigen Anforderungen zu viele Produkte präsentiert werden (unvollständige Anfrage), so dass er die Suche über ein geeignetes Kriterium einschränken muss, um eine »akzeptable« Anzahl zu erhalten. Oder dass er – im anderen Extrem – gar keine Resultate erhält (unerfüllbare Anfrage), woraufhin er seine Kriterien verändern muss (in einer Weise, die er ebenfalls nicht kennen kann). Der Interessent müsste, um die Anfrage formulieren zu können, schon von vornherein die ganze Produktpalette kennen.

Auswahlkriterien

Häufig ist es möglich, komplexe Produkte der oben genannten Arten noch zu modifizieren, wenn der Interessent bereit ist, Abstriche bei bestimmten Anforderungen zugunsten anderer, zusätzlicher Produkteigenschaften in Kauf zu nehmen. Bei einer scharfen Suche werden aber Produkte, die möglicherweise dafür in Frage kommen, gar nicht erst angezeigt. Anders formuliert: Eine scharfe Suche geht davon aus, dass der Interessent mit der Spezifikation der Anforderungen bereits alles über das Produkt gesagt hat. In Wirklichkeit jedoch zieht er zur Produktbeurteilung, nachdem ihm ein konkretes Produkt präsentiert wurde, auch noch andere, unspezifizierte Kriterien heran. Dies können sein:

- Kriterien, die der Kunde erst bei der Suche nach seinem Produkt entdeckt
- irrationale, psychologische Faktoren
- Kriterien, deren Äußerung das System nicht gestattet
- Kriterien, die ihm nicht wichtig genug erschienen, um einschränkend zu sein, aber bei denen dennoch eine Vorliebe existiert, falls zwei Produkte sich darin unterscheiden

Erhält der Interessent eine Liste von Produkten, so muss er jedes einzelne im Detail betrachten, um zu einer Gesamtbewertung aller in Frage kommenden Produkte zu kommen. Dies kann bei einer längeren Liste und einer Vielzahl von angezeigten Produkteigenschaften sehr aufwendig sein. Dies führt zu einer geringen Benutzerakzeptanz, die dafür sorgt, dass sich potenzielle Kunden schnell von Anzeigenmärkten in diesem neuen Medium abwenden, da sie ihnen keinen ersichtlichen Mehrwert bieten.

Die typische Verkaufssituation

Ein Kunde sucht ein Produkt einer bestimmten Art und betritt dazu ein Geschäft. Oft sucht er kein bestimmtes Produkt, sondern hat nur eine abstrakte Vorstellung von diesem Produkt oder ist mehr an bestimmten Eigenschaften interessiert, die dieses Produkt haben muss, damit es seinen Zweck erfüllt. Der Kunde äußert dem Verkäufer gegenüber seinen Wunsch, woraufhin dieser versucht, dasjenige Produkt aus seinem Angebot zu finden, das diesen Wunsch bestmöglich erfüllt. Dieses wird er dem Kunden dann präsentieren. Oft kommt es dabei aber vor, dass der Wunsch vom Kunden zu unklar oder unbestimmt formuliert ist, so dass der Verkäufer erst im Verlauf des Verkaufsgespräches durch Nachfragen in der Lage ist, zu entscheiden, welches Produkt er dem Kunden anbieten soll.

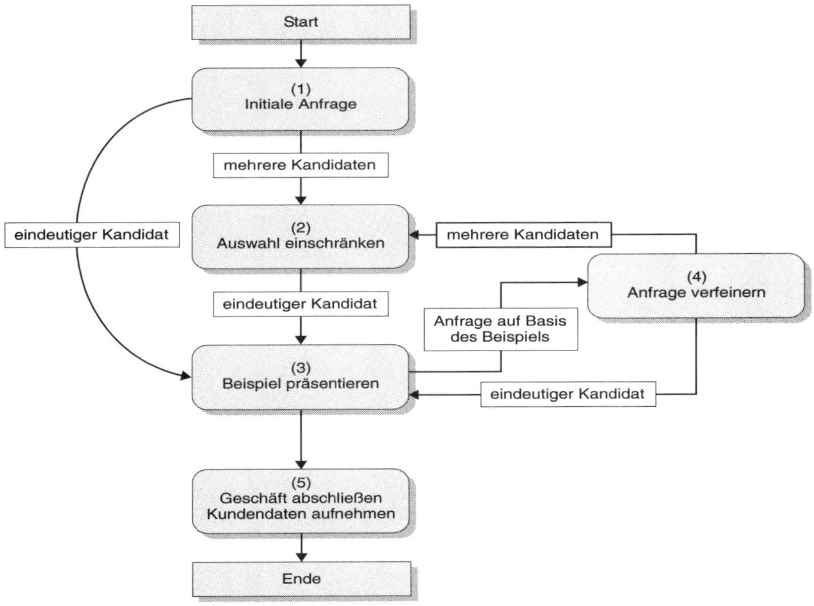

Abbildung 7.11 Typischer Prozess der Produktauswahl (Quelle: Stolpmann, Wess: Optimierung der Kundenbeziehung mit CBR-Systemen. Addison-Wesley)

Im Gegensatz zu gedruckten Anzeigenmagazinen oder Produktkatalogen hat das Internet als elektronisches Medium den Vorteil, sich dem jeweiligen Benutzer individuell anpassen zu können, das heißt, die zur Verfügung stehenden Angebote können nach kundenspezifischen Anforderungen bereitgestellt und entsprechend präsentiert werden. Intelligente Anzeigenmärkte können daher die dargestellten Schwächen der gängigen Systeme beheben, indem sie ihr Verhalten stärker an dem Verhalten eines »echten« Verkäufers orientieren, um so besser auf den Kunden eingehen zu können. Dazu ist es hilfreich, sich vor Augen zu führen, wie eine herkömmliche Verkaufssituation typischerweise aussieht.

Selektionsprozess

Die Äußerung des Kundenwunsches wird als Anfrage bezeichnet. Ein Produkt kann eine solche Anfrage erfüllen oder auch nicht. Der Verkäufer hat die Fähigkeit, feststellen zu können, welches seiner Produkte die Anfrage des Kunden erfüllen könnte. Eine Anfrage wird als unerfüllbar bezeichnet, wenn es kein Produkt gibt, das sie erfüllt. Das führt dazu, dass der Verkäufer auch kein Produkt anbieten kann. Um dieses Defizit zu beheben, wird der Verkäufer versuchen, den Kunden davon zu überzeugen, auf bestimmte Anforderungen an das gewünschte Produkt zu verzichten oder Prioritäten anzugeben, seine Anfrage also zu variieren, damit doch noch ein Produkt angeboten werden kann. Ein anderes Defizit einer Anfrage kann ihre Unvollständigkeit sein. Dabei bezeichnet man eine Anfrage dann als unvollständig, wenn es mehrere Produkte gibt, die sie befriedigen. In diesem Fall wird der Verkäufer, der sein Produktangebot kennt und weiß, worin sich die Produkte, die die Anfrage erfüllen, unterscheiden, den Kunden nach Präferenzen für eben diese Unterscheidungsmerkmale fragen. Diese Vervollständigung wird so lange fortgesetzt, bis die Menge der Alternativen klein genug ist, um den Kunden vor eine konkrete Auswahl zu stellen.

Ein guter Verkäufer muss also in der Lage sein, die Defizite, die eine Kundenanfrage haben kann, zu beheben. So kann die Vervollständigung einer Anfrage durch Erhebung weiterer Daten, die am besten in einem Dialog stattfindet, erreicht werden. Eine Variation kann durch die Suche nach zur Anfrage ähnlichen Fragestellungen erfolgen. Dazu wird ein Ähnlichkeitsmaß benötigt, mit dem die »Nähe« eines Produkts zur Anfrage bzw. zu einem gedachten idealen Produkt, das die Anfrage erfüllen würde, bestimmt werden kann. Diese Ähnlichkeitsmaß drückt aus, wie gut ein Angebot zur Anfrage passt. Oder anders ausgedrückt: Es bestimmt, mit welchem Produkt der Kunde am zufriedensten ist. Die Produktähnlichkeit entspricht dem Grad der Kundenzufriedenheit!

Dabei stellt eine derartige Suche aber keine Optimierungsaufgabe im klassischen Sinne dar, weil die Zufriedenheit der Kunden nicht absolut gemessen werden kann, sondern lediglich Annahmen oder statistische Erfahrungen darüber existieren. Auf Seiten des Verkäufers besteht immer eine gewisse Unsicherheit, ob das angebotene Produkt tatsächlich dasjenige Produkt aus dem Angebot ist, mit dem der Kunde am zufriedensten ist. Deshalb ist ein Verkaufsprozess ein interaktives Verfahren, in dessen Verlauf der Verkäufer versucht, seine Einschätzung des Kunden immer weiter an die Wirklichkeit anzunähern, bis das »bestmögliche« Produkt gefunden ist. Dabei geht der Verkäufer a priori von allgemeinen Annahmen aus, die er dann schrittweise individuell auf den Kunden abstimmt.

Die virtuelle Reisebörse

Die Vision: Stellen Sie sich vor: Sie sind der Inhaber eines großen Reisebüros. Das Marketing ist gut, die Kunden kommen aus aller Welt und der Laden läuft fast von alleine. Fast ... Sie haben das größte Angebot weit und breit. Gut! Sie haben Personal eingespart, wo es nur geht und haben so die besten Preise. Besser! Nur: Sie machen keinen Umsatz. Sie beschließen, die Probe aufs Exempel zu machen und selbst eine Reise zu buchen.

Positive Überraschung: Ihr Geschäft ist voller Kunden. Da Sie kein Personal mehr beschäftigen, suchen sich alle aus den Katalogen die passenden Reisen selbst heraus. Die Kataloge und Prospekte findet man fein säuberlich alphabetisch geordnet in riesigen Wandregalen. Ein überdimensionaler Bildschirm zeigt zudem ständig aktuell die neuesten Last-Minute-Angebote.

Aber niemand am Buchungssystem? Jemand läuft Sie fast über den Haufen, vollgepackt mit Prospekten. »Wissen Sie, wie ich Hotels in Monterey finde? Unter M habe ich schon geschaut, und auch unter H...« – »Versuchen Sie's doch mal unter Los Angeles, Nordamerika.« – »Ähm, unter L? A? Oder N?« – »U-S-A«, rufen Sie entnervt und wenden sich ab. Hilfe, da wird man ja verrückt!

Dabei ist doch alles so einfach: Sie haben extra diese moderne Suchmaschine installieren lassen. Einfach die Wünsche eintragen und schon kommt das Ergebnis. Gesagt, getan: »Monterey, USA, Hotel«. Sekunden später: 643 Angebote gefunden ... Na also! Sie rufen Ihre Zufallsbekanntschaft – aber die winkt ab: »Hab« ich alles probiert! Aber es gibt keine Angebote mit zwei zusätzlichen Kinderbetten in der Zeit vom 8.-25. August in der Nähe eines Golfplatzes!«

643 Angebote und keines passt? Sie probieren es aus. Aber egal, was Sie versuchen, auch Sie finden nicht das richtige Angebot. Moment mal! Es war zwar ein wenig Zufall dabei, aber vom 9.-25. August wäre da doch etwas! »Hallo – Sie da ...« – Ihr Gegenüber ist begeistert. »Und jetzt brauche ich nur noch einen Flug von Stuttgart, billig natürlich, 2 Erwachsene, 2 Kinder, für die Zeit vom 9.-25. – wenn Sie so nett wären?« Fluchtartig verlassen Sie Ihren Laden. Gut, dass Sie keiner erkannt hat!

Die Realität: Unmöglich, meinen Sie? Nicht im Internet! Die meisten Shops im Web sehen genau so aus: tolle Angebote, geschmackvolle Einrichtung – aber kein Personal, kein Service und erst recht keine Beratung. Blättern Sie mal durch Tausende von Produkten, alle alphabetisch sortiert. Und wenn Sie eine Suche auf dem Datenbestand vornehmen wollen, bekommen Sie entweder die Antwort »0 Treffer – Anfrage überspezifiziert« oder aber gleich Hunderte von Treffern geliefert. Auch »Upselling«, also der spontane Verkauf von Zusatzartikeln zu einem gewählten Produkt, fällt weg. Wer sollte die Kunden im Internet beraten? Der Shop ist leer, der Kunde allein!

Der Trend: Stellen Sie sich also vor, Sie besitzen ein »virtuelles Reisebüro«. In einem Formular geben die Kunden ihre Wünsche an und werden über die Möglichkeiten und Alternativen beraten, die ihnen offen stehen. Falls kein Angebot existiert, das den Wünschen hundertprozentig entspricht, werden Ersatzvorschläge gemacht. Aufgrund seiner Informationen über Hotels und Verpflegungsarten »weiß« der virtuelle Reiseagent beispielsweise, dass »all inclusive« alle Mahlzeiten einschließt und deshalb Interessenten angeboten werden kann, die Halbpension oder Vollpension gewünscht haben, falls der Preis nicht zu weit differiert. Er kennt auch die geographischen Gegebenheiten und sucht nach Alternativen in der Nähe von Monterey, ohne dass die Kunden wissen müssen, dass diese Orte überhaupt existieren. Je mehr das Beratungssystem über die Kundenwünsche weiß, desto besser kann es beraten. Die Kunden nennen kurz die Prioritäten für ihren Urlaub: besonders wichtig sind Kinderbetten und Golfmöglichkeiten, Monterey nur wegen des Klimas und weil es in den USA liegt. So kann der elektronische Verkäufer auch Angebote in Florida in Betracht ziehen und sorgt zudem für eine geeignete, preisgünstige Flugverbindung. Dafür hat der Kunde einmal seine Wünsche und einmal ein Anforderungsprofil beschrieben, auf das das Beratungssystem beim nächsten Mal wieder zurückgreifen kann. Ihr Kunde ist zufrieden. Sie sind zufrieden!

Utopie? Nein – mit wissensbasierten Systemen im Internet realisierbar! Ein Beispiel für ein solches System ist die Last-Minute-Reisebörse von Check Out Touristik, die später noch vorgestellt wird.

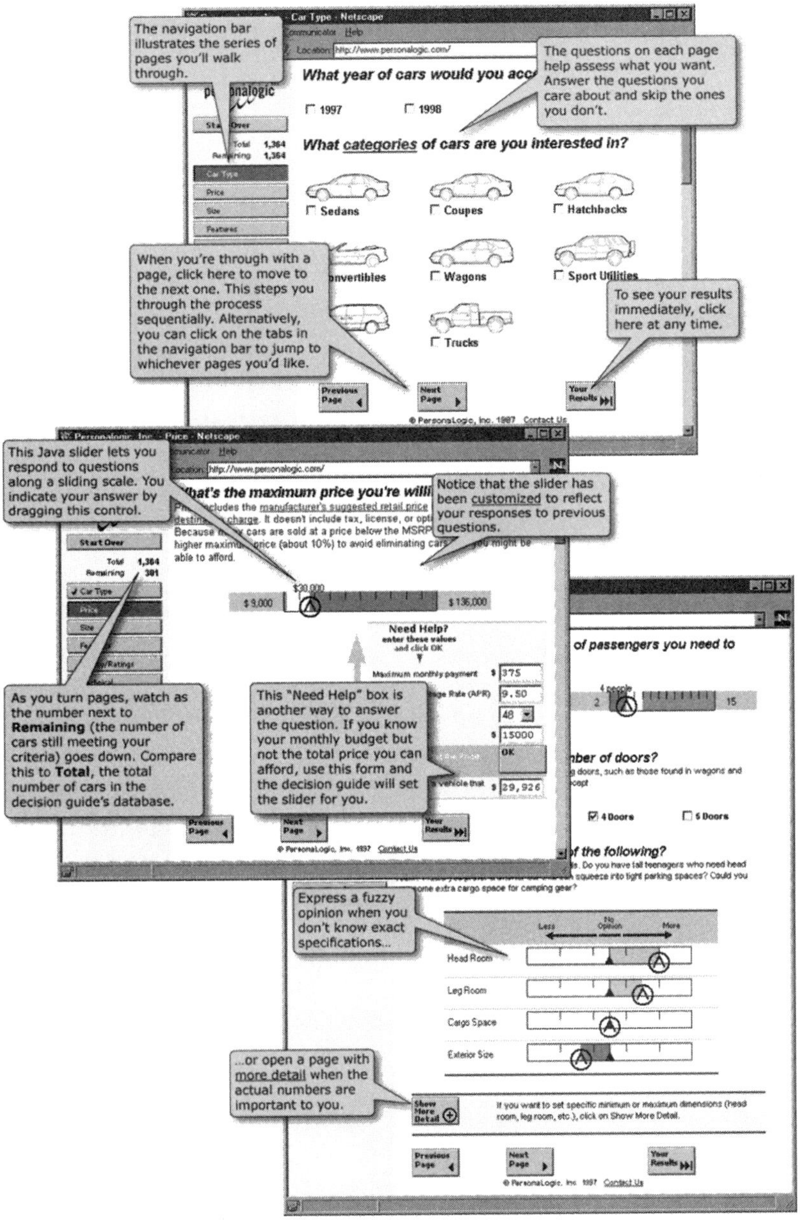

Abbildung 7.12 Intuitive Auswahl von Produktmerkmalen (Quelle: Personalogic)

Ziel interaktiver, wissensbasierter Beratungssysteme in der Verkaufsunterstützung ist es nun, genau diesen Dialog und die sequenzielle Verfeinerung der Produktselektion nachzubilden.

Der Einsatz von Suchmaschinen und die dynamische Generierung von Webseiten sind aktuelle Schlagworte, wenn es darum geht, die Attraktivität eines Internet-Auftritts zu steigern. Herkömmliche Lösungen orientieren sich aber immer noch eher am technikbegeisterten Internet-Freak als an der eigentlichen Zielgruppe. Moderne Online-Systeme passen sich den Bedürfnissen der Kunden an und nicht umgekehrt!

Intelligente Suchergebnisse

Wissensbasierte Anwendungen bietet Ihren Kunden auch bei unscharfen Anfragen noch intelligente Suchergebnisse. Möchte der Kunde beispielsweise eine Woche Urlaub in Florida buchen, so bieten ihm intelligente Beratungslösungen bei aktueller Nichtverfügbarkeit Alternativen wie Cancun, Mexiko oder auch die Bahamas an. Allgemein gehaltene Anfragen wie zum Beispiel »Urlaub am Meer« grenzt das System zunächst durch gezielte Nachfrage nach weiteren Details (zum Beispiel bevorzugte Urlaubsregion) ein, um so die Zahl der für den speziellen Kunden sinnvollen Angebote einzuschränken.

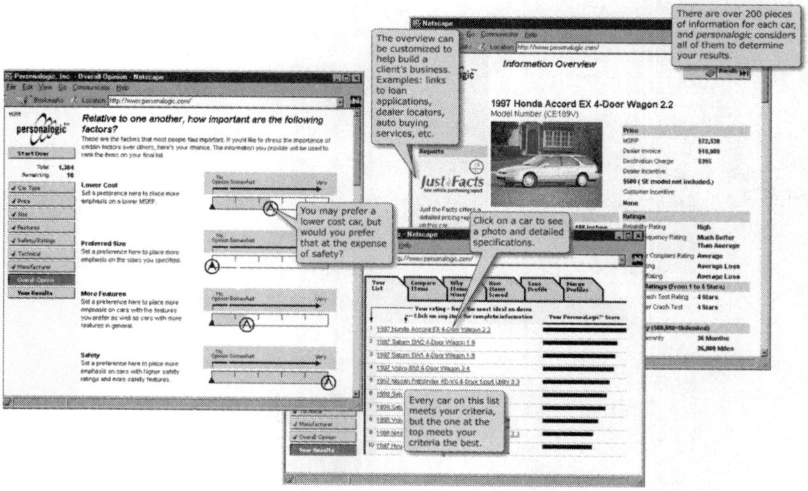

Abbildung 7.13 Präsentation der besten Alternativen (Quelle: Personalogic)

Internet-Auftritte, die auf wissensbasierten Systemen fußen, sorgen durch interaktive Beratung von Kunden für einen besseren Absatz von Produkten wie Reisen, Autos, Versicherungen oder Unterhaltungselektronik. Digitale Verkaufsassistenten führen dabei die Kunden anhand der eingegebenen Bedürfnisse zu den gewünschten Produkten. So stellt der

Benutzer zum Beispiel die Merkmale seines Wunsch-Faxgerätes zusammen. Benötigt er beispielsweise ein Gerät mit Normalpapier und Anrufbeantworter, so präsentiert ihm das System ein entsprechendes Gerät aus Ihrem Angebot und bietet ihm zusätzlich weitere Alternativen an.

So lassen sich Informationssysteme und elektronische Produktkataloge veröffentlichen, die Kunden, Geschäftspartner und Mitarbeiter intelligent und interaktiv durch das Angebot führen. Neben Benutzerfreundlichkeit und problemloser Anbindung an bestehende Systeme liegt der besondere Wert darin, dass die Interessenten immer die Suchergebnisse erhalten, die ihren Anforderungen gerecht werden. Die Kombination von CD-ROM und Internet ermöglicht es, multimedial aufbereitete Angebote um hochaktuellen Zusatzinformationen (beispielsweise Tagespreisen oder aktuellen Angeboten) zu ergänzen.

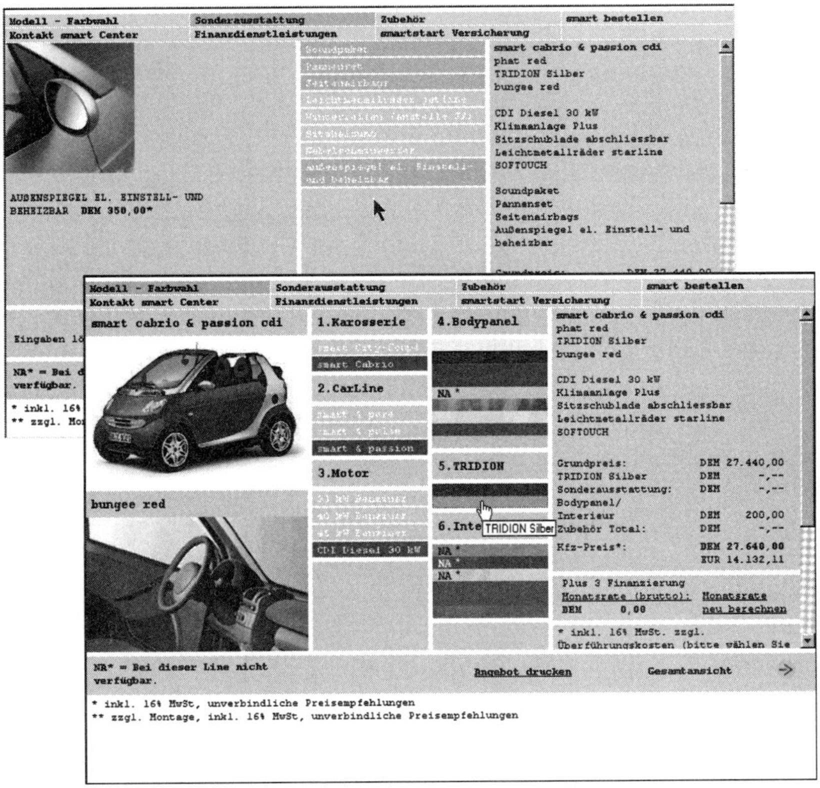

Abbildung 7.14 Konfiguration eines Smart-Modells über die Website

Und dialogorientierte, wissensbasierte Systeme sind auch dann notwendig, wenn es um eine sinnvolle Führung der Kunden durch die Konfiguration eines Produktes geht. Denken Sie beispielsweise an einen Pkw, bei dem – alles in allem – Zehntausende, wenn nicht manchmal gar Millionen von Varianten bestellt werden können: Motorisierung, Innenausstattung, Farbe, Sonderzubehör, Typ und Bauform sind hier nur einige Parameter, die es zu konfigurieren gilt. Dabei kann ein Pkw nicht mehr als ein Autoradio aufnehmen, verschiedene Konfigurationen schließen sich gegenseitig aus und so weiter.

Auch hier beweisen wissensbasierte Systeme Kompetenz. Zwar ersetzen sie nicht den Experten, wenn es um Sonderfertigungen geht, aber in der großen Zahl der Routinefälle werden die Experten entlastet und stehen zur gleichen Zeit für andere Aufgaben zur Verfügung.

So haben wissensbasierte Systeme nicht nur für den Kunden Vorteile, indem sie Erfahrungswissen verfügbar machen und Zusammenhänge berücksichtigen, sie entlasten auch das Service- und Verkaufspersonal und helfen so, Kosten zu sparen!

»Intelligente« Diagnosesysteme

System ist jederzeit und weltweit erreichbar

Wissensbasierte Systeme unterstützen Sie auch dabei, wenn Sie die Servicekompetenz Ihres Unternehmens durch ein Online-Support-System steigern wollen. Ihre Kunden können dann selbständig und ohne die Zuhilfenahme Ihrer Hotline nach Problemlösungen recherchieren. Ein aktuelles Kundenproblem wird dabei von einem Diagnosesystem analysiert und mit bereits bekannten Problemfällen verglichen. Findet das System keine eindeutige Lösung, so wird der Benutzer in einem Dialog Schritt für Schritt an eine mögliche Lösung herangeführt. Benötigt Ihr Kunde für die erfolgreiche Problemlösung weitere Dokumentation oder Software, so kann diese direkt vom Online-System bereitgestellt werden. Für den Zugriff auf dieses System benötigt Ihr Kunde nur einen Internet-Zugang und einen herkömmlichen Webbrowser – spezielle Plug-ins oder Zusatzprogramme werden nicht benötigt. Und das Beste: Das System ist jederzeit und weltweit erreichbar – verlangen Sie das mal von Ihren Produktspezialisten!

Online-Supportangebote gewinnen immer mehr an Bedeutung. Es sind die Kostenvorteile sowie die Verfügbarkeit, die das Internet für den Support so interessant machen. Leider sind Produktspezialisten sehr teuer, und es wäre eine enorme Verschwendung, sie ständig mit Routineproblemen zu beschäftigen.

Im Internet kann eine Wissensbank mit den Supportinformationen eingesetzt werden, um den Kunden das umständliche Suchen in Hunderten von Supportinformationen abzunehmen. So machen es wissensbasierte Diagnosesysteme auch dem Laien möglich, an Kompetenz im Support zu gewinnen!

Support via Internet

Die Vision: Ihr Unternehmen stellt komplexe Telefonanlagen für Unternehmen her und installiert sie vor Ort. In den letzten Jahren wurde dieser Markt heiß umkämpft: Die Gewinnspannen sinken, immer schnellere Produktzyklen sind erforderlich und die Öffnung des Telekommunikationsmarktes hat ganz neue Fehlerquellen mit sich gebracht. Sie machen es daher wie die Softwareindustrie, schließen jede Haftung aus und liefern als Dreingabe ein für alle Produkte identisches 500 Seiten umfassendes Fehlerhandbuch mit. Sortiert nach Produktnummern stehen dort all die Fehler, die typischerweise auftreten – und was gegebenenfalls Abhilfe schaffen kann. Stand: Mitte 1998. Die eigene Hotline schalten Sie auf eine 0190-Nummer und führen sie als Profit-Center. Die Gewinne steigen – aber die Umsätze gehen in den Keller ...

Leider sind nämlich auch Ihre Kunden immer anspruchsvoller und selbstbewusster geworden: Sie bestehen auf einem umfassenden und auch noch kostengünstigen Support. Das schöne Fehlerhandbuch ist ihnen viel zu umständlich! Und langsam wechseln sie zur Konkurrenz.

Sie befinden sich in der Zwickmühle:

- Support = teueres Personal = hohe Preise = mangelnde Wettbewerbsfähigkeit
- Fehlender Support = unzufriedene Kunden = mangelnde Wettbewerbsfähigkeit

Die Realität: Unrealistisch, meinen Sie? Nicht im Internet! Self-Service ist in! Support ist teuer, qualifiziertes Personal schwer zu finden und bei den geringen Gewinnspannen zehrt eine Hotline diese Gewinne unweigerlich auf – vor allem, da Kunden wegen jeder Kleinigkeit anrufen. Also errichtet man ein Supportforum im Internet: »Hilf Dir selbst, sonst hilft Dir keiner!«

Im Internet findet der Kunde dann eine Menge unsortierter Fehlerbeschreibungen und Lösungsansätze. Suchen Sie mal in der Knowledge-Base von Microsoft. Auch interaktive Datenbankabfragen helfen da kaum weiter. Zwar finden Sie die Artikel, die Ihre Suchkriterien erfüllen. Aber Alternativen suchen und eingrenzende Fragen stellen oder Lösungen anpassen: Fehlanzeige! Viele Supportlösungen im Web können zwar gleiche Problembeschreibungen identifizieren, aber ähnliche Probleme sind nicht vorgesehen. Wer unterstützt Ihre Kunden im Internet? Der Supporttechniker ist weg, der Kunde allein!

Der Trend: Stellen Sie sich vor, Sie könnten das Know-how Ihrer Hotline ins Internet verlagern. Ein virtueller Servicetechniker unterstützt Ihre Kunden im Supportfall. Ausgehend von einer kurzen Problembeschreibung stellt er weitere Fragen, die das Problem eingrenzen. Weiß der Kunde die Modellbezeichnung seiner Telefonanlage nicht, so gibt er Anweisungen, wie diese herauszufinden ist. Und so weiter. Der virtuelle Servicetechniker erkennt nicht nur, wenn das gleiche Problem bereits früher auftrat, sondern kann auch ähnliche Probleme analysieren und diagnostizieren.

So bieten Sie einen weltweit verfügbaren 24/7-Service, sparen Hotline-Personal, da Kunden nur dann anrufen, wenn wirklich schwerwiegende Probleme auftreten, und bekommen automatisch ein Protokoll aller auftretenden Supportfälle, das Sie für Produktoptimierungen einsetzen können. Zugleich ist eine immer gleichbleibende Servicequalität garantiert, da der virtuelle Servicetechniker keine Kopfschmerzen hat, nicht vergisst, wichtige Symptome abzufragen, und immer höflich bleibt. Er kann auch auf die Kundendaten zurückgreifen und weiß daher, welche Produkte im Einsatz sind und welche Probleme bereits früher aufgetreten sind.

Zudem nutzen Sie das System auch zur Schulung neuer Mitarbeiter, und durch ständige Pflege steigt die »Intelligenz« und Zuverlässigkeit des virtuellen Servicetechnikers laufend. Natürlich kann das System nicht alle Probleme lösen, aber die 40 Prozent der möglichen Fehlerquellen, die über 90 Prozent der Anfragen ausmachen, löst der virtuelle Servicetechniker mit schlafwandlerischer Sicherheit, stoischer Ruhe und zudem kostengünstiger als ein menschlicher Techniker. Ihre Spezialisten kümmern sich um echte Herausforderungen, führen den Vor-Ort-Service durch und helfen jetzt mit ihrem Know-how, sowohl das System als auch Ihre Produkte weiterzuentwickeln. Ihr Kunde ist zufrieden! Sie sind zufrieden!

Utopie? Nein – mit intelligenten, dialogorientierten Supportsystemen im Internet schon heute realisierbar! Beispiele für solche Systeme gibt es viele: Yoda's Helpdesk von LucasArts für Endkunden beispielsweise. Oder der SIMATIC Knowledge Manager von Siemens, der eine B2B-Lösung ist.

Intelligente Diagnosesysteme machen nicht nur das Supportwissen verfügbar – sie zeichnen sich auch dadurch aus, dass der Zugriff jederzeit und überall möglich ist. Diese Lösungen werden nicht nur im Internet und sogar im Call Center eingesetzt, sondern auch in firmeneigenen Intranets sowie auf CD-ROM zur Unterstützung von Servicetechnikern vor Ort.

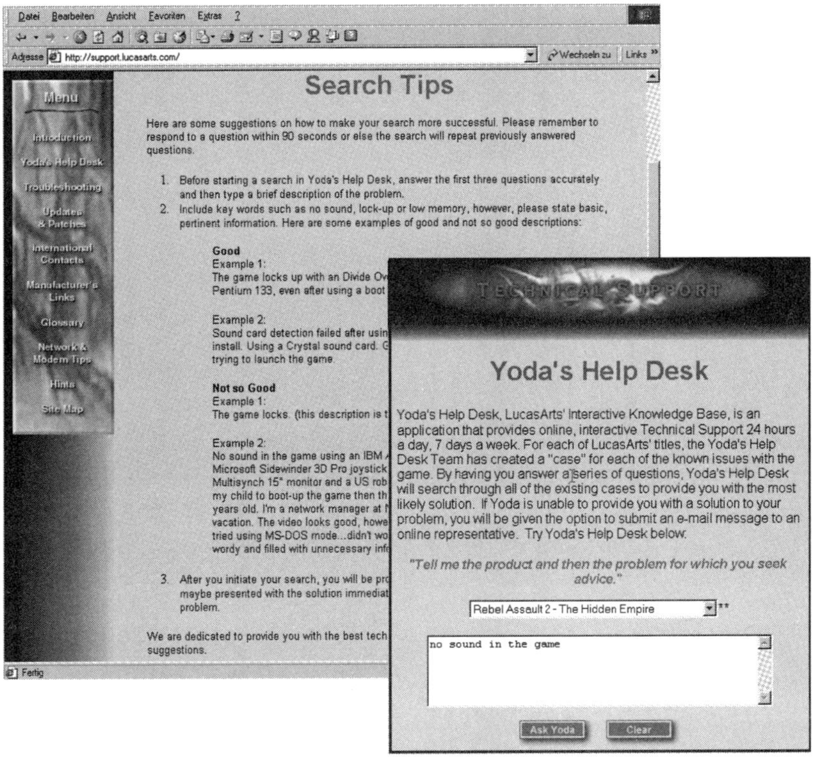

Abbildung 7.15 Yoda's HelpDesk von LucasArts erlaubt die umgangssprachliche Formulierung von Problemen und hilft bei der strukturierten, wissensbasierten Suche nach einer geeigneten Lösung. Die Hilfefunktion gibt wertvolle Tipps zur Formulierung der Fragen.

Dabei wird die Wissensbasis ständig erweitert und aktualisiert. Damit steht jeweils der aktuellste Wissensstand allen Nutzern des Systems zur Verfügung – nicht nur die Kunden profitieren, auch der Aufwand für die Schulung von Supportmitarbeitern wird so reduziert. Zudem ist mit der Systemeinführung für das Unternehmen auch der Einstieg ins Knowledge-Management verbunden.

Einstieg ins Knowledge-Management

Durch wissensbasierte Supportlösungen wird die Produktivität der Mitarbeiter im Call Center erhöht und sie können flexibler eingesetzt werden. Produktspezialisten müssen sich nun nur noch um wirklich schwerwiegende Probleme kümmern, und die Zahl der notwendigen Rückrufe kann drastisch gesenkt werden. So kann ein besserer und kompetenterer Support bei niedrigeren Kosten realisiert werden!

Auch im Internet können durch wissensbasierte Systeme leistungsfähige Supportlösungen angeboten werden, die weitere Vorteile mit sich bringen: Da die Kunden nun zunächst versuchen, sich selbst zu helfen, sinkt das Anfragevolumen im Call Center in der Regel entsprechend. Zudem ist die Internet-Lösung jederzeit verfügbar, nicht nur während der Operationszeiten des Call Centers! Vor allem aber können Call-Center-Unterstützung und Internet-Angebot auf der gleichen Wissensbasis und dem gleichen Systemkern aufsetzen. Nur die Benutzeroberfläche muss an die spezifischen Einsatzbedingungen angepasst werden!

Besseren Support zu niedrigeren Kosten

Leistungsfähige Supportangebote sind in der Regel personalintensiv und teuer, gehen also zu Lasten der Wettbewerbsfähigkeit – fehlender Support beeinflusst die Wettbewerbsposition jedoch ebenfalls negativ. Wissensbasierte Diagnosesysteme ermöglichen besseren Support zu niedrigeren Kosten! Durch die bessere Verfügbarkeit der Self-Service-Lösung und eine leistungsfähige Entscheidungsunterstützung sparen sie Kosten und steigern die Effizienz und Qualität des Supports. Das ermöglicht den Übergang von einem aufgabenzentrierten hin zu einem kundenzentrierten Support, der das Label »bester Service für unsere Kunden« wirklich verdient.

Es gibt zahlreiche Unternehmen, die wissensbasierte Systeme für Service und Support entwickeln. Dazu gehören unter anderem Autonomy, eGain, Empolis/tec:inno, Firepond und RightNow – um nur einige zu nennen. All diese Unternehmen verkaufen Ihnen jedoch keine Lösungen »von der Stange« – vielmehr liegt die Kunst darin, ein auf Ihr Einsatzgebiet zugeschnittenes Wissensmodell zu entwickeln und die Dialogkomponenten sowie die Fallbeispiele und Serviceinformationen zu integrieren.

Wissensbasierte Systeme haben in Zukunft große Chancen, Beratung und Support im Internet zu revolutionieren, Hilfe zur Selbsthilfe zu geben und dabei noch Kosten zu sparen. Längst gibt es zahlreiche Einsatzbeispiele[8].

Quer über alle Branchen und Unternehmensgrößen. Dabei wird der Erfolg der wissensbasierten Lösungen in der Praxis oftmals kaum bemerkt, da die Unternehmen selten damit werben. Auch die persönlichen Empfehlungen von Amazon und Co. beruhen auf solchen »intelligenten« Systemen, ohne dass der Nutzer dies bewusst wahrnimmt.

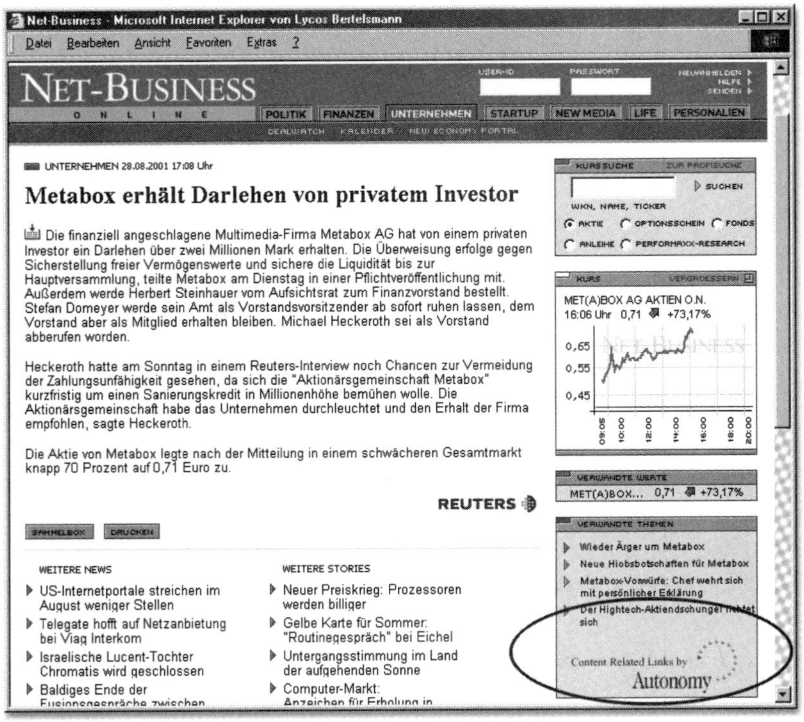

Abbildung 7.16 Aktuelle Nachrichten bei Net-Business Online. Thematisch verwandte Artikel werden von einem Autonomy-Tool bereitgestellt.

Mein Tipp: Der Einsatz wissensbasierter, dialogorientierter Systeme in Online-Service und -Support ist die Königsklasse des zur Verfügung stehenden Instrumentariums. Auch wenn der Aufbau eines solchen Systems

8. Bereits 1999 habe ich zu diesem Thema ein Buch geschrieben und viele Beispiele angeführt (Stolpmann/Wess: »Optimierung der Kundenbeziehung mit CBR-Systemen«). Zwar hat sich der Anbietermarkt mittlerweile verändert, aber das Thema stellt sich heute für Online-Service und Online-Support im Web noch genauso wie damals für die Call-Center-Unterstützung.

nicht billig ist, ist das Potenzial enorm, zumal es sich auch zur Unterstützung der Mitarbeiter und als Einstieg in ein aktives Knowledge Management rechnet.

Kurzgefasst: Wissensbasierte Entscheidungsunterstützung	
Einsatzmöglichkeiten	intelligente Antworten auf unscharfe Suchanfragen wissensbasierte Produktselektion und -konfiguration intelligente Diagnose
Implementierung	aufwändig (Erstellung von Fallbasis, Wissensmodell und Interaktionskonzept)
Verbreitung	hoch
Bedeutung	wird immer wichtiger, sichert »intelligenten« Self-Service online ohne zusätzlichen Personaleinsatz
Kosten	hoch
Besonderheiten	es handelt sich hier um aktives Knowledge Management

7.13 E-Learning

Alle sprechen darüber, doch nur selten werden E-Learning-Angebote bisher erfolgreich eingesetzt. Noch gibt es auch wenig Erfahrung mit diesem Konzept. Dabei sind die Vorteile für Anbieter und Kunden enorm.

Virtuelle Veranstaltungen

Worum geht es? Zahlreiche Anbieter führen Schulungen, Seminare, Hausmessen und Roadshows durch, um Kunden zusätzliche Informationen zu den angebotenen Produkten und Dienstleistungen zu bieten. Diese Veranstaltungen haben jedoch den Nachteil, orts- und zeitgebunden zu sein. Nicht nur der Aufwand für die Anreise, auch die Kosten für Vorbereitung, Räumlichkeiten, Verpflegung und Durchführung sowie nicht zuletzt der Verlust an produktiver Arbeitszeit und die An- und Abreise ... All das entfällt, könnte man die Veranstaltungen »virtuell« abhalten – online, im Internet. Und prinzipiell kann man! Mittlerweile haben einige Universitäten damit begonnen, Vorlesungen per Video-Streaming auch für andere Hochschulen verfügbar zu machen. Und vor allem amerikanische Unternehmen sind es, die Kunden zu Online-Seminaren einladen[9].

9. Meine persönlichen Erfahrungen mit dieser Art von Seminaren sind zwar nicht sehr positiv – zu oft ruckelte das Bild, die Tonqualität ließ zu wünschen übrig und der eine oder andere Präsentator hatte sichtlich Schwierigkeiten, sich an die neue Technik und vor allem den leeren Zuschauerraum vor sich zu gewöhnen. Trotzdem bin ich überzeugt davon, dass diese Veranstaltungsform in einigen Branchen in den nächsten Jahren stark an Bedeutung gewinnen wird.

Kombination der vorgestellten Serviceinstrumente

Schaut man sich die (mögliche) technische Realisierung solcher Veranstaltungen im virtuellen Raum an, so fällt auf, dass sie durch eine geeignete Kombination der hier vorgestellten Serviceinstrumente umgesetzt werden können. Ob Download von Unterlagen, Videokonferenz oder Live-Chat mit Experten ... zahlreiche Varianten bieten sich an, Informationsübermittlung und Dialog in das Internet zu verlagern.

Mit anderen Worten: Legt man keinen Wert auf Erfolgskontrollen und Online-Prüfungen, sondern versteht E-Learning als eine moderne Präsentationsform im Internet, so gelten die bisher gemachten Aussagen zu den einsetzbaren Technologien analog. In der Regel wird es sich nicht um 1:1-Veranstaltungen handeln, sondern um (semi-)öffentliche Veranstaltungen für eine größere Teilnehmerschar. Dabei muss nur bedacht werden, dass der limitierende Faktor nicht das Streaming der Informationen ist, sondern die Steuerung des Dialogs der Teilnehmer mit dem Präsentator sowie untereinander. Und E-Learning ist in dieser Hinsicht eher etwas für den B2B-Bereich und weniger geeignet für Massenveranstaltungen.

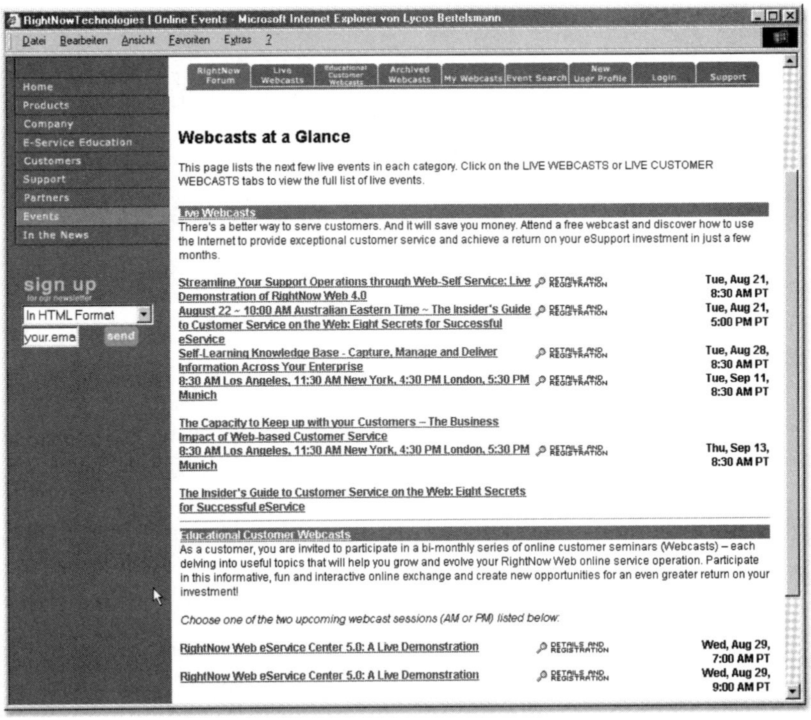

Abbildung 7.17 Alternative zum Präsenzseminar? Webcasts, also Videoübertragungen im Web, für Kunden und Interessenten von RightNow Technologies.

Mein Tipp: Im Grunde bestehen E-Learning-Angebote nur aus einer Kombination der vorgestellten Präsentations- und Kommunikationsinstrumente. Sie können daher langsam in diesen Bereich hineinwachsen.

Kurzgefasst: E-Learning	
Einsatzmöglichkeiten	virtuelle Live-Veranstaltungen für Kunden, unabhängig von Örtlichkeiten
Implementierung	aufwändig
Verbreitung	gering
Bedeutung	je nach Branche und Zielgruppe
Kosten	mittel, auf Dauer geringer als Durchführung von Präsenzveranstaltungen
Besonderheiten	Veranstaltungen sind leicht wiederholbar als Ergänzung zum bisherigen Angebot

7.14 Tracking: Status von Bestellungen, Reparaturen und Co.

Als attraktive Supportleistung von Dienstleistern, die Versand abwickeln, hat sich das Online-Tracking etabliert. Damit kann der Status des Versandes online abgerufen werden – und angefangen hat alles mit der Verfolgung von Paketen durch den Empfänger, also den Kunden. Der Kunde surft dazu auf die Website des Paketdienstes, gibt die Auftragsnummer ein, die ihm vom Versender per E-Mail mitgeteilt wurde, und erfährt so, wo sich sein Paket gerade befindet oder ob es bereits zugestellt wurde. Dieser Service kann vielfach auch per SMS und WAP abgerufen werden.

Mittlerweile aber geht das Tracking von Bestellungen weit darüber hinaus. Das beginnt mit der Versendung automatisch generierter E-Mails, die in Bestell- und Auslieferungsprozesse integriert werden. Ist nicht jeder Artikel einer Bestellung gleich lieferbar, so kann dem Kunden der Versand weiterer Posten per E-Mail mitgeteilt werden. Dieses Verfahren praktiziert zum Beispiel der Online-Buchhändler Amazon. Dort geht das Tracking aber weit über diese Basisfunktionalität hinaus: Der Kunde kann sich jederzeit auf der Website des Unternehmens einloggen und den Stand aller Bestellungen überprüfen. Noch nicht ausgeführte Aufträge können zudem modifiziert oder storniert werden.

Abbildung 7.18 FedEx ermöglicht den Abruf von Zusatzinformationen zum Stand einer Bestellung nicht nur online, sondern auch per E-Mail. Paket-Tracking hilft auch, Vertrauen aufzubauen.

Und eine Besonderheit von Amazon ist zudem die Vorbestellmöglichkeit: Ich kenne Fälle, in denen Bestellungen von Amazon über ein Jahr im System verweilten – nicht, weil Amazon etwa die Auslieferung vergessen hätte, sondern weil Kunden Bücher bestellen können, die erst angekündigt, aber noch nicht lieferbar sind. Amazon verspricht in diesem Fall eine umgehende Lieferung beim Erscheinen des Buches. Klar, dass man da gerne einen Überblick hat, welche Bestellungen noch offen sind!

Tracking nicht nur im Versand sinnvoll

Tracking kann man allerdings nicht nur im Versand als sinnvolles Supportinstrument einsetzen. So zeigt der deutsche Hersteller von Spindeln Deuschle, wie auch der Status von Reparaturen über eine Trackingfunktion dokumentiert werden kann. Der Kunde kann auf der Website von Deuschle den Reparaturprozess verfolgen.

In einem anderen Fall aus meiner Beratungspraxis haben wir für ein Unternehmen aus dem Bereich Montagetechnik Möglichkeiten analysiert, wie sich die Auftraggeber jederzeit über den Projektfortschritt informieren können. Gerade bei Großprojekten im B2B-Bereich ist eine Online-Kontrolle über Status und Projektfortschritt äußerst wünschenswert. Denken Sie beispielsweise an eine Großbaustelle, deren Fortschritt per Foto oder Video ebenso dokumentiert werden kann wie über einen ständig aktualisierten Zeitplan, der den Bearbeitungsstand der Teilaufgaben zeigt.

Allerdings gibt es Folgendes zu bedenken: Zwar können Trackingfunktionen leicht in die Website integriert werden, indem der Zugriff auf eine Kundendatenbank in einem geschlossenen Benutzerbereich gewährt wird. Aber die dort hinterlegten Informationen müssen einerseits gut geschützt sein – und andererseits ständig auf dem aktuellsten Stand. Gerade die letzte Anforderung ist nur realisierbar, wenn das Web-Frontend mit einem leistungsfähigen Backoffice verbunden ist, in dem diese Informationen automatisch erfasst und aktualisiert werden. Ein manueller Abgleich ist keinesfalls empfehlenswert!

Mein Tipp: Online-Tracking ist eine oft unterschätzte Möglichkeit, Kundenvertrauen aufzubauen und Mehrwert zu bieten, indem ein Einblick in interne Abläufe gewährt wird auf Daten, die sowieso erfasst werden müssen. Wo könnten Ihre Kunden von Trackingfunktionen profitieren?

Kurzgefasst: Tracking	
Einsatzmöglichkeiten	kundenspezifische Statusberichte online bereitstellen
Implementierung	geschlossener Nutzerbereich, der Zugriff auf Daten des Backoffice erlaubt: Hauptaufgabe besteht in der Integration
Verbreitung	recht gering
Bedeutung	wichtig
Kosten	gering, wenn Backoffice-Anbindungen vorhanden und relevante Daten bereits erfasst sind
Besonderheiten	keine

Zusammenfassung

Intelligenter Service und Suport, auch und gerade im Internet – so der Wunsch der Nutzer und auch der Anbieter. Dabei bedeutet »intelligentes« Verhalten vor allem, dass das Serviceangebot individuell auf Kundenanfragen reagieren und maßgeschneiderte Lösungen vorschlagen kann.

Hierzu stehen zwei Varianten zur Auswahl. Entweder wird durch geeignete Schnittstellen ein mehr oder direkter Kontakt mit lebendigen Supportmitarbeitern hergestellt. Supportforen, Live-Chats, E-Mail oder auch Audio- und Videokonferenzen sind Beispiele für Lösungen, bei dem das Call Center somit zum Contact Center wird. Oder es kommen dialogorientierte, wissensbasierte und regelgesteuerte Softwaresysteme zum Einsatz, die als »virtuelle Supportmitarbeiter« rund um die Uhr Auskünfte erteilen.

Längst sind diese »intelligenten« Systeme enorm leistungsfähig und können natürlichsprachige Anfrage analysieren sowie eigene Lösungen und Alternativen vorschlagen. Dabei bleiben sie jedoch immer auf ein eng umrissenes Einsatzgebiet beschränkt, in dem sie Erfahrungswissen praktisch vermitteln und umsetzen.

All diese Serviceangebote zeichnen sich dadurch aus, dass sie *dialogorientiert* sind. Der Kunde wird aktiv in ein »Gespräch« mit einem Mitarbeiter oder einem Sysem involviert, das zum Ziel hat, die Problemstellung zu analysieren und individuelle Lösungsvorschläge zu unterbreiten. Damit entfällt für den Nutzer die Aufgabe, sich selbst durch das Informationsangebot durchzuarbeiten. Er wird gelenkt und bekommt eine Auswahl beziehungsweise ein Ergebnis, das auf seine persönliche Problemstellung zugeschnitten ist.

8 Feedback-Systeme

»Der Verkauf von Dienstleistungen lebt vom Vertrauen.«
Peter Dussmann, deutscher Unternehmer

Ein wichtiger Aspekt wird häufig beim Aufbau von Angeboten für Online-Service und Online-Support übersehen: Wenn im Mittelpunkt des Service- und Supportangebotes die Lösung der Kundenprobleme steht, dann muss man für die weitere Optimierung auch wissen, was gut aufgenommen wird und was nicht.

Kein Webangebot ist vollständig ohne Instrumente, die die Einschätzung der Nutzer in der einen oder anderen Form erfassen. Dazu existieren verschiedene Möglichkeiten, die sich hinsichtlich der Zielsetzung und Wirksamkeit unterscheiden.

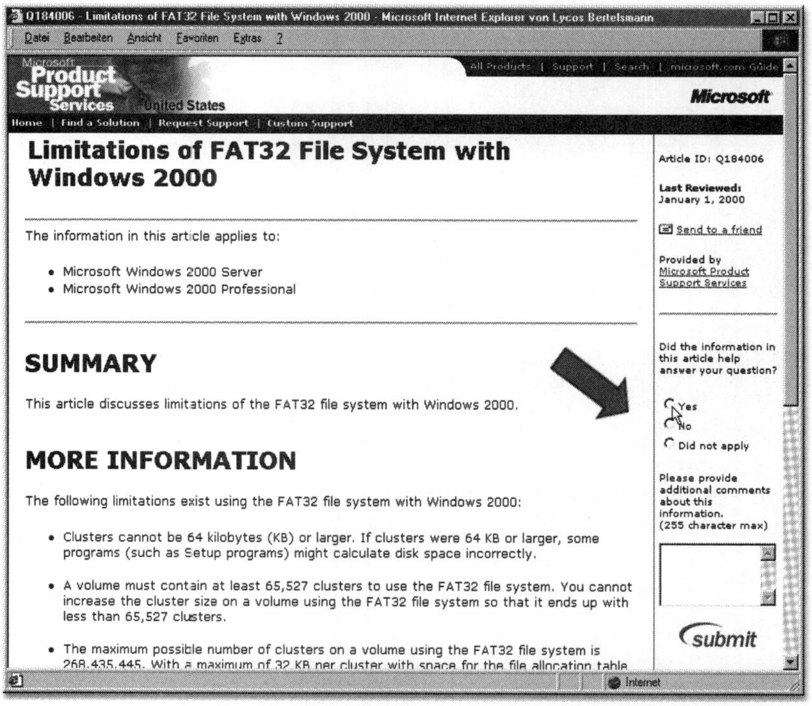

Abbildung 8.1 Die Knowledgebase von Microsoft möchte nicht nur wissen, ob die Information nützlich war, sondern erlaubt auch die Angabe zusätzlicher Kommentare.

8.1 Bewertung von Lösungsvorschlägen

Zunächst kann der Nutzer gebeten werden, nach einem erfolgten Lösungsvorschlag zu bewerten, inwieweit ihm dieser weiterhilft. Gegebenenfalls kann auch von Interesse sein, ob der Weg, der ihn zu dieser Lösung geführt hat, in seinen Augen ein effizienter war.

Die Wertung soll dabei intuitiv und rasch erfolgen. In der Regel wird dies dadurch bewerkstelligt, dass der Nutzer am Ende der Problembehandlung einen von mehreren Links anklicken kann, der entweder auf einer Punkteskala eine Bewertung widerspiegelt oder auch nur aus einem lachenden, grünen beziehungsweise einem traurigen, roten Smiley besteht.

Bewertung muss nachvollziehbar sein

Wichtig ist natürlich, dass die Bewertung später nachvollziehbar ist, also auf den Lösungsvorschlag und gegebenenfalls die Nutzeraktionen, die dazu geführt haben, Rückschlüsse erlaubt. Möglich wird letzteres beispielsweise durch den Einsatz von Cookies.

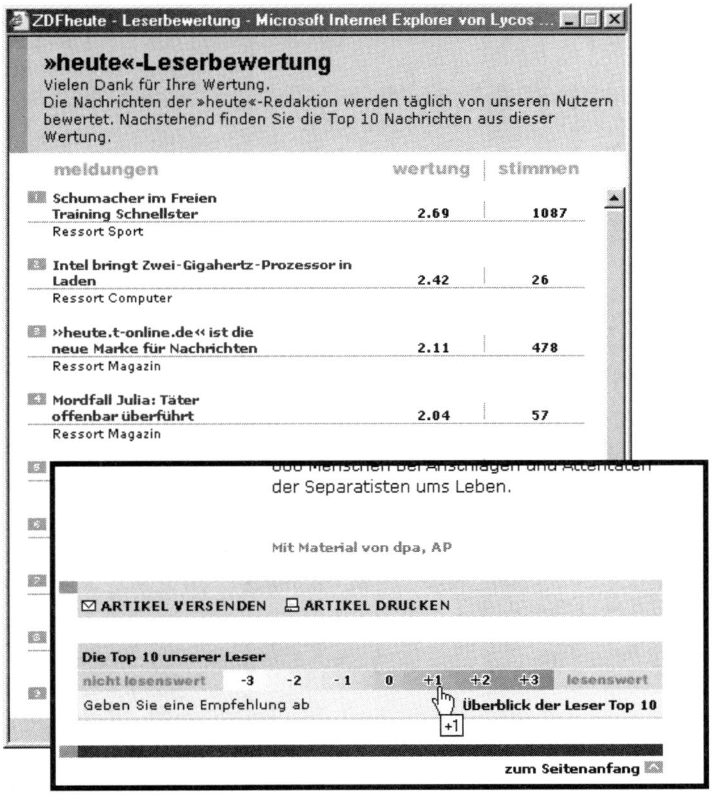

Abbildung 8.2 Subjektive Bewertung von Nachrichtenbeiträgen beim Web-Auftritt der ZDF-Nachrichtensendung Heute und die daraus resultierende Top-10-Liste

Generell sollten Sie diese Bewertung aber nur als optionales Angebot einrichten. Zwingen Sie die Nutzer keinesfalls, eine Wertung abzugeben! Auch sollten Sie sich nicht allzu sehr wundern, wenn nur ein Bruchteil Ihrer Nutzer davon Gebrauch macht und wenn die negativen Bewertungen überwiegen.

Bewertung nur als optionales Angebot

Einerseits kann der Anwender den Nutzen einer Antwort auf Anhieb vielleicht gar nicht beurteilen[1]. Andererseits ist die Versuchung groß, einfach zum Tagesgeschäft überzugehen, wenn es eine passende Lösung gab. Ist aber die angebotene Lösung augenscheinlich unzutreffend, so ist die Versuchung groß, dies auch kundzutun – erst recht, wenn man gefragt wird!

Mein Tipp: Geben Sie Ihren Nutzern Gelegenheit, die Lösungsvorschläge in Service und Support zu bewerten. Und lernen Sie daraus!

8.2 Kummerkasten

Was, wenn der Kunde nun gar keine befriedigende Antwort auf seine Fragen gefunden hat? Sagen Sie nicht, das sei unwahrscheinlich: Es gibt immer Fälle, die bisher niemand bedacht hat! Und nach dem Pareto-Prinzip ist es sogar wahrscheinlich, dass Ihr schönes Self-Service-Angebot irgendwann passen muss!

Völlig falsch wäre es jetzt, den Kunden frustriert von dannen ziehen zu lassen. Vielmehr bietet sich die Einrichtung eines »Kummerkastens« an, dem er im Fall des Falles sein Problem und seinen Frust anvertrauen kann. Ein gut gestaltetes Webformular, dessen Einträge gleich an einen speziell instruierten Supportmitarbeiter geschickt werden, kann wahre Wunder wirken.

Besonders dann, wenn der Kunde bei der Bewertung eines Lösungsvorschlages angegeben hat, dass dieser ihn nicht weitergebracht hat, sollte ihm ein Hinweis auf den Kummerkasten präsentiert werden. Und dann ist es unabdingbar, dass auf die Einträge in diesem Kummerkasten umgehend reagiert wird!

Mein Tipp: Viele Unternehmen fürchten, die Einrichtung eines Kummerkastens würde dazu führen, dass jetzt alle Kunden nur noch diesen Weg wählen, ihre Probleme zu lösen. Doch dem kann dadurch begegnet werden, dass der Kummerkasten nur dort verlinkt wird, wo frustrierte Kunden »stranden«.

1. Ein Supportsystem hat mir einmal geraten, die »Corona-Drähte« bei meinem Laserdrucker zu reinigen. Und wollte gleich darauf wissen, ob das erfolgreich war. Haha ... und wann hätte ich es ausprobieren können?

8.3 User-Befragungen

Natürlich ist nicht nur von Interesse, wie Ihre Kunden ein konkretes Lösungsangebot beurteilen. Vielmehr ist es wichtig, an allgemeine Hinweise zu kommen, wie das Gesamtkonzept von Online-Service und Online-Support von den Kunden wahrgenommen wird. Welche Instrumente werden als besonders nützlich empfunden, was fehlt in den Augen der Nutzer und wo besteht Nachbesserungsbedarf? Um diese Informationen zu erhalten, müssen Sie die Nutzer fragen!

Offene Umfragen

Online-Fragebogen

Dabei können Sie auf offene Umfragen setzen. »Offen« bedeutet hierbei, dass jeder teilnehmen kann. Setzen Sie einfach auf der Homepage oder im Servicebereich Ihrer Website einen Link auf einen Online-Fragebogen. Unter Umständen können Sie das ganze mit einer Verlosung oder einer kleinen Aufwandsentschädigung für die Teilnehmer verbinden.

Dieses Vorgehen ist einfach und praktisch, hat aber auch einige Nachteile. So können Sie nicht verhindern, dass bei einer offenen Umfrage Personen teilnehmen, die Ihr Serviceangebot gar nicht im Detail kennen. Andere wiederum werden vielleicht unzutreffende Angaben machen oder aufgrund der versprochenen Aufwandsentschädigung beziehungsweise Verlosung (möglicherweise sogar mehrfach) teilnehmen. Daher sind die so gesammelten Daten mit Vorsicht zu genießen. Trotzdem können äußerst wertvolle Hinweise darunter sein!

Geschlossene Panels

Eine Alternative zu offenen Umfragen bieten geschlossene Panels. Dabei bestimmt nicht der Kunde, dass er teilnehmen möchte, sondern er wird vom Computer zufällig ausgewählt. Der Kunde kann nur entscheiden, sich nicht an der Umfrage zu beteiligen.

Umfrage mittels Pop-up-Fenster

In der Praxis kann dies so aussehen, dass jeder zehnte oder zwanzigste Besucher des Servicebereichs oder einer bestimmten Webseite ein Pop-up-Fenster präsentiert bekommt, das ihn zur Teilnahme an der Umfrage einlädt. Die Vorteile dieser Methode liegen auf der Hand:

- Die gezielte mehrfache Teilnahme wird unterbunden.
- Die Kunden bekommen den Eindruck, dass ihre Meinung besonders erwünscht ist (was zu verlässlicheren Resultaten führt).
- Die Auswahl kann auf Besucher beschränkt werden, die einen bestimmten Bereich der Website besucht hat (was eine begrenzte Zielgruppenselektion ermöglicht).

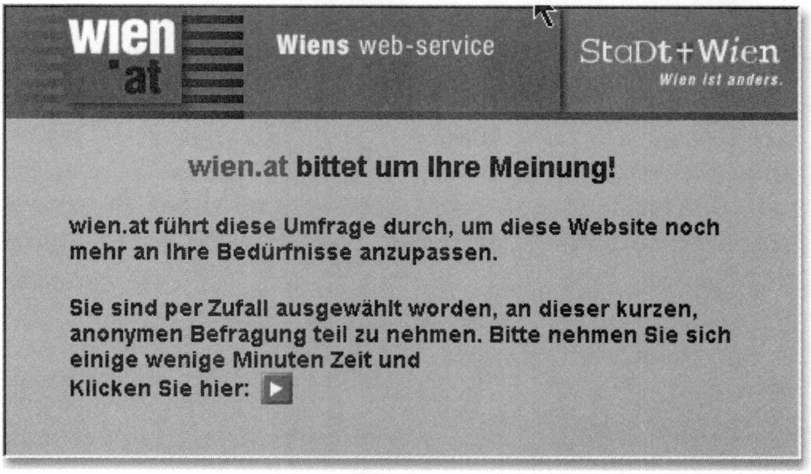

Abbildung 8.3 Ein Pop-up, das zu einer Umfrage einlädt – hier auf Wien.at

Live-Chats

Gesteigert werden kann die Informationsgüte noch durch die Einschaltung von spezialisierten Meinungsforschungsinstituten, die zum Teil sogar Live-Chats im Web zur Nutzerbefragung durchführen können. Diese Variante ist aber sehr kostspielig, sodass sie sich nur für die wenigsten Anbieter eignet.

Mein Tipp: Auf Online-Umfragen oder -Panels sollten Sie nicht verzichten!

8.4 Follow-ups

Umfragen haben den Nachteil, dass Sie nicht wissen, wer wirklich daran teilnimmt. Ein nützliches Tool sind daher auch Follow-ups per E-Mail. Kunden, die mit Ihnen in Kontakt getreten sind und ihre E-Mail-Adresse hinterlassen haben – sei es, dass sie ein Produkt online bestellt haben oder ein Supportproblem hatten – können Sie nach einer angemessenen Zeit noch einmal kontaktieren, um die Eindrücke und Erfahrungen mit dem Serviceangebot zu erfragen.

Der Vorteil besteht eindeutig darin, dass diese Kunden den Prozess, zu dem sie befragt werden sollen, mit Sicherheit durchlaufen haben. Und oft stehen die Kunden gerne für Auskünfte zur Verfügung, gibt man ihnen das Gefühl, dass ihre Meinung sehr ernst genommen wird.

Erlaubnis zur Kontaktaufnahme

Aber Achtung: Bitten Sie frühzeitig um die Erlaubnis, den Anwender später noch einmal per E-Mail kontaktieren zu dürfen. Ansonsten kann dies als Spamming und Zusendung von Junk-Mail gewertet werden und verkehrt sich in der Wirkung ins Gegenteil!

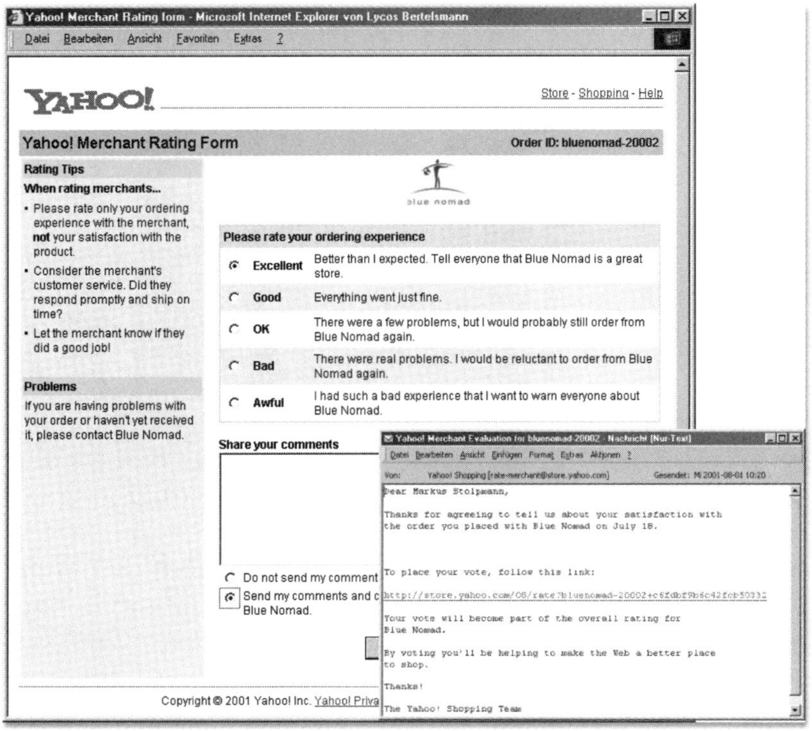

Abbildung 8.4 War ich mit dem Verkäufer und dem Bestellablauf zufrieden? Das Follow-up zu einer Online-Bestellung per E-Mail führt zu einem Bewertungsformular im Web.

Mein Tipp: Zu wenige Anbieter machen sinnvoll Gebrauch von Follow-ups. Die Teilnahme kann z. B. mit einem Gutschein belohnt werden!

Zusammenfassung

Um das eigene Serviceangebot auf die Wünsche und Erfordernisse der Kunden abstimmen und optimieren zu können, muss man erfahren, was dieselben über das bisherige Angebot denken. Und das geht nur, wenn man sie nach ihrer Meinung auch fragt. Diese Befragung hat einen doppelten Nutzen: Zum einen liefert sie wertvolle Informationen für die Optimierung, zum anderen gibt man den Befragten so das Gefühl, mit ihrer Meinung *wichtig* zu sein. Dabei muss man unterscheiden, ob ein konkreter Lösungsvorschlag beziehungsweise ein individuelles Serviceerlebnis beurteilt werden soll oder der Gesamteindruck des angebotenen Servicepakets.

9 Sonstige »Kleinigkeiten«: Verkauf und Lieferung

»Beim Kaufen muss man Phantasie haben, beim Verkaufen weise sein.«
André Kostolany, Börsenspekulant und Publizist

Bisher haben wir uns vor allem mit der Bereitstellung von Informationen beschäftigt, soweit diese in Service und Support von Belang sind. Und wir haben gesehen, dass es sich vor allem um Kommunikationsprozesse handelt, die zwischen Anbieter und Kunden ablaufen. Diese Prozesse dürfen keine Einbahnstraße sein – vielmehr muss der Dialog auf allen Ebenen und über die unterschiedlichsten Kanäle unterstützt und optimiert werden.Doch dabei haben wir ein wenig unterschlagen, dass der Online-Versandhandel auch aus Transaktionen besteht: dem eigentlichen Kauf und der Lieferung der Waren. Auch hier in der eigentlichen Sales-Phase ist – wie im Pre- und After-Sales – Service entscheidend.

Die Erfolgsfaktoren des Versandgeschäfts

Auch in diesen Punkten trennt sich die Spreu vom Weizen. Dabei ist es nicht schwer, hier eine gute Figur zu machen ... wenn die Prozesse durchdacht und optimiert sind. In den seltensten Fällen handelt es sich hier um Kriterien, die ein Webauftritt erfüllen muss – es geht um die Effektivität, Flexibilität und Effizienz des Versandgeschäfts. Aus diesem Grunde habe ich sie »Kleinigkeiten« genannt, da es sich um Aspekte handelt, die jeder ernsthafte Versandhändler berücksichtigen muss ... ob im Online- oder im Offline-Business.

9.1 Produktauswahl

Vor- und Nachteile nennen

Auf die Schwierigkeiten bei der Produktselektion haben wir mehrfach hingewiesen. Verschiedene Beispiele zeigen, dass man hier auch durch Kleinigkeiten punkten kann. So ist es nur fair, Kunden auf die Vor- und Nachteile bestimmter Produkte hinzuweisen. Es ist klar, dass die Zufriedenheit leidet, wenn man als Kunde im Nachhinein Mängel feststellen muss, auf die der Verkäufer nicht hingewiesen hat. Jeder, der einmal einen Gebrauchwagen gekauft hat, kennt das. Aber auch im Internet, wo die Produkte ja nur virtuell präsentiert werden können, ist der Hinweis auf Vor- und Nachteile angebracht. Die Computerkette Atelco hat in ihrem Online-Shop zu jedem Produkt entsprechende Informationsbereiche – leider sind hier aber oft keine Informationen hinterlegt.

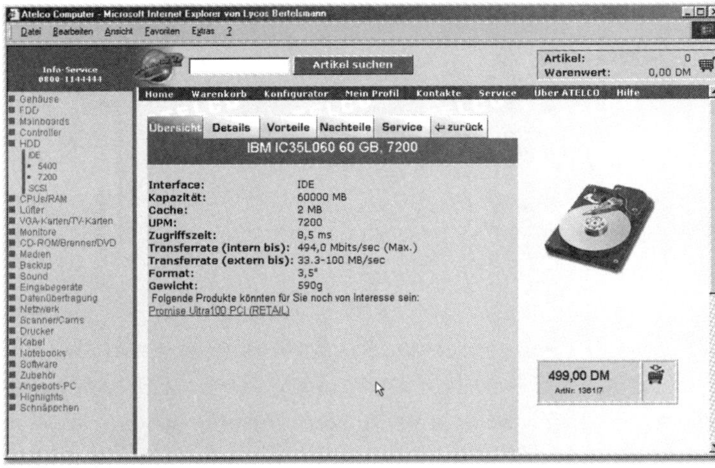

Abbildung 9.1 Der Atelco-Shop bietet bei allen Produkten einen Bereich, in dem die Vor- und Nachteile hinterlegt sein sollten.

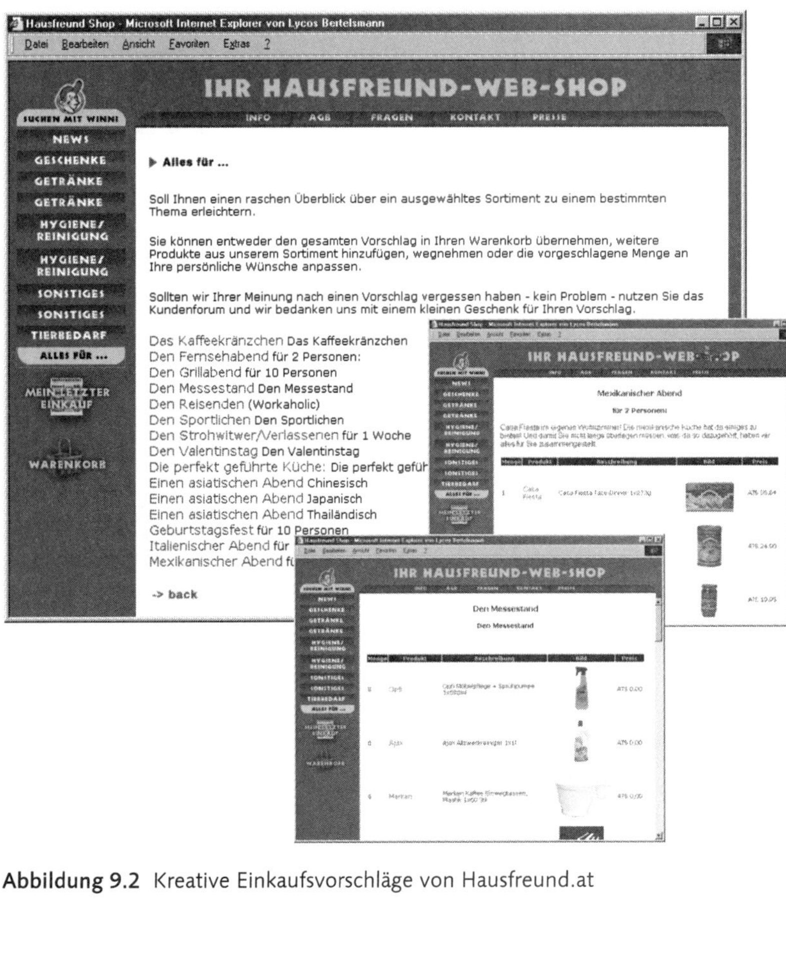

Abbildung 9.2 Kreative Einkaufsvorschläge von Hausfreund.at

Einkaufsempfehlungen

Auch Einkaufsempfehlungen sind ein wichtiges ergänzendes Serviceangebot. Hier reicht die Bandbreite von den Geschenkempfehlungen bei Amazon bis hin zu den »Selection Guides« für bestimmte elektronische Bauteile bei Analog Devices, die sich strikt an Experten richten. Ein nettes Beispiel liefert der österreichische Einkaufs- und Zustellservice Hausfreund.at: Hier gibt es fertige Einkaufsvorschläge für alle Gelegenheiten, vom Geburtstagsfest über den romantischen Abend zu zweit bis hin zum Messestand.

Abbildung 9.3 Der Hinweis auf wichtiges Zubehör als Mehrwert: Conrad Electronic verknüpft so sein Produktangebot sinnvoll miteinander.

Cross- und Up-Selling

Wer hat sich nicht schon einmal geärgert, wenn bei dem neuen Spielzeug die Batterien fehlten oder zum gekauften Drucker kein Kabel mitgeliefert wurde? Der Hinweis auf nützliches Zubehör oder gar auf die zum Betrieb notwendigen, aber fehlenden Ergänzungen bietet nicht nur eine Möglichkeit, mehr Umsatz zu generieren. Richtig angewendet werden Cross-

Selling und Up-Selling als ein hilfreicher Service wahrgenommen und nicht als aufdringliches Marketing! Wie die Integration in die Produktpräsentation nahtlos gelingt, zeigt Conrad Electronic. Hier wird auf sinnvolles und nützliches Zubehör hingewiesen, das gleich mitbestellt werden kann.

Mit solchen und ähnlichen Serviceangeboten rund um die Produktauswahl wird die Effizienz und Bequemlichkeit des Online-Einkaufs für die Kunden deutlich gesteigert. Hier ist Kreativität gefordert, um einen echten Mehrwert zu schaffen und die eigene Kompetenz zu präsentieren.

9.2 Die Bestellung

Doch die wahre Pein fängt manchmal schon beim Aufgeben der Bestellung an. Da wird der Kunde endlos nach irgendwelchen Angaben gefragt, die für die Durchführung des Versandes gar nicht notwendig wären. Je länger die Prozedur dauert, die Bestellung abzuschließen, um so höher die Abbrecherquote.

Aber noch schlimmer ist es, wenn man als »Wiederholungstäter« jedes Mal aufs Neue gezwungen ist, alle Daten erneut anzugeben. Kennen denn diese Anbieter die segensreiche Erfindung des Kundenkontos nicht?

Das Kundenkonto: Effizienter Bestellprozess

Amazon macht's vor

Dass es auch anders und bequemer geht, zeigt beispielsweise Amazon. Hier kann sich der Kunde einmal registrieren und dann immer wieder in seinen Kundenaccount einloggen – passwortgeschützt. Und vor allem: Es werden alle Angaben gespeichert: Rechnungsadresse, Lieferadresse, Zahlungsform usw.

Mehr noch: Amazon erlaubt es auch, die Produkte als Geschenk zu versenden und auf Wunsch eine spezielle Verpackung und eine Grußbotschaft für die Sendung anzugeben. Und auch diese Lieferadressen merkt sich Amazon für die Zukunft. So kann man sehr schnell einfach mal wieder eine Bestellung aufgeben[1].

Mit dem »1-Click-Einkauf« geht Amazon jedoch noch weiter. Hier kann man, hat man diese Option einmal eingerichtet, Produkte aus dem Katalog ohne lästige Formalitäten mit einem Mausklick kaufen. Auch wenn das manchmal sehr gefährlich ist, führt es doch verstärkt zu Impulskäu-

1. Auch wenn ich persönlich anmerken möchte, dass ich die Navigation auf den Bestellseiten bei Amazon immer verwirrend finde. Aber vielleicht geht das nur mir so?

fen[2]. Und hat man mal gerade kein Geld, aber einen Wunsch, so gibt es bei Amazon auch den Wunschzettel, den auch andere einsehen können ... vielleicht erbarmt sich ja jemand und tut mir etwas Gutes?

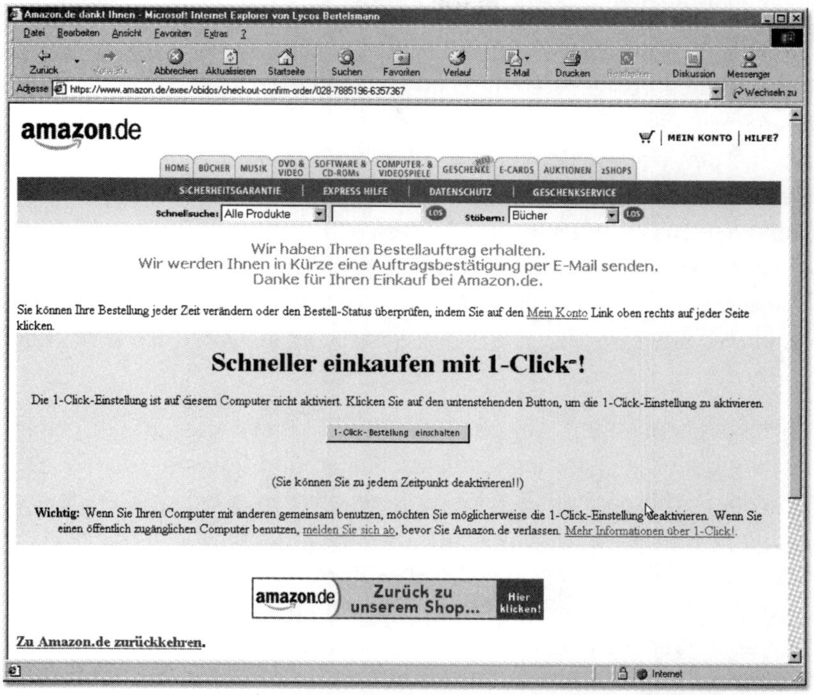

Abbildung 9.4 Die 1-Click-Bestellung bei Amazon muss explizit aktiviert werden. Dann aber werden Einkäufe zum Kinderspiel, und alle benötigten Informationen wie Lieferadresse und Zahlungsformen werden dem Kundenaccount entnommen.

Schicker Service: Bestelllisten

Viel zu selten findet man auf Websites die Möglichkeit, individuelle Bestelllisten anzulegen. Wenn sich bei Ihren Bestellungen bestimmte Produkte häufig wiederholen, können Sie eine individuelle Bestellliste erstellen und verwalten. Und auch die Bestell-Historie zum Kundenkonto kann sehr nützlich sein: Hier haben Sie Ihre gesamten Bestellungen der letzten Monate im Überblick. So können Sie bei Wiederholungskäufen einfach dort aufgeführte Produkte in Ihre aktuelle Bestellung übernehmen und bekommen gleichzeitig eine bessere Kontrolle über Ihre Einkäufe.

Mein Tipp: Achten Sie auf Bequemlichkeit und Effizienz im eigentliche Bestellvorgang, und denken Sie dabei vor allem an Ihre Stammkunden.

2. Was von Amazon natürlich beabsichtigt ist ...

Zahlungsarten

Eng verbunden mit der Bestellung ist die Frage nach den Zahlungsoptionen, die angeboten werden. Hier hängt es von der Konkurrenz, aber auch von den Kundenwünschen ab, was als Standard und was als guter respektive schlechter Service wahrgenommen wird.

Abbuchung, Paybox und mehr

Dabei sind es weniger die typischen Zahlungsarten wie Kreditkarten, Lieferung per Nachnahme und Vorkasse oder die Bestellung auf Rechnung, die hier den Unterschied machen. Bequem für den Kunden können vor allem die Abbuchung vom Konto oder neuere Verfahren wie Paybox sein. Dabei darf man vor allem im B2C-Geschäft nicht vergessen, dass kaum jemand seine Kreditkartennummer auswendig kennt, wohl aber die Bankverbindung oder eine PIN. Auch ist die benötigte Information manchmal nicht zur Hand, was den Bestellvorgang zusätzlich verkompliziert[3].

Doch vor allem im B2C-Segment sind es noch mehr Angebote für Ratenzahlung oder die Einlösung von Gutscheinen und Coupons, die von den Kunden als besonderer Service wahrgenommen werden. Gerade den Coupons kommt nach dem Wegfall des Rabattgesetzes in Deutschland eine wichtige Bedeutung zu – ebenso wie die Teilnahme an Systemen wie Webmiles oder Payback, bei denen dem Kunden für jeden Kauf Punkte gutgeschrieben werden, die er später in Prämien eintauschen kann.

Mein Tipp: Flexibilität bei den Zahlungsoptionen bietet sich vor allem für Stammkunden an, von deren Bonität Sie überzeugt sind. Diesen können Sie auch Skonti oder Rabatte einräumen.

Versandoptionen

»Dürfen wir es als Geschenk verpacken?«

Nicht immer ist der 08/15-Versand das, was der Kunde wünscht. Schon in der Frage, ob Liefer- und Rechnungsanschrift voneinander abweichen dürfen, unterscheiden sich Online-Shops. Gar nicht zu reden von Geschenkverpackungen und zusätzlichen Nachrichten, die der Sendung beigelegt werden sollen. Aber es gibt noch zahlreiche weitere Aspekte, die den Versand betreffen.

3. Wie oft haben Sie schon im Internet gesurft, ohne Ihre Kreditkarte griffbereit zu haben? Neulich wollte man von mir meine Umsatzsteuer-ID haben ... aber auch die kannte ich nicht auswendig!

Was soll passieren, wenn Teile der Bestellung eine längere Lieferfrist haben als andere? Wird eine Teillieferung gewünscht (eventuell bei Übernahme der zusätzlich entstehenden Versandkosten), oder sollen alle Teile der Bestellung gemeinsam geliefert werden?[4]

Abbildung 9.5 Umfangreicher Service rund um die Lieferung beim Otto-Versand: Von der 24-Stunden-Lieferung über die Angabe des Liefertages bis hin zum Feierabendservice

Und auch der Liefertermin kann ausschlaggebend sein. Wenn man ein Geschenk zum Geburtstag versenden will, versteht jeder, dass es ungeschickt ist wenn es erst Wochen später ankommt. Hier ist also ein garantierter Liefertermin wünschenswert.

Wunschtermin

Aber auch Expresslieferungen binnen 12 oder 24 Stunden, wie sie vor allem im B2B-Bürobedarfsversand üblich sind, können von den Kunden gewünscht bzw. sogar gefordert werden. Und was, wenn man zur hart arbeitenden Bevölkerung gehört und garantiert nie da ist, wenn der Postmann zweimal klingelt – mit der Nachnahmesendung für 1000 Euro? Das dann dem Nachbarn zuzumuten? Auch nicht ganz optimal! Einige Paketversender haben dies erkannt und bieten die Möglichkeit, einen Wunschtermin zu berücksichtigen, so z. B. die Lieferung am Samstag (gegen Aufpreis) beim Otto-Versand.

4. Im schlimmsten Fall kommt Ihr Geschenk dann in fünf Teillieferungen an und Sie müssen immer betonen: »Nein Schatz! Da kommt noch was nach!« :-)

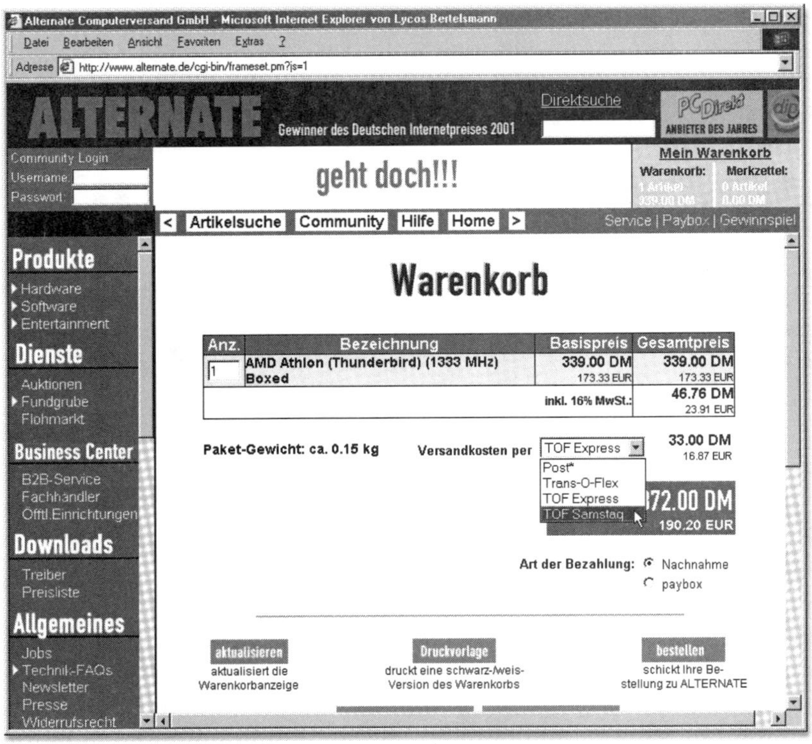

Abbildung 9.6 Der Computerversand Alternate bietet verschiedene Zahlungs- und Lieferoptionen, so auch Samstagszustellung und eine Expresslieferung. Auch die Bezahlung mittels Paybox wird unterstützt.

Mein Tipp: Kommen Sie Ihren Kunden mit den Lieferoptionen entgegen – auf Wunsch, gegebenenfalls gegen Aufpreis ... oder nur für bestimmte, besonders profitable Kunden (Heavy Customers).

9.3 Lieferung

Eigentlich müsste es eine Selbstverständlichkeit sein: Wenn ich Angaben zur Lieferverfügbarkeit mache (Ist der Artikel auf Lager? Wie lange dauert es bis zum Versand?), so müssen diese verlässlich sein. Doch momentan warte ich mal wieder auf die Lieferung einer Bestellung, die – vor knapp vier Wochen getätigt – binnen einer Woche hätte erfolgen sollen. Mittlerweile weiß ich: »Lieferschwierigkeiten beim Hersteller.« Das weiß ich aber nicht, weil ich automatisch informiert worden wäre – ich musste mich selbst an den Anbieter wenden!

Lieferversprechen

Eigentlich ist jeder Bruch eines Lieferversprechens gerade im Online-Business katastrophal. Und doch fast an der Tagesordnung. Aber wie will ein Anbieter Vertrauen aufbauen und Gelegenheitskäufer zu Stammkunden machen, wenn er Erwartungen enttäuscht und die selbst gesteckten Ziele verfehlt?

Mein Tipp: Halten Sie Ihre Lieferversprechen strikt ein. Punkt. Im äußersten Notfall informieren Sie umgehend den Kunden über die Verzögerung!

Inkasso

Zeitnahe Zahlung *und* Lieferung

Es gibt Online-Shops, die kassieren erst von ihren Kunden und liefern dann ... irgendwann. Nein, ich spreche nicht von schwarzen Schafen, die nur das Ziel haben, Kunden das Geld aus der Tasche zu ziehen. Vielmehr geht es mir um die Frage des Inkassos und wann dieses erfolgt.

Kleine Anbieter, die Kreditkartenzahlungen gegen eine Gebühr von einem externen Dienstleister vornehmen lassen, laufen immer wieder Gefahr, dass das Geld längst vom Konto des Kunden abgebucht ist, obwohl die Ware noch nicht versandt werden konnte[5]. Natürlich steigen in diesem Fall die Nachfragen und Reklamationen enorm an.

Unbedingt notwendig ist, dass Zahlung und Lieferung zeitnah erfolgen. Probleme entstehen vor allem dann, wenn man externe Dienstleister für die Finanztransaktionen einsetzt und dieser Prozess völlig automatisiert abläuft. Wenn dann auch kein funktionierendes Backoffice-System integriert ist und die Kunden nicht erfahren, dass die Lieferung mehrere Wochen dauern kann, ist der Frust vorprogrammiert.

Mein Tipp: Probleme beim Inkasso deuten häufig auf eine schlechte Integration der E-Business-Prozesse in die sonstigen Geschäftsabläufe.

Verpackung und Versand

Sie werden es vielleicht nicht glauben, aber im Internet finden Sie zahlreiche Diskussionen von Kunden hinsichtlich des Sinns oder Unsinns

5. Ich kenne persönlich den Fall eines Online-Shops, dessen Lockangebot sich plötzlich in einem Newsticker wieder fand. Die Zahl der Kunden, die dieses Angebot kaufen wollten, war gewaltig. Und der größte Teil bezahlte mit Kreditkarte. Als man das »Problem« bemerkte, war es schon zu spät: Der Lagerbestand reichte bei weitem nicht aus und die Backorders liefen über Wochen. Wirklich ärgerlich war nur, dass ein externes Inkasso-Unternehmen die Kreditkartenzahlungen umgehend einzog ... und frustrierte Kunden, die zwar bezahlt, aber keine Ware erhalten hatten, die Hotline blockierten und Negativpropaganda machten.

bestimmter Verpackungen! Und spätestens, wenn man entweder eine auf dem Transportweg zu Bruch gegangene Lieferung oder aber eine einzelne Tintenpatrone in einem Karton mit 1,5 m^3 Füllmaterial erhalten hat (beides ist mir passiert), dann verstehen Sie den Grund der Diskussionen.

Bruchsicher und günstig verpackt

Nicht jede Verpackung ist für jedes Produkt geeignet. Und erst recht nicht für dessen Versand. Nicht umsonst gibt es bei den großen Versendern eigene Abteilungen, die sich mit der Frage der optimalen Verpackung beschäftigen. Dabei stehen zwei Aspekte im Mittelpunkt: Bruchsicherheit und Portooptimierung!

Aber auch spezielle Anforderungen, wie Geschenkpapier, Thermoverpackungen, Frischepacks oder eigene Transportboxen, können entstehen. Und wenn es ins Ausland geht, können wieder andere Kriterien entscheidend sein!

Mein Tipp: Sind Ihre Kunden mit den Transportverpackungen zufrieden, die in Ihrem Unternehmen zum Einsatz kommen? Sind die Verpackungen im Hinblick auf die Kosten optimierbar?

9.4 Und beim Umtausch?

Retouren lassen sich nicht vermeiden. Zudem räumt der Gesetzgeber jedem Kunden eine Rückgabemöglichkeit ein. Doch wie einfach oder schwer ist es, Waren bei Nichtgefallen zurückzusenden? Ist das Prozedere in den Begleitpapieren beschrieben? Und auf der Website? Oder machen Sie es den Kunden unnötig schwer? Dann brauchen Sie sich nicht zu wundern, wenn die sich über Ihren mangelnden Service beklagen!

Da die Beziehung zum Kunden nach dem Kauf nicht endet, sollten Sie an dieser Stelle besonders achtsam sein: Ist der Kunde unzufrieden, so haben Sie die direkte Chance, dies zu ändern. Wenn das aber mit zu viel Aufwand für ihn verbunden ist, wird er sich von Ihrem Unternehmen abwenden und auch noch anderen von seinen Enttäuschungen erzählen!

Mein Tipp: Machen Sie dem Kunden die Rückgabe und den Umtausch leicht!

Zusammenfassung

In diesem Kapitel haben wir Kleinigkeiten betrachtet, die beim eigentlichen Kauf, der Bezahlung und dem Versand eine Rolle spielen. Hier schlechten Service zu bieten und sich wenig kulant und flexibel zu zeigen, kann manches Geschäft auf Dauer verbauen.

Dabei handelt es sich vielfach nicht um Kriterien, die direkt mit der Website in Verbindung stehen, sondern die vielmehr die Verzahnung der E-Business-Aktivitäten mit den restlichen Geschäftsprozessen betreffen.

Teil 3
Planung und Controlling

10 Der eigene Maßnahmen-Mix

»Watch out for innovations that offer the ability to create, update and target merchandising schemes at the click of a button. Products that give you the ability to build intelligent stores, adapt to the past and future behaviour of individual customers, respond effectively to their needs, provide automatic analysis of your designs, and give you valuable feedback on areas of under-performance.«
Information Strategy 2/98

Online-Serviceangebote gibt es nicht von der Stange. Vielmehr ist es notwendig, eine geeignete Auswahl aus dem vorgestellten Instrumentarium zu bestimmen. Dabei müssen verschiedene Kriterien berücksichtigt werden:

- die Erwartungen und das Know-how der Kunden
- das zur Verfügung stehende Budget
- die technischen Voraussetzungen
- die organisatorischen Rahmenbedingungen
- rechtliche Fragen
- kulturelle Unterschiede

Die optimale Lösung gibt es nicht

In der Praxis gibt es nicht *die* optimale Lösung, sondern nur gute und schlechte Umsetzungen von Serviceangeboten im Internet. Der Aufbau eines Online-Angebots für Service und Support ist auch kein typisches Projekt, das irgendwann beginnt und nach einer gewissen Zeit seinen Abschluss findet. Es handelt sich um den Einstieg in einen fortwährenden Prozess, um die ständige Pflege einer neuen Unternehmenskultur, mit dem Ziel, den Kunden immer mehr Hilfen an die Hand zu geben, um sich besser und schneller online selbst bedienen zu können. Hilfe zur Selbsthilfe heißt das Motto!

Daher ist auch nicht zielführend, gleich im ersten Anlauf die eierlegende Wollmilchsau entwickeln zu wollen. Gesucht ist eine Strategie, die eine konstante Verbesserung und einen fortlaufenden Ausbau der zur Verfügung stehenden Serviceangebote zum Ziel hat. Dabei soll der Nutzwert aus Kundensicht im Vordergrund stehen.

Die Strategie besteht aus folgenden Punkten:

1. eine Liste der Maßnahmen, deren Umsetzung wünschenswert und realistisch ist
2. eine Priorisierung der Maßnahmenliste (was muss zunächst erfolgen, was sollte später erfolgen)
3. ein Zeit- und Ressourcenplan, der festlegt, was wann umgesetzt werden soll

Kümmern wir uns also zunächst um die individuelle Auswahl der wünschenswerten Maßnahmen. Dabei spielt zunächst die Realisierbarkeit (Geld, Personalressourcen, ...) eine untergeordnete Rolle.

10.1 Voraussetzungen für die Implementierung

Kunden finden, Kunden binden

Sinn und Zweck von Serviceleistungen ist neben der Einsparung von Supportkosten durch Self-Service in der Hauptsache die Kundenbindung und – vom Standpunkt des Service- und Empfehlungsmarketings her gesehen – die Neukundengewinnung. Je mehr auf die Bedürfnisse des Anwenders eingegangen wird, um so öfter wird er wiederkommen und umso sicherer wird er Ihre E-Commerce-Leistungen weiterempfehlen. Je umfassender die Informationen sind, die Sie den Kunden zur Verfügung stellen, je mehr Möglichkeiten diese haben, über Ihre Website mit Ihrem Unternehmen in Kontakt zu treten, um so stabiler wird die Beziehung sich entwickeln.

Bevor wir uns in der Auswahl und Realisierung der Supportinstrumente widmen, die Sie online anbieten können, ist es nötig, einige Fragen zu beantworten:

- Welche inhaltlichen Bedürfnisse hat der Kunde bezüglich Support und wie ermitteln Sie diese?
- Von welchen technischen Voraussetzungen auf Seiten des Kunden und auf Ihrer Seite müssen oder können Sie ausgehen, wenn Sie Ihre Maßnahmen zur Anwenderunterstützung planen und einrichten?
- Besteht bereits eine Support-Infrastruktur und wie kann diese eingebunden werden?

Was wünscht sich der Kunde?

Diese Frage wird auf der Basis bisheriger Erfahrungen mit den von Ihnen geleisteten Supportleistungen in vielen Punkten möglicherweise recht einfach zu beantworten sein. In die Konzeption Ihres Online-Supports sollten Sie also jene Abteilungen und Personen einbeziehen, die den klassischen Support abwickeln. In diesem Rahmen werden dann folgende Punkte zu diskutieren sein:

- Welche Leistungen sollen online, welche offline erbracht werden?
- Welche Teile der klassischen Supportleistungen sollen durch Online-Maßnahmen ergänzt beziehungsweise ersetzt werden?
- Was ist für den Online-Bereich völlig neu zu konzipieren und umzusetzen?

Es geht nicht darum, was Sie sich wünschen!

Doch Vorsicht! Bevor Sie die Antworten aus dem Ärmel schütteln oder auch eine Arbeitsgruppe dafür einsetzen, bedenken Sie: Es geht nicht darum, was Sie sich wünschen! Vielmehr entscheidet sich an dieser Stelle, ob Sie es schaffen, ein kunden- und problemlösungszentriertes Serviceangebot auf die Beine zu stellen, oder sich mit der anbieter- und produktzentrierten Ausrichtung zufrieden geben. Ich kenne aus dem Beratungsalltag viele Unternehmen, die von sich aus nicht in der Lage waren, sich selbst aus der Kundenperspektive wahrzunehmen. Aber genau hier entscheiden Sie darüber, ob Sie als ein 08/15-Anbieter gesehen werden oder die Kunden den Eindruck von Individualität, Mehrwert und insgesamt einen Eindruck von Service-Exzellenz erhalten!

Mein Tipp: Fragen Sie die Kunden nach ihren Wünschen! Und lassen Sie im Bedarfsfall eine externe Analyse erstellen. Es zahlt sich später aus!

Auf der Suche nach zuverlässigen Antworten

Als ein erster Schritt bietet sich daher an, ausgewählte Kunden zu befragen – sei es im Rahmen eine breitangelegten Umfrage oder individuell durch Follow-ups nach einer erfolgten Bestellung oder Anfrage.

Doch auch der Kunde alleine kann nicht immer beurteilen, was für ihn optimal wäre. Wie eingangs bereits erwähnt, steht der Kunde ebenso wie Sie, einem neuen Medium gegenüber, in dem er sich vielleicht noch nicht sehr sicher bewegt. Das bedeutet, dass Sie ihm Informationen an die Hand geben müssen, die ihm helfen, sich auf dem technischen »Neuland« zurechtzufinden. Hilfe beim Ausfüllen eines Online-Formulars, Hinweise zu Zahlungsverfahren im Web und zu Fragen der Sicherheit sind ebenso vonnöten, wie Unterstützung beim Herunterladen von Dokumenten und Programmen, bei der Installation von Plug-ins, bei der Registrierung in einem Online-Forum oder beim Bestellen eines E-Mail-Newsletters. Aus Umfragen geht so etwas beispielsweise nur selten hervor – man will sich ja nicht selbst als »unwissend« outen!

Daher bietet sich zudem eine Konkurrenzanalyse an, die möglichst von einem neutralen Berater durchgeführt werden sollte.

Mein Tipp: Eine gut recherchierte und kommentierte Konkurrenzanalyse liefert häufig wichtige zusätzliche Erkenntnisse. Allerdings sollte sie nicht durch die eigenen Mitarbeiter durchgeführt werden, denn dann ist die Neutralität der Bewertung nicht gewährleistet.

Die Integration von inhaltlichen Informationen (Ihr eigentliches Kerngeschäft) und Informationen technischer Art (Infrastruktur zur Abwicklung Ihres Kerngeschäfts im Internet) ist mithin eine der größten Herausforderungen, der Sie sich im Bereich Anwendersupport gegenübergestellt sehen.

Am Ende dieser ersten Phase sollten Sie einen groben Überblick darüber gewonnen haben, was wünschenswert aus Sicht der Kunden ist. Des Weiteren werden Sie sich damit auseinandersetzen müssen, was in Ihrem Unternehmen bereits vorhanden ist und wie die Maßnahmen hier angesiedelt werden können ...

Einbindung der vorhandenen Infrastruktur

Analyse des Bestehenden

Bevor Sie an die Einrichtung von Maßnahmen zur Anwenderunterstützung im Rahmen Ihres E-Commerce-Angebotes herangehen, sollten Sie Ihre bestehende Infrastruktur analysieren. Wo werden bisher Supportinformationen gesammelt und gespeichert? Welche Serviceangebote bestehen bereits? Wer sollte in die Entscheidungsfindung mit einbezogen werden? Natürlich sind diese Fragen, wie auch die in den nächsten Abschnitten angesprochenen Aspekte, stark von Ihrem konkreten Unternehmen abhängig. Es ist Ihre Aufgabe, gegebenenfalls mit Unterstützung externer Partner den konkreten Einzelfall zu analysieren.

Das Ergebnis dieser Analyse sollte einerseits in eine Abbildung des Workflows münden, der Ihren Anwendersupport offline kennzeichnet. Andererseits dient die Analyse dazu, vorhandene inhaltliche und personelle Ressourcen zu dokumentieren. Im dritten Schritt wäre dann zu überlegen, wo durch den gezielten Einsatz von Anwendersupport online die bestehende Infrastruktur ergänzt und entlastet werden kann.

Mein Tipp: Sammeln Sie alle Informationen darüber, wie bisher Service und Support in Ihrem Unternehmen realisiert wurde. Suchen Sie auch nach dokumentiertem Erfahrungswissen, das hierbei benutzt und zusammengetragen wird!

Das Intranet nicht vergessen!

Die Einbindung in die Infrastruktur kann auch bedeuten, dass die Online-Supportangebote als ein internes Hilfsmittel für Ihre Supportmitarbeiter dienen, beispielsweise über ein firmeneigenes Intranet. Auch die Umsetzung als CD-ROM oder die Konzeption von Hybridlösungen (z.B. Support- oder Katalog-CD-ROM mit Online-Aktualisierungsmöglichkeit) sollte überdacht werden. Welche Daten, welches Wissen und welche Ressourcen sind vorhanden? Wie kann man sie optimal und unter Berücksichtigung der Wirtschaftlichkeit verzahnen und für den Self-Service online bereit stellen?

Technische und organisatorische Voraussetzungen

Je nach Charakter Ihres Angebots werden Sie in der Anwenderunterstützung technisch mehr oder weniger anspruchsvolle Werkzeuge einsetzen. Jede Phase der Transaktion fordert hier eigene Überlegungen, denn in jeder Stufe des Workflows setzt man andere Medien ein.

Cross-Media

Kaum ein Unternehmen, das nicht zahlreiche Datenbanken und Dokumentenpools mit Informationen zu Produkten, Kunden, Kaufverhalten, Supportanfragen und Ähnlichem mehr unterhält. Manches wird in SQL-Datenbanken und PDF-Dokumenten abgelegt sein, manches in proprietären Systemen und Dateiformaten, manches gar ausschließlich auf Papier oder in den Köpfen der Mitarbeiter. Wie nun können Sie die relevanten Informationen herausfiltern und verknüpfen?

Versuchen Sie erst gar nicht, alles selbst zu planen und umzusetzen, sondern stellen Sie ein Team zusammen, in dem Sie das Know-how von Technik, Marketing, Service und Support sowie die Vorstellungen der Unternehmensleitung zusammenführen. Wenn spezifisches Know-how fehlt, sollten Sie zudem externe Berater und Experten zu Rate ziehen.

Mein Tipp: Setzen Sie eine interdisziplinäre Arbeitsgruppe ein.

Auf Seiten des Kunden wird es unter Umständen nötig sein, zusätzlich zum Webbrowser so genannte Plug-ins zu installieren, zum Beispiel, um Videos zu betrachten oder Audiofiles anhören zu können. Um bestimmte Dokumente lesen zu können, wird er vielleicht eine eigene Software benötigen, wie zum Beispiel den Acrobat Reader von Adobe. Sie sehen also, es bedarf auch grundsätzlicher Überlegungen, was dem User zumutbar ist und wie man ihm die Einrichtung der nötigen Werkzeuge so bequem wie möglich macht. Auch hier ist es wieder wichtig, die Sicht des Nutzers zu kennen – es kann daher auch nicht schaden, ausgewählte Kunden mit ins Boot zu holen.

Letztlich sollte diese Phase darin münden, Schnittstellen zwischen den bisherigen Serviceangeboten und den neuen Maßnahmen aufzuzeigen und den Workflow intern wie extern abzuklären.

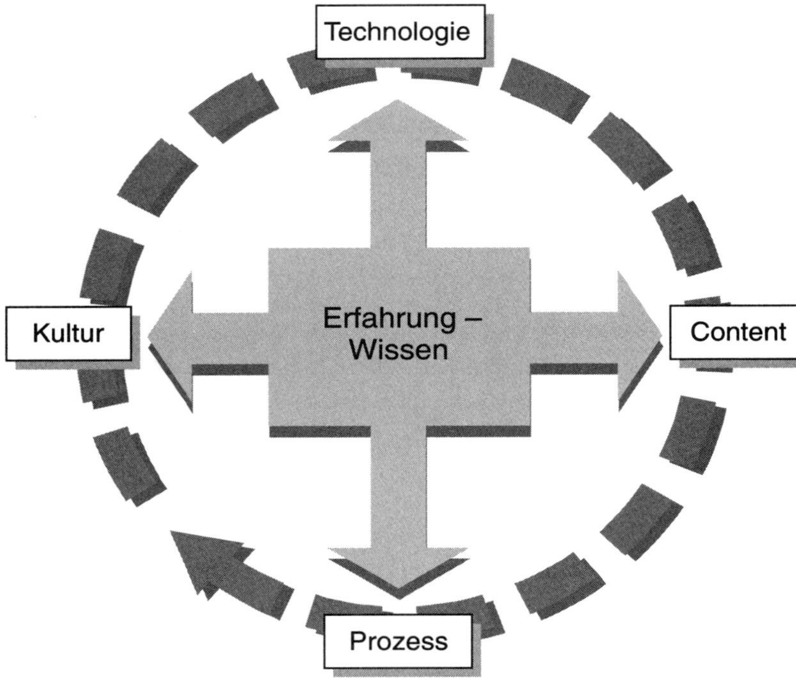

Abbildung 10.1 Der individuelle Maßnahmenmix muß mehr berücksichtigen als nur Technologie. Wichtig ist die Anpassung der Prozesse und Inhalte an die Erfordernisse der Zielgruppen.

Anwendersupport und Intranet

Support und Knowledge Management

Aus den Überlegungen in den vorangegangenen Abschnitten lässt sich ableiten, dass Anwendersupport online häufig auch innerhalb des firmeninternen Netzes, des Intranets, einer Schnittstelle bedarf. Jene Informationen, die unterschiedliche Abteilungen im Rahmen von Supportleistungen über den Kunden bekommen, sollen sinnvoller weise allen Mitarbeitern zur Verfügung gestellt werden. Unter dem Stichwort »Wissensmanagement« oder »Knowledge Management« sind Informationen, die aus Kundenbeziehungen online stammen, überaus wichtig.

Doch auch in die andere Richtung wirkt sich die Einbindung in Intranet-Konzepte aus. Informationen, die nötig sind, um das Online-Angebot aktuell zu halten, kommen so rechtzeitig an die richtige Stelle: Das Intranet erfüllt hier also selbst eine Supportfunktion, nämlich die Unterstützung der Redakteure und der Bearbeiter der Supportangebote im Web.

Mein Tipp: Ihre Serviceangebote müssen gewartet und gepflegt werden. Klären Sie, wer diese Aufgaben übernehmen soll und welche Unterstützung dafür notwendig ist.

Sie haben nun eine Liste von Servicemaßnahmen, eine Übersicht über die bisherigen Supportkonzepte und wissen, wie die Schnittstellen zwischen diesen Systemen aussehen können und welcher Aufwand für eine Betreuung dieser Schnittstellen notwendig ist. Als Nächstes müssen Sie daran gehen, die Liste auszudünnen und mit Prioritäten zu versehen ...

10.2 Bedeutung von Online-Service in B2C und B2B

Geht es an die Festlegung der Prioritäten, so taucht rasch die Frage auf, ob sich der Aufbau eines Serviceinstruments für Endkunden überhaupt rechnet – und ob Geschäftskunden den zusätzlichen Online-Service überhaupt benötigen.

Chance zur Alleinstellung

Wird von Kundendienst gesprochen, so denkt man häufig an den Support für den privaten Endverbraucher. Tatsächlich ist das Serviceangebot hier besonders »sichtbar« – schließlich begegnen uns auf Schritt und Tritt die Nummern von telefonischen Hotlines, die Garantieversprechen diverser Anbieter und auch die Beschwerden der frustrierten Kunden über die »Servicewüste« Deutschland. So wichtig guter Service im B2C-Segment ist – häufig handelt es sich um wenig mehr als vage Versprechen und viel heiße Luft. Hier bietet sich eine gute Chance, sich positiv vom Wettbewerb abzuheben, wie auch die Fallstudien im nächsten Kapitel zeigen werden.

Bedeutung im B2B-Bereich

Doch nicht nur im B2C ist Service – online wie offline – wichtig für einen langfristigen Geschäftserfolg! Auch im B2B-Bereich kann die Bedeutung eines guten Service kaum überschätzt werden. In vielen Fällen ist er im Umgang mit Geschäftskunden sogar von noch größerer Bedeutung als im B2C-Bereich, obwohl hier der Service nicht immer so offensichtlich ist.

Gründe für diese These gibt es reichlich: Im B2B ist der Umsatz pro Kunde und pro Bestellung im Allgemeinen sehr viel höher als im B2C. Einen Kunden wegen eines unzureichenden Services zu verlieren, ist daher umso schmerzhafter. Zudem besteht die Kunden-Anbieter-Beziehung im Geschäftskundensegment oftmals über viele Jahre. Es ist nicht einfach, als Geschäftspartner erwählt zu werden. Impulskäufe und Einmaltransaktionen sind die absolute Ausnahme. Im B2B geht es viel mehr als im B2C um langjährige Partnerschaften.

Zeit und Information sind im B2B-Geschäft wichtige Faktoren. Denken Sie nur an Konzepte wie Just-in-Time oder Build-to-Order. Hier kommt es auf eine perfekte Abstimmung mit den Partnern und Zulieferern an – sonst steht die ganze Produktion still. Doch genau diese Abstimmung und die zeitgerechte Bereitstellung von Informationen wie Produkten ist ein wesentlicher Servicefaktor. Im B2C ist eine verspätete Lieferung ärgerlich. Im B2B kann sie Folgekosten von zigtausend Euro nach sich ziehen!

Häufig sind Produkte im B2B – vor allem im Zulieferersegment – sehr komplex und erklärungsbedürftig. Die Auswahl des richtigen Produkts aber kann weitreichende Folgen haben. Ein elektronischer Baustein muss nicht nur den technischen Spezifikationen genügen. Auch Preis, Verfügbarkeit, Lieferoptionen, Rabatte, Garantiezeiten, Qualität (bzw. Ausschussrate) und nicht zuletzt die Zuverlässigkeit des Anbieters sind von entscheidender Bedeutung. Selbst ein Preisunterschied von einem Cent macht sich bei einer Serienfertigung in Millionenhöhe enorm bemerkbar. Ist jedoch der Ausschuss zu hoch, so nutzt auch der Preisvorteil nichts. Und wenn Sie einmal versucht haben, beispielsweise einen passenden Operationsverstärker für ein Projekt zu finden, dann wissen Sie, wie aufwändig die Suche in Abertausenden von Datenblättern sein kann. Hier ist der Experte gefragt ... Doch selbst der braucht akkurate Informationen und effiziente Unterstützung.

Fax, Anrufbeantworter und Postweg – zu wenig!

Darüber hinaus ist der Wettbewerb im B2B schärfer, wenn es darum geht, eine Ausschreibung zu gewinnen. Für den Käufer lohnt es sich, sich weltweit umzuschauen. Schließlich kommt es darauf an, den insgesamt günstigsten Anbieter zu finden – unter Berücksichtigung aller Faktoren, nicht nur des Stückpreises. Wenn aber ein Partner im anderen Ende der Welt sitzt und vielleicht sogar die Verständigung Schwierigkeiten macht, dann wird die Zeitverschiebung zum Problem. Fax, Anrufbeantworter und Postweg sind keine zeitgemäßen Mittel mehr: Online-Service, Kommunikation per E-Mail und Videokonferenzen, elektronischer Versand von Dokumenten und anderes mehr ist dann gefragt. Letztlich bedeutet das – gerade im B2B: Je wettbewerbsintensiver der Markt, um so mehr Bedeutung haben Online-Serviceangebote als Differenzierungsinstrument!

Aber nicht nur als Käufer treten Sie im B2B in Erscheinung. Sie vertreiben Ihre Produkte auch weiter. Auch Ihre Vertriebspartner benötigen wiederum Informationen und Dienstleistungen von Ihnen rund um Ihr Produktsortiment.

Beispiel: ein Buchverlag

Bei der Entstehung eines Buches finden verschiedene Prozesse zwischen dem Verlag und seinen externen Partnern statt, noch bevor das Buch überhaupt gedruckt ist: Der Autor benötigt Informationen darüber, in welcher Form er das Manuskript abliefern soll, der Verlag wiederum benötigt ein vermarktbares Buchkonzept. Jemand erstellt ein Cover und benötigt dafür Informationen zum Inhalt, obwohl das Manuskript vielleicht noch gar nicht fertig ist. Fachkorrektoren begutachten die Manuskripte, der Setzer muss später alles »sinnvoll« in ein geeignetes Format bringen. Alle benötigen dazu Informationen, alle profitieren von reibungslosem Service. Und irgendwann geht das Ergebnis in die Druckerei, und es entsteht ein Buch.

Doch damit nicht genug! Parallel läuft der Vertrieb an: Der Buchhandel muss besucht und gebrieft werden, Bestellungen schon vor Erscheinen zu tätigen. Amazon.de, BOL und Co. benötigen Cover, Titel, ISBN und so weiter, aber auch Detailinformationen zum Buch wie Inhaltsverzeichnis, beschreibende Texte und Rezensionen sowie gegebenenfalls Probekapitel. Auch hier ist wieder eine Servicepartnerschaft vorhanden! Je umfangreicher das Informationsangebot bei Amazon, desto besser für die Buchverkäufe. Und davon profitieren alle: der Verlag, Amazon, die potenziellen Leser und nicht zuletzt auch der Autor. Funktioniert in der ganzen Kette etwas nicht optimal, so leiden alle darunter.

Auch Mitarbeiter sind Kunden

Das Beispiel zeigt die Bedeutung von Information und Kommunikation mit einer Vielzahl von Partnern, die in verschiedenen Phasen der Geschäftsabwicklung involviert sind. Hier ist es unabdingbar, die richtige Information zur rechten Zeit in der benötigten Form bereitzustellen. All diese Partner können aus Sicht von Service und Support als unsere *Kunden* verstanden werden – bis hin zu den eigenen Mitarbeitern!

Dabei ist es notwendig, die benötigten Informationen und das vorhandene Know-how umgehend in der aktuellsten Version an jedem Ort der Welt bereitstellen zu können – unabhängig von Kernarbeitszeiten und proprietären Technologien. Hier ermöglicht das Internet den Aufbau neuer, leistungsfähiger Kanäle für Service- und Supportangebote.

Optimierung des eigenen Nutzerprofils im B2B

Auch die Personalisierung spielt dabei eine wichtige Rolle, da gerade im B2B der Bedarf stark von der Funktion des Partners abhängt, aber zugleich auch leichter ermittelt werden kann als im B2C. Zudem lohnt es sich für die Partner, aktiv zur Optimierung des eigenen Nutzerprofils beizutragen – schließlich hilft dies, die eigene Arbeit effizienter zu gestalten, und der Aufwand lohnt sich auch angesichts der Langfristigkeit der Partnerschaften im B2B. Mehr noch: Personalisierung kann im B2B-Segment bedeuten, Schnittstellen abzustimmen, das eigene Angebot in das Intranet der Partner zu integrieren und beispielsweise automatisierte Orderprozesse und Ausschreibungen zu realisieren. All das ist ebenfalls Service ... oder auch die Abwesenheit desselben, wenn die Möglichkeiten nicht ausgeschöpft werden. Und dann besteht die Gefahr, dass sich der Konkurrenz genau hierin eine Markteintrittschance bietet!

Damit handelt es sich beim Online-Service um eines der wichtigsten Kriterien, das über den Erfolg oder Misserfolg einer B2B-Webpräsenz entscheidet. Doch das Internet hat gerade in diesem Segment noch enormes Potenzial!

Virtuelle Events

Bislang sind beispielsweise virtuelle Messen, Online-Seminare und Pressekonferenzen noch kaum üblich. Können Sie sich eine Messe ohne Gedränge, Standpersonal und Kommunikation vorstellen? In der Tat waren bisherige Versuche »virtuelle Messen« zu etablieren eine menschenleere und interaktionslose Veranstaltung. Gleichzeitig ist die größte Computermesse der Welt ausgebucht und viele, vor allem kleinere Unternehmen bleiben davon ausgeschlossen. Was liegt da näher, als dieses Potenzial zu nutzen und eine zeitgleiche, kostengünstige Kommunikationsplattform zu schaffen, die den Namen »virtuelle Messe« mit Standpersonal, Beratung, Besuchern und sogar Hostessen verdient?

Derzeit fehlt diesen zumeist eine entscheidende Komponente: die Dialogfähigkeit. Mit den neuen Instrumenten wie persönlichen Live-Chats oder auch Sprach- und Videoübertragung kann sich hier vieles ändern. Damit können die virtuell stattfindenden Events durchaus als Ergänzung zur Präsenzveranstaltungen genutzt werden. Die Vorteile liegen auf der Hand: Keine langen Anfahrtszeiten, keine Reisekosten, und dennoch werden den Interessenten die vollständigen Informationen in Echtzeit übermittelt. Und selbst Protokolle können automatisch erstellt werden.

Und die Praxis?

Für die Studie e-Reality 2000, die von Consulting Partner, der Heyde AG sowie dem Institut für Telematik der Universität Freiburg durchgeführt wurde, wurden 1308 Unternehmen in Deutschland, Österreich und der Schweiz befragt. Davon gaben 36,7 Prozent an, dass B2B-Kunden das wichtigste Marktsegment seien, 52,4 Prozent wenden sich vornehmlich an B2C-Märkte und 4,1 Prozent an öffentliche Verwaltungen.

10.3 Recht und Sicherheit

Doch nicht nur die Bedeutung im B2B und B2C ist zu berücksichtigen – und damit auch die Ziele, die den einzelnen Supportangeboten zugrunde liegen. Es muss auch berücksichtigt werden, dass nicht alles, was technisch möglich ist, auch wirklich realisiert werden kann.

Haftungsfragen

Service und Support sind kein rechtsfreier Raum, so viel ist klar. Die Auskünfte Ihrer Online-Beratung beispielsweise müssen dem aktuellen »State-of-the-Art« entsprechen. Zum Schutz vor Regressforderungen dürfen weder falsche Auskünfte gegeben noch die Sorgfaltspflichten verletzt werden[1].

Hier endet dann irgendwann das mögliche Einsatzgebiet für die Hilfe zur Selbsthilfe. Irgendwann muss einfach der Experte ran. Dazu gehört unter anderem auch, dass dem Anwender bestimmte Fragen (z.B. nach Passworten) aus Sicherheitsgründen nie gestellt werden dürfen. Ebenso sind die Datenschutzbestimmungen einzuhalten.

Aber auch technische Aspekte müssen berücksichtigt werden. Selbst wenn es einfach und schnell zu machen wäre: Dem normalen Anwender darf es z.B. nicht zugemutet werden, gefährliche Aufgaben zu übernehmen. Er kann gefragt werden, ob die LED am Gerät leuchtet oder ein Lüftergeräusch zu hören ist. Keinesfalls darf man einen ungeschulten Laien jedoch dazu veranlassen, z.B. ein Netzteil durchzumessen oder ein potenziell spannungführendes Gerät zu öffnen. Hier liegen die Grenzen des Online-Supports.

In vielen Fällen ist es ratsam, das Online-Supportangebot noch einmal auf solche Feinheiten hin zu untersuchen!

> *Mein Tipp: Überlegen Sie, wo in Ihrem Fall die Grenzen der Selbsthilfe liegen. Dokumentieren Sie diese Limits, an denen die Website die Kontrolle an den Experten abgeben muss!*

1. Die Empfehlung der Supportseiten der Gasanstalt, bei Gasgeruch in den Keller zu gehen und den Hauptgashahn abzudrehen, kann fatal sein, wenn der Kunde dazu das Kellerlicht einschaltet!

10.4 Service und Support international: Kulturelle Unterschiede

Noch problematischer ist es, Online-Support nicht nur national, sondern global anbieten zu wollen: andere Länder, andere Sitten!

Das Web ist international – automatisch!

Dabei ist die Übersetzung der Supportinformationen in andere Sprachen noch das geringste Problem. Bereits bei der Produktbeschreibung und damit der Selektion gibt es häufig Ausstattungsunterschiede, angefangen von der Spannungsversorgung und unterschiedlichen Steckern über unterschiedliche Normvorschriften bis hin zur Gesetzgebung und Produkthaftung. All dies muss bei der Öffnung des Supportangebots für andere Länder berücksichtigt werden. Selbst Fotos, die ein Produkt oder eine Verpackung zeigen, können zu Irritationen führen, wenn sie nicht lokalisiert werden! Auch die Angabe von Preisen, Lieferzeiten und Verfügbarkeiten, aber auch der Hinweis auf Telefonnummern und Geschäftszeiten birgt Probleme. Geben Sie immer mit an, worauf sich die Angaben beziehen!

Ich kenne den Fall eines Winzers, der seine Weine in Eigenregie über die Website anbot. Als dann Bestellungen aus Japan und arabischen Ländern eintrafen war die Irritation groß: Wie verschickt man Wein über solche Entfernungen? Werden Importgenehmigungen benötigt? Was ist mit den angegebenen Versandkosten und Lieferzeiten? Sie sehen: Manchmal kommen die Probleme unerwartet mit dem Erfolg!

Trotzdem ist der Online-Support die kostengünstigste Form des internationalen Supports, da nur eine zentrale Supportorganisation benötigt wird und der Zugriff für die Kunden über das Internet unabhängig von Raum und Zeit erfolgen kann. Aber es gilt, sich gegen Eventualitäten zu wappnen!

Lokalisierung von Angeboten	
☑	Sprache und Tonfall
☑	Anpassung der Handlungsempfehlungen
☑	Berücksichtigungen gesetzlicher Bestimmungen
☑	Anpassung an kulturelle Besonderheiten
☑	Rücksichtnahme auf Kenntnisstand der Zielgruppe

Checkliste 10.1 Entscheidend für die Akzeptanz des Angebotes ist die Lokalisierung, also die Anpassung an unterschiedliche Zielgruppen – sowohl kulturell als auch inhaltlich.

10.5 Von Prioritäten, Budgets und Deeskalationskonzepten

Sie sollten nun einen Eindruck davon gewonnen haben, welche Kriterien für die Festlegung der Prioritäten für Ihre Service-Strategie wichtig sind. Dabei haben wir allerdings noch einen Aspekt vernachlässigt: das zur Verfügung stehende Budget!

Für die Zukunft planen

Vergessen Sie nicht: Es handelt sich *nicht* um ein einmaliges Projekt: Wenn Sie mit der Umsetzungen beginnen, müssen Sie auch sicherstellen, dass ausreichende Ressourcen (oder anders ausgedrückt: ein Budget) dafür bereitstehen, dass die Serviceangebote laufend gepflegt und aktualisiert werden. Ein veraltetes Serviceangebot ist doppelt ärgerlich: Einerseits hat der Aufbau Kosten verursacht, andererseits ergibt sich so ein sehr negatives Image für Ihre Kunden. Es ist vergleichbar mit einer ISO 9000 Zertifizierung, aus der Sie irgendwann aussteigen wollen: Der Imageverlust für das Unternehmen ist immens.

Mein Tipp: Es ist entscheidend für die Glaubwürdigkeit und Akzeptanz durch die Nutzer, sich bei Online-Service und -Support nie zu viel vorzunehmen!

Refinanzierungsfragen

Prüfen Sie daher, welche Vorhaben mit dem zur Verfügung stehenden Budget tatsächlich erfolgreich umgesetzt werden können! Dabei können Sie für das Einsparpotenzial durch Call Avoidance und Entlastung des Servicepersonals, die geringeren Druck- und Transaktionskosten sowie die zusätzlichen Gewinne durch eine Steigerung der Kundenloyalität und dem Customer-Lifetime-Value zunächst nur grobe Schätzungen vornehmen[2]. Seien Sie hier zunächst recht konservativ – schließlich wissen Sie nicht, wie stark die Kunden Ihr neues Angebot annehmen werden.

Erfolgskriterien für Online-Serviceangebote	Priorität
Kundenzufriedenheit	
☑ durch mehr Direktlösungen	
☑ durch effektive Problemlösung	
☑ durch geringere Lösungsdauer	

Checkliste 10.2 Welche Prioritäten haben Sie beim Aufbau des Online-Serviceangebotes?

2. Zum Thema Kundenloyalität und Customer-Lifetime-Value empfehle ich Ihnen das Buch »Das Loyalitäts-Netzwerk« von Dirk Ploss!

Erfolgskriterien für Online-Serviceangebote	Priorität
☑ ständig Up-to-date-Wissen verfügbar ☑ mehr Erfolgserlebnisse	
Anfragereduzierung ☑ durch Self-Service-Angebot ☑ da weniger Rückfragen notwendig	
Kostenreduzierung ☑ durch kürzere Bearbeitungszeit von Anfragen ☑ durch bessere Anfrageerfassung ☑ durch korrekte Weiterleitung von Anfragen	
Qualitätszuwachs ☑ durch höhere Lösungsquote insgesamt ☑ durch mehr Direktlösungen ☑ durch bessere Konsistenz der Lösungen ☑ durch Nutzung von Best-Practice-Lösungen	
Wirtschaftlicher Erfolg ☑ durch mehr Stammkunden ☑ durch zusätzliche Umsätze ☑ durch Empfehlungsmarketing	
Managementkontrolle ☑ durch Kontrolle über Best-Practice-Einsatz ☑ durch flexiblere Personaleinsatzplanung ☑ durch bessere Auswertbarkeit der Anfragen	

Checkliste 10.2 Welche Prioritäten haben Sie beim Aufbau des Online-Serviceangebotes? (Forts.)

Deeskalationsprinzip

Es ist wichtig, dafür zu sorgen, dass Ihre Maßnahmen aufeinander aufbauen und ein Deeskalationsprinzip verfolgen. Das bedeutet, dass die Angebote, die mit geringstem Aufwand Problemlösung versprechen, dem Anwender als erstes präsentiert werden sollten. Der Blick in die FAQ ist eben bedeutend billiger und auch schneller als die Konsultation eines wissensbasierten Systems oder gar die Inanspruchnahme des Telefonsupports.

Der Workflow muss daher so gestaltet werden, dass Routineanfragen quasi beim ersten Blick auf die Website beantwortet werden und der Anwender sukzessive durch höherwertige Serviceangebote geführt wird, die aber auch mehr Kosten für die Beantwortung der Anfrage verschlingen. Daneben kann der Zugang zu bestimmten Premiumangeboten nur auf bestimmte Kunden beschränkt werden oder gebührenpflichtig sein.

Mit diesem Deeskalationsgedanken und unter der Berücksichtigung des bereits früher besprochenen Pareto-Prinzips sollte es Ihnen leicht fallen, die einzelnen Maßnahmen zu beurteilen und mit Prioritäten und Gewichtungen zu versehen. Daraus ergibt sich dann automatisch eine bestimmte Reihenfolge für die Umsetzung.

In der Regel sollte jedes Konzept drei Stufen umfassen:

1. Routineanfragen sollten rasch und ohne großen Dialog im Self Service gelöst werden können.
2. Darüber hinausgehende, mittelschwere Kundenprobleme sollten möglichst dialogbasiert, aber ohne Personaleinsatz bearbeitet werden.
3. Komplexe, individuelle Kundenanfragen müssen erkannt und an geeignetes Supportpersonal übergeben werden.

Die Abgrenzung der Schwere eines Problems ist dabei fließend. Handelt es sich um »lernende« Systeme, so kann eine Anfrage, die gestern noch als unlösbar für ein wissensbasiertes System galt, morgen von ihm durch einen Update der Wissensbank problemlos lösbar sein. Ziel ist also eine allgemeine Call-Avoidance-Strategie: Je ausgereifter das Online-Servicekonzept, um so weniger Anfragen müssen noch direkt von den Supportmitarbeitern bearbeitet werden.

Mein Tipp: Deeskalation + Pareto-Prinzip = Call Avoidance

Zusammenfassung

Der Mix macht's! Das gilt auch für die Umsetzung des Online-Serviceangebotes. Sie haben zahlreiche Instrumentarien kennen gelernt, die sowohl den nicht-interaktiven Massensupport wie auch den interaktiven, dialogbasierten und lösungsorientierten persönlichen Service im Internet ermöglichen.

Dabei gilt es, die Instrumente zu kombinieren, die einerseits für die Zielgruppe den größten Nutzen bringen, andererseits aber für das Unternehmen wirtschaftlich und rechtlich einwandfrei umsetzbar sind. Der richtige Mix ist immer individuell festzulegen – ansonsten wäre eine Differenzierung über das Supportangebot nicht gegeben.

Anwendersupport spielt einerseits eine wichtige Rolle im Marketing, indem Supportleistungen selbst als Bestandteile des Produkts betrachtet werden können. Support ist aber auch ein wesentlicher Begleiter des gesamten Verkaufsprozesses. In Rahmen des Sales-Cycle werden Supportangebote zur Optimierung von Auswahlvorgängen dazu beitragen, den Bestellvorgang zu unterstützen und als After-Sales-Services die Kundenbindung und Kundenzufriedenheit zu stärken.

Vor der Einrichtung von Supportangeboten wird sinnvoller Weise die Analyse der bestehenden technischen und inhaltlichen Infrastruktur stehen. Überlegungen zur Implementierung sollten immer unter Einbeziehung aller beteiligten Abteilungen erfolgen. Ganz wichtig: Fragen Sie die zukünftigen Nutzer – ob es sich nun um Interessenten, Neukunden, Stammbesucher oder auch Geschäftspartner und Mitarbeiter handelt. Auch Ihre eigenen Mitarbeiter müssen den Umgang mit den neuen Support-Tools, Feedback-Werkzeugen und Daten- beziehungsweise Wissensbanken häufig selbst erst erlernen. Die Möglichkeit zum Feedback muss allen Benutzergruppen zur Verfügung stehen. Das trägt neben der Kundenbindung auch zur Zufriedenheit der Mitarbeiter bei, was gerade im Bereich Support ein wesentlicher Faktor für den Erfolg ist.

11 Case Sudies

»Der Mensch hat dreierlei Wege, klug zu handeln:
erstens durch Nachdenken, das ist der edelste;
zweitens durch Nachahmen, das ist der leichteste;
drittens durch Erfahrung, das ist der bitterste!«
Konfuzius

Bevor Sie an die Umsetzung gehen, ist es sinnvoll, sich noch einmal anzuschauen, was andere machen. Die folgenden Fallbeispiele zeigen gelungene Szenarien für den Anwendersupport sowohl im Pre-Sales als auch im After-Sales-Bereich. Die Anwendungen gehen dabei bewusst über das heute übliche Maß an Online-Service und -Support hinaus und zeigen, wie sich künftig Unternehmen über den angeboten Kundenservice im Internet differenzieren werden.

Effektiver Service – nicht nur bei Großkonzernen

Dabei zeigt sich, das ein umfassender, effektiver Service nicht nur Großkonzernen vorbehalten bleibt. Es gilt auch für kleine und mittelständische Unternehmen, das Wissen und das Know-how der Supportmitarbeiter und des Verkaufspersonals online verfügbar zu machen!

Die Auswahl der Beispiele bedeutet nun beileibe nicht, dass Sie alles kommentarlos übernehmen sollen. Außerdem ist auch hier nicht immer alles perfekt gelöst. Vielmehr sollen die Case Studies zum Nachdenken anregen. Fragen Sie sich, ob Sie bei Ihrer Planung alles berücksichtigt haben ... Wenn nicht, dann gehen Sie nochmals einen Schritt zurück und beschäftigen Sie sich noch einmal mit der Konzeption, *bevor* Sie an die Umsetzung gehen.

11.1 YelloStrom.de – Service auf den ersten Blick

»Weil die Internet-Gemeinde mit Informationen vielfach nur so überhäuft wird, spielt die Benutzerfreundlichkeit von Technik eine immer größere Rolle. Eve – die virtuelle Kundenberaterin mit den menschlichen Zügen – erleichtert den Umgang mit der Technik und macht diese Benutzerfreundlichkeit zu einem Komfort, den der moderne Kunde nicht mehr missen will.«
Andreas Müller, Pressesprecher Yello Strom

Die Ausgangslage

Am 9. August 1999 startete Yello in Deutschland und wurde auf Anhieb zum Marktführer unter den neuen Stromanbietern. Mit rund 700000 Kunden hat Yello diese Marktführerschaft deutlich ausgebaut. Yello Strom ist eine Tochter der Energie Baden-Württemberg AG (EnBW). Genau zwei Jahre später wurde der Online-Auftritt neu gestaltet – mit Blick auf die Kundenprobleme und ihre Lösung. Zahlreiche Serviceangebote kommen dabei vielfältig zum Einsatz.

Die Herausforderung

Unternehmen online ein »Gesicht« geben

Die Yello Strom GmbH hat erkannt, dass ein Online-Auftritt von Service, Dialog und Identifikationspotenzial »lebt«. Beim Relaunch des Webauftritts zum zweijährigen Firmenjubiläum wurde daher ganz bewusst darauf geachtet, die Serviceangebote ins Blickfeld der Kunden zu rücken und dem Unternehmen auch online ein »Gesicht« zu geben.

Die Lösung

Im neuen Yello-Internetauftritt nimmt die Eve, ein Avatar, alle Besucher sozusagen »an die Hand« und führt sie kompetent und nett durch die Webseiten. Die junge Frau empfängt jeden Homepage-Besucher charmant, unterhält sich mit ihm – und beantwortet Fragen rund um Yello und das Thema Strom. Eve ist virtuell und doch so »echt« durch ihre eleganten Bewegungen, ihr charmantes Lächeln und ihre ausgeprägte Mimik. Ihr »Beruf«: Kundenberaterin. Doch das Schönste an ihr: Sie gibt Yello buchstäblich ein Gesicht im Internet und das sonst so anonyme Web bekommt eine viel persönlichere und sympathischere Note.

Eve ist schlagfertig, voller Leben und Witz

Und so funktioniert es: Der Homepage-Besucher tippt einfach eine Frage ein, im Nu bekommt er von Eve die Antwort. Eine Internet-Begegnung von Angesicht zu Angesicht. Schluss mit dem nüchternen Ablesen von Web-Informationen – hier ist es ein Gespräch. Denn Eve ist schlagfertig, voller Leben und Witz: Wer frech fragt, bekommt eine kecke Antwort. Wer anzüglich wird, dem kontert sie: »Sie stehen wohl unter Strom? Blitzableiter gibt es im Baufachhandel ...« Aber wenn man mit ihr flirtet, wird sie auch schon mal rot ...

Für Eves Konversationsfähigkeit und ihre »Intelligenz« zeichnet die Frankfurter /:piranhaz neue medien GmbH in enger Zusammenarbeit mit der Yello Strom GmbH verantwortlich. Die Experten auf dem Gebiet der Dialogmodellierung für Bots und ein »Wissensteam« bei Yello Strom haben dafür gesorgt, dass Eve im Beratungsgespräch um keine Antwort verlegen und beim Smalltalk nicht auf den Mund gefallen ist.

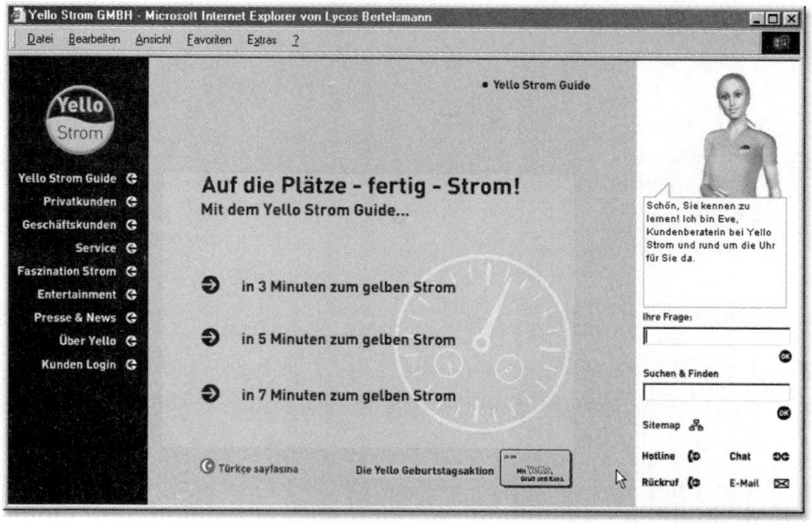

Abbildung 11.1 Eve und mehr: Wer auf der YelloStrom.de-Homepage Unterstützung sucht, findet ein umfangreiches Serviceangebot vor.

Beeindruckende Palette von Serviceleistungen

Eve ist nicht das einzig Bemerkenswerte am Internetauftritt von Yello. Auffällig ist vor allem die Vielfalt der Serviceinstrumente in der rechten Navigationsleiste: Hier findet sich vom Avatar über die Suchfunktion und eine Sitemap bis hin zu Chat, Call-Back-Funktion, Hinweisen auf die telefonische Hotline und einem Webformular für den E-Mail-Kontakt eine beeindruckende Palette von Serviceleistungen. Und auch verschiedene zielgruppenspezifische Guided Tours fehlen nicht.

Zu guter Letzt beeindruckt der Hinweis auf die türkischsprachige Hotline ... hier zeigt sich, dass das Unternehmen die Zielgruppenselektion ernst nimmt. Wie oft schon haben Sie ein deutsch- und englischsprachiges Angebot gesehen? Aber türkisch? Oder andere Sprachen?

Mein Tipp: Untersuchen Sie: Welche Landessprachen sind für Ihre Kundschaft wichtig?

Die Vorteile

Wegweiser durch die Homepage

Eve macht den Besuch der Yello-Webseiten vor allem für Internet-Einsteiger kinderleicht. Nicht nur, weil sie vielen die Scheu vorm Surfen nimmt, sondern auch, weil sie ein patenter Wegweiser durch die neue Homepage von Yello Strom ist. Ein Dienst am Kunden im Zeitalter von oft irritierender Informationsschwemme und purer Reizüberflutung.

Damit Eve die Fragen der Web-Besucher beantworten kann, verfügt sie über ein eingebautes Sprachprogramm: den Bot. Dieses Programm versetzt Eve in die Lage, sich mit den Website-Besuchern zu unterhalten und sie klug durch die Yello-Seiten zu führen.

Aber Eve ist nur das Aushängeschild von Yello. Auch die anderen Serviceangebote haben es in sich – und die kompakte Präsentation auf den Webseiten ist vorbildlich, berücksichtigt man die Intention des Anbieters.

Der Nutzen

- Yello zeigt »Gesicht«.
- Den Interessenten steht ein umfangreiches Serviceangebot zur Verfügung.
- Die Identifikation mit dem Angebot fällt leichter, die Anonymität wird reduziert.
- Die Nutzer können in ihrer Sprache kommunizieren – bedingt sogar auf türkisch.

11.2 Amazon.de – Differenzierung durch umfangreiche Serviceangebote

»Der einzige Weg, uns zu behaupten, ist über bessere Dienstleistungen und besseren Service. Die Kunden sind Götter.«

Jeff Bezos, Gründer von Amazon.com

Die Ausgangslage

Amazon.de ist Deutschlands führender Online-Händler für Bücher, CDs, DVDs und Videos. Darüber hinaus bietet Amazon.de Software, Computer- und Videospiele sowie Geschenkartikel an.

Amazon.de ist Teil der ständig wachsenden Amazon-Familie. Im Oktober 1998 wurde die deutsche Tochterfirma des US-amerikanischen E-Commerce-Pioniers Amazon.com mit einem Angebot von über einer Million deutsch- und englischsprachigen Büchern eröffnet. Das Buchangebot wurde vor kurzem um 150000 britische Titel ergänzt. Seit Oktober 1999 bietet Amazon.de weiterhin rund 250000 Musik-CDs aller Stilrichtungen. Im November 1999 wurde das Angebot um die Handelsplattformen Auktionen und zShops erweitert. Im Amazon.de-Auktionshaus kann online ver- und ersteigert werden, auf dem virtuellen Marktplatz zShops können Privatpersonen und Unternehmen Artikel aus allen Lebensbereichen zu festen Preisen anbieten oder erwerben. Seit März 2000 bietet

Amazon.de auch DVDs und VHS-Videos an, seit Sommer 2000 Computer- und Videospiele sowie Software-Produkte und CD-ROMs. Im November 2000 wurde das Angebot um Geschenkartikel ergänzt. Im Geschenkeshop finden Kunden Schönes und Praktisches für die Wohnung und kulinarische Spezialitäten, aber auch hochwertige Elektronikartikel wie Organizer, Mobiltelefone und Notebooks.

Abgerundet wird das Angebot durch elektronische Grußkarten, die kostenlos über die Website von Amazon.de versandt werden können. Amazon.de bietet die sichere 1-Click™-Bestellung, einfache, umfassende Suchmöglichkeiten und eine 30-tägige Rückgabegarantie. Alle Kundendaten und persönlichen Informationen werden verschlüsselt übermittelt. Amazon.de bietet die Bezahlung per Bankeinzug ohne Risiko. Zudem ist der Amazon.de Buch- und Musikkatalog auch über WAP zu erreichen.

Die Herausforderung

Differenzierung außerhalb der Kernfunktionalität

Der Markterfolg von Amazon kommt nicht von selbst. Zwar ist das Angebot allein schon ein wichtiges Erfolgskriterium – aber das kann die Konkurrenz ebenfalls auf die Beine stellen. Vielmehr muss die Differenzierung außerhalb der Kernfunktionalität eines Shops liegen: Informationsangebot, redaktionelle Dienste, Personalisierung, persönliche Empfehlungen, ein einfacher, bequemer Einkauf sowie die jederzeitige Kontrolle des Bestellstatus zeichnen Amazon gegenüber vielen Wettbewerbern aus.

Die Lösung

Amazon stellt ein extrem umfangreiches Serviceangebot bereit, das in seiner Komplexität von den Kunden zum Teil gar nicht unmittelbar wahrgenommen wird. Das Angebot reicht von Partnerprogrammen über persönliche Empfehlungen und das Angebot von Geschenkgutscheinen bis hin zum mobilen Einkaufen mit dem Handy. Ziel ist es hier nicht, das gesamte Angebot zu beleuchten – darüber könnte man allein ganze Bücher schreiben. Ich möchte mich hier auf einige Aspekte konzentrieren, die richtungsweisend für einen optimalen Kundenservice im Internet sind.

Das Affiliate-Programm

Das **Partnerprogramm** lässt Kunden an Empfehlungen von Amazon-Produkten profitieren. Wer eine eigene Website hat, kann so eine Umsatzbeteilung erhalten für Verkäufe, die direkt über Empfehlungslinks zustande kommen. Damit macht Amazon Kunden zu geschäftlichen Partnern.

Lernende Empfehlungsfunktion

Es werden laufend neue **persönliche Produktempfehlungen** ausgesprochen, die auf der automatischen Auswertung von den bisherigen Einkäufen, aber auch den besuchten Seiten und dem Nutzerverhalten anderer, ähnlicher Käuferschichten beruhen. Das System ist wissensbasiert und leistet durchaus Erstaunliches, wenn man Amazon regelmäßig nutzt. Da das System ständig hinzu lernt, werden die Empfehlungen mit der Zeit immer besser. Zudem schafft dieses Serviceinstrument eine Identifikationsbasis mit dem Angebot (wie es auch die persönliche Anrede auf den Webseiten vermag) und generiert immer wieder neue Umsätze.

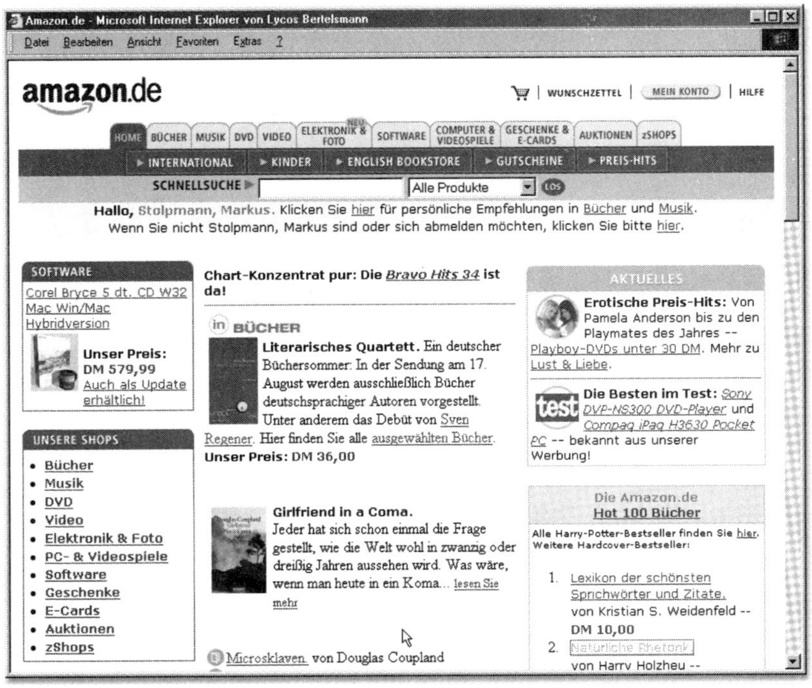

Abbildung 11.2 Service und Information: Im Mittelpunkt steht der Nutzwert und das Empfehlungsmarketing, nicht der Verkauf.

Persönliche Empfehlungen

Die ausführlichen Produktinformationen werden zudem um Kundenrezensionen, ein Bewertungssystem und ein Verkaufsranking ergänzt. Auch erfährt man, was andere Kunden sonst noch erstanden haben, die ein bestimmtes Produkt gekauft haben. So entsteht der **Eindruck persönlicher Empfehlungen**, ohne dass die Amazon-Mitarbeiter selbst besonders viel Erfahrung mit den Verkaufsgegenständen sammeln müssten. Es sind die Kunden selbst, die dieses Erfahrungswissen sukzessive beisteuern.

Komfortables Bestellen

Der patentierte 1-Click-Kauf ermöglicht es Amazon zudem, einen besonders **bequemen und raschen Bestellvorgang** für die Kunden zu bieten. Dabei werden Bestellungen, die in einem gestimmten Zeitfenster erfolgen, sogar automatisch zu einer Gesamtbestellung zusammengefasst. Die

Bequemlichkeit des Verfahrens wiederum erhöht die Anzahl der Impulskäufe durch die Kunden.

Wunschzettel

Merklisten, auf denen der Kunde all die Produkte notieren kann, die er sich im Augenblick (noch) nicht leistet, sowie öffentlich einsehbare Wunschzettel erlauben es zudem, sich bequem bestimmte Artikel auszusuchen und dann später zu kaufen oder schenken zu lassen.

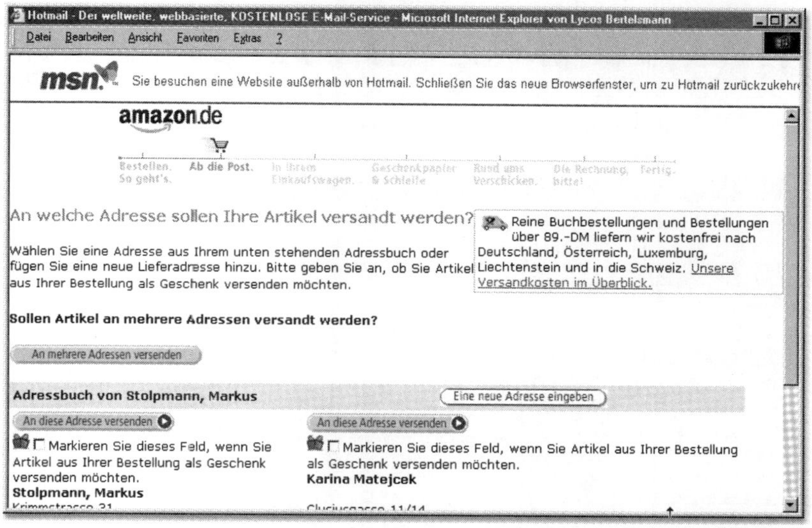

Abbildung 11.3 Mehrere Lieferanschriften können im Kundenprofil hinterlegt werden und jederzeit ist auch der Versand als Geschenk möglich.

Einfach geschenkt

Da ist es dann sowieso nur noch ein kleiner Schritt hin zu den Möglichkeiten, **Geschenke** (samt Geschenkverpackung und persönlicher Botschaft) **und Gutscheine** an Freunde und Bekannte zu verschicken. Geschenktipps gibt es zudem in einem speziellen Bereich – abgestimmt auf das Profil des zu Beschenkenden. Dabei dienen die Geschenkgutscheine und von Amazon und Partnern vergebenen Coupons als auch verdecktes Anreiz- und Rabattsystem.

Neue Anreize zum Besuch der Website

Akkurate Informationen zum **Liefer- und Bestellstatus per E-Mail**, aber auch im geschlossenen Kundenbereich der Website, runden das Serviceangebot ab. Hinzu kommt ein geschickt eingesetztes E-Mail-Marketingkonzept, das es über Newsletter versteht, immer wieder neue Anreize zum Besuch der Website und zu neuen Einkäufen zu geben. Und letztlich werden sporadisch auch Follow-ups eingesetzt, um die Kundenzufriedenheit zu analysieren.

Die Vorteile

Für die Kunden entwickelt sich die Amazon-Website so zum One-Stop-Shop. Für bestimmte Produktkategorien, allem voran Bücher, findet man hier umfassende Information gepaart mit persönlichen Empfehlungen und einem exzellenten Service. Bequemlichkeit ist Trumpf. Dabei werden wissensbasierte Systeme und Personalisierung dezent, aber äußerst wirkungsvoll eingesetzt!

Abbildung 11.4 Noch etwas ausgereifter: die Serviceangebote bei Amazon.com

Noch einen Schritt voraus: Amazon.com

Übrigens: Nicht alles ist optimal gelöst. Und manchmal lohnt ein Blick über den großen Teich, was eigentlich alles möglich ist: Amazon.com ist in vielem dem deutschen Ableger noch einen Schritt voraus. Dort können Leserrezensionen hinsichtlich ihrer Nützlichkeit bewertet werden, registrierte Kunden können Buchempfehlungslisten hinterlegen, es gibt eine Aufstellung nicht nur der Bestseller, sondern auch der Produkte, die besonders stark im Verkauf gestiegen sind. Die Liste ließe sich noch verlängern. Da wundert es auch nicht, dass man sich mit seinen deutschen Kundendaten auch im Stammhaus einloggen kann und dann eben amerikanische Empfehlungen bekommt, die dem eigenen Nutzerprofil entsprechen ...

Der Nutzen

- Persönliche Beratung wird geschickt suggeriert, ist aber Ergebnis automatischen Profilings und wissensbasierter Empfehlungsgeneratoren.
- Alle möglichen Fälle – vom Abbruch des Shopbesuchs mit Übernahme des Warenkorbs in die Merkliste bis hin zum Geschenkversand – wurden berücksichtig.
- Bequemlichkeit und Service stehen im Vordergrund, nicht der Verkauf.
- Zusätzliche Informationen werden durch die Nutzer selbst generiert – sei es durch Rezensionen oder auch das eigene Einkaufs- und Surfverhalten. So lernt Amazon ständig dazu.

11.3 RS-Components.de – Unterstützung von B2B-Stammkunden

»RS Components – das heißt konsequenter Dienst am Kunden, Service auf höchstem Niveau, kostenlose technische Beratung und eine Palette von derzeit über 82 000 Qualitätsprodukten im Angebot. Damit Sie unseren Service »live« erleben können, haben wir für Sie unseren kompletten gedruckten Katalog auch ins Internet gestellt: Alles aus einer Hand – testen Sie uns!«

www.rs-online.de

Die Ausgangslage

In der deutschen Distributoren-Landschaft ist die RS Components GmbH, die deutsche Gesellschaft der international tätigen RS Components-Gruppe und Tochtergesellschaft der Electrocomponents mit Sitz in England, mittlerweile ein fester Begriff. Seit April 1991 versorgt das Unternehmen vom hessischen Mörfelden-Walldorf aus Ingenieure, Techniker und andere professionelle Anwender mit elektronischen, elektrotechnischen, elektromechanischen und mechanischen Bauelementen für Forschung und Entwicklung, Konstruktion, Instandsetzung, Wartung und viele weitere Bereiche.

Heute bestellt – morgen gebracht

Der Erfolg von RS Components beruht auf einem besonderen Service-Konzept: Qualitätsprodukte in kleinen Mengen werden mit dem bestmöglichen Service distribuiert. Dabei heißt das Konzept »Heute bestellt – morgen gebracht«: Geht eine Bestellung von Montag bis Freitag bis 20 Uhr bei RS ein, wird die Ware zu 97 Prozent am nächsten Arbeitstag angeliefert. Auch nach der Bestellung kommt es bei RS auf Qualität und Service an: Ein Service-Center bearbeitet Garantiefälle oder Reklamationen im Fall des Falles schnell und unbürokratisch. Und damit es erst gar nicht soweit kommt, hilft die kostenlose RS SearchLine bei der Auswahl der richtigen Produkte.

Die Herausforderung

Bei einer Auswahl von über 82000 Produkten ist es nicht leicht, das richtige Produkt zu finden. Traditionell zeigen der zweibändige gedruckte RS Katalog und die Katalog-CD-ROM den Kunden vielfältige Wege auf, das gesuchte Produkt und die gewünschten Informationen einfach und schnell zu finden.

Den Anspruch von RS an Qualität und Service gilt es auch auf den Online-Shop zu übertragen, der das gesamte Produktsortiment bereitstellt. Hier werden fortschrittliche Online-Suchfunktionen, kundenabhängige Startseiten und Personalisierung sowie umfangreiche Zusatzinformationen, Zusatz- und Beratungsleistungen benötigt, um die Kunden auch online optimal betreuen zu können.

Die Lösung

Zunächst müssen Sie sich bei www.rs-components.de registrieren, was typisch für B2B-Angebote ist. Nach dem Log-in haben Sie Zugang zu aktuellen Informationen über Produkte, Preise und technische Informationen.

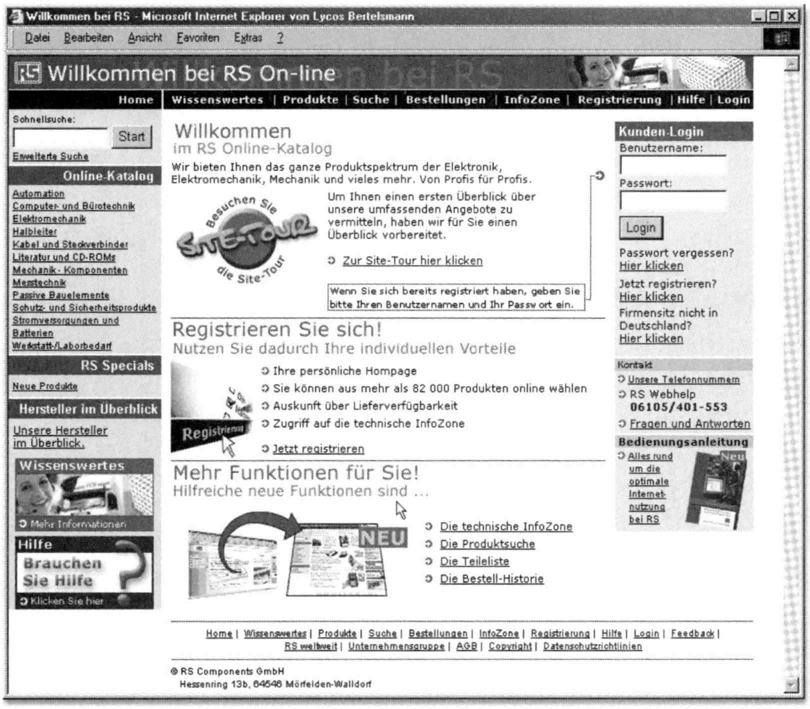

Abbildung 11.5 Der RS-B2B-Shop: Zugang nur nach Registrierung und Log-in

Doch die Registrierung ist mehr als nur ein Nadelöhr: Es werden unter anderem Stammdaten gesammelt, die den Bestellvorgang erleichtern. Zudem wird ein Interessensprofil angelegt. Dadurch erhalten alle Kunden nach dem Log-in auf der Website Ihre persönliche, auf die spezifischen Bedürfnisse abgestimmte Homepage.

Effektives Profiling

Die Website verschafft den Nutzern viele Vorteile – sie sparen Zeit, vermeiden unnötigen Papierkrieg und können sich auf das Wesentliche konzentrieren. Um den Benutzerkomfort zu verbessern, wurden einige interessante Funktionen hinzugefügt:

- **Leistungsstarke Online-Suche**
  Mit der benutzerfreundlichen Suche finden Sie sämtliche Produkte und Informationen einfach und schnell, so per Stichwort, Artikelnummer Hersteller oder Datenblatt. Neben der Schnellsuche gibt es zudem eine Komfortsuche, bei der detaillierte Vorgaben für die Suche gemacht werden können. Zusätzlich ist eine Navigation durch die einzelnen Produktkategorien jederzeit möglich.
- **Einfacher Bestellvorgang**
  Der gesamte Bestellprozess funktioniert online, d.h., Informationen zur Verfügbarkeit, die Auftragsbestätigung sowie Ihre Bestell-Historie etc. können direkt den Angaben auf dem Bildschirm entnommen werden. Bei der Bestellung können auch verschiedene Lieferadressen angegeben werden, die im Kundenprofil zur erneuten Nutzung hinterlegt werden. Auch die Zahlungsart kann in gleicher Weise bearbeitet werden, wobei eine Standardoption bestimmt werden kann, die per default verwendet wird.
- **Bestell-Historie**
  Die Online-Bestelldaten werden 13 Monate lang online gespeichert. Hier haben Sie Ihre gesamten Bestellungen der letzten Monate im Überblick. So können Sie einfach dort aufgeführte Produkte in Ihre aktuelle Bestellung übernehmen und bekommen gleichzeitig eine bessere Kontrolle über Ihre Einkäufe.
- **Teileliste**
  Häufig bestellte Posten können in Form einer persönlichen Teileliste gespeichert werden, die immer wieder verwendet werden kann. Diese Funktion ist ideal für Wiederholungsaufträge, sie erlaubt die beliebige Zusammenstellung aller häufig georderten Posten und spart Zeit, da die Liste direkt auf das Bestellformular übertragen werden kann.

- **Technische Information**
  Die technische InfoZone bietet Zugang zu einer Datenblattbibliothek mit über 15000 Datenblättern, Bedienungsanleitungen; Übersichtstabellen, Umrechnungshilfen und nützlichen Links. Besonders erwähnenswert sind die so genannten »E-Tools«: Das sind nützliche technische Tabellen und Online-Umrechnungshilfen, die direkt für die tägliche Arbeit einsetzbar sind..
- **Technische Anfragen per E-Mail**
  Bleibt eine Frage offen, so ist RS-Components auch per E-Mail erreichbar. Aus der Eigenwerbung: »Senden Sie uns eine E-Mail mit Ihrer Frage zu einem beliebigen Thema. Unsere Ingenieure werden Sie Ihnen gerne beantworten, von Profi zu Profi.«
- **Online-Hilfe, FAQ und telefonische Hotline**
  Sollten trotzdem noch Unklarheiten bestehen, so gibt es auch eine Online-Hilfe und eine FAQ ... Und wenn das nicht hilft, steht eine telefonische Hotline montags bis freitags von 7-20 Uhr zur Seite.

All diese Funktionen wurden entwickelt, um Kunden den bestmöglichen Service zu bieten und ihnen bei der Bewältigung der täglichen Arbeit eine umfassende Hilfe zur Selbsthilfe zu geben.

Die Vorteile

»Einfacher ans Ziel!« – so könnte das Motto der Website lauten. Wer will noch einen zweibändigen gedruckten Katalog, wenn ihm die aktuellsten Daten online jederzeit zur Verfügung stehen und so die Produktauswahl und die Bestellung deutlich komfortabler werden?

Die Website konzentriert sich vor allem auf zwei Aspekte:

- geeignete Produkte schneller finden
- schnell und einfach bestellen

Komfortsuche

So können Sie über die Schnellsuche das gewünschte Produkt direkt auffinden oder über die Komfortsuche detaillierte Kriterien eingeben, wie Artikelnummern (auch aus den Print-Katalogen), Stichworte (die dann in der Produktbeschreibung vorkommen müssen), Hersteller (auch eingeschränkt auf Produktkategorien) und Datenblätter, wobei sogar schon Teile von Nummern beziehungsweise Begriffen ausreichen. Hier ist auch die Kombination von Suchkriterien möglich.

Abbildung 11.6 Umfangreiche Unterstützung für registrierte Nutzer

Das Suchergebnis können Sie sich schließlich als Text oder in Verbindung mit Bildern darstellen lassen und direkt bestellen. Datenblätter, Informationen zur Verfügbarkeit (»Ist der gewünschte Artikel auf Lager?«) und zur Preisstaffelung je nach bestellter Stückzahl runden das Angebot ab.

Technische Fachinformationen

Hinzu kommt das technische Informationszentrum: InfoZone ist ein technisches Portal für registrierte Kunden. Hier finden Sie detaillierte Informationen zu Produkten und Anwendungsgebieten, darunter auch Datenblätter, Testberichte sowie Expertentipps. Sie können Fachbeiträge lesen und Fachinformationen abrufen sowie Links zu Fachwörterbüchern und Formelsammlungen nutzen.

Teilelisten, Bestell-Historie, unterschiedliche Lieferadressen usw. erleichtern die Bestellung zudem. Da der Kunde registriert und eingeloggt ist, entfällt die lästige Eingabe der immer gleichen Kundendaten. Im Zweifelsfall springt die technische Beratung per E-Mail in die Bresche. So ist das gesamte Angebot ausgelegt auf die optimale, kompetente Unterstützung der Arbeit der B2B-Kunden.

Der Nutzen

- rasche Produktauswahl
- umfangreiche Suchfunktionen und Zusatzinformationen
- Optimierung des Bestellvorgangs für Stammkunden
- bei Bedarf Beratung per Telefon und E-Mail

11.4 Shopping24 – Produktsuche im Online-Shop

»Unsere Kunden kommen nicht nur zum Bummeln zu Shopping24, sondern wollen unsere Produkte auch schnell finden. Um sie mit dem umfangreichen Produktangebot nicht allein zu lassen, bieten wir ihnen eine Suchfunktion, die so intelligent ist, dass auch ähnliche und dazu passende Produkte gefunden werden. Damit sichern wir uns ein starkes Alleinstellungsmerkmal gegenüber unseren Wettbewerbern.«

Andreas Feike, Geschäftsführer Shopping24

Die Ausgangslage

Shopping24 (www.shopping24.de) ist eine der größten Shopping-Malls im Internet. Die Otto-Tochter vereint zurzeit mehr als zwanzig Anbieter mit über acht Millionen Artikeln unter einem Dach: Mode, Blumen, Reisen, Bücher, CDs und Software. In jedem warentragenden Shop befinden sich mindestens 500 Artikel. Shopping24 wurde im Oktober 1997 gegründet.

Die Herausforderung

Differenzierung durch qualifizierte Beratung

Internet und Beratung – eine Kombination, die noch selten zu finden ist. Für Online-Shops gilt häufig: »Wer weiß, was er sucht, der findet. Wer es nicht weiß, ist verloren.« Bei der Online-Produktauswahl ist die individuelle Unterstützung der Kunden jedoch entscheidend. Das hat auch den Ausschlag für die Otto-Tochter Shopping24 gegeben, ihr Angebot mit qualifizierter und individueller Beratung als wichtiges Differenzierungskriterium im Wettbewerb zu erweitern.

Die Lösung

Bei der Lösung für den Online-Shop mit einem Angebot von über acht Millionen Markenartikeln nutzte man das Wissen, das in der immensen Anzahl von Produktinformationen bereits vorhanden war. Der Anwender kann nach seinem gewünschten Artikel mit einer einzigen Abfrage in allen Shops gleichzeitig oder wahlweise in nur bestimmten Shops mit oder ohne Bilder suchen lassen. Als Ergebnis erhält er eine Anzeige der gefundenen Artikel, sortiert nach Relevanz. Um diese Reihenfolge zu erstellen, merkt sich die Suchmaschine das Klickverhalten aller Anwender und passt seine Wertung entsprechend an. Zusätzlich werden ergänzende Produkte angezeigt. Ist kein Treffer vorhanden, erhält der Kunde eine Anzeige verwandter Artikel. Das System speichert also das Erfahrungswissen der Verkaufsprofis und lernt gleichzeitig von der Interaktion mit den Kunden.

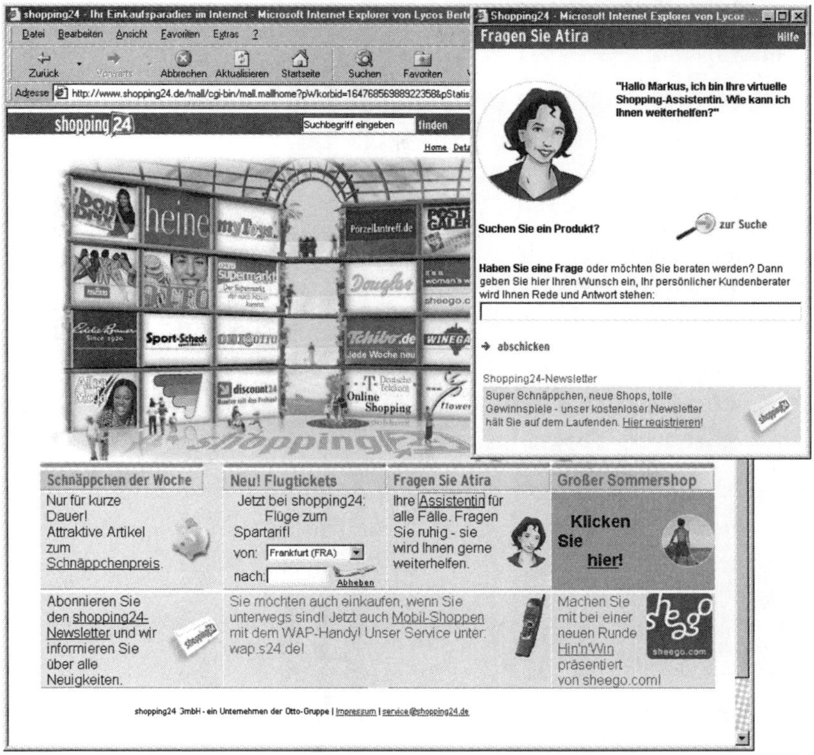

Abbildung 11.7 Atira, die virtuelle Servicemitarbeiterin von Shopping24. Beachten Sie auch die weiteren Serviceangebote!

Die Realisierung

Virtuelle Assistentin

Der Kern des Servicebereichs bei Shopping24 ermöglicht einen Höchstgrad an Flexibilität. Einzelne Komponenten stellen Dienstleistungen zur intelligenten Beratung, zum leistungsfähigen Retrieval und zum einfachen Datenzugriff zur Verfügung. Insgesamt wurden 3000 Konzepte und ein Wortschatz von mehr als 15000 Wörtern bei Shopping24 erarbeitet. Dadurch ist ein intuitiver Zugang auf die Produktdaten möglich. In natürlicher Sprache kann der Kunde wie im richtigen Leben mit dem System auch ohne spezifisches Wissen kommunizieren. Zudem ist es möglich, mit einer intelligenten, virtuellen Assistentin zu kommunizieren. Weitergehende Personalisierungsfunktionen der Online-Angebote sind geplant.

Der Nutzen

Für den Anwender:

- hohe Verfügbarkeit durch Bereitstellung als Self-Service-Angebot im Internet
- eine einzige Abfrage genügt, um alle Angebote der über 20 integrierten Shops abzufragen
- einfache Bedienung durch die Eingabe der Anfrage in Freitext

Für den Systemintegrator:

- leicht zu pflegendes System
- vorhandene SQL-Datenbanken können genutzt werden

11.5 check out Touristik – Interaktive Last-Minute-Reisebörse

»E-Commerce ist mittlerweile die bestimmende Vision in unserem Unternehmen geworden. Nicht nur Kunden, sondern auch unsere Mitarbeiter schätzen das Beratungspotenzial unserer intelligenten Internet-Reisebörse.«

Roman Borch, Geschäftsführer check out Touristik GmbH

Die Ausgangslage

Die check out Touristik GmbH in Berlin ist einer der führenden Internet-Anbieter von Produkten und Services rund um das private Reisevergnügen. Das Unternehmen erkannte das Potenzial des Internets für den Vertrieb von Last-Minute-Reisen sehr früh. Heute registrieren intelligente Assistenten die Kundenwünsche, schlagen sinnvolle Alternativen vor oder informieren den Kunden, sobald ein passendes Angebot eingeht. check out nutzt damit modernste Technologien und erzielt einen höheren Grad an Kundenzufriedenheit.

Die Herausforderung

Oft fehlt es an Beratungskompetenz

Online-Shops sind eine effiziente Möglichkeit, die Reichweite des eigenen Angebots zu erhöhen, neue Kundenkreise anzusprechen und unabhängig von regionalen Beschränkungen jederzeit präsent zu sein. Allerdings fehlt es oft an Beratungskompetenz: Sucht der Anwender nach einem passenden Angebot, so erhält er häufig zu viele oder gar keine Treffer. Besonders augenfällig ist dieses Problem im Touristikbereich: Kein Reisebüro würde einen Kunden nach Hause schicken, wenn die gewünschte Reise nicht verfügbar ist – man sucht nach Alternativen! Und die meisten Kunden sind durchaus flexibel. Im Internet jedoch ist diese Art der Beratung Mangelware.

Die Lösung

Nie ohne Suchtreffer

Die richtige Technologie hilft dabei, die dem Kundenwunsch ähnlichsten verfügbaren Angebote herauszufinden. Der Anwender erhält so immer ein Resultat und kann sicher sein, dass die entsprechende Reise auch wirklich verfügbar ist. Zugleich werden die Angebote und Alternativen nach ihrer Relevanz geordnet: die besten Treffer zuerst.

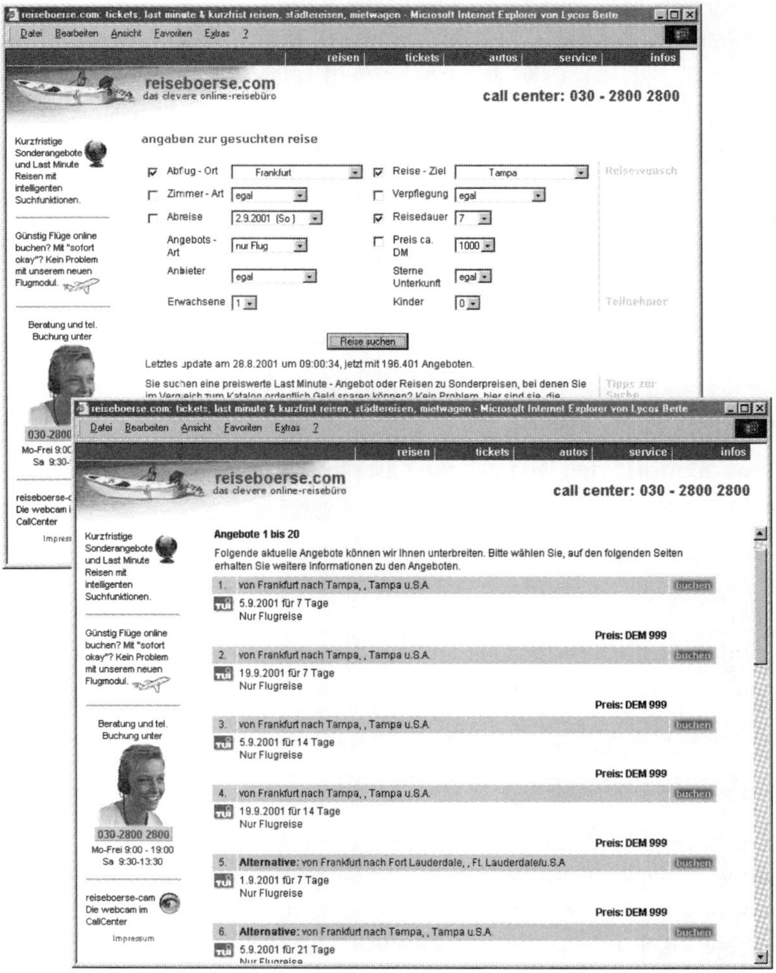

Abbildung 11.8 Intelligente Last-Minute-Reisebörse mit Mehrwert (www.reiseboerse.com): Komfortable Angabe von Suchkriterien und Sortierung der Angebote nach Güte mit Unterscheidung von Volltreffern und Alternativen

Die Vorteile

Wissensbasiertes System

Die Kunden erhalten auf alle Anfragen passende Angebote. Falls notwendig, werden geeignete Alternativen vorgeschlagen. Bei eher vagen Anfragen werden sie von der Last befreit, sich durch eine Vielzahl an Angeboten zu klicken. Das Know-how des Reisebüros ist in einem wissensbasierten System hinterlegt, das die Rolle eines intelligenten Assistenten übernimmt. Es umfasst geographisches Wissen ebenso wie Zusammenhänge und Abhängigkeiten. So kann das Wissen dort zur Verfügung gestellt werden, wo es am produktivsten ist: an der Schnittstelle zwischen Unternehmen und Kunden.

Die mehrfach preisgekrönte Anwendung wurde unter anderem ausgezeichnet mit dem »Best of Internet World Berlin 99« Award und als »Innovative Application of AI 1999«. Für check out Touristik jedoch viel wichtiger ist der wirtschaftliche Erfolg des Systems: Die Buchungszahlen steigen stetig, die Kundenzufriedenheit ist konstant sehr hoch.

Der Nutzen

- Kunden erhalten online die Angebote, die sie auch von einem Reisebüro erwarten würden.
- Die Auskunft »Kein Treffer gefunden!« wird vermieden.
- Beratungskompetenz und Know-how des Unternehmens werden im Internet verfügbar gemacht.
- Anwendern werden jederzeit die besten Resultate und Alternativen zu ihrer Anfrage präsentiert.
- Kundenzufriedenheit und damit Kundenbindung werden gesteigert.
- Das Suchsystem verwendet die vorhandene Reisedatenbank und erweitert die Suchmöglichkeiten um eine intelligente, wissensbasierte Komponente.

11.6 Quoka AG – Intelligenter Assistent in Online-Anzeigenmärkten

»Die intelligente Suchmaschine ist mehrsprachig, korrigiert Eingabefehler und sucht auch ähnliche Angebote. Wer im französischsprachigen Teil der Schweiz lebt und ein Auto im deutschsprachigen Teil sucht, kann seine Anfrage auch auf französisch eingeben. Für uns ist das ein exzellentes Alleinstellungsmerkmal.«
Dirk Kleiner, Geschäftsführer Quoka AG

Die Ausgangslage

Die Quoka AG bietet ihren Online-Nutzern Zugriff auf eine Produktdatenbank mit insgesamt 1,5 Millionen Produkten. Die angebotenen Produkte werden einerseits von unterschiedlichen gewerblichen Content-Providern eingestellt, andererseits aus Kleinanzeigendatenbanken des Quoka Verlages ergänzt. Quoka ist in der Schweiz, Österreich, Portugal und Großbritannien vertreten und hat Geschäftsstellen in sechs weiteren Ländern (www.autoaktuell.de). Die Nutzer des Angebotes sind vor allem Endverbraucher.

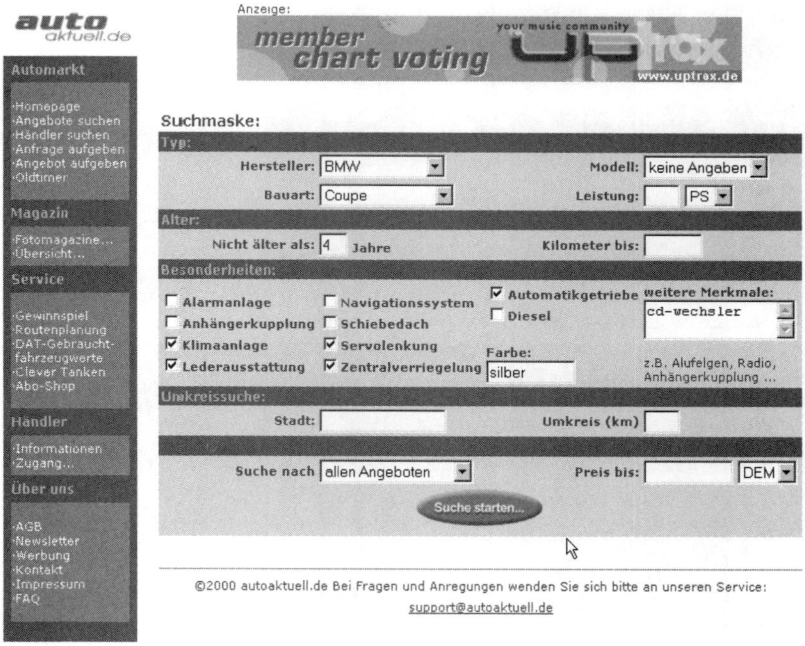

Abbildung 11.9 Neben umfassenden Serviceleistungen (Navigationsleiste links) ermöglicht das Autoaktuell-Onlineangebot vor allem die bequeme Suche in Kleinanzeigen ...

Die Herausforderung

Sprachliche Freiheit für den Inserenten

Wie im normalen Leben spielen Bedienungsfreundlichkeit und ein gewohnter Zugriff auf Informationen auch in Online-Angeboten eine große Rolle. Wer in einer Zeitung ein Autoinserat aufgibt, kann sich oft nicht vorstellen, wie viel Arbeit es für den Verlag bedeutet, jede einzelne Anzeige noch einmal auf Schreibfehler hin zu überprüfen und sprachlich zu standardisieren. Denn wie viele verschiedene Möglichkeiten gibt es, ein Fahrzeug zu beschreiben! Wie viele Farb- und Ausstattungsbezeichnungen entwickeln allein die unterschiedlichen Autohersteller? Das Inserat: »Barchetta azurgr., event. mit BR auf AZEV-Felgen, WR, RC, eFH, Leder RKL, uffr., VHB 25 Tausend« zeigt deutlich, wie viele unterschiedliche Formulierungen es geben kann. Wer als Anbieter einer Gebrauchtwagenbörse seine Kunden bei der Wahl der Begriffe zu sehr einschränkt, wird bald keine Kunden mehr haben. Optimal ist es, wenn der Kunde etwas eingeben kann, wie er es gewohnt ist, wenn Schreibfehler verbessert und Typen-, Farb- oder Ausstattungsabkürzungen erkannt werden und auf Anbieterseite keinerlei Korrekturen mehr vorgenommen werden müssen. Unter diesen Prämissen sollte bei www.autoaktuell.de ein intuitiver, d.h. absolut unkomplizierter Zugang zum Gebrauchtwagenmarkt geschaffen werden.

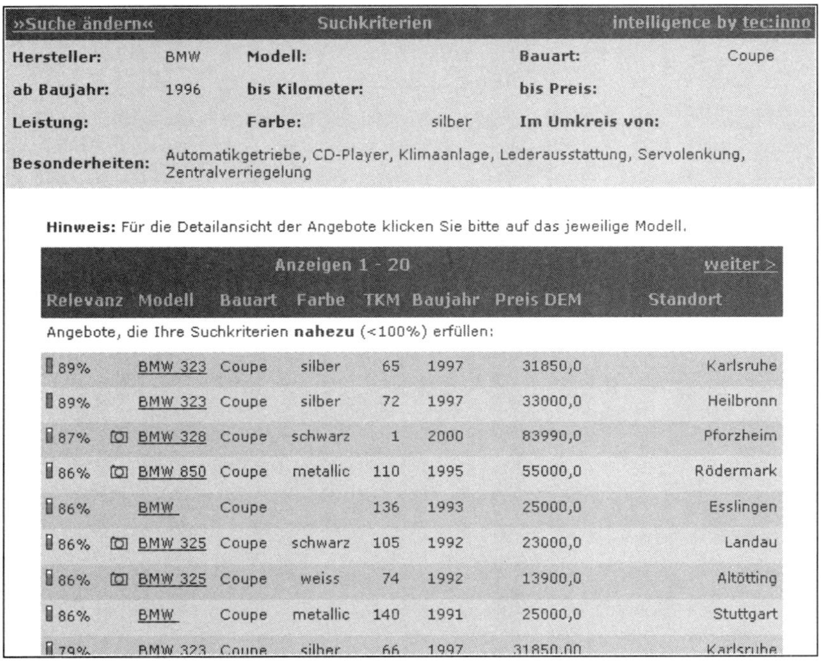
»Suche ändern« Suchkriterien intelligence by tec:inno

Hersteller:	BMW	Modell:		Bauart:	Coupe
ab Baujahr:	1996	bis Kilometer:		bis Preis:	
Leistung:		Farbe:	silber	Im Umkreis von:	
Besonderheiten:	Automatikgetriebe, CD-Player, Klimaanlage, Lederausstattung, Servolenkung, Zentralverriegelung				

Hinweis: Für die Detailansicht der Angebote klicken Sie bitte auf das jeweilige Modell.

Anzeigen 1 - 20 weiter >

Relevanz	Modell	Bauart	Farbe	TKM	Baujahr	Preis DEM	Standort
Angebote, die Ihre Suchkriterien **nahezu** (<100%) erfüllen:							
89%	BMW 323	Coupe	silber	65	1997	31850,0	Karlsruhe
89%	BMW 323	Coupe	silber	72	1997	33000,0	Heilbronn
87%	BMW 328	Coupe	schwarz	1	2000	83990,0	Pforzheim
86%	BMW 850	Coupe	metallic	110	1995	55000,0	Rödermark
86%	BMW	Coupe		136	1993	25000,0	Esslingen
86%	BMW 325	Coupe	schwarz	105	1992	23000,0	Landau
86%	BMW 325	Coupe	weiss	74	1992	13900,0	Altötting
86%	BMW	Coupe	metallic	140	1991	25000,0	Stuttgart
79%	BMW 323	Coupe	silber	66	1997	31850,00	Karlsruhe

Abbildung 11.10 ... und liefert die Resultate sortiert nach ihrer Relevanz zurück. Beachtlich: Kein Treffer hat eine hundertprozentige Relevanz, eine normale Datenbankanfrage hätte also keine Treffer geliefert.

Die Lösung

Intelligente Suchmaschine

Anfragen wie »Wir brauchen ein Auto für eine Familie mit 4 Kindern, am liebsten in rot mit AHK« , oder Inserate wie »Audi, max. 1 Jahr alt, ABS, 2 Airbugs« werden von der intelligenten Suchmaschine auf Schreibfehler hin untersucht und verbessert, und es werden Abkürzungen erkannt. Bei der Lösung für den Online-Gebrauchtwagenmarkt mit einem Angebot von über 500000 Gebrauchtwagen werden die Daten der Printausgabe »Motormarkt«, einem Anzeigenblatt des Quoka Verlages, in das Online-Angebot übertragen und kundenorientiert verfügbar gemacht. Der Interessierte erhält die gefundenen Autos nach Relevanz sortiert. Um diese Reihenfolge immer weiter zu optimieren, merkt sich die Suchmaschine das Klickverhalten aller Anwender und passt seine Wertung entsprechend an. Ist kein Treffer vorhanden, werden dem Kunde ähnliche Wagen angezeigt.

Die Realisierung

Intuitiver Zugang

Die unstrukturierten Daten aus der Printausgabe des »Motormarktes« wurden durch Modelle und Regeln geordnet. Dadurch ist ein intuitiver Zugang zu den Produktdaten möglich. In natürlicher Sprache kann der Kunde mit dem System auch ohne spezifisches Wissen kommunizieren. Ähnlichkeitsmaße finden die passenden Wagen für die jeweilige Anfrage. Im nächsten Schritt werden bei Quoka weitere vertikale Märkte, wie der Gebrauchtmotorradmarkt, mit einer intelligenten Suchmaschine ausgestattet. Einzelne Komponenten des Systems stellen Dienstleistungen zur intelligenten Beratung, zum leistungsfähigen Retrieval und zum einfachen Datenzugriff zur Verfügung.

Der Nutzen

Für den Benutzer:

- hohe Verfügbarkeit durch Bereitstellung als Self-Service-Angebot im Internet
- einfache Bedienung durch die Eingabe der Anfrage in natürlicher Sprache
- mehrsprachige Ein- und Ausgaben möglich

Für den Systemintegrator:

- leicht zu pflegendes System, vorhandene SQL-Datenbanken können genutzt werden
- Echtzeit-Update, Daten der Printausgabe werden übernommen

11.7 Jola Spezialschalter – Problemorientierte Produktauswahl für B2B

»Als weltweit tätiger Anbieter von Spezialschaltern haben unsere Produkte einen gewissen Beratungsbedarf: Viele bestehende elektronische Kataloge machen die Produktsuche für die Kunden unnötig schwer und unübersichtlich. Wir benötigten daher einen intelligenten Suchmechanismus, der eine schnelle und einfache Auswahl geeigneter Produkte ermöglicht.«

Volker Mattil, Geschäftsführer Jola Spezialschalter K. Mattil & Co.

Die Herausforderung

Die Jola Spezialschalter K. Mattil & Co. ist ein mittelständischer Spezialhersteller mit Sitz in Lambrecht/Pfalz. Das Unternehmen vertreibt weltweit Spezialschalter. Kunden mit spezifischen Anforderungen suchen geeignete Produkte für einen konkreten Einsatzzweck. Die Produkte des Unternehmens sind in umfangreichen Datenblättern dokumentiert, wobei die Auswahl und die Beurteilung von Alternativen auf der Basis dieser Daten in der Regel des Fachwissens von Produktspezialisten bedarf. Der Kunde ist bei der parametrischen Produktauswahl sehr häufig überfordert.

Die Lösung

Intelligenter Produktkatalog

Um die Produktselektion und Verkaufsunterstützung effizienter und kostengünstiger zu realisieren, setzt das Unternehmen auf einen intelligenten Produktkatalog. Das System besitzt, ähnlich einem Verkäufer, Wissen über die Einsatzmöglichkeiten der Produkte und ist in der Lage, geeignete Produkte ausgehend vom konkreten Bedarf zu empfehlen. Der Kunde muss so das Produktangebot nicht im Detail kennen, sondern braucht nur den intendierten Einsatz anzugeben. Die preisgekrönte Anwendung basiert auf einem zweistufigen Verfahren, bei dem der Kunde zunächst den Einsatzzweck beschreibt. Ein intelligenter Assistent ermittelt dann zunächst durch eine ähnlichkeitsbasierte Suche vergleichbare, bekannte Einsatzmuster und anschließend in einem zweiten Schritt die dazu passenden Produkte und Alternativen.

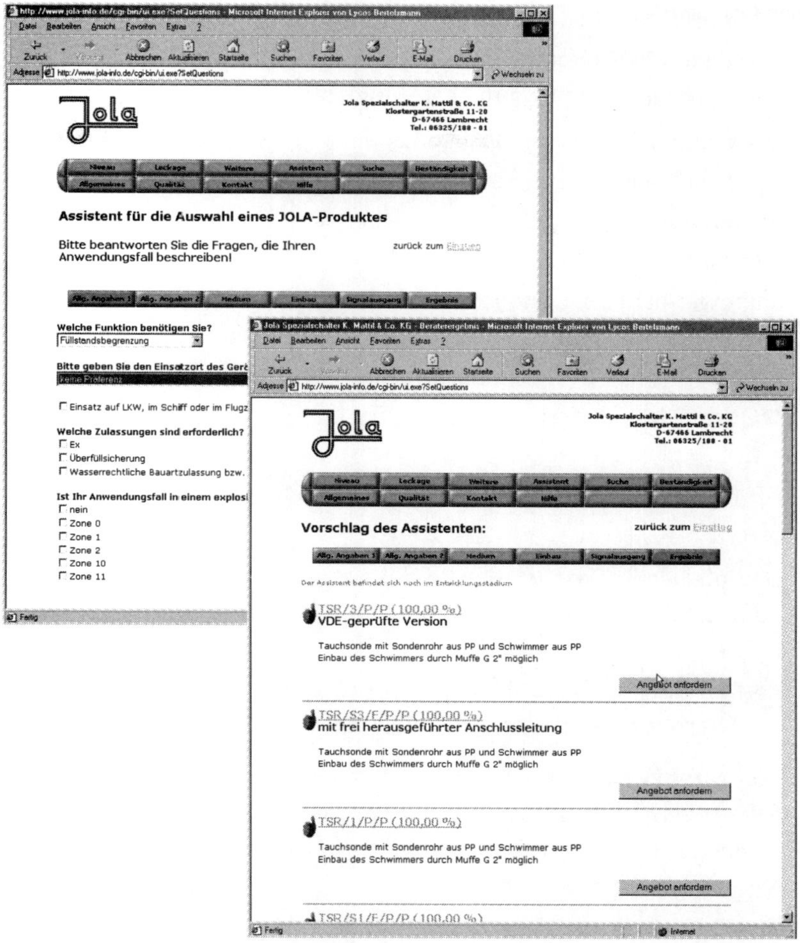

Abbildung 11.11 Der elektronische Produktkatalog von Jola: mehrsprachig, dialoggesteuert und wissensbasiert. Ein intelligenter Agent unterstützt B2B-Kunden bei der Produktselektion.

Die Vorteile

Lösungszentrierte Produktselektion

Viele Kunden wissen zwar, wofür sie eine Lösung benötigen, haben aber keine konkrete Vorstellung über das hierzu benötigte Produkt. Anwender können daher oftmals nicht die genauen technischen Produktparameter spezifizieren. Die realisierte Lösung erlaubt nun die Produktselektion in der Denkweise des Kunden, also lösungszentriert statt produktorientiert.

Der Nutzen

- lösungszentrierte Vorgehensweise im Gegensatz zu vielen bekannten produktorientierten E-Commerce-Ansätzen
- Die Kunden werden bei der Produktauswahl geführt und wissensbasiert unterstützt.
- Anwendern werden jederzeit die besten Resultate und Alternativen zu ihren spezifischen Anforderungen präsentiert.
- Empowerment des Kunden: Die Abhängigkeit von Produktspezialisten und Fachwissen wird reduziert, die Anfrage erfolgt in natürlicher Sprache.
- Mehrsprachige Anfragen (Deutsch, Englisch, Französisch) sind möglich.
- automatische Generierung des Systems direkt aus der Produktdatenbank
- Der intelligente, kooperative Produktkatalog spart Druck- und Versandkosten, ist jederzeit verfügbar und bietet einen hohen Nutzwert.

11.8 SIMATIC Knowledge Manager (SKM) – Servicedokumentation mit Intelligenz

»Ein gutes Wissensmanagement wird in der Zukunft für lernende Unternehmen unverzichtbar werden. Mit dem SKM sind wir in der Lage, eine sehr große Menge an Information für jeden Mitarbeiter im Unternehmen und für unsere Kunden nicht nur verfügbar, sondern auch wiederverwertbar zu machen.«
Karl-Heinz Busch, Projektmanager Online Service
Siemens Automation & Drives

Die Ausgangslage

Der Unternehmensbereich Automation & Drives gehört zur Gruppe Industrie der Siemens AG. Mit weltweit ca. 52000 Mitarbeitern, 66 Fertigungsstandorten und ca. 7 Mrd. Euro Umsatz ist Siemens A&D der Marktführer im Bereich der Industrieautomatisierung.

Die Herausforderung

Der SIMATIC Knowledge Manager (SKM) ist ein umfangreiches Self-Service-Angebot von Siemens Automation & Drives. Er ist seit der Hannover Messe 1998 im Internet, Intranet und auf CD-ROM verfügbar. Die aktuellen Herausforderungen bei Siemens A&D sind: ein steigendes Anrufvolumen an der Hotline, wachsende Supportkosten durch ein komplexes Produktspektrum, die Abhängigkeit von Spezialisten und damit verteiltes Know-how sowie die »Explosion« von technischer Dokumentation für den Support.

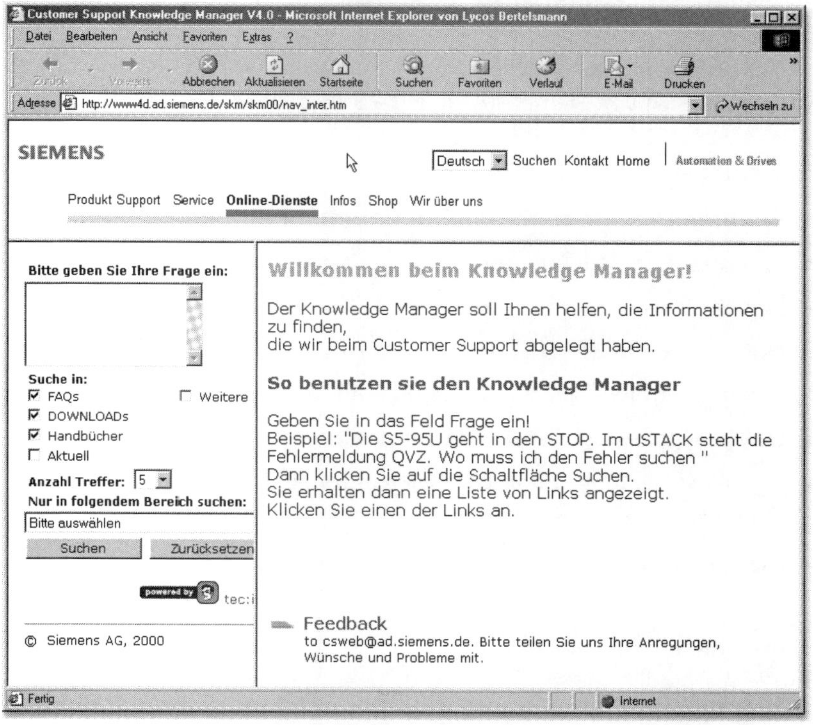

Abbildung 11.12 Der SIMATIC Knowledge Manager

Die Lösung

Virtuelle Verfügbarkeit von Support-Spezialisten

Der SKM sorgt für die »virtuelle« Verfügbarkeit von SIMATIC-Support-Spezialisten – jederzeit und überall. Kunden und Mitarbeiter können durch den Zugriff auf die Knowledge-Base ihre Support-Probleme selbst lösen. Der SIMATIC Knowledge Manager bietet einen komfortablen, intelligenten Zugriff auf das in mehr als zehntausend FAQs (Frequently Asked Questions) und das in anderen Support-Dokumenten enthaltene SIMATIC-Wissen. Dabei nutzt der SKM bei der Suche nach relevanten Dokumenten das vorhandene Wissen und die Erfahrung der SIMATIC-Servicetechniker. Er erlaubt es damit, auch Dokumente und Informationen zu finden, die nicht direkt mit einer bestimmten Produktgruppe verbunden sind. Kunden und Techniker erhalten so auch bei unpräzisen Anfragen die für sie relevanten Lösungen.

Die Vorteile

Kundenzufriedenheit gesteigert/ Servicekosten gesenkt

Durch den Einsatz von IT-Technologien und den Aufbau von intelligenten Self-Service-Lösungen werden der Kundenservice und damit die Kundenzufriedenheit gesteigert und zugleich die Servicekosten gesenkt. Durch die Vermeidung von Anrufen an der SIMATIC-Hotline amortisierte sich die Investition in deutlich weniger als einem Jahr. Mittlerweile spart der SKM pro Monat nach eigenen Angaben etwa 250000 Euro nur für den Supportbereich von Siemens A&D ein – 3 Mio. Euro pro Jahr!

Der Nutzen

- »virtuelle« Verfügbarkeit von Produktspezialisten
- Entlastung der Hotline durch Self-Service
- intelligenter Abruf von »geeigneten« Dokumenten
- Nutzung von Wissen bei der Suche nach Lösungen
- verfügbar im Internet, Intranet und auf CD-ROM
- Online-Update der CD-ROM über das Internet
- Vertriebsrelevante Anfragen werden automatisch an den SIMATIC online Katalog weitergeleitet.
- Mehrsprachiger Zugriff auf Dokumente ist möglich.

Zusammenfassung

Die Fallbeispiele haben gezeigt, dass der Anwendersupport sowohl im Pre- als auch im After-Sales-Bereich durchaus innovative Formen annehmen kann. Dabei spielen wissensbasierte Systeme, die eine individuelle, interaktive Problemlösung als Self-Service-Angebot ermöglichen, eine wichtige Rolle für die Differenzierung im Wettbewerb.

Überdurchschnittlichen Service für die Kunden anzubieten, ist dabei nicht nur für große Konzerne machbar, sondern auch für mittelständische Anbieter, sei es im B2C- oder im B2B-Segment. Und obwohl die meisten Unternehmen im E-Business sehr vorsichtig mit der Preisgabe von Kostenstrukturen und Gewinnen sind, zeigt das SKM-Beispiel doch deutlich, dass Online-Support beileibe kein Fass ohne Boden ist. Ganz im Gegenteil: Ein gutes Self-Service-Angebot für den Support im Internet kann helfen, Kosten zu senken und Einsparpotenziale zu nutzen.

12 Aufgaben des Projektmanagements

»The real question to pose is: What is the single most important thing this system must do to call it successful?«
Philip Klahr, amerikanischer Top-Manager

Nun haben Sie hoffentlich eine umfassende Vorstellung davon, wie Sie Ihr individuelles Online-Serviceangebot gestalten möchten. Bevor es jedoch an die tatsächliche Realisierung geht, sollten Sie sich noch ein wenig Zeit dafür nehmen, einen strukturierten Weg zum Erfolg zu entwickeln.

In den folgenden Abschnitten stellen wir Ihnen daher neuen praxiserprobte Regeln vor, die Ihnen sagen, was Sie berücksichtigen sollten[1] – und in welcher Reihenfolge. Diese Tipps können Sie unmittelbar für Ihr Projekt und die nachfolgende Umsetzung einsetzen.

12.1 Setzen Sie klare Ziele für den Projekterfolg!

Je präziser die Ziele, desto größer der Erfolg

Jedes Projekt benötigt klare Zielsetzungen, um erfolgreich durchgeführt zu werden. Die Entwicklung und Implementierung einer Online-Servicelösung bildet da keine Ausnahme. In zahlreichen Projekten wurde festgestellt, dass der Erfolg solcher Projekte um so größer ist, je präziser die Ziele des Vorhabens vorab fixiert wurden.

Die Festlegung von prägnanten und klaren Zielen bewirkt zweierlei:

- Es existiert eine eindeutige Vorgabe für das Projektteam, die Projekttätigkeit wird von Beginn an in die gewünschten Bahnen gelenkt und die Kriterien für den Projekterfolg sind allen Beteiligten bekannt.
- Mit der Zielvorgabe verknüpft ist eine klare Erwartungshaltung; unerwartete Probleme können daher schneller erkannt und Gegenmaßnahmen frühzeitig eingeleitet werden.

1. In einigen Fällen wurde die Darstellung bewusst allgemein gehalten. So verwenden wir in der Folge beispielsweise den Begriff »Fallbasis« sowohl für FAQs wie für die Wissensbasis eines intelligenten Supportsystems, die Menge der vorbereiteten Antworten für einen Live-Chat oder auch den Informationspool eines Mitarbeiters im Call Center.

Quantitatives und qualitatives Monitorings

In der Praxis haben viele Projekte erstaunlich unspezifische Zielsetzungen. Häufig lautet das Unternehmensziel schlicht, die Kundenzufriedenheit zu steigern. Die Kontrolle einer solch vagen Zielsetzung ist kaum möglich, da weder konkrete Messgrößen noch quantitative Aussagen angegeben werden. Eine brauchbare Zielvorgabe liegt nur dann vor, wenn eine effektive Erfolgskontrolle möglich ist. Es ist die Aufgabe der Projektleitung, ein qualitatives und quantitatives Monitoring der Zielerreichung zu etablieren.

Wie bereits gesehen, gibt es im Bereich der Kundenunterstützung zahllose erfolgreiche Installationen, die ganz unterschiedliche und zum Teil sogar konträre Zielsetzungen verfolgen. Die folgende Aufzählung fasst noch einmal einige wichtige Zielsetzungen von Self-Service-Systemen zusammen:

- Steigerung des Anteils von Anfragen, die vom Kunden selbst gelöst werden
- Reduzierung der Anrufe mit Routineanfragen bei der Hotline
- Steigerung der Kundenzufriedenheit und Kundenloyalität
- höherer Customer-Lifetime-Value
- mehr Umsatz durch Stammkunden
- einfachere Neukundengewinnung durch Empfehlungsmarketing
- Optimierung des Self-Service-Angebotes
- Standardisierung des Problemlösungsprozesses
- Verbesserung der Qualität und Konsistenz der Antworten auf Kundenanfragen
- Steigerung des Anteils von Anfragen, die beim ersten Kontakt mit dem Kunden gelöst werden
- Reduzierung der Kosten pro Anfrage
- Senkung der Personalkosten, indem Experten von Routineanfragen befreit werden
- Verringerung der Anzahl weitergeleiteter Anfragen sowie der Anzahl von Rückrufen
- Verbesserung der Kontrollmöglichkeiten für den Kundensupport
- Reduzierung der Aussendung von Servicetechnikern

Entsprechend unterscheidet sich auch das Systemdesign für die verschiedenen Zielsetzungen. Daher ist es äußerst wichtig, die Ziele möglichst genau zu spezifizieren, die mit dem Einsatz des Systems erreicht werden sollen. Dabei müssen die Zielsetzungen realistisch sein und einen Vorher-Nachher-Vergleich ermöglichen.

Regel 1:
Seien Sie so präzise und prägnant wie möglich bei der Definition der Zielsetzungen!

12.2 Lernen Sie, Ihre Kunden zu verstehen!

Eine Online-Serviceangebot ist nur in dem Grad erfolgreich, wie es die Erwartungen und Bedürfnisse der Endanwender erfüllt. Das System muss die Erfahrung, die technischen Kenntnisse und Fähigkeiten sowie die diagnostische und analytische Befähigung der Kunden berücksichtigen. So sind unerfahrene Anwender schrittweise durch einen Problemlösungsprozess zu führen, sie benötigen umfassende Hilzfestellung. Dagegen wollen Nutzer mit mehr Erfahrung in der Regel schnellstmöglich zur Lösung vorstoßen.

Kenne Deine Kunden!

Auch rechtliche und formale Gründe können – wie bereits erwähnt – das Systemdesign ebenso beeinflussen wie sprachliche und kulturelle Unterschiede. So sind Amerikaner im Allgemeinen experimentierfreudiger als Engländer, obwohl beide »Englisch« sprechen. Auch bestimmte Bezeichnungen sind in den verschiedenen Kulturkreisen unterschiedlich. Zudem kann häufig nicht erwartet werden, dass Endkunden Teilenummern kennen, interne Firmenbezeichnungen verstehen oder in der Lage sind, alle benötigten Informationen ohne Hilfestellung zu eruieren. Ein großer Teil der Kundenanfragen ist vielleicht alleine durch einen Blick in das Handbuch zu lösen – zwar wäre der Hinweis darauf für das Unternehmen die kostengünstigste und schnellste, sicher aber nicht die kundenfreundlichste Lösung! Analog dazu ist die Abfrage von Passwörtern bei Online-Zugangsproblemen im Allgemeinen tabu, obwohl sie zur Fehlerbehebung beitragen könnte. Vielmehr muss die Frage umformuliert werden nach dem Motto: »Enthält Ihr gewähltes Kennwort Umlaute oder Sonderzeichen?«

Das Design der Fallbasis muss in einer Form erfolgen, die die erfolgreiche Nutzung durch alle intendierten Anwender ermöglicht und die Benutzer anregt, dem System auch in Zukunft zu vertrauen. Nicht nur die Abfrage der Symptome, sondern auch die Präsentation der Lösungen ist hiervon betroffen. Wichtig für die Akzeptanz eines solchen Systems ist eine Erklärungskomponente, die auf die Zielgruppe abgestimmt ist, sowie ein Systemverhalten, das die Anwender positiv motiviert.

Regel 2:
Berücksichtigen Sie die speziellen Bedürfnisse, Fähigkeiten und Einschränkungen derjenigen, die letztendlich durch das System profitieren sollen – Ihrer Online-Kunden!

12.3 Achten Sie bereits beim Systemdesign auf das Einsatzumfeld!

Wir haben in den ersten beiden Schritten zwei Schlüsselaspekte analysiert, die für die Konzeption von Online-Service-Applikationen und den Aufbau der Fallbasis entscheidend sind:

- Festlegung spezifischer Projektziele
- Fokussierung auf die Erwartungen und Fähigkeiten der Endanwender

Weitere Faktoren

Zusätzlich sind andere Faktoren während des Systemdesigns zu berücksichtigen. Hierzu gehören organisatorische, technische und finanzielle Belange. So ist zu eruieren, welche Anforderungen hinsichtlich der Integration des Systems in die bestehende IT-Landschaft und welche Sicherheitsstandards zu erfüllen sind. Bei der Integration müssen die Schnittstellen zu vorhandenen Datenbanksystemen, Call-Tracking-Systemen sowie Produkt- und Kundeninformationen ebenso bedacht werden wie die optimale Ausgestaltung der Dialogkomponente, also der Benutzerschnittstelle.

Auch die Wissensdomäne muss umfassend verstanden werden, um die Fallbasis, das Wissensmodell und die Dialogkomponente optimal zu strukturieren. So ist es vielfach nicht nur relevant, was abgefragt werden soll, vielmehr kann auch die Ermittlung von Bedeutungsgleichheiten und Ähnlichkeiten sowie die Dialogreihenfolge die Systemeffizienz und damit die Benutzerakzeptanz entscheidend beeinflussen!

Regel 3:
Beim Design des Systems sind neben den Projektzielen auch die Erwartungshaltung der Anwender und Kunden sowie Einschränkungen durch technische, organisatorische und finanzielle Belange zu berücksichtigen!

12.4 Der Nutzen Ihrer Lösung steht und fällt mit ihrer Aktualität!

Kontinuierliche Pflege und Erweiterung

Viele Unternehmen haben die ersten drei Stufen erfolgreich umgesetzt – klare Zieldefinition, Fokussierung auf die Kundenbedürfnisse, zielgerichtetes Systemdesign – und erreichen die selbst gesteckten Ziele im praktischen Online-Einsatz sehr schnell oder übertreffen sie sogar. Um jedoch erfolgreich zu bleiben, ist es unabdingbar, die Pflege und Erweiterung der Wissens- und Fallbasis als Unternehmensziel zu etablieren. Immer wieder sind Bespiele zu beobachten, bei denen diesen kontinuierlich anfallenden Aufgaben zu wenig Beachtung geschenkt wurde, und die Aufwendungen zur Implementierung eines solchen Systems damit auf Dauer ad absurdum geführt werden.

Die Investition in Wartung und Pflege des Systems zahlt sich in allen Fällen aus: Wächst nämlich das Wissen über die Anwendungsdomäne in den Köpfen der Mitarbeiter, ohne sich in der Fallbasis niederzuschlagen, so sinkt die Qualität der Antworten des Systems, die Zufriedenheit der Systembenutzer geht zurück und es kommt zu einem bewussten oder unbewussten Boykott des Systems. Damit wird nicht nur die globale Zielsetzung der Online-Aktivitäten unterlaufen, es wird auch schwieriger, zukünftig neue Initiativen zu starten, da die Nutzer sich aus der gemachten negativen Erfahrung heraus dem Angebot verweigern.

Aufnahme neuen Wissens

Veraltetes Wissen führt zu Frust und Enttäuschung. Natürlich kann eine Last-Minute-Reisebörse nur Angebote unterbreiten, die verfügbar sind und deren Reisetermin noch nicht der Vergangenheit angehört. Was für die geschilderte Situation einleuchtend ist, wird in der Praxis oft vernachlässigt – bedeutet es doch nicht nur die Aufnahme neuen Wissens in die Fallbasis, sondern auch die Anpassung des vorhandenen. Es müssen folgende Mechanismen im Unternehmen implementiert werden:

- Das Erkennen und Sammeln neuen Wissens, das im Unternehmen anfällt. Neues Wissen entsteht sowohl durch Erweiterung aufgrund neuer, zusätzlicher oder substitutiver Entwicklungen (neue Produkte, erweiterte FAQ, aktuelle Serviceberichte etc.) als auch in Form einer Komplettierung durch Bearbeitung ungelöster bzw. unbefriedigend gelöster Anfragen an das System.
- Das Erstellen und Testen neuer Einträge für das Online-Angebot.
- Das Lokalisieren und Verteilen des Wissens, also die Anpassung auf regionale Anforderungen (Übersetzung, kulturelle Adaption usw. sofern notwendig) und die Distribution der aktuellen, getesteten Fallbasis.

Besondere Bedeutung kommt der raschen Bearbeitung von Kundenanfragen zu, die das Online-System nicht oder nicht zufriedenstellend lösen konnte. Die Kunden haben nur dann Vertrauen in das System, wenn sie eine regelmäßige Aktualisierung der Informationen feststellen. Gerade im Self-Service kann häufig beobachtet werden, dass Kunden nach einiger Zeit die gleiche, zunächst ungelöste Anfrage an das System stellen, um zu überprüfen, ob das System mittlerweile »hinzugelernt« hat und das Unternehmen den Kunden ernst nimmt. Sollte die Lösung des Problems bis zur nächsten Systemaktualisierung nicht möglich sein, so bietet es sich zumindest an, einen Hinweis aufzunehmen, dass dieser Fall derzeit bearbeitet wird!

Regel 4:
Der Aufbau von Systemen für Online-Service und Online-Support ist ein kontinuierlicher Prozess – sorgen Sie dafür, dass die Informationen laufend gepflegt und aktualisiert werden, sehen Sie auch eine Erweiterung um neue Funktionen oder auf neue Einsatzbereiche vor!

12.5 Sammeln Sie Feedback von den Nutzern!

Es wurde bereits darauf hingewiesen, wie wichtig das Feedback der Kunden für die Optimierung des Serviceangebotes ist. Um den Erfolg des Systems in der Praxis beurteilen zu können, sollte das System selbst ein Feedback durch den Benutzer anfordern. Der Benutzer kann am besten entscheiden, ob die Antwort des Systems das aktuelle Problem gelöst hat und ob der Problemlösungsprozess aus seiner Sicht effizient ablief.

Es kommt immer wieder vor, dass online auf eine Anfrage keine brauchbare Lösung gegeben werden kann – schließlich ist eine vollständige Abdeckung der Wissensdomäne nicht gefordert. In diesem Fall müssen die ungelösten Probleme samt dem kompletten Anfrageverlauf gesammelt und anschließend von Spezialisten analysiert und aufbereitet werden.

Chance zur Optimierung

Es ist dabei wichtig zu verstehen, dass diese Situationen kein Versagen der Technologie oder des Online-Service-Ansatzes darstellen, sondern im Gegenteil eine Chance zur Optimierung bieten. Unter Laborbedingungen können nie alle Situationen vorhergesehen werden, die im Kundenumfeld auftauchen – nutzen Sie deren Erfahrung als Erweiterung der internen Kontrollmechanismen!

Regel 5:
Tests sind gut, Kontrolle ist besser: Das Testen der Fallbasis und des Systems kann nie alle denkbaren Situationen berücksichtigen – nutzen Sie das Feedback Ihrer Anwender, um das System zu optimieren!

12.6 Nur festgelegte Zielgrößen ermöglichen eine langfristige Erfolgskontrolle!

Wie in jedem anderen Projekt ist es wichtig, eine ständige Kontrolle über den Erfolg oder Misserfolg der implementierten Lösung zu haben. Bei Knowledge-Management-Projekten im Allgemeinen erschwert die Kombination von »harten« (quantitativ messbaren und monetär bewertbaren) sowie »weichen« (qualitativen) Kriterien die Ermittlung des ROI und des Break-Even-Points.

Cost of Inaction

Im Rahmen der Einführung von Self-Service-Lösungen wird häufig auch die so genannte »Cost of Inaction« herangezogen. Hierbei werden die durch das System erzielbaren Einsparungen durch Effizienzsteigerung den Personal-, Verwaltungs- und Transaktionskosten gegenübergestellt, die ohne Einführung des Systems entstehen würden. Anhand dieser projizierten Kosten lassen sich ROI und Break-Even recht gut abschätzen. Wichtig ist in jedem Fall die Festlegung einer Metrik, die Aussagen über den Projekterfolg hinsichtlich der im ersten Schritt festgelegten Zielsetzung erlaubt.

Wichtig: fortlaufende Kontrolle

Es kann immer wieder beobachtet werden, dass eine konsequente Erfolgsmessung nicht oder nicht mit Bezug auf die festgelegten Ziele erfolgt. Wichtig ist jedoch nicht nur eine punktuelle Analyse, z. B. nach Einführung des Systems oder im Abstand der Aufsichtsratssitzungen, sondern fortlaufende Kontrolle. Nur so kann sichergestellt werden, dass die Beratungsqualität durch das System gleichbleibend hoch ist. Es können Trends wie steigende Zugriffszahlen, schlechteres Antwortverhalten, Veränderungen der Anfragetypen usw. erkannt, und es kann frühzeitig darauf reagiert werden. Damit ist dauerhaft gewährleistet, dass die Projektziele erfüllt werden und sich die Investitionen so langfristig auszahlen.

Die Erfolgsmessung kann sich dabei auf verschiedene Quellen stützen, die miteinander korreliert werden und so zu konkreten Statistiken führen, aber auch zur dynamischen Trendanalyse genutzt werden können:

- Quantitative Daten zur Nutzung des Systems selbst (Zugriffszahlen, Prozentsatz gelöster Anfragen, Top-Ten der häufigsten Anfragen, ungelöste Anfragen etc.)
- Qualitative Aussagen durch Befragungen der Anwender (Zufriedenheit, Nutzungshäufigkeit etc.)
- Daten und Trends aus dem Call-Tracking-System des Call-Centers (Anrufdauer, Anrufaufkommen, Rückrufhäufigkeit etc.), denn hier erhofft man sich ja eine Reduzierung durch Call Avoidance

Dabei können die Daten zusätzlich in Relation gesetzt werden zur Prognose der Entwicklung des Anfragevolumens und der damit verbundenen Kosten ohne den Einsatz eines Selbstbedienungssystems im Internet.

Alle Kontrollmechanismen haben dabei zwei Aufgaben:

- Sie dienen der Rechtfertigung der Investitionen und Aufwendungen gegenüber der Geschäftsleitung (und beeinflussen damit indirekt auch den Preisfindungsprozess im Unternehmen).
- Sie liefern Hinweise für die Optimierung des Systems im Sinne einer Schwachstellenanalyse.

Regel 6:
Legen Sie klare Messgrößen und Kontrollmechanismen fest, die eine fortlaufende Analyse des Projekterfolges ermöglichen!

12.7 Ihr Deeskalationsprinzip muss Kunden dazu bringen zunächst Self-Service-Angebote zu nutzen!

Ein wichtiger Vorteil von Self-Service-Lösungen ist die Möglichkeit, Endkunden den direkten Zugriff auf das verfügbare Know-how zu gewähren. Wie haben bereits mehrfach auf die Vorteile einer solchen Vorgehensweise für eine Call-Avoidance-Strategie hingewiesen. Dabei werden gleich drei Vorteile erzielt:

1. **Reduzierung der Supportkosten für das Unternehmen:**
   Durch eine erfolgreiche Call-Avoidance-Strategie werden die Personalkosten im Call Center reduziert, Mitarbeiter können produktiver eingesetzt werden und sich höherwertigen Aufgaben widmen, da vor allem der Anteil von Routineanfragen im Call Center sinkt. Damit erhöht sich auch die Mitarbeiterzufriedenheit, und die Personalfluktuation im Call Center kann reduziert werden.

2. **Weltweiter Rund-um-die-Uhr-Support:**
   Aufgrund der hohen Kosten ist es kaum möglich, Call Center 24 Stunden am Tag und 7 Tage in der Woche zu öffnen. Zudem bringt es die Globalisierung des Wettbewerbs mit sich, dass die Kunden aus anderen Ländern oder gar Erdteilen stammen. Ein zentrales Call Center ist aufgrund der Zeitdifferenz und der Sprachunterschiede hier häufig überfordert. Über Self-Service-Lösungen können Kunden permanent, weltweit auf das Serviceangebot zugreifen.
3. **Mehrwert für die Kunden:**
   Durch die Veränderungen in den Geschäftsprozessen hin zu mehr Selbstbedienung sinken Ihre Gemeinkosten, die gebotene Dienstleistung aber wird höher bewertet, weil der Kunde sie selbst bestimmt.

Self-Service-Angebote in den Vordergrund rücken

Aus diesen Gründen muss das Gesamtkonzept aus Kosten- und Effizienzgründen vorsehen, dass der Kunde zunächst die Self-Service-Angebote in Anspruch nimmt bevor er – falls diese keine Lösung bereithalten – auf telefonischen Support oder Live-Chats mit Supportpersonal ausweicht. Wird diese Regel nicht berücksichtigt und ist der Call-Back-Button allzu präsent und verführerisch, so wird die Call-Avoidance-Strategie unterminiert und die Kunden gehen die bequemeren Weg, Ihr teures Supportpersonal mit Routinefragen um so stärker zu beschäftigen.

> Regel 7:
> Entwickeln Sie ein Deeskalationskonzept, das Self-Service-Lösungen in den Vordergrund rückt. Sie bieten so einen entscheidenden Mehrwert und tragen zur Kostenreduzierung bei!

12.8 Vergessen Sie nicht, für die Nutzung des Self-Service-Systems zu werben!

Die Einführung eines Self-Service-Systems kann nur dann zu den gewünschten Resultaten führen, wenn das System intensiv genutzt wird. Nur so rechnen sich die getätigten Investitionen, werden Schwachstellen des Systems aufgedeckt und kann eine praxisgerechte Optimierung erfolgen.

Gutes tun und darüber reden

Für die Nutzung von Self-Service-Angeboten durch die Kunden muss daher intensiv geworben werden. Hier ist das Marketing gefragt. Beispiele sind die Angabe der URL in Handbüchern, auf Produkten, in Hilfetexten usw., aber auch gezielte Öffentlichkeitsarbeit und Werbekonzepte. Auch die Telefonansage in der Warteschlange des Call Centers kann genutzt werden, um auf die Self-Service-Optionen hinzuweisen. Nutzen Sie jede Chance, sich vom Wettbewerb zu differenzieren!

Feedback von Kunden hinsichtlich der Optimierung des Systems muss zudem ernstgenommen werden, den Kunden sollte ausdrücklich gedankt werden – vielfach hat es sich bewährt, dies durch ein Präsent oder einen Bonus anzuerkennen. Ziel dieser Maßnahmen ist einerseits die Unterstützung der Call-Avoidance-Strategie, andererseits die Stärkung der Kundenbindung.

Der Einstieg ins Knowledge-Management und damit die strategische Optimierung von Service und Support kann auch direkt als Marketingargument für die betroffenen Produktlinien und das Unternehmen genutzt werden. Dabei ist der Mehrwert für den (potenziellen) Kunden entscheidend, also der Rund-um-die-Uhr-Support, geringere Supportkosten oder die Beratungsqualität.

Investitionen in Online-Service und -Support zahlen sich nur aus, wenn den Nutznießern immer wieder die persönlichen Vorteile dargelegt werden, die sie aus dem System ziehen. Marketingmaßnahmen sind daher entscheidend, um diese Vorteile zu verbreiten.

Regel 8:
Ihre Investitionen zahlen sich nur aus, wenn das System laufend genutzt wird. Setzen Sie Marketingmaßnahmen ein, die den Bekanntheitsgrad steigern und die Nutzung ankurbeln!

12.9 Bauen Sie die Möglichkeiten Ihre Online-Serviceangebotes regelmäßig aus!

Ziel aller Knowledge-Management-Projekte ist es, »Best-Practice«-Lösungen verfügbar zu machen. Setzen Sie erfolgreiche Online-Systeme auch unternehmensweit zur Unterstützung Ihrer Mitarbeiter ein – und sogar darüber hinaus ...

Nutzerkreis erweitern

Obwohl es empfehlenswert ist, sich zunächst auf ein eng umrissenes Anwendungsgebiet zu beschränken, sollte die Erweiterung der Wissensdomäne einerseits und des Einsatzgebietes andererseits stets im Auge behalten werden. Fallbasen enthalten Wissen über das Unternehmen, Produkte, Prozesse, Problemlösungen, Technologien und so weiter. Vielleicht werden diese Systeme zunächst nur für den Self-Service-Einsatz im

Customer-Support aufgebaut und von Ihren Kunden genutzt. Allerdings gibt es keinen Grund, den Nutzerkreis hierauf zu beschränken: Auch Ihre Supportmitarbeiter sowie andere Unternehmensbereiche, wie Marketing oder Forschung und Entwicklung, aber auch externe Geschäftspartner, wie Handel und Vertriebsorganisationen, können vom Zugriff auf das Online-System profitieren.

Auch bei der Pflege der Wissensbasis kann mit externen Partnern zusammengearbeitet werden. Beispiele hierfür sind Amazon und Check Out, wo die Bereitstellung von bestimmten Informationen zur Aufnahme in das System von Zulieferern und externen Partnern übernommen wird.

Synergieeffekte

Durch die Einbindung anderer Unternehmensbereiche und Geschäftspartner bei der Nutzung und Pflege des Systems lassen sich völlig neue Synergieeffekte erzielen. Dies kann so weit gehen, dass das System selbst zur Einnahmequelle wird: Amazon.com denkt beispielsweise schon seit langem darüber nach, die gesammelten Informationen, Rezensionen und selbst die Nutzerprofildaten, auf denen das Empfehlungssystem beruht, zu einer eigenen Einnahmequelle zu machen. Dabei sind jedoch datenschutzrechtliche Aspekte zu berücksichtigen. Oder Sie bieten die Nutzung nur Ihren Top-Kunden kostenlos an und lassen andere für die Nutzung zahlen. Selbst der Konkurrenz und deren Kunden können Sie eventuell bestimmte Serviceleistungen verkaufen. Die Möglichkeiten sind grenzenlos!

»Start small and grow fast!« – so lautet ein beliebtes amerikanisches Motto. Es lässt sich direkt auf die Entwicklung von Systemen für Online-Service und Online-Support übertragen. Beginnen Sie mit einem überschaubaren Einsatzgebiet und mit einem kleinen Nutzerkreis, aber expandieren Sie, wann immer sich die Möglichkeit dazu ergibt!

Regel 9:
Übertragen Sie erfolgreiche Lösungen auf andere Produktbereiche und Unternehmenszweige; planen Sie, auf Dauer Geschäftspartner und Tochterunternehmen in Ihre Service-Strategien einzubeziehen, und machen Sie Ihr Know-how zur neuen Einnahmequelle!

Zusammenfassung

Kundenfokussierung und Ausrichtung auf die zentrale Zielsetzung Ihre Online-Servicekonzeptes – diese Aspekte sind entscheidend für den erfolg. Die einzelnen Regeln machen verständlich, warum Individualität hier so bedeutsam ist: Es geht um Ihr Geschäft, Ihr Erfahrungswissen und Ihre Kunden!

Das aber bedeutet auch, dass es keine Lösung von der Stange geben kann. Wenn Sie auf fertige Module zurückgreifen wollen, müssen Sie daher prüfen, ob sie sich nahtlos integrieren lassen. Bei allzu blumigen Versprechen mancher Anbieter ist daher Vorsicht geboten!

Und vergessen Sie nicht: Ihr System lebt ... ob Sie es wollen oder nicht. Pflege, Optimierung, Erweiterung und Werbung für den Gebrauch sind daher unabdingbar.

13 Die Umsetzung

»If you're spending more than one-third of your time on technology, you're neglecting the content, organizational culture and motivational approaches that will make a knowledge managemement system actually useful.«
Thomas H. Davenport, Professor für Informationsmanagement

Nachdem wir uns mit der Grobplanung der auf die eigenen sowie die Bedürfnisse der Kunden abgestimmten Maßnahmen, mit den Prioritäten und der Deeskalationsstrategie sowie den zu lösenden Aufgaben aus der Sicht des Projektmanagements beschäftigt haben, wird es ernst. Nun steht die Realisierung und Inbetriebnahme der Lösung an. Und damit nicht genug: Sobald das System im Einsatz ist, muss über Controlling und Optimierung nachgedacht werden.

Ein Drittel Technologie, zwei Drittel Psychologie

Die Durchführung von Knowledge-Management-Projekten besteht zu einem Drittel aus Technologie, zu zwei Dritteln jedoch aus Psychologie ... und was für Knowledge-Management im Allgemeinen gilt, trifft im Besonderen auch für den Bereich Online-Service zu.

Konsequentes Projektmanagement ermöglicht Unternehmen eine gezielte, schrittweise und vor allem kontrollierte Einführung von Self-Service-Systemen. Untersucht man verschiedene Projekte in Online-Service und -Support, so kann immer wieder das gleiche übergeordnete Projektziel identifiziert werden: die Optimierung der Kundenbeziehung. In der Praxis gestaltet sich die Umsetzung dieser Zielsetzung jedoch äußerst unterschiedlich, bedingt durch die Erwartungshaltung der Kunden sowie gegebenenfalls der Systembenutzer und die Ausgestaltung der zu optimierenden Geschäfts- und Kommunikationsprozesse.

13.1 Von der Grob- zur Detailplanung

Die erste Aufgabe besteht darin, aus dem Entwurf der Grobstruktur einen Detailentwurf für die von dem zu entwickelnden System abgedeckte Wissensdomäne zu erstellen. Dabei sollte nach dem Motto »High Volume – Low Complexity« verfahren werden[1]. Zunächst werden hierzu einzelne

1. Das heißt nichts anderes, als dass die Probleme für den Online-Service besonders geeignet sind, die einerseits häufig vorkommen und andererseits schnell und sicher gelöst werden können.

Hauptproblembereiche aus Benutzersicht identifiziert. Für alle zusammengetragenen Problembereiche sind verschiedene Kriterien zu evaluieren:

- eine prägnante Beschreibung des Problems
- die durchschnittliche Häufigkeit des Auftretens dieses Problems
- der für die Problemlösung notwendige Aufwand
- der Wert der automatisierten Problemlösung für das Unternehmen[2]
- der Wert der Problemlösung für die Kunden[3]

Daraus lässt sich eine Rangfolge der Problembereiche aufgrund der gewichteten Auswertung dieser Aufstellung ableiten.

Problembereiche werden strukturiert

Die identifizierten Problembereiche werden nun strukturiert und in Unterprobleme zerlegt bzw. auch zu größeren Bereichen zusammengefasst. Hilfsmittel können hierbei grafische Verfahren wie Entscheidungsdiagramme, Baumstrukturen und Ablaufpläne sein. Es muss nun festgelegt werden, in welcher Reihenfolge und mit welcher Priorisierung die Bearbeitung erfolgen soll.

Nachdem die Reihenfolge der Bearbeitung festgelegt wurde, erfolgt die eigentliche Wissenserhebung und Strukturierung der Problemfelder im Detail. Hierzu sind die Teammitglieder gefordert, alle Unterlagen zusammenzutragen, die bei der Analyse und Lösungsfindung in der Wissensdomäne benötigt werden. Diese Unterlagen repräsentieren verschiedene Arten von Wissen:

- typische Anfragen in der Formulierung durch die Kunden
- Problemlösungen, die für die Kunden verständlich und nachvollziehbar sind
- konkrete Handlungsanweisungen
- Randbedingungen für die Einsetzbarkeit einer Lösung
- Sonderfälle

---

2. Stellen Sie sich vor, Ihr Telefonsupport kostet durchschnittlich pro Anfrage 50 Euro. Im Monat wird eine bestimmte Frage zweihundert Mal gestellt und Sie schaffen es, 60 Prozent der Anfragen auf ein Self-Service-System umzupolen. Dann reduziert sich das monatliche Anfragevolumen um 120 Anrufe, und Sie sparen 6000 Euro.
3. Wenn der Kunde z.B. bisher einen Minutenpreis von einem Euro für die Inanspruchnahme des Telefonsupports in Kauf nehmen musste und die Zeit bis zur Problemlösung sieben Minuten (inklusive Wartezeit) betrug, so spart er zukünftig 7 Euro – bei 120 Kunden im Monat eine Ersparnis von immerhin 840 Euro. Und das bei einer einzelnen Anfrage.

Zunächst sind wiederum die Hauptproblembereiche der Anwendung aus Benutzersicht zu identifizieren, auf dieser Grundlage wird die Wissensdomäne in Teilbereiche untergliedert, die zusammengetragenen Unterlagen müssen den Teilbereichen zugeordnet werden und es erfolgt die detaillierte Feinstruktur für jeden Teilbereich im Sinne eines Top-down-Entwurfs. Zur Visualisierung der Strukturen bieten sich Mind-Maps, Flussdiagramme, Entscheidungsbäume oder Case-Flow-Diagramme an.

Top-down-Entwurf

Vorsicht ist bei der Wissenserhebung durch Befragung von Experten geboten: Experten nennen in der Regel Fallbeispiele, die sie subjektiv für besonders wichtig oder besonders herausfordernd halten. Die so gesammelten Informationen enthalten dann besonders komplexe Fälle, die vom Experten gelöst wurden, oder die Fälle der letzten Woche – nicht aber die für die Online-Lösung bedeutsamen Routineanfragen, die 80 Prozent des Aufkommens ausmachen. Diese sind für den Experten häufig »Peanuts« und wenig bedeutsam. Wir wollen aber den Experten nicht ersetzen, sondern das Unternehmen und die Kunden bei der effizienten Bearbeitung genau dieser Routineanfragen unterstützen.

Vorsicht bei der Befragung von Experten!

Für die Wissenserhebung können auch andere Quellen herangezogen werden. Hierzu gehören:

- Daten von Call-Tracking-Systemen im Call Center
- technische Dokumente
- Fehlersuchpläne
- andere »Wissensspeicher« (auch auf Papier!)

Im nächsten Schritt sollten Sie die allgemeinen Rahmenbedingungen festlegen, die an die Wissensbasis und die Formulierung der Fälle zu stellen sind. Hierzu gehören die Festlegung der Sprache und des verwendeten Vokabulars (wie sprachliche Konventionen, Schreibweisen, Verwendung von Abkürzungen etc.) ebenso wie die Berücksichtigung eines prototypischen Nutzerprofils. Die Festlegung der Entwurfsparameter umfasst zahlreiche psychologische Faktoren wie kulturelle Einflüsse, Erwartungshaltung der Kunden und das prognostizierte Vorwissen. Aber auch technisch beziehungsweise organisatorisch bedingte Restriktionen können den Entwurf beeinflussen. In der Praxis umfassen die Entwurfsparameter vor allem folgende Bereiche:

Allgemeine Rahmenbedingungen

- allgemeine Angaben zum Problembereich, der Domäne
  - Art des Systemeinsatzes (Fehlerdiagnose, Produktauswahl etc.)
  - Entwurfsziele und Erfolgskriterien

  - Komplexität der Lösungssuche (»Tiefe« der Lösungsstrategie)
  - Größe des Lösungsbereichs (»Breite« der Domäne)
- Nutzerprofil (Endanwender)
  - Sprache, Kultur
  - Know-how in der Domäne
  - Erwartungshaltung
- Interaktionsmodell
  - Übersicht, automatische Suche oder gesteuerter Dialog?
  - Einsatz von Text, Grafik, Audio und Video
  - Selbständige bzw. automatische Lösungssuche oder Live-Kontakt

Sie haben nun nach Abschluss dieser Phase eine nützliche Detailplanung. Oder anders ausgedrückt: Sie wissen, was Sie im Einzelnen erreichen wollen, was dafür zur Verfügung steht und was noch benötigt wird.

13.2 Umsetzung: Make, Buy or Partner?

Es bleibt nun die Frage, ob die geplanten Maßnahmen im eigenen Unternehmen umgesetzt werden oder als fertige Module zugekauft werden sollen. Dabei ist zu berücksichtigen, dass die zu erwerbenden Module in der Praxis erst auf das Einsatzgebiet abgestimmt werden müssen. Dieser Aufwand kann stark variieren: Ein Supportforum benötigt sicher weniger Konfigurationsaufwand als ein wissensbasiertes System oder die Dialogkomponente eines Avatars.

Einige einfache Tools wie FAQ-Listen, Suchhilfen sowie Hilfe- und Übersichtsfunktionen lassen sich leicht selbst aufbauen. Geht es aber um nicht-öffentliche Live-Chats oder wissensbasierte Lösungen, so ist der Rückgriff auf etablierte Systeme in der Regel unabdingbar.

Bei der Auswahl geeigneter Tools ist es aber Grundvoraussetzung, dass Sie wissen, was Sie wirklich benötigen. Sonst können Sie Ihr blaues Wunder erleben! Aus diesem Grunde haben Sie die Detailplanung auch im vorausgehenden Schritt begonnen. Jetzt können Sie von diesen Erfahrungen profitieren.

Application Service Providing

Neben den Varianten Neuentwicklung und Zukauf gewinnt ein weiteres Modell immer mehr an Bedeutung: Lösungen für Live-Chats und andere Serviceangebote werden verstärkt als ASP-Angebote am Markt platziert. ASP, oder: Application Service Providing bedeutet dabei, dass nicht das Werkzeug käuflich erworben wird, sondern die zugrunde liegende

Dienstleistung angemietet wird. Damit ist die Kostenstruktur wesentlich überschaubarer, da neben einmaligen Einrichtungskosten regelmäßige, monatliche Nutzungsgebühren anfallen, die gegenüber dem Zukauf nicht nur den Vorteil haben, jeweils zeitnah zum Tooleinsatz anzufallen – auch die Bindung an eine konkrete Lösung ist so geringer. ASP-Lösungen sind im allgemeinen gut skalierbar und werden in verschiedenen Ausbaustufen angeboten. Damit müssen Sie nicht gleich für den Maximalausbau planen, sondern können sukzessive mit den Nutzeranforderungen wachsen. Andererseits ist die Abhängigkeit vom ASP-Anbieter größer als beim Zukauf, bei dem man die zugekaufte Lösung ja eigenverantwortlich betreibt. ASP kommt einem Partnerkonzept gleich, bei dem die Beteiligten Vertrauen zueinander finden müssen.

Allgemein bietet es sich nur für einfache Tools an, diese selbst zu entwickeln. Die weitaus effizientere Lösung ist das ASP-Partnermodell. Hier muss der Anbieter für den reibungslosen Betrieb sorgen. Der Zukauf ist nur dort zu empfehlen, wo ASP-Lösungen nicht verfügbar sind oder ein höher manueller Konfigurationsaufwand besteht, wie bei der Anbindung wissensbasierter Systeme an die vorhandenen Unternehmensdatenbanken.

13.3 Anpassung: Integration und Aufbau der Fallbasis

So weit, so gut. Nehmen wir also an, Sie haben sich für ein geeignetes Tool entschieden. Nun also geht es darum, es in Ihre Online-Präsenz zu integrieren und mit dem benötigten Erfahrungswissen zu versehen.

Festlegung eines Leitfadens

Beginnen Sie mit der schriftlichen Festlegung eines Leitfadens für die Autoren, die in der Folge die einzelnen Fälle entwerfen und die Lösungen schreiben, die das System später präsentieren soll. Dieser Leitfaden enthält Regeln und Prinzipien, die das Unternehmen für den Aufbau der Texte vorschreibt. Das Ziel ist die Erstellung konsistenter Lösungen, die leichter zu warten sind, hinsichtlich der automatischen Auswertung besser funktionieren und vor allem von den Kunden verstanden und akzeptiert werden. Der Leitfaden als eine Art Kochbuch hilft dabei, häufige Fehler im Design zu vermeiden und trägt zu einer standardisierten, nachvollziehbaren Dokumentation der Designentscheidungen bei.

Design der Fallbasis

Sind alle Vorgaben vorhanden, so kann mit dem Design der Fallbasis begonnen werden. Alle Teammitglieder sind dabei ihrem spezifischen Know-how gemäß einzusetzen. Dabei sollte beim Design unbedingt berücksichtigt werden, dass das System nur durch eine laufende Aktualisierung, Pflege und Erweiterung lebt. Jede Designentscheidung, die diesen Aspekten zu wenig Beachtung schenkt, gefährdet langfristig den Projekterfolg.

Integration Parallel dazu beginnt die Integration des Tools und die Angleichung an das Corporate Design – schließlich soll die neue Lösung nicht wie ein Fremdkörper wirken. Die Implementierung des Systems umfasst nicht nur die Umsetzung und Zusammenführung der einzelnen Fälle in eine für die Nutzung des gewählten Tools geeignete Form, sondern bedeutet auch die Integration in die bestehende Systemlandschaft. Insbesondere sind hier auch Möglichkeiten vorzustehen, das Nutzerverhalten sowie die Systemantworten, aber auch die Entwicklung der Zugriffszahlen und die Lösungsgüte zu erfassen und zu protokollieren.

Zu den Integrationsaspekten zählen neben der Einbindung in die Website auch die Anbindung an bestehende Datenbanken und Call-Tracking-Systeme. Zu beachten ist in dieser Phase, dass das System nur für eine ausgewählte Testgruppe zugänglich ist, die komplette Freigabe erfolgt erst nach einer erfolgreichen Evaluierung.

Wie vollständig muss die Lösung sein?

Eine Besonderheit von Self Service-Lösungen ist es, dass sie niemals alle denkbaren Fragestellungen umfassen können. Daher ist es völlig legitim, mit einer kleinen Fallbasis zu beginnen.

Doch was reicht aus, was ist zu wenig? Diese Frage lässt sich nicht allgemeingültig beantworten, da jedes Instrument andere Voraussetzungen bietet. Bei einer FAQ-Liste geht man davon aus, dass sie mindestens die zehn, fünfzehn wichtigsten (häufigsten) Fragen beantwortet. Ein wissensbasiertes System kann unter Umständen mit 70 bis 100 Problemstellungen starten. Entscheidend ist weniger die Zahl, sondern vielmehr der Abdekkungsgrad und die Zuverlässigkeit der Lösung. So dürfen keine falschen Auskünfte erteilt werden, weil die Fallbasis »löchrig« ist. Sonderfälle und Ausnahmen sollten genannt werden, wenn Antworten nur auf bestimmte Situationen zutreffen.

Im Zweifel bietet es sich an, ein Vorschlagswesen zu etablieren (entweder unsichtbar durch Monitoring von Anfragen, die nicht zufriedenstellend gelöst werden konnten oder aktiv durch Befragung der Nutzer).

13.4 Testen, testen, testen!

Tja, was soll ich Ihnen dazu noch erzählen? Stellen Sie *niemals* ein System online, das Vertrauen schaffen soll, ohne es ausgiebig getestet zu haben!

Zunächst wird das System nur in einer Testgruppe eingesetzt, um eine Kontrolle der korrekten Funktion und der Erreichung der Projektvorgaben zu ermöglichen, ohne die Funktionsfähigkeit des Unternehmens zu gefährden. Der Einsatz des Prototyps in der Kontrollgruppe ermöglicht dabei nicht nur eine betriebswirtschaftliche Analyse, sondern auch die Möglichkeit, Schwachstellen und Lücken in der Fallbasis zu erkennen.

Damit führen die Systemtests auch zur Modifikation und Anpassung der Applikation an die praktischen Anforderungen im täglichen Einsatz. Dies kann unter Umständen nicht nur Veränderungen der Fallbasis und des Wissensmodells, sondern in vielen Fällen auch der Interaktionskomponente bedeuten. Gerade im Self-Service kommt es entscheidend darauf an, effizient und zielgerichtet mit dem System zu kommunizieren. Ob dies gleich von Anfang an gelingt, darüber entscheidet die Güte Ihres prototypischen Nutzerprofils.

13.5 Freigabe

Haben Sie das System auf Herz und Nieren getestet und die letzten Probleme ausgemerzt, so können Sie es öffentlich freigeben. Gratuliere!

Auch zur Freigabe ist wenig zu sagen – außer vielleicht: Zelebrieren Sie sie ein wenig!

Werben Sie

Wenn Sie Ihren Job gut gemacht haben und von der implementierten Lösung überzeugt sind, können Sie jetzt beginnen, die Lorbeeren zu ernten. Dabei ist es durchaus legitim, das neue Serviceangebot für das Marketing auszuschlachten. Werben Sie – und differenzieren Sie sich so von Ihren Wettbewerbern ... Schließlich war das ein wichtiger Grund, sich überhaupt dem Thema Service und Support im Internet zu widmen: Die Stärkung der eigenen Wettbewerbsfähigkeit im Online-Business!

Zusammenfassung

Vom groben Konzept zur ausgetesteten Lösung ist es ein weiter Weg. Es gilt, die Details des Systems festzulegen und auf den intendierten Anwendungszweck abzustimmen. Vergessen Sie dabei nicht: Sie wissen viel mehr als der potenzielle Nutzer.

Das System sollte ihn also dort abholen, wo er steht ... und nicht erwarten, dass sich der Nutzer dem System anpasst.

Steht die Detailplanung inklusive des Interaktionsmodells, so geht es an die Toolauswahl. Häufig werden Sie nicht alles von Grund auf neu entwickeln wollen, sondern fertige Lösungen einbinden. Dann muss bei der Auswahl geprüft werden, ob alle benötigten Features vorhanden sind. Auch die Frage, ob ein Tool gekauft oder als ASP-Lösung gemietet werden soll, ist von großer Bedeutung – vor allem hinsichtlich der Budgetierung.

Es folgen die Umsetzung und Integration in den bestehenden Online-Auftritt ... sowie umfangreiche Tests und Fehlerbehebungen. Hier zeigt sich auch zum ersten Mal, ob das gewählte Interaktionsmodell in der Praxis funktioniert. Hoffentlich – denn sonst ist ein Redesign vonnöten! Erst nach Abschluss aller Tests darf das neue Online-Serviceangebot für die Kunden freigeschaltet werden.

(Und Sie dürfen ein wenig feiern – aber nur kurz, denn anschließend geht es an die Erfolgskontrolle und die Optimierung!)

14 Erfolgskontrolle und Optimierung

»Wer aufhört, besser zu werden, hat aufgehört, gut zu sein.«
Philip Rosenthal, deutscher Unternehmer und Politiker

Mit der Freigabe Ihres neuen Online-Serviceangebotes ist es leider nicht getan. Nachdem die erste Euphorie verflogen ist, sollten Sie daher die Sektgläser wieder spülen und wegpacken und zurück an die Arbeit gehen. Ich will ja nicht unken, aber jetzt geht die Arbeit im Grunde erst richtig los!

Einerseits werden Sie nämlich ziemlich schnell nach dem betriebswirtschaftlichen Ergebnis, dem ROI, gefragt werden: Was hat der Aufwand nun gebracht? Andererseits müssen Sie genauestens prüfen, ob die Kunden so reagieren, wie Sie es erhofft haben – ansonsten gilt es, umgehend gegenzusteuern.

Und nicht zuletzt müssen Sie dafür Sorge tragen, dass das System gepflegt wird und ständig up-to-date ist. Optimierung und Aktualisierung heißt also die Devise.

14.1 Controlling: Feedback und Nutzerverhalten

Erfolgskriterien anwenden

Doch zunächst zur Erfolgskontrolle. Was eigentlich sind die Kriterien, die anzeigen, dass das Projekt ein Erfolg war? Erinnern Sie sich: Sie haben zu Beginn Ihre Ziele festschreiben sollen. Greifen Sie jetzt darauf zurück, und lassen Sie sich nicht in die Irre führen! Schließlich handelt es sich um eine langfristige Strategie. Wer von Ihnen gleich in den ersten Monaten gigantische Erfolge erwartet, hat die Zielsetzung nicht verstanden. Sowohl Einspareffekte als auch die Steigerung des Customer-Lifetime-Value machen sich nicht von heute auf morgen bemerkbar.

Logfile-Auswertung

Was aber sind dann die wichtigsten Indikatoren, die Sie im Auge behalten müssen? Zunächst gilt es, die Zahl der Nutzungsvorgänge und – wenn technisch möglich – der individuellen Nutzer sowie die individuelle Nutzungshäufigkeit zu ermitteln. Dazu können Sie sich der Zugriffsstatistiken des Webservers bedienen. Mit Hilfe dieser Logfiles erfahren Sie auch, welche Seiten Ihres Online-Serviceangebotes am häufigsten besucht werden.

Analysieren Sie die Zugriffe regelmäßig und wählen Sie vergleichbare Zeitfenster (Zugriffe pro Tag, pro Woche oder pro Monat), damit Sie auch Trends feststellen können. Sie können zudem den Referrer-Eintrag des Logfiles auswerten und erfahren dann, woher die Nutzer kamen – und damit, wie Sie auf Ihr neues Angebot aufmerksam geworden sind.

Aber Vorsicht: Die Logfile-Analyse kann sehr aufwändig werden, wenn sie nicht automatisiert erfolgt. Der Umfang von Logfiles ist gewaltig – nicht nur der Abruf von Webseiten erzeugt einen Eintrag, sondern jeder Abruf eines Elements. Besteht eine Webseite aus dem Text und neun eingebetteten Grafiken, so werden zehn Zeilen im Logfile erzeugt! Zum Glück gibt es zahlreiche Programme zur Auswertung von Logfiles mit unterschiedlichsten Analysemöglichkeiten. Was also kann bei der Logfile-Auswertung gemessen werden?

- Wer hat wann, von wo und womit Ihr Online-Serviceangebot angeschaut?
- Wie viele Nutzer haben den Servicebereich besucht?
- Welche HTML-Dateien wurden angesehen?
- Welche Seiten wurden häufiger als andere angefordert?
- Welchen Browser und welches Betriebssystem verwenden die Besucher? Mit dieser Information lässt sich der Funktionsumfang der Webseiten optimieren!

Ursachenforschung

Bleiben die Zugriffszahlen hinter den Erwartungen zurück oder lassen die Referrer-Logs darauf schließen, dass die Nutzer eher zufällig auf das Serviceangebot stoßen, so sollten Sie Ihr Marketing überdenken. Werden bestimmte Bereiche häufig besucht, andere aber nicht, die ebenso bedeutsam erscheinen, so muss die Navigation, Strukturierung und Wortwahl überprüft werden. Vielleicht finden die Nutzer diese Bereiche einfach nicht.

Gut auch, wenn Sie eine lokale Suchhilfe eingebaut haben. Dann nämlich können Sie untersuchen, wonach die Nutzer geschaut haben ... und genauso, was ihnen als Treffer angeboten wurde und was sie verwendet haben. Unter Umständen liefert die Suchhilfe die falschen, zu viele oder zu wenige Resultate. Auch die Reihenfolge der Ergebnisausgabe kann für den Erfolg Ihres Online-Service nachteilig sein.

Hinterlegen Sie nun die Zugriffsdaten mit der Information darüber, welche Serviceangebote und Problembereiche jeweils auf den einzelnen

Webseiten präsentiert werden, so werden nicht nur quantitative, sondern auch qualitative Analysen möglich. Es lässt sich unter anderem Folgendes ermitteln:

- Welche Bereiche wurden am häufigsten aufgerufen? Welche Probleme sind besonders häufig?
- Welche Webseiten erscheinen besonders interessant und werden häufig besucht?
- Wie oft wurden die interaktiven Werkzeuge tatsächlich genutzt und wofür?
- Woher kommen die Nutzer? Die Top-Referring-Websites sind besonders interessant aus Sicht des Marketings für das Serviceangebot!
- Welche Suchbegriffe verwenden die Besucher in den interaktiven Bereichen?
- Wie ist die Bewegung des Users innerhalb des Angebotes?
- Wann kommen die Besucher? Hieraus lassen sich Informationen über das Nutzungsverhalten, aber auch einen sinnvollen Aktualisierungsgrad gewinnen.
- Wie lang ist die durchschnittliche Dauer eines Besuches? Wie lang die Zeit für die Betrachtung einer Seite (ViewTime)?
- Wie viele Seiten werden pro Besuch durchschnittlich abgerufen und welche?

Attraktivität unterschiedlicher Serviceangebote

Offline-Kanäle berücksichtigen

Und wenn Sie schon dabei sind, werten Sie gleich mit aus, welche Serviceangebote besonders populär sind. Vergessen Sie dabei auch die Servicebereiche nicht, die außerhalb des Webangebotes für die Kunden bereitstehen und daher nicht vom Logfile erfasst werden. Hierzu gehören die Angebote, die über traditionelle Wege wie Telefon und Fax in Anspruch genommen werden, aber auch die Anzahl der E-Mail-Anfragen und die Akzeptanz von Newslettern und Autorespondern.

Für die traditionellen Kommunikationskanäle Telefon und Fax bietet es sich zudem an, im Online-Angebot andere Rufnummern anzugeben als außerhalb des Internets – auch wenn alle Nummern auf dem gleichen Anschluss auflaufen. Dies erlaubt die Analyse, wie viele Nutzer es trotz des Self-Service-Angebotes vorgezogen haben, die im Web angegebene Supportnummer anzurufen.

Die Attraktivität der einzelnen Serviceinstrumente ist auch für die betriebswirtschaftliche Betrachtung relevant: Wenn zu viele Nutzer lieber die Möglichkeit des Live-Chats wählen, obwohl ein Blick in die FAQ-Liste genügt hätte, dann ist jeglicher Einspareffekt dahin!

Servicethemen und Wording

Die reinen Zugriffszahlen allein belegen allerdings noch nicht, wie effizient die Auswahl des jeweiligen Serviceangebotes für die konkrete Problemlösung war. Dabei muss unterschieden werden:

- Wäre ein anderer Lösungsweg für den Kunden schneller gewesen? Warum wurde dann der gewählte Weg beschritten?
- Hätte es aus Sicht des Unternehmens einen kostengünstigeren Wg der Problemlösung gegeben? Warum wurde dieser nicht (zuerst) beschritten?
- Welcher (subjekte) Aufwand ist für den Nutzer damit verbunden, einen bestimmten Lösungsweg, also ein bestimmtes Serviceinstrument, zu nutzen?

Um diese Fragen beantworten zu können, ist eine (anonymisierte) Protokollierung der Nutzeraktivitäten sinnvoll. Beim Live-Chat bietet es sich an, die Dialoge mitzuschneiden, ebenso bei wissensbasierten Systemen und Avatardialogen. Aus den Nutzeranfragen lässt sich nicht nur herausfinden, welche Kundenprobleme mit welcher Häufigkeit vorkommen, sondern auch, *wie* die Nutzer darüber kommunizieren[1]. Notfalls muss überlegt werden, ob das Wording des Online-Angebotes dementsprechend verändert werden muss.

Anwendersicht

Aufklärungsarbeit und Deeskalationsstrategie

Unter Umständen fühlen sich die Kunden auch unwohl, wenn sie den Eindruck gewinnen, die Bearbeitung und Lösung ihrer Probleme werde jetzt einem Computer überlassen. Oder sie fürchten, dass die Online-Serviceangebote nur das Ziel verfolgen, sie auszuspionieren. Hier ist gegebenenfalls Aufklärungsarbeit zu leisten und die Deeskalationsstrategie zu verfeinern.

1. Hier sei an das leidige Problem erinnert, dass die meisten automatischen Retrievalsysteme keine Übereinstimmung finden, wenn der Nutzer von »Bildschirm«, die Wissensbasis aber von »Monitor« spricht.

Die Ängste entstehen aus einem Informationsdefizit, was das Konzept und die Ziele des Systems angeht: Die Vorstellung, von »intelligenten« Systemen abhängig zu sein und zum »gläsernen Kunden« zu werden, löst einfach Unbehagen aus. Im Gegensatz zu den in den Achtzigerjahren propagierten Expertensystemen generieren die hier vorgestellten Werkzeuge jedoch nicht selbstständig neue Lösungen. Die Technik verfolgt vielmehr nur das Ziel, die Anwender durch die Optimierung der Verfügbarkeit des vorhandenen Erfahrungswissens bei Routinetätigkeiten zu unterstützen! Kreative Aufgaben bleiben davon unberührt, es wird im Gegenteil mehr Freiraum geschaffen für einen höherwertigeren, befriedigenderen Einsatz der Mitarbeiter.

Die Empfehlung hierzu ist ebenso trivial wie entscheidend: Die Bedeutung der Benutzerqualifikation und Erwartungshaltung der Kunden können für die Akzeptanz eines Online-Serviceangebotes nicht überbewertet werden. Nehmen Sie daher das Feedback der Anwender und Kunden ernst!

Servicequalität und Feedback

Eine weitere wichtige Frage betrifft die Güte der durch das Angebot gefundenen Problemlösungen. Hier ist es entscheidend, dass Sie das Feedback der Anwender einholen. So stehen nicht nur quantitative, sondern auch qualitative Kriterien für die Evaluierung des Systemeinsatzes zur Verfügung.

Hält der Nutzer den Lösungsprozess für effizient?

Wie bereits mehrfach angesprochen gibt es verschiedene Möglichkeiten, Feedback von den Nutzern einzuholen. So eignet sich beispielsweise eine Kurzbewertung auf den Lösungsseiten, um einen allgemeinen Überblick über die subjektiv wahrgenommene Lösungsgüte zu erhalten. Offene Umfragen und Aufrufe, Vorschläge zur Optimierung des Systems einzureichen, können neue Ideen liefern. Und Follow-ups per E-Mail sind vor allem dann interessant, wenn Sie an Feedback eines Anwenders interessiert sind, von dem Sie genau wissen, dass er ein bestimmtes Supportangebot aktiv genutzt hat (ob erfolgreich oder nicht).

Neben der Qualität der Problemlösung in fachlicher Hinsicht ist auch die Frage relevant, in welchem Maße der Nutzer den Lösungsprozess als effizient empfindet. Selbst wenn die Lösung hervorragend beurteilt wird, heißt das noch nicht, dass der Nutzer auch beim nächsten Mal dieses Serviceangebot nutzt. War ihm nämlich der Weg bis zur gesuchten Antwort zu umständlich, zu komplex und zu langsam, so wird er beim nächsten

Mal vielleicht doch wieder zum Telefonhörer greifen. Auch diese Frage sollte daher berücksichtigt werden und das Ergebnis in die Optimierung des Systems mit einfließen!

14.2 Betriebswirtschaftliche Auswertung und Optimierung

Sie haben nun verschiedene Möglichkeiten kennen gelernt, die Akzeptanz Ihres neuen Online-Serviceangebotes zu analysieren. Das Monitoring der Zugriffszahlen sowie des von den Nutzern wahrgenommenen Eindrucks zum neuen Serviceangebot liefert jedoch nur mittelbar betriebswirtschaftlich relevante Aussagen.

Viel wichtiger ist es, die Wirtschaftlichkeit des Online-Serviceangebotes zu beobachten und in Relation zu anderen Serviceinstrumenten zu setzen. Letzten Endes ist einzig der wirtschaftliche Erfolg maßgeblich, wenn es um das Wohl und Wehe der Online-Aktivitäten geht.

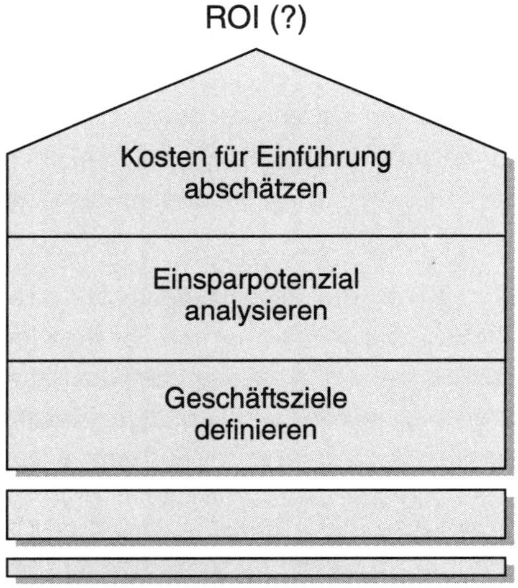

Abbildung 14.1 Die betriebswirtschaftliche Analyse muss zielgerichtet erfolgen. Legen Sie klare Kriterien fest und wägen Sie Einsparpotenzial und Betriebskosten Ihrer Lösung gegeneinander ab.

Beurteilung über einen längeren Beobachtungszeitraum

Nicht immer lässt sich dieser allerdings in monetären Einheiten ausdrücken – auch Veränderungen der Kundenzufriedenheit, des Customer-Lifetime-Values, der Anzahl der Neukunden aus Empfehlungen zufriedener Kunden oder der erreichten Zielgruppen und ihrer Interessen wirken sich im Endeffekt auf den Geschäftserfolg aus. Doch eine Beurteilung der

Einflüsse und die Wahrnehmung von Veränderungen ist nur über einen längeren Beobachtungszeitraum möglich. So lässt sich erst nach sechs oder mehr Monaten mit relativer Sicherheit sagen, ob die durchschnittliche Bestellfrequenz oder Bestellhöhe sich verändert – alles andere könnte auch auf saisonale Schwankungen oder konjunkturelle Einflüsse zurückzuführen sein.

Damit hängt die Erfolgskontrolle immer auch eng mit aktiver Marktforschung zusammen. Wer nutzt das Angebot? Welche Erwartungen werden geweckt? Was macht die Konkurrenz? Und worin bestehen die Barrieren, die einer stärkeren Nutzung des Self-Service-Angebotes entgegenstehen?

Betriebswirtschaftliche Analysen

Gehen die Kosten für die personalintensiven Serviceangebote zurück?

Die Messung der Reichweiten liefert also nur die Basis für die wirklich interessanten Kenngrößen. Diese können allerdings nur ermittelt werden, wenn auch andere Parameter in die Kalkulation mit einfließen. Zu diesen Parametern gehören die Kosten für die Entwicklung, den Unterhalt und die Pflege des Online-Serviceangebotes[2] ebenso wie die Kosten, die andere Serviceinstrumente verursachen, wie das Call Center oder der Versand von Treibern und Unterlagen. Mehr noch: Es muss analysiert werden, ob die Call-Avoidance-Strategie erfolgreich ist – ob also die Kosten für die personalintensiven Serviceangebote zurückgehen, da die Kunden die für den Anbieter billigeren Self-Service-Angebote in Anspruch nehmen.

Bewegt man sich im Bereich Verkaufsunterstützung, so müssen auch die Umsätze berücksichtigt werden, die durch automatisiertes Cross-Selling und Up-Selling generiert werden. Sind zudem bestimmte Serviceangebote kostenpflichtig, so sind auch die Einnahmen daraus zu berücksichtigen.

Ergänzend muss auf längere Sicht auch ermittelt werden, welchen Einfluss der verbesserte Service auf die Kundentreue und damit den Customer-Lifetime-Value sowie die Kosten für die Neukundengewinnung hat (Stichworte: Empfehlungs- und Servicemarketing).

Nur durch eine leistungsfähige, weit über das eigentliche Projekt hinausgehende Evaluierung können also die Investitionen in ein Online-Serviceangebot gegenüber dem Management und der Geschäftsleitung im

2. Wünschenswert wäre sogar die Aufsplittung der Kosten für jedes einzelne Serviceinstrument wie FAQ-Bereich, Live-Chat, Avatar usw. Aber dies ist in den meisten Fällen kaum realistisch, zumal die Pflege und Aktualisierung oftmals verschiedene einzelne Instrumente umfasst.

Detail gerechtfertigt werden. Nicht immer sind hierfür überhaupt alle Daten sowie die notwendigen Kalkulationsgrundlagen vorhanden. Trotzdem sollten zwei Fragen nicht außer Acht gelassen werden:

- Durch welche Investitionen und Erfolge ergibt sich der größte Nutzen?
- Wie können zumindest einige Erfolgskriterien gemessen und betriebswirtschaftlich betrachtet werden?

Nicht den schnellen Erfolg suchen

Das Management tut gut daran, nicht den schnellen Erfolg von Self Service-Lösungen zu suchen. Je mehr Zeit auf Design, Logik, Struktur, Ausführung und Konsistenz der Wissensbasis verwendet wird, um so größer sind die Chancen für einen dauerhaften Erfolg und um so geringer sind die Risiken, irgendwann das System von Grund auf neu konzipieren zu müssen.

Erfolgskriterien festzulegen und zu überwachen bedeutet aber nicht nur die Vorgabe klarer, messbarer Ziele, sondern auch, dass diese Zielvorgaben realistisch sein müssen und auch längerfristige Perspektiven umfassen.

Return on Investment

Wie messen?

Nach dieser kurzen Übersicht werden Sie verstehen, dass es kaum möglich ist, eine universelle Formel anzugeben, die den betriebswirtschaftlichen Wert eines Online-Supportangebotes unter Berücksichtigung aller Wechselwirkungen angibt. Stattdessen werden eher die *potenziellen* Einsparungen den tatsächlichen Kosten gegenüber gestellt. Im Kern geht es dabei um die Wirtschaftlichkeitsmessung einer Call-Avoidance-Strategie.

Das folgende Kalkulationsbeispiel verdeutlicht, wie Ihr Unternehmen durch die Verlagerung von Routineanfragen auf billigere Serviceinstrumente Einsparungen erzielen kann. Dabei werden zunächst einmalige Kosten für den Aufbau einer Servicelösung vernachlässigt.

1. Untersuchen Sie zunächst die durchschnittliche Anzahl der Anfragen, die per Call Center, Fax und Freitext-E-Mail Ihr Unternehmen erreichen. Nennen wir die Zahlen x_{CC}, x_F und x_E!
2. Bestimmen Sie als nächstes die durchschnittlichen Kosten für die Bearbeitung eines Anrufs, einer Faxanfrage sowie einer Kunden-E-Mail. Eine Forrester Research-Studie vom Dezember 1999 ermittelte für amerikanische Unternehmen durchschnittliche Kosten von 33 US-Dollar pro Anruf und 10 US-Dollar pro E-Mail. Für Faxe ist der manuelle

Erfassungsaufwand höher als bei E-Mail, hier liegen die Kosten bei etwa 15 US-Dollar. Auch hier eine Namenskonvention: c_{CC}, c_F und c_E für die Kosten von Call Center, Fax und E-Mail.

3. Finden Sie nun heraus, wieviel Prozent der Anfragen sich auf Routineprobleme beziehen, die problemlos durch das zu untersuchende Online-Supportinstrument gelöst werden könnten. Je nach Branche kann dieser Anteil sehr hoch sein – eine US-Studie kommt auf 88,5 Prozent, nach eigener Erfahrung halte ich 70 bis 80 Prozent (Pareto-Regel!) für realistisch. Da die Verteilung unterschiedlich sein kann auch hier drei Variablen: p_{CC}, p_F und p_E.
4. Nun benötigen Sie die Kosten für Pflege und Unterhalt des Online-Serviceangebotes pro Monat. Teilen Sie das durch 30, um die Kosten pro Tag zu bestimmen. Wir nennen diese Kosten c_O. Dabei nehmen wir vereinfachend an, dass die Kosten unabhängig von der Anfragemenge gleichbleiben. Für Self-Service-Angebote ohne Personaleinsatz ist dies durchaus legitim.
5. Nun geht es los: Multiplizieren Sie jeweils die Anzahl der Anfragen, den Anteil der Routineanfragen und die Kosten je Anfrage für die Kommunikationskanäle Telefon, Fax und E-Mail. Addieren Sie dann die Werte und ziehen Sie die Kosten für die Online-Lösung ab. Damit erhalten Sie eine Abschätzung für die theoretisch mögliche Ersparnis durch das Online-Angebot. Also ergibt sich das Sparpotenzial aus:
$ROI_{max} = (x_{CC}*p_{cc}*c_{cc}) + (x_F*p_F*c_F) + (x_E*p_E*c_E) - c_O$
6. Eine nette Zahl, die das Einsparpotenzial pro Tag widerspiegelt. Allerdings eben nur ein theoretischer Wert. Sie können ihn dazu heranziehen, um beispielsweise die Amortisationsdauer der Implementierungskosten zu ermitteln. Auch ist es möglich, die Analyse auf einzelne Instrumente aus dem Online-Serviceangebot herunterzubrechen, sofern Zahlen vorliegen. Spannender ist es jedoch noch, den Einfluss des Marketings zu berücksichtigen. ROI_{max} geht von der unrealistischen Annahme aus, dass gleich alle Kunden das Online-Angebot nutzen. Sie sollten deshalb eine Schätzung vornehmen, wie viele Kunden tatsächlich davon überzeugt werden können, das Online-Angebot zu nutzen. Nennen wir die drei Zahlen u_{CC}, u_F und u_E.. Dann ergibt sich die Möglichkeit, den Einfluss des Marketingerfolges folgendermaßen zu untersuchen:
$ROI_{eff} = u_{CC}*(x_{CC}*p_{cc}*c_{cc}) + u_F*(x_F*p_F*c_F) + u_E*(x_E*p_E*c_E) - c_O$

Beispielkalkulation

Gehen wir von 500 Anrufen, 700 E-Mails und 100 Faxen pro Tag aus. Für die Kosten legen wir die Zahlen der Forrester-Studie zugrunde, also 33, 10 bzw. 15 US-Dollar – oder nehmen wir doch gleich Euro. Die Zahl der Routineanfragen soll sich nach dem Pareto-Prinzip jeweils bei 80 Prozent bewegen. Die monatlichen Unterhaltskosten für eine FAQ belaufen sich auf 900 Euro (Hosting, Aktualisierung, Monitoring). Daraus ergeben sich zunächst laufende tägliche Kosten für die FAQ von 30 Euro. Dabei ist der initiale Erstellungsaufwand nicht berücksichtigt. Die potenziellen Einsparungen belaufen sich auf:

$ROI_{max} = 500*0.8*33 + 700*0.8*10 + 100*0.8*15 - 30 = 19970$

Das bedeutet für dieses fiktive Unternehmen potenzielle Einsparungen von 19970 Euro täglich! Würde nur ein Zehntel aller Routineanfragen tatsächlich auf das Online-Angebot umgelegt, so ergäbe sich:

$ROI_{eff,0.1} = 0.1*(500*0.8*33 + 700*0.8*10 + 100*0.8*15) - 30 = 1970$

Also immer noch eine tägliche Ersparnis von fast zweitausend Euro!

Einfluss des Marketings und der Akzeptanz

Die obige Beispielrechung ist zugegebenermaßen nur eine grobe Richtlinie. Doch sie zeigt die wirtschaftliche Bedeutung von Online-Service und Online-Support allein aus Sicht der Call-Avoidance. Die Rechnung zeigt aber auch den Einfluss des Marketings und der Akzeptanz durch die Nutzer: Es ist ein enormer Unterschied, zweitausend oder zwanzigtausend Dollar pro Tag einzusparen!

14.3 Optimierungsansätze

Laufende Optimierung anstreben

Es ist demnach wichtig, die implementierte Lösung so attraktiv wie möglich auszugestalten, aktiv für die Nutzung zu werben und eine laufende Optimierung anzustreben. Doch wo ist eine Optimierung mit welchem Ziel ratsam? Konkrete Antworten kann hier immer nur die Einzelfallbetrachtung liefern.Die folgende Aufzählung gibt jedoch einen allgemeinen Überblick über die Optimierungsmöglichkeiten und Zielsetzungen:

- **Optimierung des Effizienzgrades**
  Klagen die Nutzer darüber, dass die Suche nach einer Lösung umständlich ist oder zu lange dauert? Dann sollte das Navigations- und Interaktionsmodell überprüft werden! Ein Online-Angebot mag noch so nützlich sein – fehlt ihm die Effizienz, so bleiben die Nutzer beim nächsten Mal aus.

- **Optimierung der Antwortqualität**Erhalten Sie schlechte Noten, was die Qualität der Antworten betrifft? Dafür kann es unterschiedliche Ursachen geben! Möglicherweise werden die Nutzer irregeleitet oder verstehen bestimmte Fragen und Informationen nicht? Überprüfen Sie Wording und Strukturierung! Auch können Sonderfälle der Grund sein, die Sie bei der Konzeption nicht berücksichtigt haben. Dann muss die Fallbasis ergänzt werden. Oder bestimmte Informationen sind nicht mehr aktuell beziehungsweise zu unspezifisch. In diesem Fall ist die Überarbeitung der Antworten notwendig.
- **Optimierung der Deeskalationsstrategie**Ihre Kunden nutzen immer die für Sie teuersten Serviceangebote, obwohl es eine billigere Lösungsvariante im Self Service-Angebot gegeben hätte? Überprüfen Sie zunächst, ob der Hinweis auf die teure Alternative den Nutzern zu früh bekanntgegeben wird oder zu verführerisch erscheint. Sie können auch teure Serviceangebote mit Nutzungsgebühren belegen oder zusätzliche Anreize (wie Gewinnspiele etc.) einsetzen, um die Nutzung des Self-Service-Angebots zu fördern.
- **Optimierung der Wirtschaftlichkeit**
  Wo sind die Kosten für das Serviceangebot besonders hoch? In der Regel sind dies vor allem die personalintensiven Bereiche. Versuchen Sie, hier Avoidance-Strategien zu etablieren. Bieten Sie Self-Service-Lösungen an, die rund um die Uhr zur Verfügung stehen, anstatt die Nutzer an der telefonischen Hotline beraten zu müssen. Erhöhen Sie die Anzahl der Kunden, die ein Servicemitarbeiter gleichzeitig beraten kann. Während bei der Sprachkommunikation nur ein Kunde zu einer Zeit beraten werden kann, sind es im Live-Chat drei, fünf oder in Ausnahmefällen sogar bis zu zehn! Avatare und wissensbasierte Systeme werden auch nicht müde, zwanzig oder gar hundert Anfragen gleichzeitig zu bearbeiten. Nur das Antwortverhalten wird geringfügig schlechter. So steigern Sie die Wirtschaftlichkeit Ihrer Serviceangebote.
- **Verbreiterung der Wissensdomäne**
  Eine größere Abdeckung des Wissensgebietes erhöht die Zahl der zufriedenen Nutzer und bewirkt zugleich, dass weniger Anfragen nachträglich doch noch von Ihren Experten bearbeitet werden müssen. Dabei muss jedoch Übersichtlichkeit oberstes Gebot bleiben – wenn sich die Kunden im Angebot »verlieren«, ist nichts gewonnen!
- **Verfeinerung der Wissensdomäne**
  Stopfen Sie die Lücken, und geben Sie online genauere Antworten. Dazu gehört auch der Einbau einer Erklärungskomponente, die die Nutzern nicht nur sagt *was*, sondern auch *warum* etwas die Lösung zu

dem geschilderten Problem ist. Auch diese Maßnahme trägt zur Steigerung der Kundenzufriedenheit bei und wirkt effizienzsteigernd. Mehr noch: Sie sorgt dafür, dass das Vertrauen in die systemgenerierten Lösungen wächst!

- **Vergrößerung der Nutzerbasis**
  Mehr Nutzer bedeuten eine bessere Auslastung und mehr Einsparungen. Daher ist hier das Marketing gefragt, mehr Kunden über das Online-Serviceangebot zu informieren und die Nutzung zu fördern.

Damit haben Sie einen Maßnahmenkatalog für die Optimierung der implementierten Lösung zur Verfügung und können bei Bedarf verschiedene Schieflagen ausgleichen.

Die Konkurrenz schläft nicht

Die laufende Optimierung des Angebotes ist aber auch noch aus einem anderen Aspekt heraus bedeutsam: Die Nutzer gewöhnen sich schnell an ein Self Service-Angebot. Was gestern noch toll war ist morgen schon kalter Kaffee. Und auch die Konkurrenz schläft nicht. Daher wäre es fatal, sich auf dem einmal Erreichten auszuruhen. Die fortwährende Optimierung hat so den Auftrag, für eine kontinuierliche Verbesserung der Lösung zu sorgen und Schwachstellen auszumerzen, bevor sie einem größeren Nutzerkreis unangenehm auffallen.

14.4 Die nächste Ausbaustufe

Kontinuierliche Vergrößerung des Angebotes

Parallel zur Strategie der kontinuierlichen Verbesserung sollten Sie jedoch auch vorsehen, regelmäßig neue Ausbaustufen des Angebotes zu implementieren und nach den üblichen Tests online bereitzustellen. Dabei geht es weniger um die Optimierung des Vorhandenen als um eine Ergänzung.

Das Ziel ist also die Vergrößerung des Angebotes an Serviceleistungen und Tools. Und genau hierin liegt auch der Grund, warum Ihr Online-Serviceangebot klein starten, dann aber kontinuierlich wachsen sollte. Beginnen Sie ruhig mit einfachen Lösungen wie FAQs, Downloads von Treibern und Dokumenten sowie Suchhilfen. Es muss am Anfang weder das umfassende wissensbasierte System noch der Live-Chat oder gar ein Avatar sein.

Bei der Planung der nächsten Ausbaustufe haben Sie dann einen enorm wichtigen Vorteil: Sie konnten bereits Erfahrungen mit und Kontakte zu Ihrer Zielgruppe sammeln! Je umfangreicher die Serviceangebote werden, umso höher auch der Investitionsaufwand. Da ist Erfahrung hilfreich! Und auch aus Sicht der Kunden ist es sehr viel besser, wenn das Angebot nicht auf einen Schlag unüberschaubar groß ist. Da ja Vertrauen aufgebaut werden soll, ist der langsame aber stetige Ausbau hier die deutlich bessere Variante.

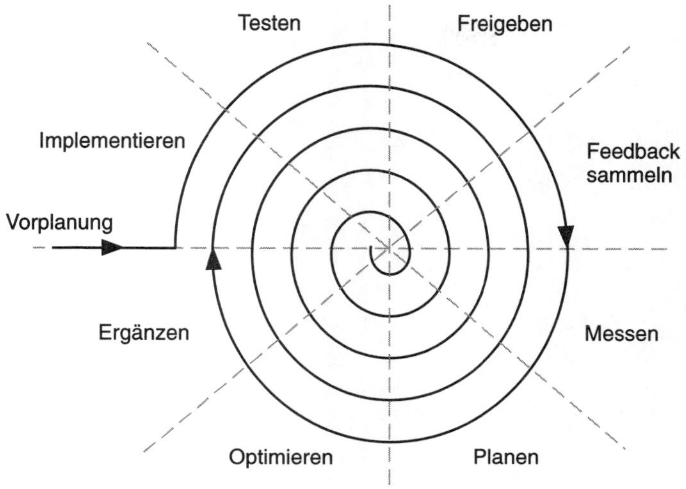

Abbildung 14.2 Die kontinuierliche Verbesserung des Online-Serviceangebotes ist maßgebend für den langfristigen Erfolg Ihres Vorhabens.

Und auch ein weiterer psychologischer Aspekt kommt hinzu: Die Kunden gewöhnen sich sehr schnell an etwas! Wenn Sie von heute auf morgen die eierlegende Wollmilchsau entwickeln, müssen Sie sich fragen, wie lange es dauert, bis die Kunden nach noch mehr verlangen ...

Sie sehen: Es bleibt viel zu tun und die Arbeit ist nie beendet – zumal sich auch immer neue Fakten ergeben, die eingearbeitet werden wollen. Ich lasse Sie jetzt mit der Optimierung und dem Ausbau Ihres Angebotes allein und wünsche Ihnen viel Erfolg!

Was Sie als nächstes implementieren sollen? Fragen Sie nicht mich! Fragen Sie Ihre Prioritätenliste, die Sie zu Beginn der Maßnahmenauswahl entwickelt haben. Und hören Sie auf Ihre Nutzer. Wenn Sie so wollen, befinden Sie sich jetzt wieder am Anfang des Projektzyklus:

1. Planen der nächsten Maßnahme
2. Implementieren
3. Testen und Freigeben
4. Nutzer ermutigen, das System einzusetzen
5. Messen
6. Optimieren
7. Ausbauen und Erweitern des Systems

Zusammenfassung

In zahlreichen Projekten konnten wir feststellen, dass die Bedeutung einer laufenden Pflege und Aktualisierung von Online-Serviceangeboten häufig unterschätzt wird. Dabei handelt es sich um einen Knowledge-Management-Prozess: Das System bringt nur dann dauerhaft die gewünschten Erfolge, wenn es ständig gepflegt wird.

Anders als bei klassischen IT-Anwendungen, bei denen der Anwender nur einmal von der Leistungsfähigkeit des Systems überzeugt werden muss, müssen sich Systeme im Online-Service ständig neu bewähren. Lernt der Anwender schneller hinzu als das System, so sinkt das Vertrauen und die Nutzungshäufigkeit lässt nach – es handelt sich sozusagen um »lebende«, lernende Anwendungen!

Die wichtigsten Designempfehlungen lauten daher:

- Konsistenz
- Vollständigkeit
- Effizienz

So ist es unbedingt notwendig, nicht nur auf die Nutzungsstatistiken und die betriebswirtschaftlichen Kennzahlen zu schauen, sondern auch auf die Nutzer!

Entscheidend für den dauerhaften Erfolg sind zwei Regelkreise:

- die kontinuierliche Kontrolle und Optimierung des bestehenden Systems
- der schrittweise Ausbau und die Erweiterung um zusätzliche Serviceangebote und Werkzeuge

Nur wenn beide funktionieren, kann man mehr erreichen als nur Servicebereitschaft. Dann nämlich kann man die Nutzer immer wieder neu überraschen und befindet sich auf dem besten Weg zur vielbeschworenen Service Excellence!

Teil 4
Anhang

Mein spezieller Online-Service für Leser: Das Glossar und andere Teile des Anhangs gibt es online zum Herunterladen. Damit können Sie sich ein nützliches Werkzeug für Ihre tägliche Arbeit immer in der aktuellsten Version auf Ihren Desktop holen. Schauen Sie einfach auf das Online-Angebot zum Buch bei www.galileobusiness.de, dort finden Sie auch weiterführende Links sowie ein Diskussionsforum!

A Meine Tipps auf einen Blick

- Setzen Sie die Kundenbrille auf!
- Spezialisierung ist Trumpf. Versuchen Sie nicht, es allen recht zu machen!
- Gehen Sie auf die Suche: Wo könnten Sie Ihren Topkunden einen echten Mehrwert bieten?
- Stellen Sie sich folgende Fragen: An wen richtet sich Ihr Online-Angebot? Was unterscheidet Ihr Angebot von dem der Konkurrenz?
- Recherchieren Sie einmal auf Ihren eigenen Seiten. Und denen der Wettbewerber. Notieren Sie Ihre Erfahrungen! Und dann bitten Sie einen oder zwei Bekannte, das Gleiche zu tun. Vergleichen Sie die Ergebnisse!
- Vergessen Sie nicht, dass Ihre Kunden auch andere Supportangebote wahrnehmen. Fragen Sie sie, was sie sich wünschen!
- Fragen Sie sich, ob Ihre Webseiten gute Zuhörer sind! Sind es Einbahnstraßen oder gibt es einen Dialog mit den Kunden?
- Fragen Sie sich: Ist Ihre Website lernfähig? Wie stellen Sie sicher, dass Erfahrungen gesammelt und konserviert werden?
- Fragen Sie sich: Wo ist in Ihrem Unternehmen Wissen versteckt, das dazu genutzt werden kann, den Dialog mit dem Kunden zu optimieren?
- Überprüfen Sie, in welchen Formen bei Ihnen Wissen gehortet wird und wie die Aktualisierung sichergestellt ist.
- Fragen Sie sich: Welche Produktunterlagen stehen Ihren Kunden zur Verfügung? Gäbe es weitere Quellen?
- Machen Sie sich damit vertraut, wie Problem-Management, Problem-Resolution und Anrufvermeidung in Ihrem Unternehmen gehandhabt werden.
- Stellen Sie fest, ob Sie die Sprache Ihrer Kunden sprechen! Gemeint ist nicht deutsch oder englisch, sondern die Verwendung von Fachvokabular und speziellen Bezeichnungen.
- Analysieren Sie, wie es um Ihren Support steht. Sind immer alle benötigten Informationen vorhanden? Gibt es zentrale Know-how-Träger, von denen eine Abhängigkeit besteht?

- Machen Sie eine Aufstellung *aller* computergestützten Supporttools, die implementiert wurden. Auch derjenigen, die nicht verwendet werden. Informieren Sie sich, was erfolgreich ist und was nicht ... und warum!
- Fragen Sie sich: Gibt es in Ihrem Unternehmen ein Intranet? Wo ist hier das Konzept »Knowledge at your fingertips« realisiert?
- Nehmen Sie die Wünsche Ihrer Kunden ernst ... sehr ernst!
- Überdenken Sie, wie Sie unzufriedene Kunden aufspüren können und wie Sie diese Erfahrungen zur Optimierung Ihres Angebotes nutzen können! Was ist Ihnen ein unzufriedener Kunde wert, der Sie auf Probleme hinweist?
- Versetzen Sie sich in die Situation Ihrer Online-Nutzer – oder engagieren Sie Testnutzer!
- Nicht-interaktive Serviceangebote sind rasch zu implementieren und sollten auf jeden Fall vorhanden sein, aber interaktiven Lösungen, die die Möglichkeiten des Internets sinnvoll ausnutzen, gehört die Zukunft.
- Machen Sie eine Aufstellung: Welche Serviceangebote können Sie online als »Instant«-Lösung anbieten? Wo ist eine zeitversetzte Bearbeitung notwendig und warum?
- Vermeiden Sie auf jeden Fall (auch aus Haftungsgründen), dass im Web falsche Lösungen generiert werden. Im Zweifelsfall muss auf andere Supportangebote verwiesen werden.
- Die Integration der E-Business-Aktivitäten in ein bestehendes Unternehmen ist nicht einfach, aber essenziell! Fragen Sie sich: Wo können in Ihrem Online-Angebot »Dead-Locks auftreten, wenn ein Mitarbeiter nicht verfügbar ist?
- Das Sammeln und Bereitstellen von Erfahrungswissen kommt allen zugute: den Kunden, die schnell zu einer Lösung kommen; dem Unternehmen, da es Kosten einspart und wettbewerbsfähiger wird; den Mitarbeitern, die ebenfalls auf dieses Wissen zugreifen können und produktiver werden.
- Fragen Sie sich: Wo kann es für Ihre Kunden vorteilhaft sein, dass Ihr Online-Angebot einen anonymen, neutralen Service anbietet?
- Wenn Sie es versäumen, die Nutzungsgewohnheiten regelmäßig auszuwerten, dann verzichten Sie auf eine enorm wichtige Quelle für Informationen, die zur Effizienz und für die Optimierung Ihres Serviceangebots beitragen kann.

- Bevormunden Sie den Nutzer nicht, indem Sie Ihm vorschreiben, welche Technologien, Browser und Plattformen er verwenden soll. Unterstützen Sie Ihn vielmehr umfassend!
- Kosten-Nutzen-Analyse: ja, unbedingt! Aber vergessen Sie nicht, dass es sich um eine individuelle Untersuchung Ihres konkreten Vorhabens handeln muss.
- Oft macht sich ein leistungsfähiges Online-Supportangebot bereits durch die erzielten Einsparungen wieder bezahlt. Überlegen Sie trotzdem, welche Premiumangebote Sie kostenpflichtig anbieten können und welche Finanzierungsmodelle sich eignen!
- Schauen Sie an, wie viele Mausklicks Sie benötigen, um von Ihrer Homepage auf eine Telefon- und Faxnummer Ihres Unternehmens zu stoßen!
- Lenkende Hinweise müssen:
  1. auffallen (der Kunde will ja nicht lange suchen)
  2. leicht zu befolgen und nutzbringend sein
  3. für den Kunden verständlich und nachvollziehbar sein
- Auf eine FAQ-Liste sollten Sie auf keinen Fall verzichten. Sorgen Sie aber dafür, dass sie überschaubar und verständlich ist.
- Sammeln Sie einmal alle verkaufs- und supportrelevanten Dokumente für eines Ihrer Produkte – ganz gleich, ob sie in digitaler Form oder auf Papier vorliegen. Was davon würde online Sinn machen? Würden Sie sich als Kunde noch mehr Informationen online wünschen?
- Videos sollten Sie nur einsetzen, wenn diese hohe Qualität und hohen Nutz- bzw. Unterhaltungswert haben!
- Nicht nur Käufer sind die Kunden für Ihre Service- und Supportangebote. Auch Multiplikatoren, Vertriebspartner, Journalisten und die eigenen Mitarbeiter können enorm von gutem Service profitieren!
- Zurzeit ist die Euphorie um die Werbespiele wieder abgeklungen. Aber es müssen ja keine Spiele sein (deren Werbewirkung zudem umstritten ist). Etwas mit Mehrwert für die Kunden lässt sich aber immer finden!
- Machen Sie die Probe: Bieten Sie größere Downloads gleichzeitig in einem großen und in mehreren kleinen Paketen an und analysieren Sie, welche Variante von Ihren Nutzern bevorzugt wird!
- Bedenken Sie vorher: Der größte Nachteil von Linklisten für den Anbieter besteht in der Tatsache, dass sie gepflegt werden müssen!
- Guided Tours lohnen sich vor allem für umfangreiche, unübersichtliche Online-Angebote!

- Die Möglichkeit zum Produktvergleich gewinnt zunehmend an Bedeutung. Überprüfen Sie, welche Produkte aus Ihrem Angebot sich zum tabellarischen Vergleich eignen und welche Parameter sinnvoll erscheinen!
- Es lohnt sich, sich mit dem Thema näher zu beschäftigen! Newsletter bieten interessante Möglichkeiten für Service und Support. Für den Versand gibt es zahlreiche Softwareprogramme, aber auch Serviceanbieter. Allerdings ist es unabdingbar, sich zuvor mit den technischen, organisatorischen und rechtlichen Grundlagen zu beschäftigen.
- Autoresponder sind eine sehr nützliche Errungenschaft und werden in abgewandelter Form auch durch CGI-Scripts realisiert, die automatische Bestellbestätigungen etc. versenden.
- Verzichten Sie lieber auf dieses Instrument. Zwar verspricht es eine Möglichkeit der Refinanzierung, aber die Verwendung von 0190er-Telefonnummern wirkt schnell unseriös!
- Die Volltextsuche eignet sich gut, um die Sprache und die Bedürfnisse der Nutzer kennen zu lernen. Werten Sie daher regelmäßig aus, was als Suchanfragen eingegeben wurde!
- Auch in E-Mails, die beispielsweise als Bestätigung für den Eingang einer Bestellung oder Anfrage automatisch versandt werden, sollten Sie einen Überblick über Kontaktmöglichkeiten und Online-Serviceangebote geben.
- Gibt es in Ihrem Unternehmen einen Telefonsupport? Überlegen Sie, wie er in die E-Business-Aktivitäten eingebunden werden kann!
- Setzen Sie den Call-Back-Button nur ein, wenn Sie organisatorisch sicherstellen können, dass der Rückruf auch wie vereinbart von einem kompetenten Ansprechpartner erfolgt.
- Besonders der persönliche Live-Chat kann eine echte Bereicherung einer Online-Präsenz sein!
- Dem Supportforum fehlt zwar die Eigenschaft, dass die Supportanfragen sofort bearbeitet werden, aber dies muss nicht immer von Nachteil sein. Es handelt sich um ein nützliches Serviceangebot.
- Es wird viel über Videoübertragung im Internet geredet, doch für Service und Support ist das Instrument nur in wenigen Situationen notwendig.
- In der Regel bringt Voivce-over-IP höchstens Kostenvorteile als Alternative zu herkömmlichen Telefonaten.

- Weisen Sie Ihre Mitarbeiter in den richtigen Umgang mit E-Mail ein, und stellen Sie Regeln auf, wie das Medium zu nutzen ist!
- Unterschätzen Sie den Aufwand nicht, eine Diskussionsliste zu moderieren und zu pflegen.
- Gut durchdachte Webformulare können eine echte Arbeitserleichterung für Ihre Kunden und Mitarbeiter darstellen!
- Beobachten Sie die Entwicklung aufmerksam – Co-Browsing könnte schon bald ein wichtiges Instrument im Premiumsupport werden.
- Bots und Avatare sind Identifikationspunkte für eine Website. Aber die Entwicklung ist aufwändig und daher nicht immer sinnvoll.
- Der Einsatz wissensbasierter, dialogorientierter Systeme in Online-Service und -Support ist die Königsklasse des zur Verfügung stehenden Instrumentariums. Auch wenn der Aufbau eines solchen Systems nicht billig ist, ist das Potenzial enorm, zumal es sich auch zur Unterstützung der Mitarbeiter und als Einstieg in ein aktives Knowledge Management rechnet.
- Im Grunde bestehen E-Learning-Angebote nur aus einer Kombination der vorgestellten Präsentations- und Kommunikationsinstrumente. Sie können daher langsam in diesen Bereich hineinwachsen.
- Online-Tracking ist eine oft unterschätzte Möglichkeit, Kundenvertrauen aufzubauen und Mehrwert zu bieten, indem ein Einblick in interne Abläufe gewährt wird auf Daten, die sowieso erfasst werden müssen. Wo könnten Ihre Kunden von Trackingfunktionen profitieren?
- Geben Sie Ihren Nutzern Gelegenheit, die Lösungsvorschläge in Service und Support zu bewerten. Und lernen Sie daraus!
- Viele Unternehmen fürchten, die Einrichtung eines Kummerkastens würde dazu führen, dass jetzt alle Kunden nur noch diesen Weg wählen, ihre Probleme zu lösen. Doch dem kann dadurch begegnet werden, dass der Kummerkasten nur dort verlinkt wird, wo frustrierte Kunden »stranden«.
- Auf Online-Umfragen oder –Panels sollten Sie nicht verzichten!
- Zu wenige Anbieter machen sinnvoll Gebrauch von Follow-Ups. Die Teilnahme kann z. B. mit einem Gutschein belohnt werden!
- Achten Sie auf Bequemlichkeit und Effizienz im eigentliche Bestellvorgang, und denken Sie dabei vor allem an Ihre Stammkunden.
- Flexibilität bei den Zahlungsoptionen bietet sich vor allem für Stammkunden an, von deren Bonität Sie überzeugt sind. Diesen können Sie auch Skonti oder Rabatte einräumen.

- Kommen Sie Ihren Kunden mit den Lieferoptionen entgegen – auf Wunsch, gegebenenfalls gegen Aufpreis ... oder nur für bestimmte, besonders profitable Kunden (Heavy Customers).
- Halten Sie Ihre Lieferversprechen strikt ein. Punkt. Im äußersten Notfall informieren Sie umgehend den Kunden über die Verzögerung!
- Probleme beim Inkasso deuten häufig auf eine schlechte Integration der E-Business-Prozesse in die sonstigen Geschäftsabläufe.
- Sind Ihre Kunden mit den Transportverpackungen zufrieden, die in Ihrem Unternehmen zum Einsatz kommen? Sind die Verpackungen im Hinblick auf die Kosten optimierbar?
- Machen Sie dem Kunden die Rückgabe und den Umtausch leicht!
- Fragen Sie die Kunden nach ihren Wünschen! Und lassen Sie im Bedarfsfall eine externe Analyse erstellen. Es zahlt sich später aus!
- Eine gut recherchierte und kommentierte Konkurrenzanalyse liefert häufig wichtige zusätzliche Erkenntnisse. Allerdings sollte sie nicht durch die eigenen Mitarbeiter durchgeführt werden, denn dann ist die Neutralität der Bewertung nicht gewährleistet.
- Sammeln Sie alle Informationen darüber, wie bisher Service und Support in Ihrem Unternehmen realisiert wurde. Suchen Sie auch nach dokumentiertem Erfahrungswissen, das hierbei benutzt und zusammengetragen wird!
- Setzen Sie eine interdisziplinäre Arbeitsgruppe ein.
- Ihre Serviceangebote müssen gewartet und gepflegt werden. Klären Sie, wer diese Aufgaben übernehmen soll und welche Unterstützung dafür notwendig ist.
- Überlegen Sie, wo in Ihrem Fall die Grenzen der Selbsthilfe liegen. Dokumentieren Sie diese Limits, an denen die Website die Kontrolle an den Experten abgeben muss!
- Es ist entscheidend für die Glaubwürdigkeit und Akzeptanz durch die Nutzer, sich bei Online-Service und -Support nie zu viel vorzunehmen!
- Deeskalation + Pareto-Prinzip = Call Avoidance
- Untersuchen Sie: Welche Landessprachen sind für Ihre Kundschaft wichtig?
- Mein wichtigster Tipp: Nehmen Sie sich die Zeit, Erfahrungen zu sammeln und Ihr Online-Serviceangebot kontinuierlich zu verbessern. Manche Erfolge zeigen sich nicht von heute auf morgen, auch online nicht!

B Glossar

Wie immer in meinen Büchern folgt hier ein ausführliches Glossar. Es lohnt sich, es nicht nur dann zu nutzen, wenn Sie einen Begriff nachschlagen wollen. Durch die Querverweise eignet es sich auch zum Blättern, Schmökern und Gedanken-spielen-lassen! Daher umfasst es auch Themen, die in diesem Buch nur am Rand vorkommen. Als zusätzliche Anregung sozusagen. Und als Serviceangebot mit Mehrwert ;-)
Viel Spaß ... und viele neue Ideen!

1:1-Marketing: Ziel des 1:1-Marketings ist es, auf individuelle Kundenbedürfnisse individuell zu reagieren. Dazu werden → Nutzerprofile erstellt, aus denen das Unternehmen mittels → Data Minings versucht, zielgerichtete Marketingaktionen (→ Targeting) zu planen.

1:1-Relationship: Im Gegensatz zum → 1:1-Marketing wird hier der Aufbau einer echten, beiderseitigen Beziehung zwischen Anbieter und Kunden zum gegenseitigen Nutzen angestrebt.

24/7-Service: Kurzbezeichnung für die jederzeitige Verfügbarkeit von → Self-Service-Angeboten im → Internet, auf CD-ROM usw.: Der Kunde kann das Angebot 24 Stunden am Tag und 7 Tage in der Woche in Anspruch nehmen.

4P-Modell: Marketing bedeutet deutlich mehr als → Website-Promotion.
Das 4P-Modell identifiziert vier Marketingvariablen, die es zu beeinflussen gilt:

1. → Produkt
2. → Preis
3. → Platzierung
4. → Promotion

Absatzkanal: Beschreibt den Weg (die Kette), den das Produkt von seiner Herstellung bis zur Verwendung durchläuft.

Abstraktion: Methode zum Finden gemeinsamer Strukturen in verschiedenen Fällen, beispielsweise durch das Weglassen von unnötigen Details. Durch Abstraktion können → Fallbasen kompakter gehalten werden und sind leichter zu pflegen. In → wissensbasierten Systemen werden Fälle als gleich bezeichnet, wenn sie zu der gleichen abstrakten Darstellung führen.

Account: Englische Bezeichnung für ein Benutzerkonto, das der Abrechnung oder dem Zugangsschutz dient. → Log-in

Adaption: Anpassen einer gefundenen Lösung an die konkrete Situation. Der CBR-Zyklus sieht vor, dass die in der → Fallbasis aufgefundenen Fälle modifiziert werden, um der Anfrage zu entsprechen. Diese Adaption kann entweder automatisch durch das CBR-System erfolgen oder manuell durch den Benutzer. Ist keine Adaption vorgesehen, so spricht man auch von Null-Adaption.

After-Sales: → Sales-Cycle.

After-Sales-Service: Serviceleistungen, beispielsweise eine telefonische → Hotline oder ein → Supportforum im Internet, die dem Kunden nach Kauf des Produktes zur Verfügung stehen.

Agent, Call-Center-Agent: Bezeichnung für Mitarbeiter im → Call Center, die telefonisch Kundenanfragen aufnehmen, bearbeiten und gegebenenfalls weiterleiten.

Auch Bezeichnung für eine Software, die automatisch Anfragen entgegennimmt und Antworten erzeugt. Intelligente Agenten können autonom Aufgaben lösen, so zum Beispiel Recherchen durchführen.

Ähnlichkeit: Die Ähnlichkeit von Situationen und Fällen automatisiert zu beurteilen ist das Schlüsselkonzept der meisten → wissensbasierten Systeme. Dazu werden die Problembeschreibungen attributisiert und die Ähnlichkeit der Attributwerte durch festgelegte Ähnlichkeitsmaße ermittelt. Durch die Kombination der Ähnlichkeiten für alle beschreibenden Attribute kann auch die Ähnlichkeit komplexer Beschreibungen beurteilt werden. Beispiel: Die Geschwindigkeitsangabe 90 km/h ist ähnlicher zu 80 km/h als die Angabe 50 km/h. Der Monat »Juli« kann abstrahiert werden zur Jahreszeit »Sommer«. Führt man diese Klassifizierung fort, so kann ein Ähnlichkeitsmaß entwickelt werde, bei dem »September« ähnlicher zu »Juli« ist als »Dezember« – obwohl dies nicht aus der Schreibweise ersichtlich ist.

Attachment: Anhang an eine → E-Mail. Dient zur Übertragung beliebiger Dateien per E-Mail. Die Dateien werden auf Absenderseite codiert, um mit der Nachricht versendet und beim Empfänger wieder in das ursprüngliche Dateiformat zurückkonvertiert zu werden.

Attribut-Wert-Paar: In der einfachsten Form werden Situationen in intelligenten Systemen durch festgelegte Attribute wie Farbe, Größe, Gewicht oder Preis sowie den konkreten Ausprägungen in Form von Werten repräsentiert. Beispiel: {Farbe: bordeaux-metallic}.

Aufwandsminimierung: Dem → Kunden entstehen vor, während und nach dem Erwerb eines Produktes finanzielle und zeitliche Belastungen, die in direktem Zusammenhang mit dem Erwerb stehen. → Kundenbindung kann erreicht werden, wenn der Anbieter diesen Aufwand für den Kunden mindert oder zumindest honoriert.

Außenwirkung: Durch die → Selbstdarstellung des Unternehmens (Marketing, PR, usw.) sowie durch die »öffentliche Meinung« geprägtes Image des Unternehmens oder eines konkreten Produkts. Die Außenwirkung beeinflusst die Wahrnehmung durch den Kunden und damit seine → Erwartungshaltung.

Auto-Responder: Programm, das auf eingehende → E-Mails mit einem automatisch versandten Standardtext antwortet. Auto-Responder werden vor allem zur automatischen Bestätigung von Transaktionsabschlüssen (Eingang einer Beschwerde, Abschluss einer Bestellung, usw.) sowie als Abwesenheitsschaltung verwendet (»Ich bin zur Zeit auf Dienstreise. In dringenden Fällen ...«). Sie eignen sich aber auch als Marketinginstrument, indem eine bestimmte E-Mail-Adresse beispielsweise so konfiguriert wird, dass jeweils die aktuelle Preisliste an den Absender geschickt wird.

Avatar: Bezeichnung für eine fiktive Identität, die ein Teilnehmer innerhalb virtueller Welten, zum Beispiel beim Chatten, annehmen kann. Avatare sind synthetische Repräsentationen realer Menschen. Ursprünglich verkörperte ein Avatar im Hinduismus einen Gott auf Erden.

B2B (Kurzform für »Business-to-Business«): Eine B2B-Lösung bezeichnet eine auf Geschäftskunden ausgerichtete E-Business-Strategie. Häufig kommen hierbei Websites zum Einsatz, die nur registrierten Benutzern nach erfolgtem → Log-in Zugriff auf (zumeist personalisierte) Informationen bieten (→ Extranets). Hier kommt es sehr stark auf den persönlichen Kontakt an; die Geschäftsbeziehung besteht in der Regel sehr lange. Service und Support im Extranet muss nun gewährleisten, dass zumindest das gleiche Erfahrungswissen für (und über) den Kunden bereit steht wie bei der persönlichen Betreuung. Eine sinnvoll Strategie besteht zudem darin, die eigenen Serviceangebote (geeignet angepasst) direkt in das → Intranet der wichtigsten Geschäftskunden zu integrieren.

B2C (Kurzform für »Business-to-Consumer«): Eine B2C-Lösung bezeichnet eine auf Endkunden und den Privatanwender ausgerichtete E-Business-Strategie. Da das Privatkundengeschäft sehr viel mehr als der Geschäftskundenbereich von anonymer Laufkundschaft bestimmt wird, kommen hier in aller Regel öffentliche Web-Angebote im → Internet zum Einsatz. Service und Support dienen hier auch der Differenzierung vom Wettbewerb und der Schaffung von Kundenloyalität. Die eingesetzten Maßnahmen sollen daher Kompetenz und Zuverlässigkeit suggerieren und die Wechselbereitschaft einschränken (z.B. durch besonderen Komfort und hohe Effizienz).

B2E (Kurzform für »Business-to-Employee«): Eine B2E-Lösung bezeichnet eine auf Mitarbeiter ausgerichtete E-Business-Strategie. In der Regel handelt es sich dabei um → Intranets, auf die nur die Mitarbeiter innerhalb des Unternehmens Zugriff haben. Natürlich benötigen auch die eigenen Mitarbeiter Unterstützung bei der täglichen Arbeit. Dabei kommt dem Aufbau von Service- und Supportinstrumenten eine Knowlegde-Management-Strategie gleich. So können z.B. teuere Schulungen reduziert werden, wenn das benötigte Wissen jederzeit über das Intranet am Arbeitsplatz zur Verfügung steht.

Beschwerdemanagement: Die von Unternehmen aktiv betriebene Bewältigung von Reklamationen ihrer Kunden, um diese zufriedenzustellen. Reklamationen stellen dabei die Artikulation subjektiv wahrgenommener Dissonanzen zwischen dem Soll, also den Vorstellungen des Kunden, und dem tatsächlichen Ist, also der erbrachten Leistung des Unternehmens, dar.

Beziehungsmanagement: Unternehmen müssen im → Internet lernen, kundenorientiert zu arbeiten und einen interaktiven, offenen Dialog mit den Besuchern der eigenen Website aufzubauen. Dazu ist ein aktives Beziehungsmanagement notwendig, das es erlaubt, die Kunden individuell nach ihren Bedürfnissen zu behandeln. Auch ein leistungsfähiges Reklamationsmanagement fällt in diesen Bereich. Gemeinsam bilden diese Komponenten einen der Grundpfeiler für → Kundenbindungsprogramme.

Bonussystem: Instrument der → Kundenbindung, bei der den Teilnehmern nach einer → Registrierung ein → Kundenkonto eingerichtet wird, auf dem für bestimmte Aktivitäten jeweils Bonuspunkte gutgeschrieben werden. Diese können gesammelt und im Laufe der Zeit gegen wertvolle Prämien eingetauscht werden.

Bot (Kurzform von »Robot«): Die visualisierte Darstellung eines Menschen oder eines anderes Wesens, dessen Handlungen und Bewegungen programmgesteuert ablaufen.

Branding: Konzeption und Aufbau einer (Online-) Marke.

Browser: Programm zum Betrachten und Durchblättern von Webseiten. Ein Browser interpretiert den → HTML-Code einer Webseite und stellt den Inhalt in geeigneter

Form dar – je nach verwendetem Browser kann die Darstellung dabei unterschiedlich ausfallen. Die wichtigsten Browser sind die grafikfähigen Programme »Internet-Explorer« von Microsoft, »Navigator« von Netscape sowie der Opera-Browser. Diese können mit so genannten → Plug-ins in ihrer Funktionalität erweitert werden. Daneben existieren jedoch zahlreiche weitere Browser, zum Teil eingebaut in Organizer und Handys. Mit Lynx und anderen gibt es zudem rein textbasierte Browser, die grafische Inhalte nicht darstellen können.

Bundling: Instrument der Differenzierung, bei dem durch die geschickte Zusammenstellung von Produkten und → Services zu Paketen versucht wird, die Preistransparenz im Markt zu unterlaufen und höhere Renditen zu erwirtschaften.

Buying Center: Buying Center sind in Unternehmen für die Durchführung von Einkaufsprozessen verantwortlich und beinhalten verschiedene Rollen: Verwender, Einkäufer, Beeinflusser, Entscheidungsträger und Gate-Keeper, die den Informationsfluss in das Buying Center kontrollieren.

Call-Avoidance-Strategie: Effizienzsteigerung im → Call Center durch Verlagerung beziehungsweise Reduzierung des Anfragevolumens vor allem von Routineanfragen. → Self-Service-Angebote im → Internet für Service und Support können hierzu entscheidend beitragen.

Call-Back-Button: Button auf einer Website, über den ein → Kunde seine Telefonnummer an ein → Call Center übermitteln kann und dann zwecks Klärung offener Fragen binnen weniger Minuten telefonisch zurückgerufen wird.

Call Center, auch: Helpdesk, Hotline, Telesales: Sammelbezeichnung für Einrichtungen, in denen so genannte → Agenten an zentraler Stelle Service- und Supportaufgaben mit direktem Kundenkontakt bearbeiten. Zahlreiche Call Center sind im Support tätig: Die Probleme von → Kunden werden in der Regel telefonisch, aber auch per Fax oder E-Mail aufgenommen und es werden schnellstmöglich Problemlösungen geliefert. Diese Einrichtungen werden auch als → Hotline, → Helpdesk oder → Servicetelefon bezeichnet. Auf der anderen Seite entwickeln sich verstärkt auch Call Center im Bereich der Verkaufsunterstützung, entweder als reine Bestellannahme oder als aktives Marketing- und Verkaufsinstrument per Telesales. Alle Call Center sind bestrebt, die anfallenden Aktionen so effektiv und effizient wie nur möglich abzuwickeln. Deshalb verfolgt man drei Strategien:

1. Problem-Management
2. Problem-Resolution
3. → Call-Avoidance

Call-Tracking-System: Werkzeug zur Aufnahme und Verfolgung der Aktivitäten in einem → Call Center, ausgehend von einer Kundenanfrage. Die Anfrage wird aufgenommen und gegebenenfalls an den zuständigen Sachbearbeiter oder Produktexperten weitergeleitet. Dabei wird ein Trouble-Ticket generiert. Call-Tracking-Systeme erlauben die Auswertung der Effizienz des Call Centers und der → Agenten.

CAS (Kurzform für »Computer Aided Selling«): CAS beschreibt Instrumente und Methoden, die den Vertrieb von Produkten computergestützt fördern.

Chat: Unterhaltung mit anderen Benutzern über den Computer. Die Unterhaltung läuft in Echtzeit ab: Geben Teilnehmer eine Textzeile ein und schließen die Eingabe mit der Eingabetaste ab, erscheint die Zeile wenige Augenblicke später auf den Bildschirmen der anderen Teilnehmer, die dann entsprechend darauf antworten können. Die meisten Online-Dienste bieten eine Chat-Funktion an, die ein Entertainment- und → Community-Element im World Wide Web darstellen und sehr populär sind.

Club: Instrument der → Kundenbindung, bei der den Mitgliedern nach einer Registrierung umgehend bestimmte Vergünstigungen wie Rabatte und Sonderkonditionen gewährt werden. → Bonussystem.

Clusteranalyse: Die Clusteranalyse ist ein multivariantes Analyseverfahren, das die Marktsegmentierung unterstützt. Sie zerlegt einen Gesamtmarkt auf der Basis von Marktforschungsumfragen in heterogene Teilmärkte, die wiederum in sich möglichst homogen sind.

Clustering: Segmentierung von Kundenprofilen nach marketingrelevanten Kriterien. → Data Mining, → Targeting.

Community (Engl. für »Gemeinschaft«): Website, auf der sich Surfer mit ähnlich gelagerten Interessen treffen und ihre Erfahrungen austauschen. Communities profitieren von dem Grundsatz, dass alle Teilnehmer zum Erfolg beitragen, indem sie ihr Wissen einbringen. Neben Communities, die für alle Interessenten offen stehen, existieren auch geschlossene Communities. Während sich die ersten Communities alle auf den → B2C-Sektor konzentrierten, nutzen mittlerweile auch viele Unternehmen dieses Konzept im → B2B-Bereich.

Contact Center: Durch die Öffnung eines klassischen, telefonzentrierten → Call Centers für neue Kontaktwege wie → E-Mail, → Chat, → Call Back oder → Voice-over-IP entsteht ein modernes Contact Center. Der Vorteil von Contact Centern liegt darin, dass die Support-Organisation optimal ausgereizt und in die E-Business-Aktivitäten eines

Online-Anbieters integriert werden kann.

Content: Redaktionelle Inhalte einer Webseite.

Convenience (Engl. für »Bequemlichkeit«): Subjektives Empfinden der Besucher einer Website hinsichtlich der einfachen Handhabbarkeit. → Navigation.

Cookie: Statusinformationen, die von einem entfernten Webserver bei dem Abruf einer Webseite auf dem Rechner des Benutzers als Textdatei abgelegt werden können, um diesen Rechner zu identifizieren. Diese Statusinformationen werden bei einem erneuten Abruf zurück an den Server übertragen. Cookies dienen in erster Linie dazu, Zustände im World Wide Web sichern zu können. Sie können aber auch zur Identifizierung und zur Erstellung von → Nutzerprofilen eingesetzt werden. Cookies können andere Dateien auf der Festplatte weder auslesen noch löschen.

Corporate Identity: Erscheinungsbild eines Unternehmens oder einer Marke in der Öffentlichkeit. Zur Corportate Identity zählen Warenzeichen, Form- und Farbgebung der Produkte, Verpackungen, verwendete Logos, Slogans usw.

Coupon: Kombination von Event und der Gewährung von Sonderkonditionen. Ein Coupon ist zeitlich befristet, an bestimmte Bedingungen gebunden und berechtigt den Inhaber z.B. zum vergünstigten Bezug eines Produktes oder → Services.

CRM: Kurzform für »Customer Relationship Management«. CRM beschreibt das moderne Verständnis der Anbieter-Kunden-Beziehung als ein Miteinander. Durch den Wandel vom Verkäufer- zum Käufermarkt in vielen Branchen werden häufig Waren nicht mehr einfach verkauft, sondern vom Kunden aktiv gekauft. CRM versucht, das Verhältnis der Geschäftspartner untereinander zum gegenseitigen Nutzen zu optimieren.

Cross-Selling: → Up-selling

Customer Lifetime Value: Mit dem Customer Lifetime Values als Zielgröße im Marketing verfolgt man ein Konzept dar, sich nicht nur an dem kurzfristigen, in einer Periode mit einem Kunden erzielbaren Erfolg zu orientieren, sondern sich an dem langfristigen Wert der Kundenbeziehung. Der Customer Lifetime Value ist in der Regel um so höher, je höher die → Kundenzufriedenheit ist.

Customer-Support: → Support

Data Mining: Data Mining gewinnt im Marketingbereich zunehmend an Bedeutung. Anhand der Interpretation von → Nutzerprofilen (Alter, Geschlecht, Adresse, Beruf, Freizeitbeschäftigungen, Zahl und Art der erworbenen Produkte und Dienstleistungen, Surfgewohnheiten usw.) lassen sich äußerst wirksame Werbestrategien entwickeln und Marktsegmente bestimmen (→ Targeting). In vielen Unternehmen nimmt die Sammelleidenschaft jedoch aus Sicht des → Datenschutzes bedenkliche Formen an, ohne dass diese Datenflut überhaupt sinnvoll ausgewertet werden würde.

Datenbank: Eine Datenbank bildet ein System aus gespeicherten, strukturierten Daten einschließlich der zwischen diesen Daten bestehenden Beziehungen. Sie erlaubt die effiziente Verwaltung und den raschen Zugriff auf große Datenbestände. Im Gegensatz zu »intelligenten«, → wissensbasierten Systemen erlauben Datenbanken jedoch nicht die Suche nach Daten aufgrund ihrer relativen Ähnlichkeit zueinander und besitzen kein »Wissen« über die zugrundeliegenden Daten.

Datenschutz: Die Datenschutzrichtlinien sollen dafür sorgen, dass die Persönlichkeit des → Kunden geschützt ist und das Recht auf informationelle Selbstbestimmung gewahrt bleibt. So ist es Unternehmen unter anderem untersagt, personenbezogene Daten und → Nutzerprofile ohne die Zustimmung der Kunden zu speichern und auszuwerten. Damit soll auch der Angst vor dem → gläsernen Kunden begegnet werden. Allerdings gelten im Ausland zum Teil weniger strenge Datenschutzbestimmungen.

Domäne: → Wissensdomäne

E-Commerce (Electronic Commerce), E-Business (Electronic Business): → Self-Service-Lösungen im Internet, die die Verkaufsunterstützung (E-Commerce) beziehungsweise die generelle Optimierung von Geschäftsprozessen (E-Business) für das Unternehmen zum Gegenstand haben. → K-Commerce, → K-Business.

E-Mail: Elektronische Post im → Internet. E-Mail dient vor allem der raschen persönlichen Kommunikation, kann aber auch dazu genutzt werden, eine Nachricht an eine größere Zahl von Empfängern zu senden. Die unverlangte Zusendung von Werbe-E-Mails wird als → Spamming bezeichnet und ist unzulässig. Neben reinen Textnachrichten können auch beliebige Dateien als → Attachment per E-Mail versandt werden. Nachteilig bei der E-Mail-Kommunikation ist vor allem die Tatsache, dass keine zuverlässigen Lese- und Empfangsbestätigungen generiert werden und die E-Mail-Nachrichten per Default im Klartext übertragen werden. Damit kommt eine E-Mail am ehesten einer konventionellen Postkarte gleich. → Auto-Responder, → Mailingliste, → Newsletter.

E-Mail-Account: Elektronisches Postfach bei einem Internet-Serviceprovider. → E-Mail.

EIP (Kurzform für »Enterprise Information Portal«): Speziell auf die Bedürfnisse der Mitarbeiter abgestimmtes → Portal im firmeneigenen → Intranet. → B2E.

Elektronisches Schaufenster: Ein elektronisches Schaufenster im Internet ist das Gegenstück eines realen Schaufensters eines Geschäftes. Der Anbieter preist dort seine Waren an, ohne aber die Möglichkeit zum Kauf direkt zu bieten.

Emotional Selling: Recht neues Konzept im → E-Commerce, bei dem der → Erwartungshaltung des → Kunden dadurch Rechnung getragen wird, dass so genannte »weiche Faktoren« bei der Produktauswahl berücksichtigt werden.

Entscheidungsunterstützung: → Wissensbasierte Systeme dienen im Gegensatz zu traditionellen Techniken der KI (Künstliche Intelligenz) wie → Expertensysteme nicht dem Zweck, Experten durch Programme überflüssig zu machen. Sie zielen vielmehr auf die Entscheidungsunterstützung bei Routinetätigkeiten ab – unterstützen also Mitarbeiter durch die effizientere Bereitstellung der benötigten Informationen und des vorhandenen Know-hows, anstatt sie zu ersetzen. Wissensbasierte Systeme decken daher die → Wissensdomäne auch nicht komplett ab, sondern agieren gemäß dem → Pareto-Prinzip.

Erfahrungswissen: Erfahrungswissen bezeichnet die Art von Wissen, die durch Erfolg und Misserfolg bei ähnlich gelagerten Problemen aufgebaut wird. Es ist daher eher an Beispielen und → Fällen orientiert denn an regelhaften Zusammenhängen. Ziel ist es, Erfahrungswissen (oder »Know-how«) jederzeit für Kunden und Mitarbeiter verfügbar zu machen und so Kosten, die → Service und → Support, aber auch Mitarbeiterschulungen verursachen, für die Unternehmen zu reduzieren.

Erwartungshaltung: Jeder Kunde hat eine Erwartungshaltung gegenüber dem Anbieter und dem Produkt, das er erwirbt. Diese Erwartungshaltung wird unter anderem durch Marketing, PR und direkte Kommunikation des Unternehmens, aber auch durch die früheren Erfahrungen des → Kunden beeinflusst. Wird diese Erwartung übertroffen, so führt dies zu → Kundenzufriedenheit und bildet die Basis für eine lang andauernde → Kundenbindung.

ESD: »Electronic Software Distribution«. Möglichkeit im → Support, Programme, Treiber, Patches und andere Dateien sofort zum Download anzubieten. Für den Anbieter entfällt so der umständliche Versand, während der Kunde sofort mit der neu erworbenen Software arbeiten kann. → Software-Download.

Expertensystem: Computerprogramme, die das »Wissen« über ein spezielles Gebiet in einem formalisierten → Wissensmodell speichern, Schlussfolgerungen ziehen, konkrete Lösungen ableiten und neues Wissen generieren. Im Gegensatz zu den hier angesprochenen → wissenbasierten Systemen arbeiten Expertensysteme nicht auf der Basis von → Fällen und Beispielen, sondern aufgrund regelhafter Zusammenhänge. Hierin liegt auch das größte Problem von Expertensystemen, nämlich in der Entwicklung abgeschlossener, konsistenter und formaler Wissensmodelle.

Extranet: Als Extranet wird ein geschlossenes Computernetz auf der Basis der → Internet-Technologie bezeichnet, in dem registrierte Benutzer nach dem → Log-in spezifische Informationen abrufen können. Extranets sind im Gegensatz zu → Intranets auch von außerhalb erreichbar, erlauben aber im Vergleich zum öffentlichen Internet nur registrierten Benutzern den Zugang. Damit sind geschlossene Informationsangebote auf einem öffentlichen Webserver eine häufig genutzte Form der Extranets. Dieses Konzept wird oft in der → B2B-Kommunikation eingesetzt.

Fall: Ein Fall repräsentiert die Beschreibung einer bestimmten Situation sowie der zugehörigen Lösung. Unter Umständen enthält ein Fall zusätzliche Angaben, wie Handlungsanweisungen und Erklärungen.

Fallbasis: Eine Fallbasis bezeichnet eine Sammlung von → Fällen zu einem bestimmten Anwendungsbereich, der → Wissensdomäne. Ein → wissensbasiertes System operiert auf dieser Fallbasis und verwendet zusätzlich spezielle Ähnlichkeitsmaße und ein → Wissensmodell. Die Kombination dieser Komponenten bildet die Wissensbasis der Anwendung. Aber auch → FAQs oder Sammlungen von → Supportdokumenten können als eine primitive Fallbasis verstanden werden. Hier obliegt dem Nutzer die (mentale) Durchführung eines effektiven Problemlöse-Prozesses.

Fallbeispiel: → Wissensbasierte Systeme speichern → Erfahrungswissen in Form von Fallbeispielen. Dem Anwender werden die ähnlichsten bekannten Fälle aus der Vergangenheit zur Verfügung gestellt, um aktuelle Problemsituationen zu bearbeiten. Die so gewonnenen Lösungen werden wiederum gespeichert, so dass ein lernendes Unternehmensgedächtnis entsteht. Anders als bei konventionellen → Expertensystemen kann Wissen in Form von Beispielen leicht gesammelt werden. Beispiele können dabei auch schwach strukturierte und nicht formalisierte Informationen enthalten, wie z.B.

Texte. Dem Benutzer präsentiert sich das darauf basierende »intelligente« System wie eine → Datenbank, die ihm durch ein unscharfes, auf der Ähnlichkeit von Daten beruhendes Retrieval bei der Entscheidungsfindung assistiert. Entsprechend ist auch der Aufwand für Erstellung, Pflege und Betrieb eines solchen Systems mit demjenigen einer Datenbank vergleichbar. Das Vergleichen von Fallbeispielen beziehungsweise die zugrunde liegende Technologie ist nicht notwendigerweise mit Softwaresystemen gleichzusetzen, sondern spiegelt vielmehr den allgemeinen menschlichen Problemlösungsprozess wider und kann auch als eine Philosophie zur → lernenden Organisation verstanden werden.

FAQ: Abkürzung für Frequently Asked Questions (häufig gestellte Fragen). Bezeichnet eine Aufstellung häufig vorkommender Kundenanfragen im → Support zusammen mit Hinweisen für die Lösung dieser Probleme.

Forum: Öffentliche oder geschlossene Diskussionsgruppen im → Internet. Auch im Support einsetzbar, → Support-Forum.

Fragebogen: Mittels Online-Fragebögen werden Nutzer häufig dazu aufgefordert, umfassende Angaben zu ihrer Person und ihren Interessensschwerpunkten zu machen. Im → Support eine Möglichkeit, denn Supportfall strukturiert zu erfassen, damit Rückfragen aufgrund fehlender Informationen reduziert werden.

Frame: Eine Webseite kann in mehrere Frames aufgeteilt werden. So bleibt zum Beispiel ein Frame mit den → Navigationselementen auch dann sichtbar, wenn in einem anderen Frame neue Seiten aufgerufen werden.

Gesamtmarkt: Die Grenzen von Gesamtmärkten einer Produktart verwischen immer stärker durch die unterschiedlichsten auf die Kundenbedürfnisse abgestimmten Produktvarianten.

gläserner Kunde: Die Angst, zum gläsernen Kunden zu werden, wird vor allem durch das → Internet neu belebt. Da es die Technologie prinzipiell ermöglicht, ganze Bewegungsprofile (wer ruft was zu welcher Zeit ab, und wo geht er dann hin) zu speichern, ist »Big Brother« nicht fern. Als das Werbenetz DoubleClick ankündigte, Profile anbieterübergreifend zu Werbezwecken zu nutzen, gingen Verbraucherorganisationen daher auf die Barrikaden. Allerdings sind zumindest die deutschen Unternehmen den strengen Auflagen der geltenden → Datenschutzbestimmungen unterworfen.

Guided Tour: Automatische, geführte Tour durch die Highlights eines Online-Angebots. Der Nutzer vertraut sich einer Funktion an, die ihm wesentliche Aspekte vorstellt und so dazu beiträgt, einen Überblick über das Angebot zu erhalten. Besonders für neue Nutzer gedacht.

Gutschein: → Coupon

Heavy User: → Kunden, die ein Produkt besonders häufig nachfragen und deshalb die Hauptzielgruppe des Marketings darstellen.

Hotline: Servicetelefon diverser Anbieter. Oft letzte Rettung bei Problemen. Die telefonische Hotline wird häufig durch eine → Call-Center-Organisation realisiert. Immer mehr Hersteller bieten heute Hilfestellung auch im → Internet an, so genannte → »Support-Foren«.

HTML (Kurzform für »Hyper Text Markup Language«): Seitenbeschreibungssprache für Dokumente im World Wide Web, die von → Browsern interpretiert wird. Die Besonderheit liegt in den → Hyperlinks, die verschiedene Dokumente miteinander verbinden und die → Navigation zwischen ihnen per Mausklick erlauben.

Hyperlink: Querverweis in HTML-Dokumenten, die zur vernetzten Struktur des World Wide Webs beitragen und die → Navigation zwischen den einzelnen Dokumenten per Mausklick innerhalb eines → Browsers ermöglichen. Hyperlinks bilden die Basis für die nichtlineare Organisation und elektronische Wiedergabe von Informationen, die in zusammenhängenden Kontexten miteinander verknüpft sind.

Information-Retrieval: Verfahren zur Wiedergewinnung, Verknüpfung und Auswertung von Informationen, in der Regel begrenzt auf die Verarbeitung von Textdokumenten. Klassische Information-Retrieval-Systeme verwenden in der Hauptsache statistische und linguistische Methoden zur schlüsselwortbasierten Suche.

Interaktivität: Das Schlüsselwort für Multimedia. Interaktiv nennt man Programme und Angebote in Offline- und Online-Medien, die in der Lage sind, mit dem Anwender zu kommunizieren. D. h., der Nutzer steuert sich mit Hilfe einer Benutzerführung durch ein Programm, das auf seine Eingabe mit weiterführenden Informationen reagiert.

Internet: Als Internet wird das öffentlich zugängliche, weltweite Computernetz auf der Basis der TCP/IP-Technologie bezeichnet. Als Dienste stehen neben der → E-Mail-Kommunikation und dem World Wide Web auch → Newsgroups, Dateitransfer, die Fernnutzung von Rechnern und viele weitere Services zur Verfügung. Im Gegensatz zu → Extranets und → Intranets, die auf der gleichen Technologie beruhen, sind Internet-Inhalte in der Regel öffentlich zugänglich, Zugangsrestriktionen dienen weniger der Geheimhaltung als der Möglichkeit, → Nutzerprofile zu erstellen. Dieses Konzept wird häufig in der → B2C-Kommunikation eingesetzt.

Intranet: Unternehmensweites Netzwerk auf der Basis der → Internet-Technologie, das nur innerhalb eines Unternehmens für die Mitarbeiter verfügbar ist. Intranets sind im Gegensatz zu → Extranets von außen nicht erreichbar und erlauben nur Mitgliedern der Organisation den Zugriff. Dieses Konzept wird in der Regel in der → B2E-Kommunikation eingesetzt.

Investitionsgütermarketing: Investitionsgütermarketing bezeichnet im Gegensatz zum Konsumgütermarketing die Vermarktung von Wiedereinsatzfaktoren, die in Unternehmen und öffentlichen Betrieben zum Einsatz kommen.

Java: Plattformunabhängige, objektorientierte Programmiersprache, die von Sun Microsystems 1995 eingeführt wurde und mit der neue Formen der → Interaktivität im Web möglich wurden. Sie eignet sich vor allem zur Programmierung kleiner Anwendungen (so genannter »Applets«), die auf Webseiten eingesetzt werden und die Funktionalität von Web-Angeboten erweitern. Die wichtigsten → Browser enthalten eine Java Virtual Machine und können so in → HTML-Dokumente eingebettete Applets ausführen.

JavaScript: JavaScript ist eine Skriptsprache, die von Netscape auf der Grundlage von → Java entwickelt wurde. JavaScript selbst ist nicht objektorientiert, jedoch einfacher zu erlernen als Java. JavaScripts können in HTML-Code eingebettet werden. Um sie auszuführen, wird ein JavaScript-fähiger → Browser benötigt.

K-Commerce, K-Business: Kurzform von Knowledge-based/Knowledge-powered → E-Commerce und E-Business. Bereitstellung von → Mehrwert durch → wissensbasierte Systeme im → Internet.

Knowledge-Management: Managementtheorie, welche die Bedeutung des Wissens als vierten Produktionsfaktor hervorhebt und daher zum Ziel hat, das im Unternehmen verfügbare Wissen zu sammeln, zu konservieren und wieder zu verwenden. Hierdurch soll die Effizienz der Geschäftsprozesse gesteigert und die Abhängigkeit von Schlüsselpersonal reduziert werden. Die Vision ist die → lernende Organisation, bei der der Wissenszuwachs nicht mehr dem Individuum, sondern der Organisation als solcher zugute kommt. → Wissensbasierte Systeme können als Bestandteil einer Knowledge-Management-Strategie Gewinn bringend eingesetzt werden.

Kommunikation, direkte: Alle Kommunikationsformen, in denen der potenzielle → Kunde persönlich vom Unternehmen angesprochen wird – vor allem durch die Nutzung von → E-Mail im Unternehmen.

Kunde: Im Rahmen dieses Buches werden als Kunden in letzter Konsequenz alle Vertrags- und Kommunikationspartner eines Unternehmens verstanden, also unter anderem Käufer, Interessenten, Geschäftspartner, Lieferanten und sogar Mitarbeiter. Sie alle profitieren vom Aufbau leistungsfähiger Tools für → Service und → Support.

Kundenbindung: Wichtige Aufgabe des Online-Marketings. Kundenbindung stellt eine Basis für die Erhaltung und Steigerung des langfristigen Unternehmenserfolges dar. Sie beschreibt, inwieweit Kunden dem Unternehmen bzw. einer Marke treu bleiben und Wiederholungskäufe tätigen. → Neukundengewinnung.

Kundenbindungsprogramm: Summe von Maßnahmen, die in ihrer Gesamtheit nicht nur zufriedene Kunden erzeugen sollen, sondern darüber hinaus auch zu häufigeren Besuchen der Anbieterseiten, zusätzlichen Verkäufen und allgemein zur Kundenbindung führen und so die Bereitschaft zum Anbieterwechsel einschränken sollen.

Kundenkonto: Bestandteil verschiedener → Kundenbindungsprogramme, das entweder dazu dient, ein Guthaben zu speichern, von dem Nutzungsentgelte abgezogen werden, oder aber das Sammeln von Punkten in → Bonussystemen ermöglicht.

Kundenprofil: → Nutzerprofil

Kundenzufriedenheit: Drückt aus, wie zufrieden der → Kunde mit dem bei einem Unternehmen nachgefragten Produkt oder der Dienstleistung ist. Sie ist eine notwendige, jedoch keine hinreichende Bedingung für → Kundenbindung.

Lebenszyklus: Das Lebenszyklusmodell beschreibt, dass Märkte, Produkte und Technologien unterschiedliche Phasen (Einführung, Wachstum, Reife, Sättigung und Versteinerung) bezüglich ihres Umsatzpotenzials durchlaufen.

Lernende Organisation: Ziel von Unternehmen im Rahmen von → Knowledge-Management-Strategien, nach dem der Wissenszuwachs nicht mehr dem einzelnen Mitarbeiter, sondern der Organisation als solcher zugute kommen soll. Dazu tragen unter anderem »intelligente« Systeme bei, die das im Unternehmen verfügbare → Erfahrungswissen sammeln, konservieren und z.B. in der → Verkaufsunterstützung und im → Support wiederverwendbar machen.

Link: Kurzform von Hyperlink.

Logfile: In einem Logfile werden alle erfassbaren Daten der Nutzer einer Website eingetragen, wie seine IP-Adresse, Datum und Uhrzeit des Zugriffs, → Browser-Typ, → Referrer-Website, Namen der angeforderten Dateien. Das Logfile wird vom Webserver angelegt und verwaltet. Es bildet die Basis für die Analyse des Zugriffsverhaltens der Nutzer auf die Website.

Log-in: Anmeldung an einem Rechner, wobei die Benutzerkennung und ein persönliches Passwort abgefragt werden. Im World Wide Web werden durch Log-ins geschützte Angebote von öffentlich zugänglichen abgegrenzt. Zugleich dient der Log-in der Identifizierung des Anwenders und ermöglicht es so, genauere → Nutzerprofile zu erstellen.

Lösung: Die Lösung bezeichnet das gewünschte Ergebnis einer Anfrage an ein → wissensbasiertes System und ist Teil eines → Falls. Im → Support besteht die Lösung in der Regel aus Handlungsanweisungen, bei intelligenten Produktkatalogen ist es das geeignete Produkt selbst.

Lösungszentrierte Strategie: → problemorientierte Strategie

Mailbox: Elektronischer Briefkasten, in dem eingehende → E-Mails gesammelt und zur weiteren Bearbeitung zwischengespeichert werden.

Mailingliste: → E-Mail-Verteiler zu einem spezifischen Thema. Teilnehmer können eigene Nachrichten versenden, und ihnen werden regelmäßig die Beiträge der anderen Abonnenten per E-Mail zugeschickt. Viele Mailinglisten haben einen Moderator, der vorab entscheidet, welche Nachrichten veröffentlicht werden. Viele Anbieter nutzen Mailinglisten, um besseren Kontakt zu ihren → Kunden zu halten. Im Gegensatz zum → Newsletter sind Mailinglisten dialogorientiert. Empfänger können also nicht nur Nachrichten lesen, sondern auch darauf antworten.

Marketingmix: Im Marketingmix ordnen sich die zur Verfügung stehenden Marketinginstrumente in die vier Bereiche Distributions-, Kommunikations-, Preis- und Produktpolitik. Der Marketingmix eines Unternehmens beschreibt die konkrete Ausgestaltung der vom Unternehmen zur Marktbearbeitung ausgewählten Instrumente. → 4P-Modell.

Marktsegmentierung: Zerlegung eines Gesamtmarktes in homogene Teilmärkte, die untereinander wiederum möglichst heterogen sind. Auf der Basis der identifizierten Teilmärkte erfolgt eine differenziertere Marktbearbeitung. → Targeting.

Mehrwert: Ziel vieler → Kundenbindungsprogramme ist es, »Mehrwert«, also Zusatznutzen zu schaffen und so die Kunden an das Unternehmen zu binden. Mehrwert kann u.a. durch Events, → Mitgliedschaften, → Personalisierung, → Selbstbedienung, → Communities, kostenlose → Zusatzangebote oder Infotainment erzeugt werden. → Vorteile.

Mitgliedschaft: Möglichkeiten, den Zugang zu einem bestimmten, auch kostenlosen → Service einzuschränken und zu kontrollieren. Die Interessenten müssen sich registrieren und einen mehr oder weniger umfassenden Fragebogen ausfüllen. Danach erhalten sie ihre individuellen Account-Informationen wie → Log-in und Passwort.

Navigation: Bewegung eines Besuchers auf den Seiten einer Web-Präsenz. Eine einfache Navigation ist notwendig, damit Interessenten rasch die benötigten Informationen finden können. Je komplexer die Struktur der Website, um so mehr Besucher brechen einen Besuch vorzeitig ab.

Neukundengewinnung: Wichtige Aufgabe des → Online-Marketings. → Kundenbindung.

Newsgroup: Newsgroups sind die Schwarzen Bretter im → Internet. Es gibt Zehntausende von Newsgroups, die sich als Diskussionsforen mit allen möglichen Themen beschäftigen. Die in einer Newsgroup veröffentlichten Beiträge sind für alle Besucher lesbar, jeder kann auf Beiträge antworten oder neue Beiträge »posten«. Aus Sicht von → Service und → Support haben Newsgroups eine Bedeutung als Fokussierungspunkte: Hier treffen sich Gleichgesinnte, die sehr gezielt angesprochen werden können. Da es zu fast jedem Thema eine Newsgroup gibt, muss seitens des Supports überlegt werden, ob bestimmte Newsgroups aktiv unterstützt werden sollten. In einigen Fällen kann es sich auch anbieten, eine eigene, lokale Newsgroup für den Support einzurichten.

Newsletter: Sonderform einer → Mailingliste. Es handelt sich um einen → E-Mail-Verteiler, bei der die Newsletter-Abonnenten jedoch selbst keine Beiträge schreiben, sondern nur empfangen können. Newsletter informieren lediglich über eine bestimmtes Thema, ohne den Teilnehmern ein Diskussionsforum zu bieten. Sie werden häufig als Marketinginstrument, Informationsmedium, für Pressemitteilungen und zum Zwecke der → Kundenbindung eingesetzt.

Nischenmarkt: Kleines Marktsegment, das aber bei erfolgreicher Spezialisierung eine hohe Wirtschaftlichkeit erwarten lässt. → Marktsegmentierung.

Nutzerprofil: Der Wunschtraum eines jeden Werbetreibenden ist die Verfügbarkeit eines umfangreichen Kunden- oder Nutzerprofils der Zielgruppenmitglieder. Im Internet ist das Sammeln von Nutzerdaten sehr einfach, indem identifizierende Maßnahmen wie der Einsatz von → Cookies und geschlossenen Benutzergruppen → (Log-in) mit der Analyse von → Logfiles und Bestell-/Interaktionsdaten kombiniert werden. → 1:1-Marketing zielt darauf ab, auf der Basis von Kundenprofilen, die durch den Einsatz von Data-Mining-Methoden gewonnen werden, zielgerichtete Informationen und individuelle Angebote und Marketingaktionen für einzelne Kunden oder kleine Kundensegmente bereitzustellen.

Online-Beratung: → Mehrwertdienst im → E-Commerce. Vielen Online-Angeboten fehlt die interaktive Beratung – Kunden müssen wissen, was sie wollen, und sich durch endlose Produktlisten quälen. Intelligente, interaktive Assistenten, die die Kunden online beraten, bieten einen echten Nutzen und tragen dazu bei, die → Kundenzufriedenheit zu steigern. → Call-Back-Button.

Online-Marketingmix: Eine umfassende Online-Marketingstrategie beruht nicht nur auf erfolgreichen Promotion-Maßnahmen für die Website, sondern versucht durch die Beeinflussung der Marketingvariablen Produkt, Preis, Platzierung und Promotion des → 4P-Modells eine eigene, unverwechselbare Online-Marke aufzubauen. Das Produkt besteht dabei aus mehr als der eigentlichen Ware, es handelt sich vielmehr um ein Bundling mit den verschienenden Service- und Supportangeboten.

Online-Service: → Mehrwertdienst im → E-Business. Bezeichnung für alle interaktiv über das World Wide Web erhältlichen Serviceleistungen eines Anbieters, die den → Kunden in die Lage versetzen, seine Aufgaben, Fragen und Probleme selbst zu lösen. Ein gutes Beispiel ist die Verwaltung eines Wertpapierdepots online durch den Kunden, dem neben der Grundfunktionalität auch verschiedene Analysetools zur Verfügung stehen.

Online-Support: → Mehrwertdienst im → E-Business. Bezeichnet → Supportforen etc., die den → Kunden dabei unterstützen, selbst ein Supportproblem zu lösen, für das er sonst eine oft kostspielige und zeitraubende → Hotline hätte bemühen müssen.

Paket-Tracking: Einige Paketdienste erlauben es, jederzeit den Status und die Position eines Paketes anhand einer eindeutigen Paketnummer über das World Wide Web zu erfragen. Für Shopbetreiber ist es so möglich, → Kunden direkt nach dem Versand über diese Paketnummer zu informieren. Der Kunde kann dann jederzeit verfolgen, ob bzw. wo die Sendung gerade unterwegs ist. Pakettracking dient im Bereich des Online-Shoppings daher vor allem als vertrauensbildende Maßnahme.

Pareto-Prinzip: Das Pareto-Prinzip besagt, dass im Allgemeinen mit 20 Prozent des Aufwandes eine Aufgabe zu 80 Prozent gelöst werden kann. Umgekehrt verursachen die restlichen 20 Prozent jedoch 80 Prozent der Kosten usw. Für den Kundenservice bedeutet dies, dass sich der weitaus größte Teil von Kundenanfragen immer wieder auf die gleichen Themen konzentriert. Genau diese Routineanfragen sind es, die durch → Self-Service-Systeme leicht abgedeckt werden können, was letztlich hilft, Kosten zu senken und Experten produktiver (nämlich für die wirklich herausfordernden Anfragen) einzusetzen.

Partnerprogramm: Instrument zur → Kundenbindung, bei dem Kunden als aktive Fürsprecher des Unternehmens auftreten und für Neukunden, die durch Empfehlung gewonnen werden, oder durch über einen »Partnershop« getätigte Umsätze (häufig finanziell) belohnt werden.

Personalisierung: Mehrwertiges → Kundenbindungsinstrument, bei dem in der Regel informationelle Vorteile durch individuelle Anpassung von Angeboten und Informationen auf der Basis eines persönlichen → Nutzerprofils versprochen werden. Kann auch zur Aufwandsminimierung für den Kunden führen.

Platzierung: Marketingvariable im → 4P-Modell des → Online-Marketingmix. Die Platzierung legt fest, wo und wie der Interessent das Produkt finden und erwerben kann.

Plug-in: Erweiterung für → Browser zur Darstellung von nicht im → HTML-Standard vorgesehenen Daten. Zu den bekanntesten Plug-ins gehören QuickTime und Flash für Videos, Acrobat-Reader für die Anzeige von PDF-Dateien, Shockwave für Multimedia-Anwendungen und RealAudio/RealVideo für Musik und Video. Aus Sicht des → Online-Marketings haben Plug-ins einen entscheidenden Nachteil: Zwar kann durch sie die Funktionalität und Optik einer Webseite aufgewertet werden, der Nutzer muss dazu aber zunächst das benötigte Plug-in installieren. Zum einen scheuen viele Internetnutzer vor diesem Prozess zurück, zum anderen sind nicht alle Plug-ins für alle Hardwareplattformen und → Browser verfügbar, so dass die Plattformunabhängigkeit des World Wide Web durch Plug-ins unterlaufen wird und nicht jeder Besucher die gesamte angebotene Funktionalität nutzen kann.

Portal: Unter einer Portal-Website versteht man eine Website, die ein »Eingangstor zum → Internet«, einen ersten Anlaufpunkt für das Surfen im World Wide Web, darstellen will. Der Trend geht zu → B2B- sowie themenbezogenen Portalen, die sich selbst als → Service mit → Mehrwert verstehen.

Preis: Marketingvariable im → 4P-Modell des → Online-Marketing-mixes. Die Preis- und Konditionenpolitik umfasst neben dem empfohlenen Verkaufspreis auch Rabatte, Sonderkonditionen, Zahlungsziele und -arten sowie Bonusprogramme (Kundenkarten, Gutscheinhefte etc.). Sie steht in engem Zusammenhang mit der Definition des → Produkts.

Pre-Sales: → Sales-Cycle

Problem: Ausgangssituation für den Einsatz eines → wissensbasierten Systems. Ein Problem kann zum Beispiel eine Kundenanfrage oder eine Fehlerbeschreibung sein. Dieses Problem wird mit bekannten, bereits früher gelösten Problembeschreibungen aus der → Fallbasis verglichen und die zugeordnete Lösung des oder der ähnlichsten Fälle ausgegeben. → Situation.

Problemorientierte Strategie: Hier steht das Problem des → Kunden, das es zu lösen gilt, im Mittelpunkt der Webpräsenz eines Unternehmens. Alle angebotenen Informationen und Tools ordnen sich diesem Ziel unter. Damit wird eine optimale Kundenorientierung erreicht und die → Kundenzufriedenheit maximiert. Hintergrund der Strategie ist die Erkenntnis, dass die ständige → Neukundengewinnung kaum bezahlbar ist, Stammkunden aber nur gewonnen werden können, wenn Ihnen optimale Unterstützung zuteil wird. Daher stehen Online-Service und Online-Support im Vordergrund der Webpräsenz, nicht Marketing. Vergleiche → produktzentrierte Strategie.

Problemlöse-Zyklus: Der folgende Zyklus beschreibt Erhebung, Wiederverwendung und Anpassung von → Fallbeispielen in einem → wissensbasierten System, aber auch durch einen menschlichen Experten:

Retrieve: Bestimme die ähnlichsten Problemsituationen aus der Fallbasis!

Reuse: Versuche, die gefundenen Lösungen zu adaptieren und anzuwenden!

Revise: Verifiziere die gefundenen Problemlösungen!

Retain: Speichere den so gewonnenen, neuen Fall für eine spätere Wiederverwendung!

Problem-Management-Strategie: Effizienzsteigerung im → Call-Center durch optimierte Verteilung und Weiterleitung der Kundenanfragen an die richtigen Spezialisten. → Call-Tracking-Systeme gewähren hier eine brauchbare Unterstützung.

Problem-Resolution-Strategie: Effizienzsteigerung im → Call-Center durch Unterstützung der → Agenten bei der Problemlösung und Entscheidungsfindung. Eine Problem-Resultion-Strategie kann durch → wissensbasierte Systeme getragen werden.

Produkt: Gegenstand der Verkaufstransaktion und Marketingvariable im → 4P-Modell des

→ Online-Marketingmix. Das Produkt ist nicht nur die (häufig standardisierte) Ware, sondern umfasst auch alle Service-, Beratungs- und Supportleistungen sowie das Packaging und das Image des Komplettangebotes. Es ist ein großer Unterschied, eine »Flugreise Frankfurt – San Francisco« anzubieten oder den »individuell gestalteten Traumurlaub an der Westküste der Vereinigten Staaten«. Die Gesamtheit des Produktes bestimmt auch den → Preis, den der Kunde zu zahlen bereit ist. Dabei gilt vor allem für standardisierte Waren wie Bücher oder CDs, dass nur durch ein geeignetes Bundling die im Internet übliche Best-Price-Mentalität der Nutzer durchbrochen werden kann. Das Produkt besteht dann aus mehr als der eigentlichen Ware oder Dienstleistung, es handelt sich vielmehr um ein Bundling mit allen vom Kunden als → Mehrwert wahrgenommenen Service- und Supportangeboten.

Produktzentrierte Strategie: Im Mittelpunkt des Webauftritts steht die Präsentation eines oder mehrerer → Produkte des Unternehmens mit seinen Vorteilen. Dieses Vorgehen ist für viele Websites typisch, die sich auf → Neukundengewinnung konzentrieren. Vergleiche → problemorientierte Strategie.

Produktkatalog, intelligente Produktauswahl: Bei elektronischen Produktkatalogen mangelt es häufig daran, dass → Kunden kompetent und individuell auf der Grundlage ihrer Bedürfnisse zu einer individuellen Produktauswahl geführt werden. Stattdessen werden Listen von Produkten angeboten, aus denen der Kunde das geeignete Produkt selbst ermitteln muss. → Wissensbasierte Systeme können intelligente Produktkataloge mit → Mehrwert generieren, die einen individuellen Produktauswahlprozess ermöglichen.

Produktkonfigurator: Produktkonfiguratoren unterstützen die → Kunden bei der Auswahl und Gestaltung des benötigten → Produktes. Ob Pkw mit Sonderausstattung, Krankenversicherung oder individuelle Kreditberechnung – intelligente Assistenten führen den Kunden zur individuell auf seinen Bedarf abgestimmten Lösung.

Produktpositionierung: Das Produktpositionierungsmodell dient der Analyse der Marktsituation und unterstützt somit die Marktsegmentierung. Es positioniert die Konsumenten und Produkte bzw. Marken einer Produktart hinsichtlich ihrer Eigenschaften.

Pull-Technologie: Prinzip des World Wide Webs, bei dem der Nutzer selbst entscheidet, ob, wann und wie lange er eine Website besucht. Das Pull-Prinzip besagt, dass alle Aktionen im World Wide Web durch den Nutzer ausgelöst werden, der sich die gewünschten Informationen »heranzieht« (to pull). Mit der → Push-Technologie wird aus Marketingsicht ein anderes Prinzip bevorzugt, bei dem die Initiative vom werbetreibenden Unternehmen ausgeht. Dieses ist im World Wide Web jedoch nur sehr eingeschränkt umsetzbar.

Push-Technologie: Das Push-Konzept ist für viele Marketingkonzepte ausschlaggebend: Werbespots, Print-Anzeigen und Massenwerbesendungen beruhen darauf, dass der Impuls vom werbetreibenden Unternehmen ausgeht und zu einer Werbeberieselung für die Zielgruppe führt. Mit Hilfe der Push-Technologie ist es auch im → Internet möglich, ausgewählte Informationen an »Abonnenten« zu senden. Bei der Push-Technik schickt ein Webserver die gewünschten Informationen scheinbar selbständig an den Benutzer, anstatt darauf zu warten, dass dieser die Informationen aktiv abruft. Tatsächlich wird der Push jedoch durch den Benutzer veranlasst und stellt nichts anderes als die Reaktion auf eine (automatisierte) Anfrage des Benutzers dar. Damit ist die Push-Technologie im Internet nicht direkt mit traditionellen Werbeformen vergleichbar, da der Kontakt zwischen Abonnent und Unternehmen vom Abonnenten ausgehen muss.

Qualitätszufriedenheit: → Kundenzufriedenheit

Referrer: Eintrag im → Logfile, der angibt, von welcher Seite (→ URL) aus der Surfer auf die abgerufene Webseite gelangt. Damit kann einerseits der Erfolg von Online-Promotion-Maßnahmen gemessen, andererseits aber auch der Weg der Surfer durch das eigene Angebot verfolgt werden. Auch die Suchbegriffe, die den Besucher von einer → Suchmaschine auf das eigene Angebot gelenkt haben, lassen sich häufig aus dem Referrer-Eintrag entnehmen. Insgesamt ist dieser Eintrag ein wichtiges Element zur Erstellung von → Nutzerprofilen.

Registrierung: Üblich für die Nutzung kostenloser Serviceangebote ist die Notwendigkeit, sich vorab zu registrieren. So erhält der Anbieter wertvolle Informationen über die Nutzer. → Fragebogen, → Nutzerprofil.

Sales-Cycle: Bezeichnung für das Zusammenwachsen der drei Verkaufsphasen Pre-Sales (Verkaufsvorbereitung), Sales (Verkaufsdurchführung) und After-Sales (Verkaufsnachbereitung), die bei repetitiven Verkäufen zu einem Kreislauf werden: Die Verkaufsnachbereitung führt dabei zur Vorbereitung neuer Verkäufe.

Selbstbedienung: Mehrwertiges → Kundenbindungsinstrument, bei dem der Kunde unabhängig von örtlichen und zeitlichen Restriktionen selbsttätig online an der

Lösung anstehender Aufgaben arbeiten kann. → Self-Service

Selbstdarstellung: Alle Maßnahmen, die das Image eines Unternehmens und seiner → Produkte in der Wahrnehmung der → Kunden beeinflussen und die in unmittelbarer Kontrolle des Unternehmens liegen – wie die eigene Website, alle Marketingaktivitäten, die → direkte Kommunikation mit den Kunden usw.

Self-Service: Die Verbreitung von Online-Medien und insbesondere des → Internets hat stark dazu beigetragen, dass sich → Kunden selbst die benötigten Informationen besorgen und ohne Einschaltung von Personal direkten Einfluss auf die Unternehmensprozesse nehmen. Vielen Self-Service-Lösungen fehlt es an Beratungskompetenz und Individualität, Eigenschaften, die durch den Einsatz von → wissensbasierten Systemen möglich wären. → 24/7-Service.

Service: Hier die Summe aller Maßnahmen in Pre-Sales und Sales, die der Verkaufsförderung und -unterstützung dienen und den → Kunden dabei unterstützen, für sein konkretes Problem möglichst rasch und effizient eine geeignete Lösung zu finden.

Servicemarketing: Aktive Vermarktung von Serviceleistungen, z.B. Wartungsverträge, die zu einem Hauptprodukt angeboten werden.

Situation: Bezeichnet in diesem Zusammenhang eine konkrete Ausgangslage oder Problemstellung, beispielsweise in Form von Attribut-Wert-Paaren. Die Situationsbeschreibung ist der entscheidende Teil eines → Falls, nach der die Ähnlichkeit bewertet wird. → Problem.

Smart Shopper: → Kunden im → Internet, die auf der Suche nach Schnäppchen jederzeit einen Anbieterwechsel in Kauf nehmen.

Software-Download: Möglichkeit, sich direkt über das → Internet Programme und Dateien auf den eigenen PC zu überspielen. Download-Angebote werden häufig als → Kundenbindungsinstrument genutzt, dienen aber auch dem → Online-Support – beispielsweise durch Patches und Updates. → ESD.

Soll/Ist-Vergleich: Im Hinblick auf die → Kundenbindung die subjektive Beurteilung des → Kunden nach einem Erwerb, ob seine Erwartungen übertroffen wurden und ihm so ein → Mehrwert geboten wurde oder nicht.

Sonderangebot: Form eines Events, bei dem ein Produkt zeitlich befristet zu speziellen Konditionen (d.h. in der Regel günstiger) angeboten wird.

Spamming: Unverlangte Zusendung von Werbebotschaften per → E-Mail oder als Posting in → Newsgroups (Cross-Posting).

Damit ist Spamming vergleichbar mit Postwurfsendungen und ungebetenen Marketing-Telefonanrufen. Das Vorgehen ist verpönt und steht in vielen Ländern unter Strafe.

Sprache: → Wording.

Streaming: Übertragung von Multimedia-Inhalten von einem Server zum Client ohne Zwischenspeicherung. Die Anzeige eines per Streaming übertragenes Videos beginnt sofort, während ohne Streaming zunächst die gesamte Datei zum Client übertragen werden muss, bevor mit der Darstellung begonnen werden kann.

Suchmaschine, lokale: Wichtiger Dienst im Mix der Serviceangebote, der für die Nutzer die Suche nach Informationen im eigenen Webangebot aufgrund einer Kombination von Suchbegriffen ermöglicht. Die regelmäßige Kontrolle der eingegebenen Begriffe und der daraus resultierenden Ergebnislisten erlaubt Rückschlüsse auf »Sprache« und Intention der Nutzer sowie die Effizienz des Tools und des bereitgestellten Informationspools.

Support: Serviceleistungen, die im Zusammenhang mit Problemen der → Kunden hinsichtlich des Einsatzes oder der Fehlerbehebung eines zuvor erworbenen → Produktes stehen. Support umfasst daher alle Maßnahmen im → After-Sales-Bereich und dient auch der Anbahnung neuer Käufe (→ Upselling, → Cross-Selling).

Supportforum: Online-Angebot, das den Käufern eines → Produktes nach dem Erwerb im Internet zur Verfügung steht, um Hilfestellung im Supportfall zu finden. Einfache Foren sehen nur eine Liste häufiger Fehlerursachen vor, während der Kunde bei interaktiven Systemen individuell zu einer Lösung geführt wird. Solche Self-Service-Supportlösungen können eine echte Alternative zu teueren → Hotlines sein und durch → Call-Avoidance für das Unternehmen kostensenkend wirken. → After-Sales Service.

Targeting: Bezeichnung für zielgruppenorientierte Ausrichtung von Service- und Supportangeboten. Ziel des Targetings ist es, das Service-Angebot möglichst genau auf die gewünschte Zielgruppe der angebotenen Produkte einzugrenzen, um den Wirkungsgrad zu optimieren und Streuverluste zu minimieren. Es kann immer wieder festgestellt werden, dass bestimmte Maßnahmen vom Markt nicht angenommen werden, weil sie nicht den Erwartungen der → Kunden entsprechen. Daher ist wichtig, die Wünsche der Zielgruppe kennen zu lernen und sich auf ein überschaubares Marktsegment (Nischenmarkt) zu spzialisieren.

Treiber, Patch: Serviceprogramme, die die reibungslose Funktion von

Hardwarekomponenten oder Softwarepaketen sicherstellen. Zahlreiche Hersteller bieten in ihren → Support-Foren im Internet regelmäßig aktualisierte Serviceprogramme für ihre Produkte an.

Trouble-Ticket: Protokoll über eine Kundenanfrage, das der Aufnahme der Kundendaten und der → Problembeschreibung sowie den daraus resultierenden Aktivitäten im → Call Center dient. Das Trouble-Ticket wird an den jeweils zuständigen → Agenten oder Produktspezialisten weitergeleitet und dokumentiert den Anfrageverlauf bis hin zum Abschluss der Bearbeitung.

Up-selling, Cross-Selling: Nutzung zusätzlicher Verkaufschancen im Verkauf, aber auch im → Support. So bieten Verkäufer zusätzlich auch Batterien oder Filme zu der gewählten Ware an und verkaufen Sonderzubehör. Im Supportfall werden verlängerte Garantieoptionen, Updates und Upgrades auf neue Versionen des Produktes sowie Zubehör angeboten. Bei → Self-Service-Angeboten sind Up-selling und Cross-Selling bisher nicht üblich.

URL: Abkürzung für Uniform Ressource Locator, der eindeutigen Adresse eines Internet-Angebotes.

USP (Kurzform für »Unique Selling Proposition«): Bezeichnet den gegenüber den → Kunden kommunizierten einzigartigen Verkaufsvorteil, der die Produktleistung des Unternehmens von der seiner Wettbewerber abhebt.

Verkaufsunterstützung: Serviceleistungen, die im Zusammenhang mit der Bereitstellung von Produktinformationen und der optimalen Produktauswahl in Bezug auf eine individuelle Situation eines spezifischen → Kunden stehen.

Verkaufszyklus: → Sales-Cycle

Videoconferencing: Fortführung des → Voice-over-IP-Gedankens. Hier wird jedoch keine reine Sprachübermittlung über das Internet angestrebt, sondern eine Videoübertragung in Echtzeit. Dies setzt auf beiden Seiten leistungsfähige Hardware und einen schnellen Internetzugang voraus. Die Übertragung von bewegten Bildern kann in bestimmten Fällen für den Support wertvolle Informationen liefern, dies ist jedoch eher die Ausnahme. Ein weiterer Vorteil besteht darin, dass sich die Kommunikationspartner gegenseitig sehen und so ein engerer Kontakt zustande kommen kann.

Virtuelle Gemeinschaft: Eine virtuelle Gemeinschaft (→ Community) ist in vielerlei Hinsicht mit einer realen zu vergleichen: Es nehmen reale Personen teil, die über ähnliche Interessen verfügen. Die Kommunikation läuft über verschiedene Kanäle (→ E-Mail, → Chat, → Newsgroups etc.) ab. Ziel ist die Erzeugung einer Art Interessensgemeinschaft mit einem Zusammengehörigkeitsgefühl.

Voice-over-IP (Kurzform: VoIP): Eine Form der Internet-Telefonie. Dabei werden Sprachsignale nicht über Telefonleitungen übermittelt, sondern in digitalen Datenpaketen über das → Internet verschickt. Es existieren verschiedene Varianten des Telefonierens: von PC zu PC, vom PC zum Telefon und umgekehrt oder via Internet von Telefon zu Telefon. Die benutzten PCs brauchen prinzipiell eine Vollduplex-Soundkarte. Als Zubehör verwendet man zudem ein so genanntes »Headset«, das einen Kopfhörer mit einem Mikrofon verbindet. Was der Anwender dann in sein Mikrofon spricht, verwandelt die Soundkarte in digitale Datenpakete, die statt über die normalen Telefonleitungen durch das Internet geschickt werden. Der Vorteil für den → Support, dass keine zusätzliche Telefonleitung benötigt wird, zum Teil können sich die Gesprächspartner sogar eine Webseite gemeinsam anschauen und sich darüber unterhalten. Der Nachteil liegt in der zusätzlich benötigten Ausstattung für den Nutzer sowie der zum Teil schlechten Sprachübertragungsqualität. Es existieren zahlreiche Anbieterlösungen für VoIP, jedoch gibt es keinen weit verbreiteten Standard.

Vorteile: Der für den → Kunden erzielbare Vorteil kann informationeller, geldwerter oder zeitwerter Natur sein.

Wechselbarrieren: Bestandteil von → Kundenbindungsprogrammen, der einen Anbieterwechsel durch vertragliche, organisatorische oder praktische Maßnahmen verhindert. → Wechselhürden.

Wechselhürden: Abgeschwächte Form der Wechselbarrieren, die einen Anbieterwechsel zwar nicht verhindern, aber zumindest nicht lohnend erscheinen lassen.

Wissensbank: → Fallbasis

Wissensbasiertes System: Ein »intelligentes« Softwareprogramm, das den Zugriff auf eine → Fallbasis erlaubt und automatisiert für ähnliche → Probleme auch ähnliche → Lösungen ermitteln kann. Wissensbasierte Systeme können als eine Verschmelzung von Expertensystemen, → Datenbanken und Information-Retrieval verstanden werden.

Wissensdomäne: Anwendungsgebiet, auf dem ein »intelligentes«, → wissensbasiertes System operiert. Solche Systeme sind wie alle → Self-Service-Lösungen, nicht dafür konzipiert, einen Anwendungsbereich komplett abzudecken, sondern sollen eine Entscheidungsunterstützung für Routineanfragen in einer begrenzten Wissensdomäne bieten.

Wissensmodell: Komponente von → wissensbasierten Systemen, die das Wissen über die → Wissensdomäne in einer formalen, für die algorithmische Auswertung geeigneten Form enthält. Die hier angesprochenen wissenbasierten Lösungen für den → Self-Service-Bereich enthalten ein vergleichsweise kompaktes, leicht zu pflegendes Wissensmodell und verwenden zudem die → Fallbasis, während → Expertensysteme komplexe, abgeschlossene Wissensmodelle benötigen.

Wording: Die richtige Ansprache der Besucher einer Website. Hierzu gehört vor allem die Begriffswahl, die auch starken Einfluss bei der Suche nach einem Angebot über eine → Suchmaschine hat.

Zielgruppenauswahl: Die Zielgruppenauswahl legt fest, welche Kundengruppen Marketing und Vertrieb besonders bearbeiten sollen. Die Auswahl muss im Einklang mit den Unternehmenszielen, den Fähigkeiten des Unternehmens in der Marktbearbeitung und unter Berücksichtigung der bisherigen Kundenstruktur erfolgen.

Zusatzangebote: Mehrwertiges → Kundenbindungsinstrument, bei dem eine Differenzierung durch Leistungen erfolgt, die nicht zum Kerngeschäft gehören. Die Zusatzangebote sollen vor allem für einen regelmäßigen Besuch der Website des Anbieters durch die → Kunden sorgen oder Identifikationspotenzial schaffen.

C Literatur

Die in den folgenden Literaturhinweisen genannten Publikationen geben vertiefenden Einblick in die verschiedenen, in diesem Buch angesprochenen Themen. Insbesondere habe ich Bücher zu den Themen Customer Service (auch offline), Kundenbindung, Knowledge Magagement, Call Center sowie E-Business und Online-Marketing zusammengetragen.

Aebi, Robert: Kundenorientiertes Knowledge Management. Erfolg durch Wissen über Markt und Unternehmen. Addison-Wesley, 2000

Anderson, Kristin: Great Customer Service on the Telephone (The Worksmart Series). Amacom, 1992

Anderson, Kristin; Zemke, Ron: Delivering Knock Your Socks Off Service. Amacom, 1998

Bergeron, Bryan; Kurzweil, Ray: The Eternal E-Customer. How Emotionally Intelligent Interfaces Can Create Long-Lasting Customer Relationship. McGraw-Hill, 2000

Berry, Leonard L.: Die Kunst Kunden zu begeistern. Neun Erfolgsfaktoren für Service der Extraklasse. Verlag Moderne Industrie, 2000

Blanchard, Kenneth H.; Bowles, Sheldon M.: Wie man Kunden begeistert. Der Dienst am Kunden als A und O des Erfolges. Rowohlt, 1994

Bruhn, Manfred; Meffert, Heribert: Handbuch Dienstleitungsmanagement. Von der strategischen Konzeption zur praktischen Umsetzung. Gabler, 2001

Cusack, Michael: Online Customer Care. Strategies for Call Center Excellence. Amer Society for Quality, 1998

Dawson, Ross: Developing Knowledge-Based Client Relationships. The Future of Professional Services. Butterworth-Heinemann, 2000

Dixon, Nancy M.: Common Knowledge. How Companies Thrive by Sharing What They Know. Harvard Business School Press, 2000

Durr, William: Navigating the Customer Contact Center in the 21st Century. Advanstar Communications, 2001

Fink, Klaus-J.: Empfehlungsmarketing. Königsweg der Neukundengewinnung. Gabler, 2000

Geffroy, Edgar K.: Clienting. Kundenerfolge auf Abruf jenseits des Egoismus. Verlag Monderne Industrie, 2000

Gitomer, Jeffrey: Customer Satisfaction Is Worthless, Customer Loyalty Is Priceless. How to Make Customers Love You, Keep Them Coming Back and Tell Everyone They Know. Bard Press, 1998

Gladwell, Malcolm: The Tipping Point. How Little Things Can Make a Big Difference. Little Brown & Company, 2000

Griffin, Jill: Customer Loyalty. How to Earn It, How to Keep It. Jossey-Bass, 1997

Gross, T. Scott: Positively Outrageous Service. Warner Books, 1994

Gross, T. Scott: Wovon Kunden träumen. Geniale Ideen für einen umwerfenden Service. Verlag Moderne Industrie, 1999

Haasis, Klaus; Zerfaß, Ansgar (Hrsg.): Digitale Wertschöpfung. Multimedia und Internet als Chance für den Mittelstand. dpunkt, 1999

Haubrock, Alexander; Öhlschlegel-Haubrock, Sonja: Der Mythos vom König Kunde. Wie Kundenorientierung tatsächlich gelingt. Rosenberger Fachverlag, 1998

Horovitz, Jaques: Die sieben Geheimnisse erfolgreicher Service-Strategie. Financial Times Deutschland, 2000

Leland, Karen F.; Bailey, Keith F.: Customer Service For Dummies. Hungry Minds, 1999

Lewis, David; Bridger, Darren: The Soul of the New Consumer: Authenticity. What We Buy and Why in the New Economy. Nicholas Brealey, 2000

Locke, Christopher et al.: The Cluetrain Manifesto. The End of Business As Usual. Perseus Press, 2000

Lowenstein, Michael W.: Customer Retention. McGraw-Hill, 1995

Matejcek, Karina: Newsletter und Mailinglisten. Marketing per E-Mail. 2. Auflage, Ueberreuter, 2001

Menzler-Trott, Eckart: Call Center Management. Ein Leitfaden zum effizienten Kundendialog. C. H. Beck, 1999

Müller, Helmut: Service Marketing. Inhalte, Umsetzung, Erfolgsfaktoren. Springer, 1995

Murphy, Tom: Web Rules. How the Internet is Changing the Way Consumers Make Choices. Dearborn Trade, 2000

Muther, Andreas: Electronic Customer Care. Die Anbieter-Kunden-Beziehung im Informationszeitalter. Springer, 2001

Noble, Keith Allan: Perfekter Service in 7 Tagen. Wie er funktioniert, was er kostet, was er bringt. MVG, 1998

Pepels, Werner: Kundendienstpolitik. Die Instrumente des After Sales-Marketing. Vahlen, 1999

Peppers, Don; Rogers, Martha: One to One B2B. Customer Development Strategies for the Business-to-Business World. Doubleday, 2001

Peters, Tom: Kreatives Chaos. Die neue Management-Praxis. Heyne, 2000

Peters, Tom: Top 50 – Service-Management. Machen Sie aus sich den perfekten Dienstleister. Econ, 2001

Pfeffer, Jeffrey; Sutton, Robert I.: The Knowing-Doing Gap. How Smart Companies Turn Knowledge into Action. Harvard Business School Press, 2000

Ploss, Dirk: Das Loyalitäts-Netzwerk. Wertschöpfung in einer neuen Wirtschaft. Galileo Business, 2001

Quantum Era Enterprises: Strengthening Customer Relationships Through Knowledge-Based Technologies. Inference Corporation, o. J.

Ramaswamy, Rohit: Design and Management of Service Processes. Prentice Hall, 1996

Raphel, Murray; Raphel, Neil: Wie Sie aus Gelegenheitskäufern begeisterte Stammkunden machen. VNR Verlag deutsche Wirtschaft, 1998

Rentzsch, Hans-Peter: Kundenorientiert verkaufen im Technischen Vertrieb. Erfolgreiches Beziehungsmanagement im Business-to-Business. 2. Aufl., Gabler, 2001

Schrick, Kirsten; Dollinger, Anna: Das innovative Call Center. Econ, 1999

Seybold, Patricia B.: Customers.com. How to Create A Profitable Business Strategy for the Internet & Beyond. Times Books, 1998

Seybold, Patricia B.: The Customer Revolution. Crown, 2001

Sidow, Hans D.: Key Account Management. Wettbewerbsvorteile durch kundenbezogene Strategien. Verlag Moderne Industrie, 2000

Sindell, Kathleen: Loyalty Marketing for the Internet Age. How to Identify, Attract, Serve, and Retain Customers in an E-Commerce Environment. Dearborn Trade, 2000

Smith, Ellen Reid: e-Loyalty. How to Keep Customers Coming Back to Your Website. Harper Business, 2000

Sterne, Jim: Customer Service on the Internet. Building Relationships, Increasing Loyalty, and Staying Competitive. John Wiley & Sons, 2000

Steward, Thomas A.: Intellectual Capital. The New Wealth of Organizations. Currency Doubleday, 1997

Stolpmann, Markus: »Im Notfall gibt's Hilfe. Online-Support auf Basis von CBR-Technologie«, Business Online 5/1998

Stolpmann, Markus: »Intelligente Datenbanken auf dem Vormarsch«, teleworx 2/1998

Stolpmann, Markus: Kundenbindung im E-Business. Loyale Kunden, nachhaltiger Erfolg. Galileo Business, 2000

Stolpmann, Markus: Online-Marketingmix. Kunden finden, Kunden binden im E-Business. 2. Auflage, Galileo Business, 2001

Stolpmann, Markus; Wess, Stefan: Optimierung der Kundenbeziehung mit CBR-Systemen. Intelligente Systeme für E-Commerce und Support. Addison Wesley, 1999

Tapscott, Don; Ticoll, David; Lowy, Alex: Digital Capital. Harnessing the Power of Business Webs. Harvard Business School Press, 2000

Thompson, Valerie: »Corporate Memories«, Byte International 9/1997

Tschohl, John: E-Service. Speed, Technology and Price Built Around Service. Best Sellers Publishing, 2001

Underhill, Paco: Why We Buy. The Science of Shopping. Touchstone, 2000

Watson, Ian: Applying Case-Based Reasoning. Techniques for Enterprise Systems. Morgan Kaufmann Publishers, 1997

Wiencke, Wolfgang; Koke, Dorothee: Call Center Praxis. Den telefonischen Kundenservice erfolgreich organisieren. 2. Aufl., Schäffer-Poeschel, 1999

Windham, Laurie: The Soul of the New Consumer. The Attitudes, Behavior, and Preferences of E-Customers. Allworth Press, 2000

Zeithaml, Valerie A.; Parasuramen, A.; Berry, Leonhard L.: Qualitätsservice. Was Ihre Kunden erwarten, was Sie leisten müssen. Campus, 1992

Zemke, Ron; Anderson, Kristin: Umwerfender Service. Die Bibel für den direkten Kundenkontakt. Campus, 1994

Zemke, Ron; Connellan, Thomas K.: E-Service. 24 Ways to Keep Your Customers When the Competition Is Just a Click Away. Amacom, 2000

Zemke, Ron; Woods, John A. (Hrsg.): Best Practices in Customer Service. Amacom, 1999

D Wer ist Markus Stolpmann?

Markus Stolpmann gehört zur Pioniergeneration der Onliner in Deutschland. Er ist Coach im besten Wortsinn: Er betreut seine Klienten umfassend auf ihrem individuellen Weg zum Erfolg im E-Business. Dabei beschäftigt er sich seit langem mit der Beziehung Kunde-Anbieter im Internet. Bekannt wurde er vor allem durch seine Bestseller »Online-Marketingmix« und »Kundenbindung im E-Business« – beide Werke waren im Jahr 2000 unter den Top-10 der deutschsprachigen E-Business-Literatur zu finden. Insgesamt hat er über 100 Publikationen verfasst, darunter zahllose Artikel und Fachaufsätze. Bei mehr als 750 Vorträgen und Schulungen konnte er Tausende von Zuhörern in seinen Bann ziehen – und das nicht nur in Europa, sondern auch in Amerika. Dabei hat er selbst durchaus Erfahrungen im wahren Leben sammeln können: Markus Stolpmann war Zuschneider für Tapetenmusterbücher, aber auch DV-Projektleiter. Er hat Netzwerke unter Unix, Windows und Linux geplant, aufgebaut und administriert, arbeitete als Webmaster und war über längere Zeit im Marketing tätig.

Markus Stolpmann (Jahrgang 1965) studierte Informatik, Wirtschaftswissenschaften und Mathematik an der Universität Kaiserslautern. Als Projektleiter war er mit der Entwicklung betrieblicher Informationssysteme in der Produktentwicklung betraut und arbeitete als Dozent mehrere Jahre für die Berufsakademie Stuttgart. 1996 machte er sich als Dozent und Berater für E-Business selbstständig und entwickelt seitdem erfolgreich Strategien für namhafte und weniger bekannte Unternehmen rund um den Globus. Dabei stehen die Schaffung von Wettbewerbsvorteilen und eine optimale Kundenfokussierung im Mittelpunkt.

Kontakt:

Unternehmensberatung Markus Stolpmann
Krimmstr. 29-31, D-67655 Kaiserslautern

Tel. ++49.631.3606751
Fax ++49.631.3606752
Markus@Stolpmann.net

Index

C

D

E

J

K

L

M

N

O

P

Q

R

S

T

Z

Dies ist nicht die letzte Seite ...

www.galileocomputing.de

www.galileodesign.de

www.galileobusiness.de

www.sappress.de

1

Computing | Design | Business | SAP PRESS

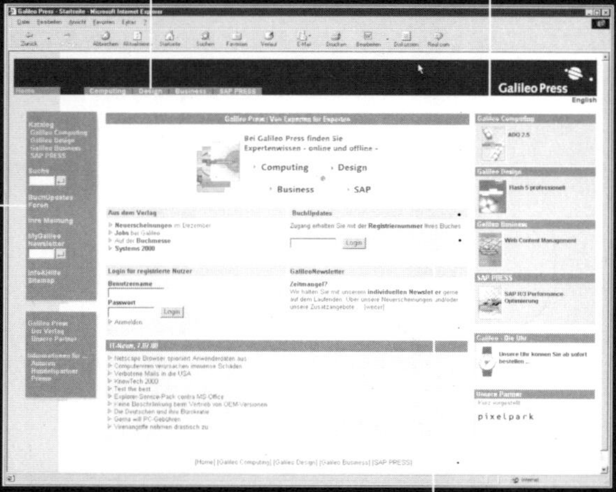

Katalog

3

Forum

2

BuchUpdates

Mit der Online-Registrierung Ihres Buches stehen Ihnen weitere Informationen und Services zur Verfügung.

Ihre persönliche Registriernummer

01GP16410936